Uwe Groth/Andreas Kammel · Lean Management

Uwe Groth/Andreas Kammel

Lean Management

Konzept – Kritische Analyse –
Praktische Lösungsansätze

GABLER

Die Deutsche Bibliothek – CIP-Einheitsaufnahme

> **Groth, Uwe:**
> Lean-Management : Konzepte, kritische Analyse, praktische
> Lösungsansätze / Uwe Groth ; Andreas Kammel. – Wiesbaden :
> Gabler, 1994
>   ISBN 3-409-19613-7
> NE: Kammel, Andreas:

Der Gabler Verlag ist ein Unternehmen der Verlagsgruppe Bertelsmann International.

© Betriebswirtschaftlicher Verlag Dr. Th. Gabler GmbH, Wiesbaden 1994
Lektorat: Ulrike M. Vetter

Das Werk einschließlich aller seiner Teile ist urheberrechtlich geschützt. Jede Verwertung außerhalb der engen Grenzen des Urheberrechtsgesetzes ist ohne Zustimmung des Verlags unzulässig und strafbar. Das gilt insbesondere für Vervielfältigungen, Übersetzungen, Mikroverfilmungen und die Einspeicherung und Verarbeitung in elektronischen Systemen.

Höchste inhaltliche und technische Qualität unserer Produkte ist unser Ziel. Bei der Produktion und Verbreitung unserer Bücher wollen wir die Umwelt schonen: Dieses Buch ist auf säurefreiem und chlorfrei gebleichtem Papier gedruckt. Die Einschweißfolie besteht aus Polyäthylen und damit aus organischen Grundstoffen, die weder bei der Herstellung noch bei der Verbrennung Schadstoffe freisetzen.

Die Wiedergabe von Gebrauchsnamen, Handelsnamen, Warenbezeichnungen usw. in diesem Werk berechtigt auch ohne besondere Kennzeichnung nicht zu der Annahme, daß solche Namen im Sinne der Warenzeichen- und Markenschutz-Gesetzgebung als frei zu betrachten wären und daher von jedermann benutzt werden dürften.

Satzarbeiten: FROMM Verlagsservice GmbH, Idstein
Druck und Bindung: Wilhelm & Adam, Heusenstamm
Printed in Germany

ISBN 3-409-19613-7

Vorwort

Obgleich „Lean-Konzepte" zuweilen als Modeerscheinung abqualifiziert werden, erfreuen sie sich in der Praxis anhaltend großer Aufmerksamkeit. Dennoch zeigt sich in zahlreichen Gesprächen mit Praktikern, daß keinesfalls Klarheit und teilweise sogar Unkenntnis darüber besteht, was Gegenstand des Lean Management ist.

Mit dieser Arbeit soll versucht werden, eine umfassende, systematische Darstellung des State of the Art im Lean Management vorzulegen. Dabei soll eine kritische Auseinandersetzung mit dem Konzept, das bislang allzusehr als Allheilmittel für die Lösung vieler Problemstellungen in Unternehmen propagiert wurde, erfolgen. Es werden praktische Lösungsansätze diskutiert, die in anderen Publikationen zu dem Thema oftmals nur sehr oberflächlich abgehandelt werden.

Im Vordergrund der Bearbeitung stand das Bemühen, eine möglichst weitgehende Synthese von theoretischen Überlegungen und Praxisbezug herzustellen.

Das Buch wendet sich an Betriebspraktiker, vornehmlich Führungskräfte, aber auch an Wissenschaftler und Studierende, die einen Überblick über den derzeitigen Stand und die Entwicklung des „Lean Management" suchen.

Bis kurz vor Redaktionsschluß im Mai 1994 haben wir fortlaufend aktuelle Entwicklungen berücksichtigt; dennoch mag uns der Leser die ein oder andere „Aktualitätslücke" verzeihen, die zwischen Fertigstellung und Erscheinen der Arbeit augenfällig wird.

Ohne die vielfältige Unterstützung Dritter wäre das Buchprojekt nicht durchführbar gewesen. Wir bedanken uns herzlich bei Rita Nockher für die professionelle Textverarbeitung und bei OStD Hans H. Kammel für das besonders sorgfältige Redigieren des Manuskriptes; verbleibende Fehler gehen voll zu Lasten der Autoren.

Ulrike M. Vetter, Cheflektorin des Gabler Verlages, danken wir für die gute Zusammenarbeit.

Für wertvolle inhaltliche Anregungen in der Ideengenerierungs- und in der Entstehungsphase danken wir Prof. Dr. Joachim Hentze, Prof. Dr.-Ing. Dr. h. c. Hans Kurt Tönshoff und Dipl.-Ing. Yuzo Tsumura sowie zahlreichen ungenannten Gesprächspartnern vornehmlich aus der Industrie.

Nicht vergessen wollen wir die „Leidtragenden" der Arbeit, Ursula Groth und Claudia Kammel sowie Lisanne, die besonders in der Schlußphase beim Spielen auf ihren Papa verzichten mußte. Ihnen sei dieses Buch gewidmet.

Hannover/Braunschweig,
im Mai 1994

UWE GROTH
ANDREAS KAMMEL

Inhalt

Vorwort 5

Einleitung 15

1. Problemstellung 17
2. Eine erste Eingrenzung des Themas 19
3. Zielsetzungen und Aufbau des Buches 20

Teil I: Begriffliche und konzeptionelle Grundlagen des Lean Management 21

1. Die Begriffsproblematik 23
2. Vorläufige Einordnung des Lean-Management-Begriffs 24
3. Lean Management als spezifisches Konzept der Unternehmensführung ... 28
4. Oberste Zielsetzungen des Lean Management 29
5. Grundidee und Grundprinzipien 29
6. Die Kernelemente des Konzeptes im Überblick 34

Teil II: Kritische Analyse 37

1. Kritische Differenzierung wider die Trivialisierung durch Propagierung einer neuen „Management-Heilslehre" 39
2. Zur Frage von Kulturgebundenheit und Transferierbarkeit von Management-Know-how 42
3. Vorbehalte, Risiken und Grenzen einer unkritischen Imitation 44
4. Voraussetzungen für Lean Management in Deutschland 48
5. Lean-Management-Erfahrungen außerhalb Japans 51
6. Die Situationsabhängigkeit von Lean-Management-Konzepten 56
7. Der hindernisreiche Weg zum „schlanken" Unternehmen in der Praxis .. 57
8. Anforderungen an die Gestaltung von Lean-Management-Konzepten 68

Teil III: Praktische Lösungsansätze 71

1. Teamarbeit in flachen Hierarchien 73
   1.1 Von der „Palast"- zur „Zelt"-Organisation 73
   1.2 Kennzeichen „flacher" Hierarchien 74
       1.2.1 Prozeßorientierung 74
       1.2.2 Responsibilitiy-Center-Ansatz 75
       1.2.3 Aufwertung der Projektarbeit 78
       1.2.4 Arbeitsflexibilisierung 78
       1.2.5 Vertrauensbeziehungen 79

	1.3	Grenzen der „Enthierarchisierung"	80
	1.4	Ansatzpunkte zur Schaffung einer stärker horizontal ausgerichteten Organisationsstruktur	81
	1.5	Grundprinzipien der Teamarbeit	84
	1.6	Fazit	88
2.	Simultaneous Engineering		89
	2.1	Begriff und Zielsetzung des Simultaneous Engineering	89
	2.2	Die Institutionalisierung von „Schwergewichts"-Teams	90
	2.3	Projektmanagement	93
	2.4	„Crossfunktionale" Integration der Produktentwicklung: Der Ansatz von Wheelwright/Clark	97
	2.5	Methoden und Werkzeuge	99
	2.6	Fazit	100
3.	Grundzüge des Lean Manufacturing		101
	3.1	Herausforderungen an das Produktionsmanagement	101
	3.2	Von CIM zu HIM?	102
	3.3	Grundprinzipien, Gestaltungsparameter und Methoden	104
	3.4	Basisansätze	106
		3.4.1 Fertigungssegmentierung	106
		3.4.2 U-Shaped Factory Layouts	108
		3.4.3 Ansatzpunkte für montagegerechte Produktstrukturen	111
		3.4.4 Just-in-Time-Produktion	113
		3.4.5 Produktionssteuerung à la Toyota	115
		3.4.6 Total Productive Maintenance (TPM)	116
	3.5	Neue Anforderungen an ein EDV-gestütztes Produktionsmanagement	118
	3.6	Teamarbeit in der Fertigung	120
		3.6.1 Planung und Ausgestaltung	120
		3.6.2 Konstituierung	122
		3.6.3 Ausarbeitung eines detaillierten Programmes als Basis für Gruppenarbeit und zukünftige Arbeitsweisen in der Fertigung	123
		3.6.4 Die neue Rolle des Meisters	124
		3.6.5 Wahl eines Teamsprechers	126
		3.6.6 Regelmäßige Teambesprechungen	127
		3.6.7 Institutionalisierte Koordination der Teamarbeit	128
	3.7	Fazit	129
4.	Total Quality Management (TQM)		130
	4.1	Qualität als strategischer Erfolgsfaktor	130
	4.2	Leitidee und Elemente	131
	4.3	Ansatzpunkte für die Umsetzung	132
	4.4	Methoden und Instrumente	135
		4.4.1 Von der Qualitätskontrolle zum proaktiven „Quality Engineering"	135
		4.4.2 Null-Fehler-Strategie	138
		4.4.3 Poka Yoke (Vermeidung unbeabsichtigter Fehler)	139

  4.4.4 Quality Function Deployment (QFD) 139
  4.4.5 Failure Mode and Effects Analysis (FMEA) 141
  4.4.6 Taguchi-Methode 142
  4.4.7 Prinzip der „Kontinuierlichen Verbesserung („Kaizen")
     und Betriebliches Vorschlagswesen 143
  4.4.8 Quality Circle 148
 4.5 Haupteinsatzgebiete der rechnergestützten Qualitätssicherung (CAQ) .. 149
 4.6 Fazit 149

5. Kooperatives Beschaffungsmanagement im Rahmen
  von Wertschöpfungspartnerschaften mit Zulieferern 150
 5.1 Vom Gegner zum Partner: Faire langfristige Zusammenarbeit
   von Hersteller und Zulieferer 150
 5.2 Unternehmensnetzwerke und Zuliefererpyramiden 152
 5.3 Make-or-Buy-Entscheidungen als Basis des strategischen
   Beschaffungsmanagements 153
 5.4 Ansatzpunkte der Hersteller-Zulieferer-Kooperation 158
 5.5 Produktionssynchrone Beschaffung 161
 5.6 Irreversible Abhängigkeiten? 163
 5.7 Lieferantenanalyse- und -beurteilungssysteme 164
 5.8 Nutzung von Global Sourcing-Potentialen 167
 5.9 Fazit 169

6. Die Gestaltung der Kundenbeziehungen 170
 6.1 Neue Akzente im Marketing 170
 6.2 Ansatzpunkte zur Schaffung von mehr Kundennähe 171
 6.3 „Schlanke" Organisation von Verkauf und Marketing 179
 6.4 Key Account Management 182
 6.5 Fazit 183

Teil IV: Konsequenzen für das Personalmanagement 185

1. Neuausrichtung des Personalmanagements als Implementierungs-
  voraussetzung für das Lean Management 187
2. Personalauswahl und -integration 187
3. Personalbeurteilung 190
4. Qualifizierung im Umbruch 193
5. Training on the job/off the job 195
6. Ansätze der Teamentwicklung 196
7. Management Development 200
8. Arbeitszeitflexibilisierung 203
9. Von Akkord- und Zeitlohnsystemen zum Prämienlohn-Konzept
  in der Fertigung 204
10. Neuorientierung der Personalorganisation 206
11. Fazit 207

Teil V: Integriertes Informationsmanagement 209

1. Anforderungen an ein integriertes Informationsmanagement 211
2. Die Etablierung einer „offenen" Informations- und Kommunikationskultur . 214
3. Ansätze und Instrumente einer „schlanken" Informationsinfrastruktur 215
   - 3.1 Downsizing 215
   - 3.2 Client-Server-Computing 218
   - 3.3 Offene Systeme als Basis neuer Infrastrukturen 219
   - 3.4 Vorteile und Implementierungsschwierigkeiten
     von Downsizing-Ansätzen 220
   - 3.5 Groupware: Software für das Team 222
   - 3.6 Electronic Data Interchange 223
   - 3.7 Outsourcing vs. Inhousing 225
     - 3.7.1 „Make or Buy" im Informationsmanagement 225
     - 3.7.2 Argumente pro und kontra Outsourcing 225
     - 3.7.3 Outsourcing-Management 228
4. Anforderungen an ein „leankonformes" Controlling 231
5. Der Ansatz der Prozeßkostenrechnung 233
6. Target Costing 236
7. Kaizen Costing 240
8. Fazit 241

Teil VI: Die Implementierung des Lean Management 243

1. Ansatzpunkte des Change Management 245
2. Implementierung nach dem allgemeinen „Vorgehensprinzip
   vom Groben zum Detail" 249
3. Einzelaspekte der Implementierung 252
   - 3.1 Parallel-Implementierung 252
   - 3.2 Beteiligung der Betroffenen und des Betriebsrats 254
   - 3.3 Arbeitsrechtliche Aspekte 256
   - 3.4 Beispiel für einen praxisnahen Schulungsansatz in der Fertigung 257
   - 3.5 Messung des Implementierungserfolges und
     der Lean-Management-Effizienz 258
4. Organisationsentwicklung und „Organizational Learning" 261

Abkürzungsverzeichnis 265

Literaturverzeichnis 267

Stichwortverzeichnis 281

Abbildungsverzeichnis

Abbildung 1:   Überblick über wesentliche Grundprinzipien des Lean Management 33

Abbildung 2:   Die Kernelemente des Lean-Management-Konzeptes im Überblick 34

Abbildung 3:   Beurteilung ihrer Arbeitsplätze durch Mitglieder japanischer Betriebsgewerkschaften 45

Abbildung 4:   Eckpfeiler des Lean-Management-Konzeptes bei Opel in Eisenach 55

Abbildung 5:   Vereinfachte Grundstruktur der horizontalen Prozeßorientierung 75

Abbildung 6:   Formen von Responsibility-Centern 77

Abbildung 7:   Unterstützung der Fertigungsteams durch Spezialisten 83

Abbildung 8:   Unterschiede zwischen Arbeitsgruppen ohne prägnanten Teamcharakter und „echten" Teams 87

Abbildung 9:   Marktorientierte integrierte Produktentwicklung mit Simultaneous Engineering 91

Abbildung 10: Allgemeines Komponentenschema für Simultaneous-Engineering-Projekte 95

Abbildung 11: Strukturierung und Zusammensetzung von Projektteams 96

Abbildung 12: „Crossfunktionale" Integration in der Produktentwicklung ... 98

Abbildung 13: Wichtige Prinzipien, Gestaltungsparameter und Methoden des Lean Manufacturing 105

Abbildung 14: Definitionsmerkmale von Fertigungssegmenten 107

Abbildung 15: „Steckbrief" eines praktischen Konzeptes der Fertigungssegmentierung 109

Abbildung 16: Schematische Unterscheidung von „linearer" und U-förmiger Fertigungslinie 110

Abbildung 17: Unterscheidung von flexibler und produktorientierter Strukturierung 112

Abbildung 18: Eckpfeiler der JIT-Produktion 115

Abbildung 19: Wichtige Anforderungen an PPS-Systeme im Überblick 119

Abbildung 20: Grobschema zur Planung und Ausgestaltung von Teamarbeit . 121

Abbildung 21:	Katalog möglicher zentraler Aufgaben in Eigenverantwortung der Fertigungsteams	122
Abbildung 22:	Beispiel eines „Station Profile" bei Seat	124
Abbildung 23:	Katalog möglicher Aufgaben des Teamsprechers	127
Abbildung 24:	Die sechs Dimensionen des Total Quality Managements	132
Abbildung 25:	Exemplarischer, schematisierter Ablauf von TQM-Projekten	133
Abbildung 26:	Beispiel für eine TQM-Basischeckliste zur Erstellung eines Stärken-/Schwächenprofils	134
Abbildung 27:	Wichtige Ansätze und Instrumente des TQM im Überblick	136
Abbildung 28:	„The House of Quality"	140
Abbildung 29:	Kontinuierlicher Verbesserungsprozeß bei Volkswagen Salzgitter	144
Abbildung 30:	Eckpfeiler des Vorschlagswesen beim GM/Suzuki-Joint Venture CAMI Automotive Incorporated Canada	145
Abbildung 31:	Beispiel für die Institutionalisierung von Kaizen-Aktivitäten in einem japanischen Zulieferunternehmen	147
Abbildung 32:	Zielrichtungen der Qualitätszirkelarbeit	148
Abbildung 33:	Das traditionelle und das neue, partnerschaftliche Verhältnis von Hersteller und Zulieferer	151
Abbildung 34:	Zuliefererpyramide nach japanischem Vorbild	153
Abbildung 35:	Systematisierungsansatz für Transaktionskosten	155
Abbildung 36:	Uniqueness-/Availability-Portfolio	156
Abbildung 37:	Make-or-Buy-Portfolio der ABB Turbo Systems AG	157
Abbildung 38:	Ansatzpunkte gemeinsamer Kostensenkungsprogramme von Hersteller und Zulieferer	160
Abbildung 39:	Voraussetzungen der JIT-Beschaffung	162
Abbildung 40:	Beispiel Lieferantenbeurteilungsschema	165
Abbildung 41:	Kriterienkatalog zur Lieferantenanalyse und -bewertung	166
Abbildung 42:	Bausteine zur Entwicklung eines Global-Sourcing-Konzeptes	168
Abbildung 43:	Checkliste zur „richtigen" Wahrnehmung der Kundenerwartungen und -bedürfnisse	172

Abbildung 44:	Überblick über die Erhebungsverfahren zur Kundenzufriedenheitsmessung	174
Abbildung 45:	Wege zur Information über Kundenbedürfnisse im Überblick	175
Abbildung 46:	Zentrale Maßnahmen der ertragssteigernden Bereinigung überkomplexer Sortimentsstrukturen	177
Abbildung 47:	Ansatzpunkte der Institutionalisierung von „mehr Kundennähe" bei Toyota in Japan	180
Abbildung 48:	Personalauswahlprozeß am Beispiel Seat	188
Abbildung 49:	Beispiele für Kriterien zur Beurteilung von Teammitgliedern (ohne Personalverantwortung)	192
Abbildung 50:	Komponenten betrieblicher Qualifizierungskonzepte	194
Abbildung 51:	Bausteine des Management Development	201
Abbildung 52:	Bestandteile eines an Gruppenarbeit angepaßten Entgelts	205
Abbildung 53:	Katalog wichtiger Anforderungen an das „schlanke" Informationsmanagement	212
Abbildung 54:	Ansatzpunkte und Prinzipien zur Verbesserung von Informationen und Kommunikation	216
Abbildung 55:	Wichtige Vorteile und Schwierigkeiten des Downsizing	221
Abbildung 56:	Die Grundidee des Electronic Data Interchange	223
Abbildung 57:	Wesentliche Argumente für und gegen eine DV-Auslagerung	226
Abbildung 58:	Bezugsrahmen für Outsourcing-Entscheidungen	229
Abbildung 59:	Schrittfolge der praktischen Durchführung einer Prozeßkostenrechnung	234
Abbildung 60:	Vergleich von Kostenrechnungssystemen	235
Abbildung 61:	Phasenschema des „Target Costing"	238
Abbildung 62:	Argumentationsbilanz „Für und Wider eines radikalen Change Management"	246
Abbildung 63:	Anknüpfungspunkte für das Change Management	249

Abbildung 64:	Ein allgemeines Phasenschema zur Implementation von Maßnahmen des Lean Management	250
Abbildung 65:	Phasen der Einführung von einzelnen Bestandteilen des Lean Management in einem deutschen Industrieunternehmen	253
Abbildung 66:	Überblick über wichtige Beteiligungsrechte des Betriebsrates	255
Abbildung 67:	Beispiel-Kriterien des Implementierungserfolges von Lean Management	259

Einleitung

1. Problemstellung

Übereinstimmend wird in der Unternehmenspraxis, in der Wirtschaftspresse und der wissenschaftlichen Managementliteratur festgestellt, daß viele Industriezweige massiv unter internationalem Wettbewerbsdruck bei stetig wechselnden Rahmenbedingungen in ökonomischer, politisch-rechtlicher, gesellschaftlicher, technologischer, soziokultureller und auch ökologischer Hinsicht stehen. Zu den vielfältigen Herausforderungen für die Unternehmen zählen vor allem:

- globaler Verdrängungswettbewerb (verstärkt durch weltweite Rezessionserscheinungen),
- wechselhafte Wettbewerbspositionen und kürzer werdende Produktlebenszyklen auf einerseits stagnierenden oder sogar schrumpfenden Märkten und andererseits auf sich neu herausbildenden Märkten, starker Innovationsdruck aufgrund des beschleunigten technologischen Fortschritts mit der Notwendigkeit einer zeitlichen Straffung von Forschungs- und Entwicklungsprozessen,
- verstärkte Nachfragedifferenzierung mit dem Wunsch nach größerer Typenvielfalt und höherer Qualität seitens zunehmend anspruchsvollerer Kunden, die sich gleichzeitig durch hohe „Volatilität" beziehungsweise „Fremdgeh-Effekte" auszeichnen,
- Preiskämpfe und erhebliche Kostensenkungsnotwendigkeiten,
- die gravierenden Umwälzungen in Osteuropa und die damit eröffneten neuen Betätigungsfelder aber auch die gleichzeitig zunehmende Konkurrenz in unmittelbarer Nachbarschaft aufgrund von Lohnstückkostenvorteilen,
- hohe Ansprüche der Mitarbeiter in Hinblick auf Arbeitsaufgabe und Arbeitsbedingungen,
- organisatorische Flexibilität, die durch überkomplexe, bürokratisch-administrative Unternehmensstrukturen nicht mehr leistbar ist,
- wachsendes Umweltbewußtsein und zunehmende Ansprüche an die Lebensqualität.

Inzwischen wird der (subjektiv) wahrgenommene Problem- und Handlungsdruck bei den Entscheidungsträgern stärker: Die Unternehmensverantwortlichen aus vielen Branchen wollen unter keinen Umständen bald das „Schicksal" nicht-japanischer Büromaschinen-, Kamera-, Fotokopier-, Büromaschinen-, Unterhaltungselektronik-, Uhren-, Chip-, Schiffs- und Motorradherstellern teilen, die bislang schon vor der übermächtigen Konkurrenz (weitgehend) kapitulieren mußten. Offensichtlich befinden sich zwar in Rezessionszeiten auch „die Wunderknaben in der Sackgasse" (Burckhardt 1993). Daraus abzuleiten, man könne Produktivitätsnachteile durch einen möglichen Abschied der Japaner vom rigiden Management à la Toyota und einer sich daraus ableitenden Verschlechterung ihrer Wettbewerbsfähigkeit kompensieren, wäre besonders für Branchen mit starker Japan-Konkurrenz (zum Beispiel Automobilindustrie, Maschinenbau) grundfalsch. Für westliche Unternehmen gilt es, den mit der rezessionsbedingten „Atempause" entstehenden Zeitgewinn für die Wiedergewinnung der Konkurrenzfähigkeit bestmöglich zu nutzen.

Aus deutscher Sicht verschärft sich der Problemdruck durch Standortnachteile, zum Beispiel hohe Lohnkosten, kurze Arbeitszeiten, hohe Steuern und Abgaben, strenge Umweltauflagen für die Unternehmen. Zwar werden für Deutschland wertvolle Standortvorteile nachgewiesen (vgl. Henzler 1993, S. 16), die die beklagten Lohnkostennachteile zumindest teilweise zu kompensieren vermögen, doch muß zusätzlich „intelligentes" Management bei gleichzeitiger nachhaltiger Ausschöpfung sämtlicher Kostensenkungspotentiale Standort und Unternehmensbestand sichern. Die damit verbundene vielbeschworene „Roßkur" zur Wiederherstellung der Konkurrenzfähigkeit hat inzwischen politische Dimension erreicht. Drastischer Personalabbau, Leistungskürzungen, Werkschließungen und auch Standortverlagerungen ins lohnkostengünstigere Ausland werden immer häufiger mit neuen auf „Verschlankung" abzielenden Managementkonzepten assoziiert und führen teilweise, inbesondere wenn sie nur als Vorwand für kurzfristige „Rotstift-Therapien" dienen, zur negativen Stigmatisierung im Kern zweckmäßiger, „gehaltvoller" Steuerungskonzepte.

Lang anhaltende wirtschaftliche Unternehmenserfolge bedingen oftmals, daß frühe, nur schwach ausgeprägte Signale für Änderungsnotwendigkeiten übersehen werden. Top-Manager vertrauen in Boom-Zeiten zu sehr eigener Überlegenheit. „Falsche" Kostenstrukturen finden auf diese Weise ebenso wenig Beachtung wie überkomplexe Fertigungsstrukturen, kostenintensive übertechnisierte und teilweise nicht kundengerechte Produkte, Unzulänglichkeiten im Management usw. Verkörperten rückblickend die achtziger Jahre ein Jahrzehnt der Technologien als Schlüssel zur Verbesserung von Produktion, Management und Wettbewerbsfähigkeit, so wird inzwischen ein multidimensionales Wirkungsgeflecht interdependenter Erfolgsfaktoren, zentriert auf den gesamten Wertschöpfungsprozeß und seine „intelligente" Bewältigung als zukunftsweisend bei der Gestaltung von Managementkonzepten diskutiert. Lean Management gilt als ein umfassender Managementansatz, der die Herausforderungen der Zukunft lösen und gleichzeitig umfassend die vielfältigen zu berücksichtigenden Erfolgsfaktoren zu einer integrativ wirksamen Einbeziehung verhelfen soll.

Der Diskussionsstand im Lean Management ist gekennzeichnet durch eine starke Heterogenität der Beiträge von Forschern unterschiedlicher Wissenschaftsdisziplinen (insbesondere Betriebswirtschaftslehre, Ingenieurwissenschaften und Industriesoziologie), Unternehmenspraktikern und Unternehmensberatern. Entsprechend unterschiedlich stellen sich die konzeptionellen Grundlagen (Funktionsbreite, -tiefe, Instrumentarium) und die instrumentelle Basis dar; entsprechend unterschiedlich ist außerdem die Beurteilung des Lean Management. Vor allem von Praktikern wird dem Konzept ein hoher Problemlösungsanspruch konzediert. Die anfängliche Euphorie unmittelbar nach Veröffentlichung der Studie des Massachusetts Institute of Technology (Womack/Jones/Roos 1990) ist inzwischen allerdings einer nüchterneren Betrachtungsweise gewichen. Die Problemerkenntnis und die zügig-umfassenden Veränderungsnotwendigkeiten werden nunmehr in vielen Unternehmen zwar klar erkannt, die Umsetzung und der grundlegende organisatorische Wandel kommen jedoch nur schwer in Gang. Ganzheitliche Lösungen lassen auf sich warten, isolierte „Stückwerkansätze" sind vielfach noch vorherrschend, obwohl ein tiefgreifendes Change Management nötig wäre.

2. Eine erste Eingrenzung des Themas

Das im folgenden vertretene Konzept des Lean Management lehnt sich im Kern stark an die Ergebnisse des MIT-International Motor Vehicle Program (vgl. Womack/Jones/Roos 1990) an, um nicht einer „Ausuferung" des hinsichtlich Funktionsbreite/-tiefe keineswegs verbindlich festgelegten Sujets Vorschub zu leisten und um sich auf wesentliche Elemente bei der Konzeptionalisierung konzentrieren zu können. Es soll als bezugsrahmenorientierte, konkretisierende und praxisbezogene Weiterführung und Präzisierung verstanden werden. Ferner wird ein das Gesamtunternehmen umfassender „Total-Ansatz" präferiert, allerdings nicht ohne daß – eingebettet in diesen „Total-Ansatz" – detaillierte Partialbetrachtungen durchgeführt werden.

Möglichkeiten zur Einführung von Bestandteilen des Lean Management bestehen grundsätzlich in allen Organisationen mit unterschiedlichen Leistungsprogrammen und ebenso verschiedenartigen Vorgehensweisen und technologischen Verfahren bei der Leistungserstellung, wenngleich jeweils andere Prämissen gelten und teilweise mehr oder minder starke Modifikationen bei Konzept und Implementierung vorgenommen werden müssen. Die nachfolgenden Ausführungen orientieren sich indes primär an industriellen Großunternehmen. Es soll aber nicht übersehen werden, daß gerade auch mittelständische Unternehmen Rationalierungserfordernissen gegenüberstehen, insbesondere im Falle enger Zusammenarbeit mit Großunternehmen in Unternehmensnetzwerken entlang der Wertschöpfungskette respektive als Zulieferer. Wichtige Grundvoraussetzungen für eine erfolgreiche Umstrukturierung sind hier teilweise, etwa durch schon traditionell bessere Marktorientierung und ehedem flachere Hierarchien aufgrund geringerer Unternehmensgröße, besser erfüllt und die Realisierungschancen – zentral auch im Hinblick auf den Erfolgsfaktor „Zeit" – größer. Wenn bei der bewußt häufigen Heran- ziehung von Beispielen die Automobilindustrie eindeutig dominiert, läßt sich dies mit der Vorreiterrolle bei der Implementierung des Lean-Management-Konzeptes begründen.

Stehen zunächst funktionale Erörterungen im Vordergrund des Interesses, so wird sehr bald deutlich, daß hiermit institutionelle Aspekte (Aufbauorganisation, Ablauforganisation, Eigenschaften der Aufgabenträger) untrennbar verbunden sind. Lean Management stellt nicht auf eine bestimmte Management-Ebene (zum Beispiel wie im strategischen Management auf das Top-Management) ab, sondern bezieht ausdrücklich sämtliche Unternehmensmitglieder ein.

Obgleich Praxisorientierung postuliert wird, muß davon ausgegangen werden, daß die von den Unternehmensmitgliedern zu bewältigenden Aufgabenkomplexe wesentlich durch situative Bedingungskonstellationen des betreffenden Unternehmens geprägt sind. Dies ist bei der konkreten Konzeptionalisierung und Implementierung gezielt herauszuarbeiten, denn die Ausführungen geben lediglich praktische Gestaltungshinweise; es wird kein „simplifizierender Rezeptbuchansatz für alle Gelegenheiten" verfolgt.

Schließlich erfolgt eine Akzentuation bundesdeutscher Rahmenbedingungen, was etwa Voraussetzungen für die Implementierung von Lean Management und rechtliche Restriktionen betrifft.

Diese Spezifizierung sollte aber den interessierten deutschsprachigen Leser aus den Nachbarländern nicht von der Lektüre des Buches abhalten, da die aus seiner Sicht weniger aufschlußreichen Ausführungen nur einen vergleichsweise geringen Anteil am Gesamtwerk ausmachen.

3. Zielsetzungen und Aufbau des Buches

Dieses Buch vermittelt Grundlagenwissen im Lean Management. Im Vordergrund steht eine systematische und auf das Wesentliche konzentrierte, gleichwohl umfassende Einführung in das Themengebiet. Damit soll gleichzeitig den weitverbreiteten begrifflichen und konzeptionellen Unklarheiten und der Gefahr der „Verflachung" der Besonderheiten durch zu starke Ausweitung des Sujets entgegengewirkt werden. Auf der Basis einer kritischen begrifflichen und konzeptionellen Analyse sollen differenziert praxisnahe Lösungsansätze in Kernbereichen des Lean Management aufgezeigt werden.

Der Aufbau des Buches folgt dieser Zielsetzung. Im ersten Teil werden begriffliche und konzeptionelle Grundlagen des Lean Management behandelt. Der Begriff des Lean Management läßt sich nicht auf „Ein-Satz-Definitionen" komprimieren und wird deshalb mit Hilfe möglichst vieler aussagekräftiger Merkmale inhaltlich beschrieben. Es werden oberste Zielsetzungen, Grundidee, Prinzipien und Kernelemente dargestellt.

Im zweiten Teil erfolgt eine kritische Analyse des Lean Management. Wissenschaftliche Substanz, Kulturgebundenheit und Transferierbarkeit des Ursprungsmodells, Möglichkeiten und Grenzen der Einführung hierzulande stehen auf dem Prüfstand. In der Praxis zeigt sich, daß die Implementierung einem nicht leicht zu bewältigenden Parcours gleicht. Bei der Konzipierung von Lean Management sind eine Reihe formaler Gestaltungsanforderungen zu beachten.

Teil III widmet sich praktischen Lösungsansätzen hinsichtlich

1. Teamarbeit in flachen Hierarchien

2. Simultaneous Engineering

3. Lean Manufacturing

4. Total Quality Management

5. Beschaffungsmanagement

6. Gestaltung von Kundennähe

In Teil IV werden Konsequenzen des Lean Management für einzelne Funktionen und Aufgabenbereiche des Personalmanagements behandelt. Abschließend werden im fünften Teil wichtige Ansatzpunkte einer Neuorientierung im Informationsmanagement und Controlling zur Unterstützung des Lean Management aufgezeigt, bevor in Teil VI auf Fragestellungen der Implementierung eingegangen wird.

Teil I

Begriffliche und konzeptionelle Grundlagen des Lean Management

1. Die Begriffsproblematik

Die Termini „Lean Production/Lean Management" erweisen sich in der aktuellen Diskussion als modische Schlagwörter ohne inhaltliche Präzision, die in unterschiedlichen Zusammenhängen und mit unterschiedlichen Inhalten Verwendung finden und aufgrund ihrer Allgemeinheit auf sehr viele Sachverhalte anwendbar sind.

Die unterschiedlichen Vorstellungsinhalte und das beinahe unübersehbare Interpretationsspektrum in zahllosen Publikationen sind bei aller bemühten Sachlichkeit nicht frei von Emotionen unterschiedlicher Art. Einerseits wird Lean Management relativ kritiklos als branchenübergreifende allumfassende Patentlösung für zukünftige Herausforderungen von Unternehmen propagiert und es werden hohe positive Erwartungen geweckt, weil sich angeblich „ein Vorsprung durch schlanke Konzepte" (Bösenberg/Metzen 1993) erreichen läßt. Fundierte, kritisch-abwägende Stimmen zur Lean-Management-Problematik sind in der Diskussion bislang vergleichsweise selten geblieben und werden primär von gewerkschaftsnahen Industriesoziologen aus der Arbeitnehmerperspektive laut (vgl. zum Beispiel Jürgens 1992).

Die deutschsprachige Betriebswirtschaftslehre kennzeichnet bislang – einmal abgesehen von Beiträgen zu Einzelaspekten und einzelnen Konzeptbausteinen – eine spürbare Zurückhaltung bei dem vermeintlich kurzlebigen Modethema. Begeisterte Befürwortungen lassen sich nicht feststellen, eher schon vorsichtige Warnungen vor einer unreflektierten Übernahme japanischer Produktions- und Managementkonzepte (vgl. zum Beispiel Bogaschewsky 1992).

Dabei müßten der teilweise unwissenschaftliche, blumig-journalistische Stil vieler Abhandlungen, die manchmal euphorische Sprache sowie die Tatsache, daß in vielen Fällen „alter Wein in neuen Schläuchen" serviert wird, zu Widerspruch und kritischer Reflexion herausfordern.

Trotz der anhaltenden „Inflation" von Beiträgen, die unterschiedliche Intentionen aufweisen und sich an diverse Zielgruppen richten, lassen sich weniger definitorische Aussagen zu Lean Production/Lean Management als vielmehr (häufig implizite) globale Charakterisierungen hinsichtlich der Vorstellungsinhalte und des Objektbereichs konstatieren (vgl. Groth/Kammel 1992a). Begrifflich-konzeptionelle Probleme werden in den oft von Praktikern und zunehmend von Autoren aus der Wissenschaft verfaßten Beiträgen nicht angeschnitten.

Der Terminus „Lean Production" für japanische Produktions- und Managementkonzepte wurde maßgeblich geprägt von Krafcik (1988) und bekannt durch Womack/Jones/Roos (1991), die die Ergebnisse einer fünfjährigen intensiven Forschungsarbeit des MIT in einer populärwissenschaftlichen, inzwischen zum Bestseller avancierten Publikation aufbereitet haben. Bemerkenswerterweise war der angeblich für japanische Produktions- und Managementkonzepte so typische Begriff in Japan als bislang weitgehend unbekannt. Erst amerikanische Publikationen zu dem Thema bewirkten eine allmähliche Verbreitung in Fachkreisen.

Das von den MIT-Forschern propagierte Konzept der Lean Production hat sein Vorbild im Toyota-Management- und -Produktionssystem. Dennoch bleibt die Explikation dessen, was das Konzept konkret beinhaltet und welche Systemelemente von entscheidender Relevanz sind, zum Teil sehr vage. Mit der raschen Verbreitung in der Unternehmenspraxis hat die Klarheit von Begriff und Problemverständnis keineswegs Schritt gehalten. So steht auch zu befürchten, daß aufgrund mangelnder Klarheit und unzureichenden Verständnis-Konzeptes der Begriff Lean Management in der ständigen Diskussion in Mißkredit geraten wird und als Alibi für herkömmliche Rationalisierungskonzepte wie pauschale Kostenschnitte, Gemeinkostenwertanalyse und externe Personalfreistellungen in erheblichem Maße herhalten muß.

Soll der Begriff einer detaillierten Bearbeitung und wissenschaftlichen Bearbeitung zugänglich gemacht werden, so ist eine Konkretisierung durch Begriffsexplikation notwendig (vgl. hierzu Opp 1974, S. 159 ff.; Chmielewicz 1979, S. 31 f.). Aber auch für die Unternehmenspraxis ist es unabdingbar, zu erkennen und zu verstehen, was Lean Management als vielschichtiges Phänomen bedeutet – als unerläßliche Voraussetzung zur Implementierung eines entsprechenden Konzeptes. Das Problem einer jeden Begriffsbildung liegt in der genauen Abgrenzung von Intension und Extension eines Terminus (vgl. Seiffert 1975, S. 40 ff.). Je nach dem, wie eng oder weit die Abgrenzung erfolgt, ergeben sich unterschiedliche Auswirkungen auf die Ableitung von Aussagen. Definitionen sind als Sprachregelungen zu verstehen, als Erklärungen, auf welche Weise ein Autor einen Begriff verstanden sehen will, wobei bei aller wissenschaftlichen Freiheit das Postulat der Zweckmäßigkeit zu beachten ist (vgl. Raffée 1974, S. 28).

Im Falle von Lean Management helfen Übersetzungsversuche mit Lexika, etymologische und semantische Analysen sowie auf „einen Satz" beschränkte Definitionsversuche nicht sonderlich weiter, ein konkretes Verständnis der abstrakten Wortverbindung „Lean Management" zu gewinnen. Es soll daher ein pragmatischer Weg zur Präzisierung des Begriffsinhaltes auf der Basis möglichst vieler charakteristischer Merkmale beschritten werden.

2. Vorläufige Einordnung des Lean-Management-Begriffs

„Lean" bedeutet „mager" und wird im Zusammenhang mit der industriellen Produktion als „schlanke Produktion" übersetzt (so auch bei Womack/Jones/Roos 1991, S. 10). Damit wird zum bildhaften Ausdruck gebracht, was die MIT-Studien in Zahlen dokumentieren: „Schlank" bedeutet, daß erheblich weniger an Personal, Zeit für die Entwicklung neuer Produkte, Produktionsfläche, Investitionskapital, Lagerbeständen und Nacharbeit aufgrund von Qualitätsmängeln als bei herkömmlichen Produktionsweisen benötigt werden.

Der Überblick über die begriffliche Einordnung wird nicht zuletzt auch deshalb erschwert, weil eine Vielfalt von Sachverhalten und Bezeichnungen mit dem Terminus „Lean" belegt beziehungsweise kombiniert werden und unterschiedliche Gegenstände hiermit in Verbindung gebracht werden. Faßt man Lean Management als beliebigen „Mix" von Prinzipien, konzeptionellen Bausteinen, Instrumenten und Regelungen auf, entsteht ein Gebilde, das Mintzberg (1981, S. 103) mit einem schlecht zusammengeschneiderten Kleidungsstück vergleicht, das sich nicht tragen läßt. Denn Konzepte und Strukturen dürfen keine unsystematischen Konglomerate willkürlich zusammengefügter Elemente darstellen; vielmehr besteht der Erfolg des Lean Management gerade in den sinnvollen Zusammenhängen, Vernetzungen und Abstimmungen zwischen den „leantypischen" Einzelfaktoren, die weder durch „sachfremde Erwägungen" ergänzt oder ersetzt, noch im einzelnen abgeschwächt oder teilweise gänzlich gestrichen werden sollten.

Durch Komprimierung der zum Teil folkloristisch anmutenden und pauschalisierenden, weniger theoriegeleiteten als datenorientierten Ausführungen von Womack/Jones/Roos (1991) kristallisieren sich wesentliche Merkmale heraus, über die sich eine begriffliche Ein- und Abgrenzung erarbeiten läßt, um der bisherigen definitorischen Unschärfe und dem anhaltenden Begriffswirrwarr entgegenzuwirken.

Unter funktionalen Gesichtspunkten läßt sich Lean Management allgemein charakterisieren als ein pragmatisches, ganzheitliches, integratives Konzept der Unternehmensführung mit strikter Ausrichtung auf Kundenzufriedenheit, Marktnähe und Zeiterfordernisse, auf die Durchgängigkeit der auf Kernfunktionen konzentrierten Wertschöpfungskette, auf die kontinuierliche gleichzeitige Verbesserung von Produktivität, Qualität und Prozessen sowie auf die bestmögliche Nutzung des Humankapitals des Unternehmens. Mit kleinstem Faktorkosten-Einsatz soll seine quantitativ und qualitativ optimierte Produktpalette (und damit verbundener Dienstleistungen) entwickelt, gefertigt und angeboten werden. Lean Management ist indes keine Management-Technik, sondern ein kompletter umfassender Ansatz zur Führung von Unternehmen (vgl. I.3) und beinhaltet eine holistische Unternehmensführungsphilosophie.

Als Kernmerkmal des Lean Management ist das ganzheitliche integrative Aufgabenverständnis bei der Leistungserstellung anzusehen. Dieses „post-tayloristische" Paradigma steht der bisher in vielen westlichen Industrieunternehmen favorisierten Arbeitsverrichtung tayloristischen Zuschnitts mit zum Teil geradezu atomistischer Arbeitsteilung bei weitgehender „Trennung von Kopf und Hand", mit häufig vertikal-funktionaler Strukturierung, weitgehender Standardisierung und vielfältigen Schnittstellenproblematiken eindeutig entgegen. Da in diesem ganzheitlich-integrierten Konzept alle Unternehmensbereiche, Funktionen, notwendigen Prozesse und nicht nur die Fertigung betrachtet werden, findet, um Mißverständnisse auszuschließen, der Terminus „Lean Management" Anwendung.

Zum besseren generellen Verständnis erscheinen folgende thesenartige Anmerkungen wichtig:

1. Viele Merkmale des Lean Management sind nicht etwa „typisch japanisch", sondern westlichen Ursprungs. Sie werden schon seit langem in der Literatur intensiv erörtert

und zum Teil erfolgreich in der Praxis eingesetzt. Es kann deshalb von einer gelungenen Adaption, Integration und konsequenten Realisierung westlicher Methoden im japanischen Umfeld gesprochen werden. In den USA und in Europa scheiterte bislang so manche Idee (zum Beispiel Gruppenarbeit, Total Quality Control) an starken Konflikten zwischen den Interessengruppen im Unternehmen oder schlicht an der bisher nicht erkannten Notwendigkeit einer Umsetzung. Etwas überspitzt läßt sich behaupten, daß mit Lean Management vielfach bereits gängige Instrumente der Managementlehre konsequent umgesetzt werden.

2. Lean Management wurde in Japan nicht als ganzheitliches Konzept synoptisch, das heißt quasi von einem auf den anderen Tag, eingeführt; vielmehr handelt es sich dabei um ein ganzheitlich-„gewachsenes" und pragmatisches Management-Konzept, dessen Elemente sukzessiv und „trial and error", unter der Maßgabe ständiger Verbesserung und Modifizierung herausgearbeitet worden sind. In besonderer Weise ist Lean Management mit dem Automobilunternehmen Toyota verbunden. Da bei der Anwendung der konventionellen Massenfertigung nach dem Zweiten Weltkrieg enorme Schwierigkeiten für die am Neubeginn stehende japanische Automobilindustrie bestanden, ersannen die Verantwortlichen nach und nach Möglichkeiten, mit wenig Kapitaleinsatz die Kapazitäten zu erhöhen. Auf diese Weise wurde der Grundstein für ein innovatives Produktions- und Management-Konzept gelegt. Aber nicht alle Unternehmen und Montagewerke in Japan, auch nicht im Automobilbau, arbeiten heute streng nach Lean-Production-Prinzipien, die manchmal auch unter dem Begriff „Toyotismus" zusammengefaßt werden (Dohse/Jürgens/Malsch 1984); nicht alle Betriebe arbeiten hochproduktiv und extrem qualitätsorientiert.

3. Obwohl sich andeutet (zum Beispiel Nissan und Toyota in Großbritannien, Opel in Eisenach, Chrysler in den USA), daß Lean Production auch außerhalb Japans erfolgreich sein kann, ist eine vorsichtige und zurückhaltende Betrachtung notwendig. Lernen statt Imitieren beziehungsweise Kopieren sollte Denk- und Handlungsmaxime sein. Vor einer Überschätzung japanischen Managements und kritikloser Übernahme muß wegen der nicht zu unterschätzenden Schwierigkeiten bei der Implementierung gewarnt werden. Das charakteristische sozio-kulturelle und politisch-rechtliche Umfeld in Japan auf der einen sowie gewachsene europäische Strukturen auf der anderen Seite sollten bei den Überlegungen zur praktischen Umsetzung unbedingt einbezogen werden.

4. Lean Management ist kein statisch-uniformer, dogmatischer, sondern ein fortlaufender Ansatz. Nach japanischem Vorbild gilt es, in einem „permanenten Prozeß" das gewählte Konzept immer wieder in Frage zu stellen, wenn nötig zu modifizieren, zu korrigieren und zu ergänzen. Kontinuierliche Verbesserungen – nicht nur in der Produktion sondern im gesamten Bereich der Unternehmensführung – erleichtern die Implementierung von Neuerungen, da sukzessive Veränderungen weniger Akzeptanzprobleme und Widerstände erzeugen als plötzliche Richtungswechsel. Traditionell Bewährtes wird nicht unbesehen, ohne das Neue kritisch auf Praxistauglichkeit hin zu überprüfen, einfach über Bord geworfen.

Einerseits müssen Lean-Management-Konzepte mit einem möglichst hohen Grad an Flexibilität ausgestattet werden, um sie weiterentwickeln und rasch an notwendige Veränderungen anpassen zu können (vgl. zur Bedeutung von Flexibilität in Unternehmenskonzepten zum Beispiel Meffert 1985). Andererseits soll Lean Management zur Förderung von Flexibilität durch Komplexitätsreduktion, flexible, „bewegliche" Organisationseinheiten, flexible Produktionsstätten, Personaleinsatzflexibilität beitragen.

5. Lean Management folgt dem Denken in Systemen. Die Systemdifferenzierung erfolgt unter integrativen Gesichtspunkten, das heißt, die zu bildenden Subsysteme werden im Sinne einer präsituativen Gestaltung unter einer bestimmten Zielsetzung aufeinander abgestimmt (vgl. hierzu im einzelnen Bleicher 1979, S. 47 ff.).

   Viele zu lösende Managementfragestellungen lassen sich kaum auf eine singuläre Ursache zurückführen. Sie sind vielmehr das Ergebnis einer Vielzahl von Einflüssen und interdependenten Beziehungen. Gestaltungs- und Lenkungsmaßnahmen können daher nicht isoliert – auf einen Teilbereich des Unternehmens beschränkt – begriffen werden, sondern es muß netzwerkartig gedacht werden unter Einschluß der ineinandergreifenden Wirkungen auf das Verhalten des Gesamtsystems. Mögen die Einzelkomponenten auch perfekt konzipiert sein, kann mit Vester (1990, S. 168) „das Ganze (...) trotzdem ins Chaos führen". Lean Management zielt im Kern auf eine enge Vernetzung und Prozeßsynchronisation des Unternehmens, seiner Teilsysteme, der verbundenen unternehmensexternen Systeme und auf eine Überwindung vermeidbarer Schnittstellenprobleme im Übergang zwischen verschiedenen Systemen.

6. Lean Management kann Innovation und Kreativität nicht ersetzen, allenfalls ein „Gerüst" bieten, eine „innovations- und kreativitätsförderliche Infrastruktur" schaffen, „Motor" für die Entstehung innovativer Prozesse sein, den Erwerb intelligenten Wissens zur Förderung von Kreativität unterstützen und die Barriere „bürokratisch-administrative Organisation der Arbeit" abbauen. Zunächst überraschende, später erfolgreiche Einfälle, neuartige bedeutsame Beiträge zur Problemlösung, das Finden neuer Produkte, Märkte und Produktionsprozesse lassen sich nicht verordnen und können nicht gelehrt werden. Statt dessen spielen zumeist Faktoren wie harte Arbeit, hohes Anspruchsniveau, Beharrungsvermögen, stetiges Lernen, Erfahrung und Wissen, aber auch Zufall, „Glück", Mut zur Originalität, Neugierde, die Nutzung sich bietender Chancen und die „richtige" Umgebung bei der Produktion von Ideen eine wichtige Rolle.

   Das Kreativitätspostulat gilt auch für die Lean-Management-Konzeption selbst. Das alleinige Kopieren oder Nachahmen japanischer Konzepte führt nicht zu besseren Ideen beziehungsweise bedeutsamen Weiterentwicklungen. Das „eigene" kreative Problemlösungspotential unter Berücksichtigung situativer Gegebenheiten ist langfristig gefordert, wenn es um die Gestaltung der künftigen Unternehmensentwicklung geht. Lean Management besitzt in diesem Zusammenhang in erster Linie Anregungsfunktionen, bietet einen Gestaltungsrahmen und dient als Fundament für Weiter- und Neuentwicklungen.

3. Lean Management als spezifisches Konzept der Unternehmensführung

Management ist ein aus der anglo-amerikanischen Literatur stammender Begriff, der synonym zu Unternehmensführung verwandt wird und in funktionaler Hinsicht allgemein als zielorientierte Gestaltung und Steuerung eines sozio-technischen Systems verstanden wird (Wild 1974, S. 151 f.). Neben sachformalen Managementaufgaben (im Kern Planung, Organisation und Kontrolle/Controlling) zur Steuerung des Leistungsprozesses im Unternehmen sind hierzu auch personenbezogene Maßnahmen der Personalführung und des Personalmanagements im Sinne der Unternehmensziele notwendig. Welche Managementfunktionen jedoch im einzelnen notwendig sind, darüber besteht in der Literatur keine Einigkeit. Miner (1971) ermittelte bei einer Analyse amerikanischer Management-Lehrbücher bereits 19 unterschiedliche, sich teilweise überschneidende Managementfunktionen, und nach Steinmann/Schreyögg (1990, S. 7) ist die Zahl der entwickelten Managementfunktionskataloge inzwischen unüberschaubar.

Lean Management läßt sich als ein spezifisches umfassendes, noch näher inhaltlich zu beschreibendes Konzept der Unternehmensführung charakterisieren. Dabei wird aber nicht – wie in Management-Lehrbüchern (zum Beispiel Steinmann/Schreyögg 1990; Staehle 1991b; Ulrich/Fluri 1992) üblich – eine eher abstrakt-formale „General Management"-Perspektive unter weitgehender Ausklammerung sachinhaltlicher Problemlösungen eingenommen. Vielmehr werden im Lean Management konkrete Managementfragestellungen der betrieblichen Funktionen im Gesamtzusammenhang unter besonderer Berücksichtigung der Schnittstellen behandelt. Eine einseitig-isolierte „Funktionsbereichsperspektive" wird durch die integrative Behandlung zentraler betrieblicher Aufgabenkomplexe vermieden. Lean Management orientiert sich darüber hinaus an einem erweiterten Unternehmenskonzept, indem Wertschöpfungsprozesse jenseits konventioneller organisationaler Begrenzungen gestaltet werden und im „schlanken" Unternehmen zunehmend das partnerschaftliche Management von Unternehmensnetzwerken zum Beispiel mit Zulieferern, F & E-Partnern, Dienstleistern in den Vordergrund rückt.

Vor dem Hintergrund der (Rück-)Verlagerung von Verantwortung und „indirekten Bereichen" zu direkt an der Wertschöpfung arbeitenden „flexiblen Einheiten" wird außerdem auf eine klare Abgrenzung zu Aufgaben ausführender Art (vgl. hierzu Ulrich/Fluri 1992, S. 14) verzichtet. Im Rahmen eines wertschöpfungszentrierten „Shop Floor Management" (vgl. Suzaki 1993) erfüllen die (verbleibenden) Managementebenen im Unternehmen – statt wie in „klassischen" steilen Hierarchien „von oben herab zu regieren" – vornehmlich Serviceaufgaben für die Mitarbeiter „vor Ort".

4. Oberste Zielsetzungen des Lean Management

Als oberste Zielsetzungen des Lean Management lassen sich das Gewinnziel und das Existenzsicherungsziel hervorheben:

1. *Das Gewinnziel*
   Unternehmerische Gewinn- beziehungsweise Rentabilitätsbestrebungen basieren in marktwirtschaftlichen Systemen auf dem erwerbswirtschaftlichen Prinzip. Die mit Gewinn und Rentabilität in Zusammenhang stehenden monetären Größen sind Ausdruck zugrundeliegender leistungswirtschaftlicher (Sub-) Ziele und Vorgänge. Das Lean Management zielt dabei direkt auf eine das Gewinnziel bezogene Beeinflussung der Leistungserstellung über die Optimierung von Sachkriterien wie Produktivität, Qualität, Zeit, Flexibilität, Prozesse usw.

2. *Das Existenzsicherungsziel*
   Ein weiteres Ziel, das mit dem Gewinnziel in engem Zusammenhang steht, ist die Existenzsicherung, das heißt allgemein die „Aufrechterhaltung eines stabilen Zustandes trotz sich ändernder Umwelt" (Heinen 1981, S. 126).
   Zu diesem unternehmensbezogenen „funktionalen Erfordernis des Überlebens" trägt Lean Management unmittelbar bei, denn es soll die produktive beziehungsweise wirtschaftliche Gestaltung der ablaufenden Prozesse bestmöglich gewährleisten und verbessern helfen. Im Grunde genommen bedeutet Lean Management eine (Rück-) Besinnung auf das ökonomische Prinzip bei der Prozeßgestaltung, nämlich das mengen- beziehungsweise wertmäßig günstigste Input-/Output-Verhältnis zu realisieren. Nicht anders haben japanische Unternehmen gehandelt mit dem Ergebnis, daß sich dadurch die heute als Vorbild gepriesenen „Lean"-Strukturen herausbildeten.

5. Grundidee und Grundprinzipien

Die Grundidee und die wesentlichen Grundprinzipien geben die Ausrichtung der zu behandelnden Konzeption in allgemeiner Weise vor. Bei der Identifizierung des spezifischen Beitrages von Lean Management zur Unternehmenszielrealisierung stellt sich die Frage nach der Originalität des entsprechenden Konzeptes vor dem Hintergrund der Tatsache, daß viele der Bestandteile längst bekannt sind, zum Teil intensiv in der Betriebswirtschafts- beziehungsweise Managementlehre diskutiert wurden/werden und sich als „gängige" Konzepte beziehungsweise Instrumente bezeichnen lassen. Eine dominierende Grundidee läßt sich in der Zusammenfassung von vorher isoliert voneinander bearbeiteten Aufgabenstellungen erkennen – mit dem Ergebnis, daß positive (wenn auch nicht quantifizierbare) „synergetische" Wirkungen erzielt werden. „Ganzheitlichkeit" und „Integration" können in ihrer Allgemeinheit in der Betriebswirtschaftslehre allerdings – spätestens seitdem systemtheoretische Ansätze propagiert werden (vgl. insbesondere Ulrich 1970) – nicht mehr als „originäre" Grundideen gelten; dies ist zu präzisieren.

Der zentrale Unterschied zu anderen integrativen oder ganzheitlichen Konzeptionen ist die Tatsache, daß der gesamte Wertschöpfungsprozeß und dessen „Durchgängigkeit" zum Ausgangspunkt aller Betrachtungen avanciert. In Abgrenzung zur traditionellen Massenfertigung nach tayloristischem Muster mit starker Spezialisierung, hierarchischen und streng funktional ausgerichteten Unternehmensstrukturen konzentriert man sich im „schlanken" Unternehmen horizontal auf die Verbesserung der Unternehmensprozesse und auf die Gestaltung einer „intelligenten" Arbeitsorganisation. Dabei wird den Prinzipien „Simultaneität" und „Synchronisation" gefolgt: Parallel und gleichzeitig werden die einzelnen Aufgabenkomplexe von der Marktanalyse, über Produktentwicklung, Produktkonzept, Beschaffung, Marketing bis hin zum Vertriebskonzept bearbeitet und untereinander feinabgestimmt.

Vorherrschendes Gestaltungsprinzip der Organisation ist die Objektorientierung, die traditionelle funktionale Regelungen weitgehend ablöst. Bestimmte Objekte (zum Beispiel Entwicklungsvorhaben, zu fertigende Baugruppen, Logistikprozesse) werden durch kontextabhängige organisatorische Segmentierung strikt auf Wettbewerbserfordernisse hin ausgerichtet. Folge hiervon sind unter anderem Teamarbeit und Projektmanagement in „flachen Hierarchien".

Das „schlanke" Unternehmen versucht in der Fertigung die Vorteile des klassischen Handwerksbetriebs mit denen der Massenproduktion zu verbinden. Handwerksbetriebe stellen ihre Produkte nach Kundenbestellung zumeist in – wie auch immer gearteter – Gruppenarbeit her. Hochqualifizierte Facharbeiter setzen einfache, aber flexible Werkzeuge ein. Im Ergebnis werden durch die Einzelfertigung allerdings hohe Kosten verursacht. Beim Massenproduzenten dagegen werden die Produkte von Spezialisten konstruiert und anschließend von ungelernten oder angelernten Arbeitern auf teuren Spezialmaschinen in Linienanordnung gefertigt. Ermöglicht wird der Einsatz von gering qualifizierten Arbeitskräften durch streng tayloristische Arbeitsteilung. Wegen der hohen Investitionskosten und der mangelnden Flexibilität der Fertigungs- beziehungsweise Montagestruktur werden wenige Standardprodukte in sehr großen Mengen produziert und eine möglichst lange Produktlebensdauer angestrebt. Durch die Kombination der handwerklichen Produktion mit der Massenfertigung vermeidet das schlanke Unternehmen einerseits die hohen Stückkosten der Einzelfertigung, andererseits die häufig beklagte Inflexibilität der Massenproduktion. Die tayloristisch traditionell ausgeprägte Arbeitsteilung wird sowohl bezüglich der hierarchischen Trennung von Planung und Ausführung als auch hinsichtlich einseitig funktionalem Spezialistentum mit der Neigung zur Abschaffung einzelner Abteilungen aufgehoben.

Basis für Lean Management ist die eindeutige Fokussierung auf Kernkompetenzen und prioritäre Aufgaben des betrachteten Unternehmens. Es gilt präzise herauszuarbeiten, welche eigenerstellten Produkte sich langfristig am Markt behaupten sollen. Darauf aufbauend werden die bisherigen Aufgaben zwischen Hersteller und Zulieferern neu verteilt. Periphere Leistungen werden an leistungsfähige Unternehmen ausgelagert („Outsourcing"), zu denen neben ausgewählten Zulieferern auch Dienstleister und Beratungsunternehmen zählen.

Lean Management dient dazu, eine mit unnötigen Kosten verbundene „Überkomplexität", wie sie in vielen traditionellen Unternehmen vorfindbar ist, abzubauen. Überkomplexität zeichnet sich zum Beispiel durch intransparente Verfahren und Abläufe, übermäßige Produktvielfalt, „überlange" Wertschöpfungsketten, stark übertriebene Zentralierung und vielstufige Hierarchieebenen, eine große und wachsende Zahl von nicht standardisierten Zulieferungen zahlloser Lieferanten, ausgiebige (nachträgliche und zentralisierte) Qualitätsprüfungen, multiple, unabhängige Informationssysteme usw. aus (vgl. im einzelnen Child/Diederichs/Sanders/Wisniowski 1991). Eine zu starke Komplexität verhindert die dringend erforderliche Flexibilität, da komplexe Systeme zu schwerfällig sind und raschen Anpassungserfordernissen oft nicht gerecht werden können. Lean Management dagegen verfolgt eine Konzentration auf den Wertschöpfungsprozeß unter dem allgemeinen, übergreifenden Maxime des „Simplicity is best". Der Einsatz modernster flexibler Technologien und Maschinen wird als ein Erfolgsfaktor unter vielen vorausgesetzt. Vermeidung von Überautomatisierung, transparente Strukturierung und eindeutige Segmentierung, Vermeidung von Verschwendung, das heißt die Eliminierung von Aktivitäten ohne Wertzuwachs, für die der Kunde nicht zu zahlen bereit ist (vgl. Pfeiffer/Weiß 1993, S. 24) sowie Beherrschbarkeit und Sicherheit von Prozessen stehen im Vordergrund, die von kleinen Arbeitseinheiten weitestgehend eigenverantwortlich unter Wahrung von gegenseitigen Abstimmungserfordernissen gesteuert werden. Die sensible Abstimmung besorgt nicht nur das als „Spielregelsetzer" fungierende Top-Management; es sollen außerdem Marktmechanismen im Unternehmen gefördert werden („internes Kundenprinzip") und auch Ansätze pretialer Lenkung („Responsibility-Center"-Konzepte) greifen.

Das Postulat der Kundennähe bedeutet neben marktgerechter Produktvielfalt und am Kundennutzen orientierter Qualität von Produkten und Prozessen auch eine zeitgerechte „Zurverfügungstellung" des Produktes („Time to Market"). So avanciert die unternehmensstrategische Dimension „Zeit" zunehmend zu einer kritischen Größe des Unternehmenserfolges (vgl. Simon 1989). Von besonderer Bedeutung ist die Geschwindigkeit beim Markteintritt, weil der Pionierstatus zeitbedingte Wettbewerbsvorteile mit sich bringt, zum Beispiel Marktführerschaft durch „First"-Orientierung mit positiven Effekten bezüglich Marktanteil und Preispolitik. Zeitorientierte, das heißt, vor allem „schnelle" Unternehmen müssen sich als integrierte, vernetzte Systeme verstehen, wo jeder einzelne sich dessen bewußt ist, in welcher Weise seine Tätigkeit in Beziehung zu der der anderen steht. Hauptaufmerksamkeit gilt den Schnittstellen zwischen verschiedenen Aufgaben- und Funktionsbereichen und ihrem Einfluß auf den Gesamtablauf. Gesicherte empirische Ergebnisse über den Zusammenhang zwischen Qualität und Herstellkosten liegen bislang nicht vor. Die gängige These lautet dennoch bisher, verbesserte Qualität sei nur zu entsprechend höheren Kosten möglich, weil kostenintensivere Komponenten benötigt, höherer Kontrollaufwand notwendig und zusätzliche Ressourcen verbraucht werden (vgl. kritisch Phillips/Chang/Buzzell 1983). Durch die Untersuchungen des MIT wird demgegenüber bestätigt, daß höhere Qualität durchaus kostenneutral beziehungsweise ohne erhebliche Mehrkosten realisiert werden kann, da sich kostenintensive Faktoren wie Nacharbeit, Ausschuß und Garantieleistungen signifikant reduzieren lassen. Unterstützt wird diese integrative Position durch eine Studie von Reitsperger/

Daniel/Tallman/Chismar (1993 – in der japanischen Elektronikbranche, die Ergebnisse sind nach Ansicht der Autoren durchaus übertragbar), wobei der positive Zusammenhang von Stückkostenhöhe (zum Beispiel Preis der Input-Faktoren, Prozeßeffizienz, Economies of Scale) und Produktqualität (zum Beispiel Spezialisierungsgrad des Inputs, Arbeitsqualität, Technologie) eng mit der Organisation des Wertschöpfungsprozesses korreliert. Unternehmenserfolg basiert demnach nicht auf der Konzentration auf lediglich einer der beiden Größen, sondern er ist das Ergebnis einer zweckmäßigen Kombination und intensiven Verfolgung der strategischen Zielparameter Qualität und Kosten.

Im Lean Management wird von einem prozeßorientierten dynamischen Qualitätsbegriff ausgegangen. Als Leitmotiv für Optimierungsaktivitäten des Qualitätsmanagements fungiert das japanische „Kaizen"-Prinzip, das eine kundenorientierte „ständige Verbesserung" von Produkt- und Prozeßqualität beinhaltet. Gleichzeitig gilt es, Kostensenkungsbemühungen zu forcieren („Cost Improvement Process"). Das Konzept des Lean Management setzt das populäre Postulat, die Mitarbeiter seien das „wertvollste Gut" des Unternehmens und die Qualität der Humanressourcen wichtigster Erfolgsfaktor (vgl. Staehle 1988) in die Praxis um. Statt isolierter, zu starker Technikzentrierung vollzieht sich ein Wandel zu der Auffassung, besonders die bestmögliche Nutzung des intellektuellen Potentials einer motivierten Belegschaft sichere langfristig erfolgreich den Unternehmensbestand. Entsprechend sei das Wissens-, Ausbildungs- und Leistungsniveau jedes Mitarbeiters, den anspruchsvollen Qualitäts-, Kosten- und Zeitzielen angemessen, auf breiter Basis zu entwickeln. Doch stellt sich schnell heraus, daß sich unter dem japanischen „Urkonzept" des „Toyotismus" keine (neue) Humanisierungstrategie verbirgt, sondern eindeutig Rationalisierungsbestrebungen Vorrang haben (vgl. Lang 1992). Die Humanressourcen-Orientierung wird primär im Ziel-Mittel-Zusammenhang des Unternehmens gesehen.

Ein weiteres wichtiges Prinzip kann in den dem Lean Management zugrundeliegenden „Vertrauensbeziehungen" gesehen werden. Innerbetrieblich zwischen Mitarbeitern, Ressorts und Teams (jede organisatorische Einheit nimmt gleichzeitig Zulieferer- und Empfängerrolle bei Leistungen ein) und ebenso in bezug auf Lieferanten und Kunden (Händlern) muß wechselseitige Bereitschaft zu langfristiger, auf Vertrauen und Konsens gegründeter Zusammenarbeit zum Vorteil sämtlicher Beteiligter vorhanden sein. Die auf diese Weise entstehenden „Kooperations-Netzwerke" basieren auf einem hohen Maß an Datenaustausch und Kommunikation. Dabei werden die Informationen ungefiltert zugänglich gemacht, unmittelbar zugespielt und möglichst auf direktem Wege kommuniziert. Nicht unterschätzt werden darf die Bedeutung eines gemeinsamen „leanprinzipienkonformen Verhaltenskodexes" für die Kooperationspartner entlang der Wertschöpfungskette, um die bestmögliche Realisierung einzelner Abschnitte und die Synchronisation des Gesamtprozesses durch einzelne „Abweichler" nicht zu gefährden (vgl. Womack/Jones 1994, S. 101 f.). Dieser, die Aufgabenverteilung definierende Orientierungsrahmen ist zwar nicht rechtlich bindend, gibt aber Spielregeln und Ziele für die (bisher zumeist konfliktgeladene) Zusammenarbeit vor.

Abbildung 1, Seite 33, faßt die wesentlichen Grundprinzipien und Erfolgsfaktoren des Lean Management im Überblick zusammen. Bei der Beschreibung praktischer Lösungsansätze werden diese Punkte weiter konkretisiert. Dadurch wird eine weitere begriffliche und konzeptionelle Präzisierung angestrebt.

Lean Management bedeutet ...

- Abkehr von der traditionellen Massenfertigung: durch Integration der betrieblichen Funktionen, Konzentration auf die Wertschöpfungskette und Nutzung von Synergien weg von der „Atomisierung" der Aufgaben;
- marktgerechte Vielfalt zum „richtigen" Zeitpunkt und mit weniger Aufwand zu entwickeln;
- Objektorientierung und wettbewerbsgerechte Unternehmenssegmentierung;
- kostengünstiger und in besserer Qualität zu produzieren und den Wünschen des Kunden entsprechend zu liefern;
- Einbeziehen aller Mitarbeiter durch Schaffung und Etablierung von Teams mit weitgehenden Kompetenzen für ihren Arbeitsbereich und ausgeprägtem Teamgeist; Förderung führungsstarker Teamleiter auf allen Unternehmensebenen;
- Konzentration auf Kernkompetenzen und dadurch Neuverteilung der Aufgaben zwischen Herstellern und ausgewählten Zulieferern;
- umfassende Komplexitätsreduktion hinsichtlich der Organisationsstruktur, Wertschöpfungsaktivitäten, Teile-/Variantenvielfalt, Kundenbasis und Informationssysteme, um mehr Flexibilität zu schaffen („Simplicity is best");
- Kombination von Vorteilen der Massenfertigung (hohe Stückzahlen, „Economies of Scale") mit den Vorteilen eines Handwerksbetriebes (Marktnähe, Produktvielfalt) – durch Gruppenarbeit in der Fertigung unter Beibehaltung von Fließband und Taktbindung bei konsequenter Zuordnung einzelner Arbeitssegmente zu den Arbeitsgruppen;
- eine vorsteuernde, permanente, produkt- und produktionsbezogene Qualitätssicherung im Wertschöpfungsprozeß vorzusehen;
- organisatorischen Verbesserungen den Vorzug zu geben gegenüber einer verstärkten Automatisierung;
- die Personaleinsatzflexibilität und die Mitarbeiterqualifikation (fachliche und soziale Kompetenzen) zu erhöhen;
- weitgehende Parallelisierung und Synchronisation von Prozessen;
- Überwindung bürokratischer Hierarchien und funktionaler Barrieren durch „Abflachung" von Hierarchien, horizontale Organisationsstrukturen, Projektorientierung, Anwendung von Gruppenprinzipien und Abbau „indirekter" Bereiche;
- präzise, funktionsübergreifende Zielkostenplanung und -steuerung für ein Produkt schon im Designstadium und fortlaufende Bemühungen um Kostensenkungen („Cost Improvement Process");
- wirkungsvolle Kommunikation und anwendungsgerechte Informationssysteme;
- Umsetzung des japanischen „Kaizen"-Prinzips (Kai = Wandel, Änderung; Zen = das Gute), also kundenorientierte „ständige Verbesserung" von Produkt- und Prozeßqualität.
- Unternehmen als „Sinngemeinschaft" und Realisierung von „Trust Relationships"

Abbildung 1: Überblick über wesentliche Grundprinzipien des Lean Management

6. Die Kernelemente des Konzeptes im Überblick

Als Kernelemente des Konzepts kristallisieren sich „flache Hierarchien", „Teamarbeit", „Simultaneous Engineering", „Total Quality Management", „Zuliefererintegration", „Kundennähe" sowie „Integriertes Informationsmanagement" und „Kommunikationskultur" heraus (vgl. Abbildung 2).

„Flache Hierarchien" zeichnen sich im wesentlichen aus durch:

- Unternehmenssegmentierung durch Bildung von überschaubaren, produktiorientierten Einheiten, die als Netzwerksverbund von „Kleinunternehmen" agieren,

- Reduzierung von Hierarchiestufen und unnötigen Aktivitäten/Stellen („Ausdünnung" des Middle Management"),

- Verantwortung für Entscheidungen werden weitgehend zu Stellen- beziehungsweise Unternehmenseinheiten „vor Ort" delegiert,

- Integration indirekter Funktionen und Prozeßunterstützung durch Servicefunktionen/ -institutionen,

- Abbau von Funktions- und Abteilungsgrenzen, Schaffung „durchlässiger" Strukturen/Prozesse (auch im Verhältnis zu Zulieferern/Kunden),

- Herausbildung und Institutionalisierung einer intensiven, offenen, stärker informell und horizontal ausgerichteten Kommunikation sowie

- Projektmanagement und Teamarbeit.

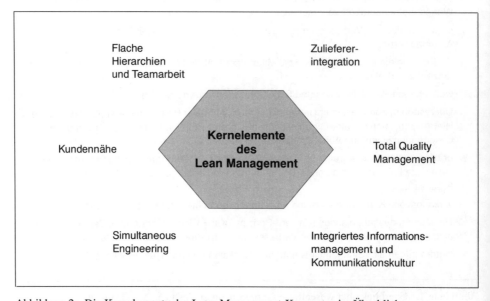

Abbildung 2: Die Kernelemente des Lean-Management-Konzeptes im Überblick

Eine „starke" Projektleitung soll dafür sorgen, daß sämtliche für ein bestimmtes Produkt benötigten Kräfte aus allen Abteilungen mobilisiert werden und Entwicklungsprojekte zügig und unter Berücksichtigung sämtlicher Funktionsbereiche (Forschung und Entwicklung, Marketing, Controlling, Konstruktion, Produktion) durchgeführt werden.

Das durch Verlagerung von Aufgaben und Kompetenzen in die (flußorientierte, pufferlose) Fertigung erweiterte Aufgabenprofil verlangt (insbesondere auch unter der Prämisse knapper Personalbemessung) nach gruppenbezogenen Arbeitsformen mit hoher Personaleinsatzflexibilität bei der Wertschöpfung. Teamarbeit als ein zentrales Organisationsprinzip soll aber auch über die Fertigung hinaus flächendeckend in Unternehmen eingeführt werden.

Zur Beschleunigung der Entwicklungszeiten wird auf „gleichzeitige Entwicklung" („Simultaneous Engineering") gesetzt: Prozesse, die früher stark sequentiell abliefen, werden weitgehend parallelisiert mit dem Vorteil, daß nachträgliche Produktänderungen durch interdisziplinäre Entwicklung eliminiert und die Schnittstellen zwischen Abteilungen, Ressorts und Teams leichter überbrückbar werden. Oberstes Gebot für alle Unternehmensmitglieder ist die Erzielung höchster Qualität aus Sicht des Kunden im Sinne eines umfassenden, präventiven „Total Quality Management". Mit einer Verringerung der Fertigungstiefe wird die Beschaffung besonders kritischer Zulieferteile und -module wichtiger. Dazu bedarf es der möglichst frühen Einbeziehung ausgewählter Zulieferunternehmen, zum Beispiel über zwischenbetriebliche Informationsnetzwerke (Electonic Data Interchange), und Beteiligung in Simultaneous Engineering-Teams durch Mitarbeiter des kooperierenden Zulieferunternehmens.

Die mit Lean Management intendierte Konzentration auf den Wertschöpfungsprozeß beginnt mit der möglichst klaren Vorstellung von dem, was die anvisierte Konsumentenzielgruppe in welcher Qualität und zu welchem Preis präferiert. In zeitlicher Hinsicht sind Innovations- und Lieferzeit wichtig. Zu einer Gestaltung von Kundennähe zählt eine intensive Kommunikation mit den aktuellen und potentiellen (Schlüssel-)Kunden, und zwar auch durch Rückkopplung von Kundenforderungen bis hinein in die Produktentwicklung. Die erforderliche Informationstransparenz hinsichtlich Kundenwünschen, Produktionsstatus, Kostenmanagement etc. wird einerseits durch Controllingaktivitäten und integrierte Informationssysteme unterstützt, die möglichst „vor Ort" geeignete Informationen bereitstellen und eine intensive Rückkopplung zwischen einzelnen Prozeßabschnitten ermöglichen, andererseits durch die Schaffung einer die Vertrauensbeziehungen und den Know-how-Transfer unterstützenden Informations- und Kommunikationskultur.

Teil II
Kritische Analyse

1. Kritische Differenzierung wider die Trivialisierung durch Propagierung einer neuen „Management-Heilslehre"

Der unübersehbare „Lean-Touch", mit dem Praktiker, Seminarveranstalter und Forscher unterschiedlicher Disziplinen versuchen, ihren Arbeits- und Forschungsbereich aufzuwerten und einen aktuellen Anstrich zu geben, läßt beim kritischen Betrachter den Eindruck entstehen, hier werde letztlich lediglich eine neue überzogene und überbewertete Management-Heilslehre verkündet, die im Zuge einer inhaltsleeren Wortinflation bald unmodern sein wird und deren Protagonisten sich alsbald einem neuen Thema in gleicher Weise widmen werden. Andererseits zeigen die forcierten Umsetzungsanstrengungen der betrieblichen Praxis (zunächst primär im Automobilsektor), daß es sich bei dem Sujet um ein im Kern durchaus ernstzunehmendes Managementkonzept für die Bewältigung zukünftiger Herausforderungen handelt. Zwar erscheint es wenig hilfreich, Lean Management vorbehaltlos und undifferenziert zu propagieren. Aber welche Substanz kann aus wissenschaftlicher und kritisch-praxeologischer Sicht zum jetzigen Zeitpunkt von der Debatte erwartet werden, welche Wege zu einer Fundierung lassen sich einschlagen?

Eine maximalen Anforderungen genügende Theorie müßte als ein System empirisch gehaltvoller Hypothesen im wesentlichen Aussagen über Entwicklungsdeterminanten, Ziele, Prozesse, Teilsysteme, Methoden, Anwendungsvoraussetzungen, Randbedingungen und sonstige Teilaspekte von Lean Management entwickeln und formulieren. Das der betriebswirtschaftlichen Theorie immanente Ziel der Erkenntnisgewinnung kann nur in einem mehrstufigen Prozeß erreicht werden. Der Prozeß der Erkenntnisgewinnung vollzieht sich in der Regel anhand der folgenden, sukzessive aufeinander bezogenen, gleichwohl mit fließenden Übergängen versehenen Stufen (vgl. Chmielewicz 1979, S. 8 ff.):

– Bildung von Begriffen, die Bausteine von Aussagen verkörpern,

– Entwicklung von Theorien, das heißt von Aussagensystemen, die empirische Regelmäßigkeiten in Form von Ursache-Wirkungs-Zusammenhängen ausdrücken,

– technologische Umformung von Ursache-Wirkungs- in Ziel-Mittel-Beziehungen sowie

– Formulierung normativer Aussagen.

Es wird deutlich, daß bislang nach diesen, den hohen Ansprüchen des kritischen Rationalismus folgenden Grundsätzen die Erkenntnisgewinnung hinsichtlich des sich durch hohe Praxisrelevanz auszeichnenden Untersuchungsgegenstandes „Lean Management" noch nicht einmal begonnen hat. So gilt es zunächst, begriffliche Grundlagen zu explizieren.

Die Studien des MIT lassen eine primär datenorientierte statt theoriegeleitete Vorgehensweise erkennen. Kritische Stimmen zweifeln deshalb auch aus methodischen Gründen an der Erklärungskraft der Studien, da beispielsweise zusätzlich zu den Kapitalkosten, Personalkosten, Unterschiede in den jeweiligen Steuern- und Abgabensystemen, Arbeitszeitregelungen, staatliche Forschungsförderungen für die Privatwirtschaft, tarifpolitische Regelungen und die spezielle Charakteristik der Arbeitsbeziehungen usw. Einfluß auf nationale Wettbewerbsvorteile ausüben, aber nicht explizit Berücksichtigung finden (vgl. Jürgens 1993, S. 18 f.). In der Nachkriegszeit bis hinein in die achtziger Jahre wurden staatlicherseits für zukunftsträchtig gehaltene Industriezweige – vor allem aus dem High-Tech-Bereich wie der Automobilindustrie – mittelbar über das hochregulierte Bankensystem mit massiven Steuerleichterungen und Subventionen unterstützt. Direkte staatliche Industriepolitik wurde insbesondere vom Ministerium für Außenhandel und Industrie (MITI) über aktive Forschungsförderung institutionalisiert.

Außer der Vernachlässigung ökonomischer Kenngrößen wie Kosten und Gewinnen ergeben sich Zweifel an der Aussagefähigkeit und Vergleichbarkeit von einzelnen, zum Teil spektakulären Produktivitätsdaten (vgl. Williams/Haslan 1992). Beispielsweise finden die geleisteten Überstunden in den Berechnungen keine Berücksichtigung. Es werden aufgrund der geringeren Fertigungstiefe in Japan nur etwa 10 Prozent der Herstellung eines Automobils betrachtet und damit 30 Prozent Preisunterschied durch höhere Produktivität begründet.

In der Praxis wird in der Regel weder Rücksicht auf umfassende methodische Probleme noch auf Theorien genommen, da man dort nicht darauf warten kann, bis diese geklärt beziehungsweise entwickelt und empirisch erhärtet worden sind. Managementkonzepte müssen zwar nicht notwendigerweise von der Wissenschaft vorgedacht werden, doch kann zumindest eine kritische Begleitung und differenzierte Kommentierung der simplifizierenden „Rezeptbücher" und journalistischen Überzeichnungen eine vorbehaltlose, euphoriebedingte Überschätzung im Unternehmen verhindern helfen.

Die kritische Begleitung soll konstruktiv durch eine detaillierte Konzeption eines pragmatisch ausgerichteten Bezugsrahmens ergänzt werden, bei der es im Vorfeld der Theoriebildung in erster Linie auf die Ordnung eines bestimmten Untersuchungsgebietes ankommt, ferner auf die Entdeckung und Weiterentwicklung von Gestaltungsmöglichkeiten (vgl. Kirsch 1971, S. 242; Grochla 1978, S. 62 ff.). Dies erscheint auch deshalb zweckmäßig, weil eine empirische Überprüfung nicht zuletzt aufgrund noch ausstehender weitverbreiteter Realisierungen von Lean Management (zumindest in Europa) noch nicht im Bereich des Möglichen liegt. Außerdem wird zunehmend die Erfüllbarkeit der Anforderungen des kritischen Rationalismus (vgl. Popper 1976, S. 3 ff., Albert 1973, S. 15 ff.) an eine Erfahrungswissenschaft für den Bereich der Betriebswirtschaftslehre als nicht gegeben angesehen (vgl. insbesondere Koch 1975, S. 196 ff.). Deshalb vermag ein pragmatischer Ansatz auch mehr zur Verbesserung von Effektivität und Effizienz von Unternehmen beizutragen als (rudimentäre) „wissenschaftliche" Ansätze, die zudem manchen Praktiker (als einer zentralen Zielgruppe des Buches) durch schwerfällige Sprache und abstrakte Detailverliebtheit überfordern. Hinzu kommt, daß es aufgrund von Komplexität und methodischen Schwierigkeiten kaum zu einer befriedigenden theoretischen Fundierung umfassender Managementkonzepte kommen kann. Zwar mögen für verschiedene Teilproblemstellungen durchaus ansprechende Forschungsergebnisse vorliegen. Für das Gesamtkonzept sind demgegenüber Kreativität, Lernen „von den Besten", Erfahrungen und Mut zu Originalität ausschlaggebend. Auch wenn der wissenschaftlich motivierte Erkenntnisgewinn bei der systematischen Problemannäherung keinesfalls überschätzt werden darf, erleichtern Bezugsrahmen es dem Praktiker, akzeptable Problemdefinitionen zu formulieren, komplexe Probleme in einfachere Teilprobleme zu zerlegen und Lösungshypothesen zu generieren. Bezugsrahmen repräsentieren ein strukturiertes Vorverständnis beziehungsweise eine Strukturierung des bereits vorhandenen Wissens (vgl. auch Kubicek 1977) und stehen am Anfang von Lern- und/oder Forschungsprozessen. Vorläufigkeit und auch Unvollständigkeit bedingen, daß Bezugsrahmen grundsätzlich nur Anregungsfunktion und Orientierungshilfe bieten sowie auf Weiterentwicklung und Konkretisierung ausgelegt sind. Eine bezugsrahmenorientierte Vorgehensweise korrespondiert mit dem Lean-Management-Verständnis insofern, als Lean Management im Sinne eines permanenten Prozesses und nicht als Dogma interpretiert wird, bei dem sich im Zeitablauf durch neue Erkenntnisse Veränderungen ergeben können.

Ein gestaltungsorientierter Bezugrahmen auf der Grundlage von bisherigen Forschungsergebnissen, aber auch von systematisch zusammengetragenem praktischem Erfolgswissen bietet seinerseits eine Basis für die Entwicklung detaillierter, anwendungsbezogener, den jeweiligen vielfältigen spezifischen Kontextfaktoren des konkreten Einzelfalles angepaßter „eigener" Konzepte. Diese sollte von einem pluralistischen Ansatz ausgehen, durch den sichergestellt werden kann, daß alles relevante Wissen zur Lösung einer multidimensionalen Problematik herangezogen wird – unabhängig vom wissenschaftlichen Ursprung.

Die Postulierung einer „zeitlosen" normativen Handlungsanleitung erscheint auch deshalb nicht statthaft, weil die spezifische Situation als Restriktion für Maßnahmen der praktischen Gestaltung begriffen werden muß. Wie nachfolgend näher erläutert wird, gilt es, ausgehend von einer kritischen Analyse und vor dem Hintergrund zentraler Rahmenbedingungen, situativ relativierte Aussagen zu treffen beziehungsweise kritisch reflektierte Konzepte zu entwickeln.

2. Zur Frage von Kulturgebundenheit und Transferierbarkeit von Management-Know-how

In der Lean-Management-Diskussion setzt sich zunehmend die Erkenntnis durch, daß es nicht nur um die Übernahme bestimmter Management- und Produktionstechniken geht, sondern daß hinter dem Ansatz kulturelle Faktoren eine entscheidende Rolle spielen, die den Erfolg mit begründen. Hierzu zählen unter anderem philosophische Grundhaltungen, Selbst- und Weltinterpretationen, spezifische Sozialisations- und Kommunikationsmuster, Tradition, Emotionalität und Temperament – wichtige Kulturelemente, die die Einstellungen und Verhaltensweisen von Gesellschaften, Organisationen, Gruppen und Individuen determinieren.

Bis heute zeichnet sich in der kulturvergleichenden Managementforschung hinsichtlich der grundlegenden Bedeutung von Kultur für das Management keine Einigkeit ab. Den sogenannten Kulturalisten, die Management als Funktion der Kultur auffassen, standen und stehen die sogenannten Universalisten gegenüber („Culture-bound"- versus „Konvergenz"-These – vgl. zusammenfassend Kumar 1988). Letztere verweisen darauf, daß die „Logik der Industrialisierung" zu Übereinstimmungen im Management führt – unabhängig von den kulturellen Traditionen der vorindustriellen Gesellschaft. Die weltweite Industrialisierung sei das Ergebnis eines ausgeprägten Technologie- und Management-Know-how-Transfers, so daß eine starke Übereinstimmung in den Management-Praktiken industrialisierter Länder nicht verwundern kann.

Ohne die anhaltende und komplizierte Diskussion um die Kulturgebundenheit von Management an dieser Stelle zu rezipieren, läßt sich zumindest in pointierter Form auf die Ergebnisse der bisher umfassendsten Studie zu diesem Thema von Hofstede (1980) verweisen. Dort werden signifikante Unterschiede in den Einstellungen und im Verhalten von Managern verschiedener Länder in einem multinationalen Unternehmen (IBM) analysiert und fixiert. Der Landeskultur wird erheblich mehr Erklärungskraft für die festgestellten Unterschiede attestiert als etwa Kriterien wie „Position innerhalb des Unternehmens", „Beruf", „Alter" oder „Geschlecht". Doch gelangt man nach der Lektüre der Studie zu dem Schluß, daß sowohl den Kulturalisten als auch den Universalisten von Fall zu Fall Unterstützung in ihren jeweiligen Argumentationen zuteil wird, also keine klare Aussage zugunsten des einen oder anderen „Lagers" gefällt werden kann. Kultur läßt sich demnach nicht als die alles erklärende Variable des Managements bezeichnen, es besteht kein kausaler Zusammenhang zwischen beiden Größen, aber Internationalierung, Technologie- und Management-Know-how-Transfer führen auch nicht notwendigerweise zu einer Nivellierung. Andere Bedingungskonstellationen, resultierend beispielsweise aus dem spezifischen Wirtschaftsystem, der (historischen) ökonomischen Entwicklung, den Arbeitsbeziehungen oder dem jeweils geltenden Arbeitsrecht, vermögen ebenso Unterschiede im Managementsystem zu erklären. Außerdem variieren Managementansätze innerhalb verschiedener Länder aufgrund unterschiedlicher Unternehmenskulturen, was verdeutlicht, daß die Kultur als externe Variable keinen deterministischen Kontextfaktor darstellt.

Drucker (1979, S. 25 f.) weist auf die wechselseitige Beeinflussung von Kultur und Management hin: Einerseits besitzt Management eine soziale Funktion, eingebettet in eine Tradition von Werten, Glaubensvorstellungen und Branchen, aber auch beeinflußt vom rechtlich-politischen System. Auf diese Weise ist Management kulturgebunden – und sollte es auch sein. Management und die handelnden Personen (Manager) formen aber auch Kultur und Gesellschaft. Mit anderen Worten wurzelt einerseits das Management in der Kultur, andererseits wirkt Managementdenken und -handeln auf die kulturelle Entwicklung ein. Grundsätzlich steht einer Übertragung von Management-Knowhow demnach nichts im Wege, wenngleich kontextual Anpassungen oder Modifikationen vorzunehmen sind. Dies läßt sich sogar zu einem wichtigen Postulat erheben, denn: „All great ideas in science, politics and management have travelled from one country to another, and been enriched by foreign influences" (Hofstede 1993, S. 93).

Das japanische Management unterliegt einem allmählichen, durch Pragmatismus und „ständige Verbesserung" geprägten Wandel, angetrieben durchaus durch historisch weit zurückreichende, aber keinesfalls verblaßte Werte. Bei aller Wandlungsfähigkeit, Adaptions- und Innovationsbereitschaft wird gerade das japanische Management als funktionierende pragmatische Synthese fernöstlicher neo-konfuzianistischer Tradition und Leistungsbereitschaft mit nützlichen, adaptierbaren Methoden, Verfahren und Techniken westlichen Ursprunges aufgefaßt (vgl. Hofstede/Bond 1988). Starke traditionelle Werte gelten keineswegs als Barrieren für die Industrialisierung und den Transfer westlichen Management-Know-hows, sondern entsprechend angepaßt, als „Motor" („Confucian Dynamism") erfolgreicher Unternehmen in Japan. Die Beständigkeit japanischer neokonfuzianistischer Ideen basiert nicht zuletzt auf nationalistisch geprägten Vorstellungen. Durch die Verbindung der neo-konfuzianistischen Ideologie mit moderner Technik und Unternehmensführung könnten die Mängel und Defizite der durch den Individualismus und Pluralismus geprägten westlichen industriellen Zivilisation vermieden werden, könnte sich der „Japanese Way" langfristig im „interkulturellen Leistungswettbewerb" der Industrienationen als überlegen erweisen.

Es kann argumentiert werden, daß bestimmte Charakteristika des japanischen Managements Ausdruck kultureller Wurzeln sind, andere dagegen mehr ökonomischen Überlegungen folgen (vgl. Kono 1982). Japantypische Management-Kulturelemente, unter anderem starke Gruppenorientierung, ausgeprägter Gemeinschaftssinn, hohe Arbeitsmoral, kollektive auf Konsens bedachte Entscheidungsfindung, Betonung persönlicher Beziehungen und informeller Lösungen, gegenseitige Treue und Vertrauen zwischen Unternehmen und Mitarbeiter, patriarchalisch-hierarchische Machtkonstellationen und Führungsstile (vgl. im einzelnen zum Beispiel Whitehill 1991, S. 50 ff.; Esser/Nakajima 1994) lassen sich nicht oder nur schwer übertragen. Dagegen sind Produktionsmethoden und eher „technisch"-sachrationale Praktiken und Instrumente durchaus transferierbar. Mit anderen Worten, je kulturspezifischer sich einzelne Praktiken erweisen, desto schwieriger wird ihre Übertragung. Obwohl ähnliche Problemstellungen zu lösen sind, werden bei der Problemlösung in der jeweiligen Kultur verwurzelte Verhaltensweisen wirksam (vgl. Takahashi 1993).

Zusammenfassend erscheint die Übertragung eines umfassenden Managementkonzepts wie Lean Management mit unterschiedlichen Managementtechniken und -praktiken prinzipiell möglich, doch sind Modifikationen, unterstützende und flankierende Maßnahmen im Management der Humanressourcen, der Organisationsentwicklung und der Unternehmerkultur notwendig, um das neue Konzept zum Erfolg zu führen.

3. Vorbehalte, Risiken und Grenzen einer unkritischen Imitation

Gegen Lean Management werden gewichtige Vorbehalte vorgebracht, die bei der Planung, Gestaltung und Implementierung berücksichtigt werden müssen, weil andernfalls Widerstände der Betroffenen zu befürchten sind. Die Kritikpunkte allgemeiner Art bieten Anlaß für die Kreierung eines unternehmensspezifischen Konzeptes, da Zweifel bestehen, daß das Ursprungsmodell des historisch gewachsenen Zusammenspiels schlanker Arbeits- und Produktionsorganisation die axiomatische Handlungsanleitung für westliche Unternehmen verkörpert.

Nach Beobachtungen von Jürgens (1993, S. 23) gibt es im Ursprungsland selbst immer weniger Zustimmung für das „Erfolgsmodell", und es wird gegenwärtig viel über „Post-Lean"-Konzepte unter der Berücksichtigung sich wandelnder Rahmenbedingungen diskutiert (vgl. auch Berggren 1993). Insbesondere bei Lean-Management-Vorreiter Toyota denkt man – nicht zuletzt aufgrund von negativen Stimmen aus der Belegschaft – über humanere Arbeitsbedingungen nach (vgl. Burckhardt 1993, S. 104; Abbildung 3, Seite 45), ohne dabei Technisierung und Automatisierung zu vernachlässigen, wähnt man sich doch bei der Fertigungstechnik, die zu sehr Ingenieuren und weniger der kontinuierlichen Verbesserung übertragen wurde, im Rückstand gegenüber der westlichen Konkurrenz (vgl. Nomura 1992, S. 58 ff.).

Die nähere Beschäftigung mit den dortigen Managementpraktiken zeigt, daß der ökonomische Erfolg Japans zum Teil auf dem Rücken der Arbeitnehmer erarbeitet wurde und wird (vgl. Khan 1991). Die gerade von jüngeren Japanern attackierte Gruppenorientierung („Mindless Groupism") gerät zunehmend ins Kreuzfeuer kritischer Analysen im Ursprungsland selbst, wo westliche individualistische Vorstellungen Eingang in den gesamtgesellschaftlichen Wertewandel erhalten haben. Heute wächst auch in der japanischen Geschäftswelt die Erkenntnis, daß im Zusammenhang mit der unaufhaltsamen Internationalisierung vieler Unternehmen in Schlüsselbranchen erhebliche Neuorientierungen und Verbesserungen traditioneller Managementpraktiken notwendig sind. Traditionelle Prinzipien und Eigenarten wie „lebenslange" Beschäftigung von privilegierten Stammitarbeitern bei ein und demselben Unternehmen, Senioritätsprinzip und Alimentation statt Leistungsorientierung, stehen auf dem Prüfstand. Kritisiert werden auch der enorme Gruppen- und Arbeitsdruck, der konformitätsfördernd und kreativitätsabträglich sei sowie die strengen „Altershierarchien", die durch Organigramme keineswegs transparent werden (vgl. Tokunaga 1986, S. 330).

Würden Sie Ihren Kindern empfehlen, eine Stelle in der Autoindustrie zu suchen?*	Ja 4,5	Nein 43,3	Schwer zu beantworten 52,2

Wenn nicht, warum? Jeder Neinsager konnte bis zu vier Gründe nennen:*

Hauptablehnungsmotive	Branche	Toyota
Zu geringer Lohn für intensive Arbeit	42,8	37,1
Hohe Arbeitsintenistät, scharfe Vorgaben	40,5	54,7
Hartes Schichtsystem und Nachtschicht	40,1	56,0
Viel Feiertagsarbeit und Überstunden	35,9	37,8
Unfreundliches Personalmanagement	33,2	37,8
Angst um die Zukunft der Branche/Firma	31,0	14,3

* Antworten in Prozent.

Abbildung 3: Beurteilung ihrer Arbeitsplätze durch Mitglieder japanischer Betriebsgewerkschaften (Quelle: Confederation of Japanese Automobile Workers' Unions/Top Business 6/1991, S. 104)

Die kritische Diagnose von Schwachstellen bisheriger Vorgehensweisen, Globalisierungstendenzen, Wertewandel in der jüngeren Generation, ständiges Dazulernen als „Normalität", wachsender Pragmatismus vieler Unternehmen und Offenheit gegenüber mitbringenden Innovationen tragen zu einem allmählichen, von Effizienzbestrebungen geprägten Wandel im Management in Japan bei, wie er schon in den vergangenen Jahrzehnten zu beobachten war (vgl. Smith/Misumi 1989, S. 345 ff.). Ohne Bewährtes gleich über Bord zu werfen, kommen vermehrt universale Managementbausteine in Unternehmen zum Einsatz, zum Beispiel flachere, stärker mitarbeiterorientierte, und weniger einengende Organisationskonzepte („Loosely-structured Organization" – vgl. Okubayashi 1993, S. 105 ff.). Zukünftig wird man sich in Japan wie in Europa mehr an den Interessen und Bedürfnissen der Mitarbeiter zu orientieren haben. „Japanization" (Wood 1991) gibt allenfalls die Richtung bei der Konzeptionalisierung vor, die auf der Basis von erkannten Limitationen und nicht überwindbaren Implementierungsbarrieren zu erfolgen hat.

Lean Management zielt im Kern auf eine Revision tayloristischer Arbeitsteilung, die Arbeitstempo, Kontrolle und Monotonie auf Kosten von Arbeitsinhalten und Qualifikationen steigert durch Entwicklung der personellen Ressourcen, durch deren intensive Nutzung und „In-die-Pflicht-Nahme" auf dem Wege der Delegation von Verantwortung. Die Tatsache, daß der tayloristische Ansatz nicht dazu geeignet ist, Intellektualität, Kreativität und Energie im menschlichen Arbeitsvermögen zu wecken, ist schon seit langem bekannt und wird von den Verfechtern der Humanisierung der Arbeitswelt und seinen Vorläufern schon lange sehr kritisch beurteilt (vgl. Schumann 1992). Im Lean Management wird nun der sozial kompetente, hochqualifizierte Problemlöser benötigt. Es wird primär auf betriebswirtschaftliche Kalküle und konkurrenzfähige Leistungserstellung abgezielt, weniger auf die konsensfähige Gestaltung der Arbeit. An den Arbeitsbedingungen setzt auch die Kritik von gewerkschaftlicher Seite an, da arbeits- und humanitätsbezogene Gruppenziele gegenüber der reinen Produktivitätsorientierung ins Hintertreffen zu geraten drohen. Im einzelnen wird moniert:

- Die japanischen Nutzungsformen des Humanpotentials verfolgen generell keine beteiligungsorientierte Entfaltung der Handlungs- und Dispositionsspielräume, die auf berufliche Autonomie mit einer persönlichkeitsförderlichen Perspektive der Mitarbeiter ausgerichtet ist (vgl. Oehlke 1992, S. 103), sondern stellen auf den unbeschränkten Zugriff auf das Mitarbeiter-Leistungspotential ab.

- Psychische und physische Überlastung durch Arbeitsintensivierung und -extensivierung (Überstunden, Mehrarbeit, Personalknappheit, flexibler Einsatz etc.) können zu Sicherheitsrisiken und chronischen Erkrankungen führen (in Japan wird der gefürchtete „Tod durch Überarbeitung" neuerdings verstärkt diskutiert und angeprangert).

- Aufgrund anspruchsvoller täglicher Fertigungsvorgaben entsteht hoher Prozeßdruck durch „Just in Time" und der Zwang zu hoher Arbeitseinsatzflexibilität.

- Wegen der Animierung zu „ständiger Verbesserung" (Kaizen) entsteht ein nicht unerheblicher (Selbst-)Rationalisierungsdruck.

- Durch die Installation von Hochleistungsteams werden ältere Arbeitnehmer zunehmend ausgegrenzt, wird „überschüssiges" Personal abgebaut mit der Konsequenz einer Verschärfung der Arbeitslosenproblematik.

- Detaillierte Verhaltensvorschriften verstärken die ohnehin schon vorhandene ausgeprägte Disziplinierung der Belegschaft.

- Durch die Gewährung direkt arbeitsplatzbezogener Mitbestimmungs-/Mitwirkungsrechte droht die Auflösung der bewährten Interessenvertretung durch Betriebsräte und Gewerkschaften.

Im japanischen Vorzeige-Unternehmen Toyota lassen sich in der „schlanken Produktion" noch weitgehend fließbanddominierte, hochrepetitive und dabei hochverdichtete Montagearbeiten beobachten (vgl. Jürgens 1993). Gegenüber der Tagesroutine bleibt in der Regel und in weiten Bereichen kaum oder gar keine Zeit für Problemlösungsaktivitäten. Die in Europa, speziell in Deutschland, noch unflexiblen Arbeitszeitregelungen dürften gerade die notwendige Abhaltung von ausführlichen Problemlösungs-Meetings stark behindern.

Die Auflösung des Zielkonfliktes zwischen Produktivitätssteigerung und Humanisierung der Arbeit leistet Lean Management nicht. Bei der Konzipierung eines „eigenen Weges" unter hiesigen Rahmenbedingungen werden Unternehmen die Berücksichtigung von Mitarbeiterinteressen nicht ignorieren können, da andernfalls der Implementierungserfolg von Lean Management gefährdet erscheint. Auch wenn kurzfristig durch Existenzgefährdung von Unternehmen Druckmittel einsetzbar sind und die Qualität des Arbeitslebens ins Hintertreffen gerät, wird sich kein Unternehmen gesellschaftlichen Wertvorstellungen längerfristig völlig entziehen können.

Ein Nachteil der Funktions- und Aufgabenintegration in Lean Management kann der Verzicht auf die Vorteile von Arbeitsteilung beziehungsweise Spezialisierung sein. Es kann davon ausgegangen werden, daß bei der organisatorischen Zusammenfassung von Aufgaben zum Beispiel in der Qualitätssicherung, in der Instandhaltung, in der Fertigung, bei der Steuerung, im Controlling usw. bestimmte Tätigkeiten von spezialisierten Fachkräften detaillierter durchgeführt werden, als im umgekehrten Falle, bei dem sämtliche Mitarbeiter diese jeweils „ein bißchen" betreiben. Will man Qualitätsverluste bei wichtigen Aufgabenstellungen vermeiden und die Professionalität bei der Zielerfüllung nicht gefährden, wird man auf den Einsatz qualifizierter Experten komplementär zur Teamarbeit nicht verzichten können, wobei allerdings besonders in Fällen, die weniger unternehmensspezifisches Spezialwissen erfordern, auch auf externe Dienstleister zurückgegriffen werden kann.

Durch Neuverteilung der Arbeit zwischen Hersteller und Zulieferer, Komplexitätsreduktion, Prozeßkettenorientierung und Schnittstellenkonzentration werden innerhalb des Unternehmens Abstimmungsprozesse verbessert; es entsteht aber neuerlicher, anders gearteter Koordinationsaufwand mit Zulieferern und externen Dienstleistern. Die verminderte Fertigungs- und Entwicklungstiefe bei zunehmenden externen System- und Komponentenzulieferungen vermag unter Umständen den Aufwand bei Eigenentwicklung beziehungsweise -fertigung übersteigen, was im Rahmen von „Make-or-Buy"-Analysen im Einzelfall genau geklärt werden muß.

Im Ursprungsland des Lean Management kann von vertikaler Kooperation und partnerschaftlicher Arbeitsteilung zwecks Optimierung der Wertschöpfungskette in der Realität nicht gesprochen werden. Denn die Existenz japanischer Zulieferer bleibt nur solange gesichert, wie das Subunternehmen den Weisungen der „Mutter" folgt. Allerdings sorgen die Großunternehmen in der Regel dafür, daß die mit ihnen verbundenen Zulieferer gerade noch akzeptable Gewinne erwirtschaften, selbst wenn sie deren Defizite in Technologie und Management durch Hilfestellungen kompensieren müssen. Unter europäischen Rahmenbedingungen läßt sich eine derartige Zuliefererintegration nicht einfach kopieren. Der europäische Lieferant ist auch unter massivem Druck gewöhnlich nicht bereit, „Gestaltungsobjekt" und „verlängerte Werkbank" seines Abnehmers zu werden.

Der notwendige starke Kooperations- und Abstimmungsbedarf steht und fällt mit der verläßlichen längerfristigen partnerschaftlichen Zusammenarbeit zwischen Zulieferer und Hersteller, da die Störanfälligkeit der sensiblen, auf Just-In-Time ausgerichteten produktionssynchronen Beschaffung enorm hoch ist. Einschränkungen bei der Zuliefererintegration in der Praxis bedeuten in manchen Fällen den Verzicht auf die in Japan vorfindbare große Verringerung der Fertigungstiefe.

Ein weiterer wichtiger Kritikpunkt betrifft die ökologische Verantwortung von Unternehmen, die durch Lean Management-Konzepte trotz ihres ganzheitlichen Anspruchs keine Berücksichtigung findet. Lean Management bedeutet in erster Linie Steigerung von Effizienz beziehungsweise Vermeidung von Verschwendung auf der einzelwirtschaftlichen Ebene. Damit werden wesentliche Problembereiche unserer (Wegwerf-)Gesellschaft wie Umwelt- und Verkehrsfragen, gesellschaftliche Folgekosten und die Vermeidung von Verschwendungen in diesen Bereichen zunächst ausgeklammert. Auf die gesetzlich notwendige und zum Teil wettbewerbsstrategische Ökologieorientierung muß bei der Konzipierung von Lean Management Rücksicht genommen werden, manchmal aus ganz pragmatischen Gründen: Eine rigide, pufferlose Just-In-Time-Zulieferung, betrieben von zahlreichen Unternehmen in „verkehrsinfarktgefährdeten" Ländern wie Japan und Deutschland, endet sonst – obschon Achillesferse eines effizienten „Lean Manufacturing" – immer öfter „just im Stau".

4. Voraussetzungen für Lean Management in Deutschland

Bei der Betrachtung der Voraussetzungen für die Implementierungsmöglichkeiten von Lean Management hierzulande muß zwischen der Mikroebene, das heißt Bedingungen auf der Unternehmensebene und der Makroebene, das heißt den landesbezogenen Rahmenbedingungen der Unternehmensumwelt, unterschieden werden. Die erfolgreiche Realisierung des mit Lean Management verbundenen geplanten organisatorischen Wandels setzt eine entsprechende Lernfähigkeit und einen Veränderungswillen bei der Organisation und ihren Mitgliedern voraus, in neuen, bislang zumeist nicht praktizierten Dimensionen zu denken und die sich stellenden Probleme auf eine neue Art zu lösen. Über die möglichen Schwierigkeiten informiert Abschnitt III.8; zunächst sollen die äußeren Rahmenbedingungen näher beleuchtet werden.

Im Zentrum der Überprüfung der „Machbarkeit" von Lean Management außerhalb Japans stehen die soziokulturellen Rahmenbedingungen. Hierbei spielt vor allem die Sozialisation in der westlichen Kultur mit stark individualistischen Wertorientierungen im Zusammenhang mit der Umsetzung von Gruppenprinzipien eine wichtige Rolle. In Japan besitzen die Arbeitsgruppen keinerlei autonomen Handlungsspielraum. Entscheidungsbefugnisse obliegen allein dem Vorgesetzten, die Aufgaben sind weitgehend standardisiert und in der Fertigung eng taktgebunden, was nicht dem westlichen Verständnis von Gruppenarbeit entspricht und sich langfristig kaum durchsetzen läßt.

Arbeitsweltbezogene Stichworte wie „interpersoneller Wettbewerb", „Leistungsprinzip", „Verstärkung lebenszentrierter Interessen", „Orientierung an postmateriellen Werten", „Selbstverwirklichung", „zunehmende Partizipationsforderungen", „interessante Arbeitsinhalte" deuten an, daß konzeptionelle Veränderungen am Ursprungsmodell erforderlich sind, die Wertwandel und Wandel der Ansprüche an die Arbeit berücksichtigen (vgl. hierzu den Überblick bei Strümpel/Scholz-Ligma 1992). Gegen die Nachteile des japanischen Vorbildes werden sich besonders auch die hierzulande vergleichsweise selbstbewußt und individuell denkenden und handelnden, kritikfähigen und hochqualifizierten Belegschaften (gerade) im Produktionsbereich Widerstand leisten, zieht man die gewohnt hohe Qualität der Arbeitsbedingungen, die weit zurückreichenden Humanisierungstraditionen, die Forderungen nach „echter" Partizipation am Arbeitsplatz und die Nichthinnahme eines Verlustes an Lebensqualität in Betracht.

In den USA und in Europa geht man bei der Kreierung von Teamkonzepten in der Regel davon aus, die Mitarbeiter – besonders die in der Produktion – stärker einzubeziehen durch Erhöhung der Autonomie der Arbeitsgruppen bezüglich der Steuerung der täglich anfallenden Aufgaben und Tätigkeiten. Dies gilt primär für die Terminierung der Arbeiten und die Determinierung der Verfahrensabläufe. Im Kontrast hierzu werden in Japan infolge extensiven Einsatzes von Instrumenten wie Just-In-Time-Produktion und -Beschaffung, statistische Prozeßsteuerung, Kanban-Steuerung und andere Arbeitsfolgen und Zeitstrukturen durch erhebliche Prozeßzwänge bestimmt (vgl. Klein 1989).

Zwar besitzen japanische Arbeitnehmer eine hohe Verantwortung für das Funktionieren und die Verbesserung der Prozesse, doch können die in der Arbeitshumanisierungsdiskussion vorherrschenden Merkmale für ein hohes Maß Gruppenautonomie, insbesondere (Mit-)Entscheidung über Gruppenzielsetzung, Arbeitsort, Arbeitszeit, zusätzliche Tätigkeiten, Wahl der Produktionsmethode, interne Aufgabenverteilung, Mitgliedschaft, Teamführung, Arbeitsverfahren usw. können als diametral entgegengesetzt zu denen japanischer Ansätze interpretiert werden.

Als eine Art Gegenmodell zum japanischen Lean-Ansatz wird deshalb von einigen Autoren beispielsweise das schwedische „Uddevalla"-System von Volvo gepriesen (vgl. zum Beispiel Rehder 1992), da es die Nachteile des japanischen Modells vermeidet und die Arbeitsbedingungen, die Partizipation und Einbringung der intellektuellen Potentiale nachhaltig fördert. Die Vorteile bestehen im wesentlichen in der frühzeitigen Involvierung der Mitarbeiter bei der Konzeptgestaltung, in der weitgehenden Unabhängigkeit und Eigenverantwortung der Fertigungsteams innerhalb motivierender Rahmenbedingungen (insbesondere Abkehr von Fließband und Taktbindung), in systematischer Personalentwicklung und „Commitment" sowie in einer prozeßdruckreduzierenden Systemflexibilität, die entstehende Synchronisationsmängel durch innovative Verfahren der Materialzuführung und moderne Informationssysteme in ihren negativen Auswirkungen auf die Beschäftigten ausgleicht.

Das vielbeachtete schwedische Modell mit außergewöhnlichen Arbeitsumfängen für die Gruppe, vergleichsweise weitreichender „Arbeitsplatzdemokratie" und menschengerechteren Arbeitsbedingungen in Uddevalla mußte aufgrund drastisch gesunkener Stückzahlen eingestellt werden. Auch bei Volvo gewinnen japanisch inspirierte Produktions- und Managementkonzepte stark an Einfluß, um eine deutlich höhere Produktivität erreichen zu können. Die nicht vornehmbare „1 : 1-Übertragung" des japanischen Ursprungsmodells und das Scheitern des schwedischen Modells bedeuten für das Lean Management hierzulande, einen konkurrenzfähigen differenzierten „Mittelweg" zu finden, der in der Fertigung im wesentlichen auf dem Konzept teilautonomer Arbeitsgruppen fußt.

Teilautonomen Arbeitsgruppen wird ein möglichst zusammenhängender, abgeschlossener Aufgabenbereich zur Erledigung in eigener Verantwortung übertragen (vgl. Ulich

1992, S. 167). In der Praxis läßt sich eine große Bandbreite unterschiedlicher Autonomiegrade feststellen, und zwar in Abhängigkeit davon, welche Handlungs- und Einzelentscheidungsbefugnisse den Gruppen übertragen werden. Teamarbeit kann nach diesem Ansatz sehr unterschiedliche Formen annehmen, sie variiert je nach Unternehmen und (nicht zuletzt) in Abhängigkeit von der Sachaufgabe von Arbeitsgruppe zu Arbeitsgruppe. Der „richtige" Autonomiegrad für Lean Management läßt sich allerdings nicht standardisieren. Je größer der Autonomiegrad wird, desto mehr drängt sich die Frage auf, wie eine funktionierende Selbstorganisation von Gruppen erreicht werden kann. Ein wichtiger Kerngedanke im Lean Management besteht dann abweichend vom Ursprungskonzept darin, das Gesamtsystem so zu gestalten, daß die institutionalisierten Subsysteme sich weitgehend selbst zu organisieren in der Lage sind. „Selbstorganisation umfaßt alle Prozesse, die aus einem System heraus von selbst aufstehen und in diesem ‚Selbst' Ordnung entstehen lassen, verbessern oder erhalten" (Probst 1992, Sp. 2255).

Wichtige Voraussetzungen für das Funktionieren von Selbstorganisation in der Unternehmenspraxis, wo Arbeitsgruppen nicht völlig frei über ihr Tun entscheiden können, sind:

- Vorgabe von Spielregeln und klaren Zielsetzungen, die innerhalb des Unternehmenszielsystems und in bezug auf andere Gruppen abgestimmt sind, ohne aber die Wege der Zielerreichung zu stark vorzuprogrammieren,

- unternehmenswerte Anerkennung der gemeinsamen Wert- und Zielvorstellungen,

- Übertragung ganzheitlicher, zusammenhängender Aufgabenkomplexe an die Gruppe,

- Sicherstellung eines hohen Informationsniveaus zur Ermöglichung von Selbststeuerungsaktivitäten und

- die Ermöglichung umfassender Qualifikationen für die Gruppenmitglieder.

Die Höhe des Autonomiegrades bis hin zur Beantwortung der Frage, ob und inwieweit bestimmte Arbeitsgruppen an zentralen Unternehmensentscheidungen partizipieren sollen beziehungsweise können, muß situationsbezogen fixiert werden. Häufig werden die Umsetzung von Selbstorganisation mehr von Illusionen als von Realismus getragen, weil (vgl. Manz 1992, S. 1132 ff.)

- die Betroffenen kein Bedürfnis verspüren, die ihnen zugewiesenen Spielräume auch tatsächlich aktiv zu nutzen und oftmals nicht die notwendigen Fähigkeiten zur Selbststeuerung besitzen und/oder

- der Arbeitskontext dem Selbststeuerungsmechanismus im Wege steht.

Besonders bei Just-In-Time-Produktion lassen sich wenig Freiräume einrichten. Auch Routineaufgaben eignen sich kaum. Dagegen sind kreative Aufgabenstellungen, bei denen es auf Flexibilität ankommt, gut geeignet. Außerdem ist im einzelnen zu fragen, wie die Selbstorganisation organisatorisch unterstützt werden kann (Anreiz-, Informationssysteme etc.). Wichtig erscheint das Ersetzen von „starker Führung", Disziplinieren und Befehlen durch einen partizipativen Führungsstil mit dem Ziel der Förderung selbstorganisatorischer Prozesse.

Die technologischen Rahmenbedingungen werden vornehmlich durch die Teilkomplexe Produktions- und Informationstechnologie bestimmt. Japanische Fertigungsmethoden (Just-In-Time-Beschaffung und -Produktion, Kanban-Systeme, statistische Prozeßregelung, Null-Fehler-Strategien usw.) sind inwischen erfolgreich implementiert worden. Die mit Skepsis verfolgte Frage aber, ob ausschließlich Technik und Produktionsorganisation ausreichen, japanische Produktivitätsraten zu erreichen, stellt sich seit den MIT-Studien in isolierter Form nicht mehr. Auch viele (ehemalige) Protagonisten einer weitgehenden Technisierung und Automatisierung erkennen inzwischen die Notwendigkeit eines „Human Integrated Manufacturing" an. Die damit verbundenen Organisationskonzepte und personalwirtschaftlichen Instrumente sind bekannt, auch wenn die betriebliche Umsetzung bislang zurückhaltend erfolgt ist. Die langjährigen Erfahrungen mit arbeits- und menschengerechter Arbeits- und Technologiegestaltung gilt es nun zu nutzen.

Im Hinblick auf die ökonomischen Rahmenbedingungen begünstigen Rezessions- und Krisenerscheinungen, verbunden mit dem von Unternehmen oft beklagten hohen Lohnniveau, Rationalisierungsanstrengungen. Den kostenbezogenen Standortnachteilen stehen aber die klaren Vorteile des traditionell hohen Qualitätsbewußtseins und eines hohen Ausbildungsstandes gegenüber. Das duale System der Berufsausbildung, die Heranbildung von Facharbeitern mit breiter beruflicher Qualifikation (in Japan wegen der vornehmlichen Konzentration auf Allgemeinbildung in dieser Form nicht vorhanden) und ein großes Potential an praxiserfahrenen Meistern und Technikern bieten „vorzügliche" Voraussetzungen (Moldaschl 1992, S. 46) für Lean Management. Weiterhin sind wichtige Vorbedingungen für funktionierende Logistiklösungen prinzipiell vorhanden; dies gilt sowohl für die Verfügbarkeit von leistungsfähigen Zulieferern und Subunternehmern als auch für Kommunikations- und Transportmöglichkeiten (vgl. hierzu auch Henzler 1993, S. 16 ff.).

In politisch-rechtlicher Hinsicht sollte der Gewerkschaftseinfluß und arbeitsrechtliche Bestimmungen bei der Implementierung von Lean Management nicht unterschätzt werden und auf der Basis der nicht konfliktfreien, aber insgesamt funktionierenden Arbeitsbeziehungen von vornherein – trotz Interessengegensätzen – eine vertrauensvolle Partnerschaft von Management und Gewerkschaften angestrebt werden. Die frühzeitige Einbeziehung der Interessenvertretungen hilft dabei, Lösungen zu finden, die später von den Mitarbeitern mitgetragen werden.

5. Lean-Management-Erfahrungen außerhalb Japans

Umfassende und dabei detaillierte, aussagekräftige empirische Studien über den Implementierungsfortschritt und -erfolg von Lean Management außerhalb des Ursprungslandes liegen bislang nicht vor. Als ideale praxisnahe „Laboratorien" können aber japanische Transplants und Joint Ventures mit japanischer Beteiligung angesehen werden, wenn man nähere praxisnahe Aufschlüsse über Möglichkeiten und Zweckmäßigkeit einer Übertragung des „original japanischen" Vorbildes auf westliche Kontexte erhalten will.

Florida/Kenney (1991) haben sieben bedeutende Transplants japanischer Automobilhersteller in den USA untersucht, in denen Kernelemente japanischer Arbeits- und Fertigungsorganisation Anwendung finden. Hierzu zählen Teamarbeit, Job Rotation, Verantwortlichkeit der Mitarbeiter „vor Ort" für die den Produktionsprozeß begleitende Qualitätssicherung und wenig ausgeprägte Arbeitsplatzbeschreibungen für den einzelnen. Modifikationen als Tribut für den notwendingen „Fit" im Kontext der US-amerikanischen Rahmenbedingungen werden bei Entlohnung, im Personalmanagement, Arbeitsplatzsicherheit und in der Gestaltung der Beziehung zu den Gewerkschaften vorgenommen. Der Erfolg der Transplants wird durch wesentliche Kennzahlen in der MIT-Studie belegt, zum Beispiel hinsichtlich Produktivität (Stückzahl pro Stunde) und Qualität (Montagefehler pro 100 Autos), bei denen die Transplants annähernd so gute Werte erzielen wie japanische Werke in Japan und gleichzeitig amerikanische und europäische Werke klar überflügeln (vgl. Womack/Jones/Roos 1991, S. 96 ff.). Florida/Kenney (1991, S. 192 ff.) sehen durch die Untersuchung der Transplants ihre These bestätigt, daß trotz anfänglicher Umsetzungsprobleme und einiger Modifikationsnotwendigkeiten grundsätzlich eine erfolgreiche Übertragung von Lean Management, das von der japanischen Kultur quasi abgekoppelt werden kann, in andere Länder möglich ist.

Erfolge in Nordamerika werden exemplarisch vom Gemeinschaftsunternehmen in New United Manufacturing Inc. (NUMMI), eine Kooperation von General Motors und Toyota berichtet. Das „NUMMI-Production-System" zeichnet sich im Vergleich zum japanischen Toyota-Produktionssystem durch zwei wesentliche Unterschiede aus (vgl. Adler 1993, S. 102 f.):

1. stärkere Bezugnahme auf den sozialen Kontext von Arbeit und

2. Fokussierung auf standardisierte Arbeitsprozesse, die durch die Mitarbeiter selbst kontinuierlich verbessert werden, wobei deren Bedürfnisse und Interessen vermehrte Berücksichtigung erhalten.

Eckpfeiler der Unternehmenspolitik sind Vertrauen, Konsens und Gemeinsamkeit, Teamwork, Mitbestimmung am Arbeitsplatz, gegenseitige Unterstützung und Gleichbehandlung. Bei Nummi arbeiten die Produktionsteams am Fließband. Jedes Teammitglied führt genau definierte Tätigkeiten von durchschnittlich 60 Sekunden Länge aus. Gleichzeitig sind die Montagearbeiter für die Qualitätssicherung, Wartung und die Definition der einzelnen Tätigkeiten verantwortlich. Eine Spezialität besteht in der umfangreichen Gewährung einer Arbeitsplatzsicherheit („No-Layoff Policy"), um einerseits den Teamgeist zu fördern und andererseits den Arbeitnehmern die Sorge vor einer „selbstveranlaßten Wegrationalisierung" aufgrund ständiger Rationalisierungsbemühungen zu nehmen. Im Falle schlechter Auftragslagen sollen stattdessen beispielsweise die Gehälter der Führungskräfte gekürzt, ausgelagerte Arbeiten wieder ins Unternehmen zurückgeholt sowie die Mitarbeiter zwischenzeitlich zu Trainingsmaßnahmen geschickt oder in Kaizen-Teams eingesetzt werden. Kontinuierliche detaillierte Maßnahmen der Standardisierung der Arbeitsorganisation werden nicht von den Ingenieuren geplant und vorgegeben, sondern von den Arbeitnehmern selbst entwickelt. Dazu lernen diese die Techniken der Arbeitsanalyse, Arbeitsgestaltung und -verbesserung. Dem Team obliegt die Evaluierung von und die Entscheidung über Abläufe, Vergleiche mit den Ergebnissen anderer Teams einer anderen Schicht und die Spezifikation mit dem Ergebnis, daß jeder einzelne sich mit der Standardisierung identifiziert und diese gedanklich nachvollziehen kann.

Ein kritischeres Bild des Implementierungserfolges von Lean Management, speziell in japanischen Transplants und Joint Ventures in Nordamerika zeichnen Scherrer/Greven (1993). Zwar seien zunächst bei Einführung die Erwartungen übertroffen worden. Die US-Gewerkschaften waren zu Beginn davon überzeugt, daß das japanische Konzept der größeren Flexibilität den Beschäftigten Vorteile bringt. Sie waren deshalb zu Zugeständnissen bei den Löhnen und der Bildung von Randbelegschaften mit befristeten Arbeitsverträgen bereit. Mazda versprach beispielsweise, keine Entlassungen bei der Stammbelegschaft vorzunehmen, ohne zuvor die Gehälter des Managements zu kürzen, die Vergabe von Fremdaufträgen einzuschränken und mit der Gewerkschaft abgesprochene Kosteneinsparungsmaßnahmen einzuleiten. Den Kern der gewerkschaftlichen Zugeständnisse stellte jedoch die Zustimmung zur Einführung von Gruppenarbeit dar. Hierdurch wurden zentrale Bestandteile der gewerkschaftlichen Schutzrechte (vor allem Job Controls gegen unternehmerische Willkür) eingeschränkt. Um das Flexibilitätspotential der Gruppenarbeit voll auszuschöpfen, wurden alle Arbeitsplatzbeschreibungen in der Produktion aufgehoben. Bald nach voller Aufnahme der Produktion bei Mazda im Jahre 1988 tauchten die ersten Schwierigkeiten auf, bedingt durch eine große Zahl an Überstunden, mangelhaften Partizipationswillen der Vorgesetzten, hohe Arbeitsbelastung und damit korrespondierende hohe arbeits- aber auch unfallbedingte Absentismusraten.

Andere japanische Automobilunternehmen (Nissan, Toyota) versuchen, ihre Betriebe „gewerkschaftsfrei" zu halten, um ihre neuen Management- und Produktionsmethoden ohne gewerkschaftliche Mitsprache besser durchsetzen zu können. Aus Sicht der Gewerkschaft, untermauert von Umfragen unter Montagearbeitern, herrschen in diesen Fällen besonders schlechte Arbeitsbedingungen (teilweise gesundheitsschädigende und schwierige Arbeiten, stark autoritäre Kontrolle, nur gerade ausreichende bis mangelhafte Schulungen), die den Gesamterfolg von Lean Management infrage stellen (vgl. MacShane 1993). Demgegenüber wird im japanisch-amerikanischen NUMMI-Joint-Venture die Einbeziehung der Gewerkschaften ausdrücklich als Erfolgsfaktor anerkannt (vgl. Adler/Cole 1993, S. 86).

Die Ursachen für das Scheitern harmonischer Arbeitsbeziehungen führen Scherrer/Greven (1993, S. 94 ff.) auf drei Faktoren zurück:

1. Das japanische Produktionssystem sei in den gewerkschaftlich organisierten Transplants nur partiell eingeführt worden. Wichtige Sanktionselemente, die in Japan für die Disziplinierung und Motivierung der Beschäftigten sorgen, fehlten. Hierzu zählen zum Beispiel starke Leistungs- und qualifikationsbezogene Entgeltsysteme, forcierte Personalentwicklungsanreize und -maßnahmen und horizontale („crossfunktionale") Karrierewege. Die Ausklammerung eines individuellen Personalbewertungssystems würde außerdem die Möglichkeit des Managements einschränken, gezielt persönliche Leistungsbeiträge und Wohlverhalten zu belohnen mit der Folge, daß sich kollektive Protestformen besser entfalten können.

2. Ferner sei der Widerspruch zwischen den Verheißungen des japanischen Modells und der betrieblichen Realität so groß, daß, soweit die Beschäftigten über eine Interessenvertretung verfügen, dieser Widerspruch über kurz oder lang artikuliert werden muß. Der massive Protest gegen Managementfehler und falsche Versprechungen erschiene den Mitarbeitern um so legitimer, als sich das Management in Einzelfällen über lokale Gebräuche geradezu provokativ hinwegsetzte und damit ohnehin vorhandene Vorbehalte gegen eine „Japanisierung" kräftig geschürt hat.

3. Schließlich konstatieren die Autoren, ohne eine Veränderung der gesetzlichen Rahmenbedingungen in den USA, die die Mitsprache der Beschäftigten gesetzlich verankert, seien die Belegschaften in der Auseinandersetzung mit dem jeweiligen Transplantmanagement gezwungen, zumindest teilweise zu der bisherigen schutzorientierten Praxis, den Arbeitseinsatz genau tarifvertraglich zu regeln, zurückzukehren. Personaleinsatzflexibilität als zentrale Komponente eines Lean Manufacturing wird es dann kaum mehr geben.

Die gesetzliche Betriebsverfassung in Deutschland schützt die betriebliche Interessenvertretung davor, gänzlich von Fragen der Arbeitsplatzgestaltung ausgeschlossen zu werden. Die Ausführungen zeigen, daß darüberhinaus auf eine möglichst vertrauensvolle Zusammenarbeit mit den Interessenvertretungen der Arbeitnehmer nicht verzichtet werden sollte.

Auch in Europa sind in der Automobilindustrie Fabriken nach konzeptionellen Vorgaben des Lean Management errichtet worden, zum Beispiel die Produktionsstätten von Opel in Eisenach (vgl. Abbildung 4, Seite 55), von Nissan in Sunderland oder von Seat in Martorell. Übereinstimmend wird bei diesen Projekten „auf grüner Wiese" von umfangreichen Anstrengungen zur Schaffung einer auf offene Kommunikation und reibungslose Zusammenarbeit ausgerichteten Unternehmenskultur berichtet. Anscheinend vertraut man nicht allzu sehr auf die neue Attraktivität der Arbeitsbedingungen: Die Wahl strukturschwacher Standorte verringert das Risiko eines Scheiterns der zum Teil mit Pilotcharakter behafteten und von der interessierten Öffentlichkeit mit Argusaugen beobachteten Projekte. Dort ist ein ausreichendes Arbeitskräftepotential vorhanden, das sich aufgrund von Arbeitslosigkeitsrisiken bereitwilliger als anderswo den neuen Anforderungen und Arbeitsbedingungen unterordnet. Damit wird aber auch die These unterstützt, daß sich Unternehmen bei der Konzipierung von Lean Management bei Wegfallen dieser spezifischen Bedingungen um eine stärkere Berücksichtigung nationaler Kontextfaktoren und Anpassungsleistungen nicht umhin kommen.

Die Sicherstellung der funktionierenden Arbeitsbeziehungen, der Blick für das praktisch „Machbare" und das Denken in Rahmenbedingungen legen eine zweckmäßige Modifikation am Ursprungsmodell nahe. Generelles Ziel müßte es sein, die negativen Elemente zu vermeiden und die positiven Elemente aufzugreifen und zu verstärken. Das Plädoyer für einen eigenen Weg darf andererseits nicht die Erfolge des japanischen Ursprungskonzeptes außer acht lassen, will man sich nicht allzu sehr einem möglichen eigenen Scheitern mit alternativen Konzepten und in der Konsequenz einer weiteren Verschärfung des japanischen Wettbewerbsdrucks aussetzen.

Unternehmensstrategie:
- Beschränkung auf das Kerngeschäft (Produktion von PKW);
- Outsourcing indirekter Bereiche (Catering, Reinigung etc.);
- Kosteneinsparung durch „intelligentes" Fabrik-Layout.

Gruppenarbeit:
- Gesamtes Unternehmen in Gruppen organisiert;
- Gruppengröße zwischen sechs und acht Mitgliedern;
- freigestellter Gruppensprecher organisiert Gruppe;
- Beteiligung der Gruppen am Planungsprozeß.

Ständiger Verbesserungsprozeß:
- Mitarbeiter verbessern ihren eigenen Arbeitsplatz (Kaizen);
- Beteiligung am Erfolg durch effizientes Anerkennungssystem.

Instandhaltungskonzept:
- Gruppenmitglieder übernehmen Instandhaltung in ihrem Bereich;
- prozeßbedingte Wartung durch eigenes Personal;
- Routinewartung wird fremdvergeben.

Sichtbarmachung des Produktionsprozesses:
- Ständige Information über den jeweiligen Produktionsstatus;
- sofortiges Erkennen von Schwierigkeiten/Schwachstellen für jedermann.

Materialversorgung:
- Geringer Materialbestand im Werk/Just-In-Time-Zulieferung;
- selbststeuernde Materialsysteme (Kanban);
- genaue Absprache mit Lieferanten und Spediteuren über Anliefermengen und Anlieferungszeitraum.

Mitarbeiterorientiertes Management:
- Beraten anstelle von Anweisen, Intensiv-Einarbeitung;
- offenes Bürokonzept ohne trennende Wände;
- vertrauensvolle Zusammenarbeit zwischen Betriebsrat und Geschäftsleitung.

Abbildung 4: Eckpfeiler des Lean-Management-Konzeptes bei Opel in Eisenach

6. Die Situationsabhängigkeit von Lean-Management-Konzepten

Die bisherige Analyse hat gezeigt, daß die Entscheidung über die Konkretisierung und Implementierung des Lean Management nicht losgelöst von der Vielzahl unterschiedlicher interdependeter Kontextfaktoren („Constraints") gesehen werden kann. Ein rationales Handeln der betrieblichen Entscheidungsträger setzt somit eine genaue Kenntnis situativer Faktoren sowie der von ihnen ausgehenden Wirkungsbeziehungen im Einzelfall voraus. Jedes einzelne Unternehmen agiert in einer speziellen Umwelt aufgrund von besonderen Einflüssen und Transaktionsbedingungen, die unter anderem in Abhängigkeit von Unternehmensgröße, Leistungsprogramm/Branche, technologischem Stand, Rechtsform, Kundenstruktur, Konkurrenzverhältnissen, Unternehmens-Know-how, Ausbildungsstand der Mitarbeiter variieren und daher spezielle konzeptionelle Ausrichtungen, Schwerpunktbildungen und Nuancierungen notwendig machen.

Die Kontingenzforschung, die die funktionalen Beziehungen zwischen Kontextfaktoren und bestimmten Managementkonzepten untersucht (vgl. zum Beispiel Luthans 1976), kommt zu dem sehr allgemeinen Ergebnis, daß es aufgrund unterschiedlicher „Constraints" keinen „One Best Way" der Ausgestaltung gibt.

Die Zuordnung von einzelnen Kontextfaktoren zu bestimmten konzeptionellen Differenzierungen gestaltet sich sehr schwierig; eindeutige Wenn-dann-Aussagen lassen sich in der Regel nicht heranziehen. Daher haben auch differenzierte Kontextanalysen, die zu einem vertieften Einblick in Gestaltungsnotwendigkeiten führen sollen, enge Grenzen. Dennoch bieten Analysen des Kontexts in Verbindung mit Plausibilitätsannahmen über den Einfluß von Kontextvariablen Hinweise für Möglichkeiten und Restriktionen der Konzeptgestaltung, das heißt dem „Fit" von Konzept und Kontext.

Zur Analyse der Kontextbeziehungen lassen sich grob zwei Ebenen unterscheiden:

– *Beziehungen zwischen Aspekten der Unternehmensumwelt und dem Lean Management:* Beispielsweise können unterschiedliche sozio-kulturelle Bedingungen Unterschiede bei der Ausgestaltung von Lean Management in unterschiedlichen Ländern bewirken. So hat Gruppenarbeit in Japan eine völlig andere Bedeutung als in Deutschland. Ferner können fehlende Zulieferstrukturen die geforderte Zusammenarbeit mit zuverlässigen Zulieferern erheblich erschweren und alternative Konzepte („Global Sourcing statt Single Sourcing") erforderlich machen. Weitere externe Größen betreffen unter anderem Wettbewerbsbedingungen, technische Entwicklungen, Arbeitsrecht usw.

– *Beziehungen zwischen Aspekten der „Unternehmensinnenwelt" und dem Lean Management:* Neben „typischen" unternehmensinternen Kontextfaktoren wie Unternehmensgröße, Leistungsprogramm, Wertvorstellungen des Managements, Fertigungstechnologie, „Qualität des Humankapitals" und andere müssen in diesem Zusammenhang Einflüsse von einzelnen Faktoren des Lean Management auf andere Komponenten untersucht werden. Innerhalb des integrativen Aufgabeverständnis geht es dabei situativ um die Feinabstimmung einzelner Funktionsbereiche beziehungsweise Prozeßabschnitte.

Eine gründliche Unternehmensanalyse (ergänzt durch Markt-, Branchen- und Konkurrenzanalysen) vermag die Stärken und Schwächen der bisherigen Entwicklung und des bestehenden Zustandes aufzuzeigen. Eine ernste Schwierigkeit liegt darin, daß sich viele Soll- und Ist-Größen nicht quantifizieren lassen und auch eine aussagefähige Operationalisierung (zum Beispiel des Begriffs „Kundennähe") oft kaum möglich ist. Häufig bieten sich Checklisten als erste, Anregungsfunktion ausübende Beurteilungskriterienkataloge an. Auch aussagefähige Daten der Wettbewerber sind auf dem legalem Wege der Konkurrenzforschung nur schwer ermittelbar. Eine unternehmensspezifische Analyse, mit der sich der Handlungsbedarf (Art, Ausmaß, Geschwindigkeit) hinsichtlich des Ausmaßes einer Neuorientierung der Unternehmensführung aufzeigen läßt, kann unter anderem nach folgendem Schema ablaufen (vgl. Hinterhuber 1992, S. 84):

1. Ermittlung der unternehmensspezifischen Ausprägung kritischer Erfolgsfaktoren unter den gegebenen und prognostizierten Umwelt-, Branchen- und Wettbewerbsbedingungen.

2. Diagnose der Stärken und Schwächen der einzelnen Erfolgsfaktoren im Vergleich zu den stärksten Konkurrenten (zusätzlich Analyse möglicher Gefahren und Chancen für die Zukunft).

3. Visualisierung der Ergebnisse durch Profildarstellung der Stärken und Schwächen (einschließlich Gegenüberstellung der Stärken/Schwächenprofile wichtiger Wettbewerber).

Wie letztlich mit dem „Thema Lean Management" in einzelnen Unternehmen umgegangen und in welcher Weise es umgesetzt wird, entscheidet sich durch die (subjektive) Wahrnehmung eines Problemdrucks. Erscheinen den Schlüsselpersonen im Unternehmen die Grenzen bisheriger Vorgehensweisen erreicht zu sein, liegt die Suche nach erfolgversprechenden Alternativen nahe. Je nach dem, in welcher Weise die Problemlösungsfähigkeit von Lean Management eingeschätzt wird, die Durchsetzungsmöglichkeiten und (breite) Akzeptanz durch die Unternehmensmitglieder beurteilt werden, üben spezifische Wertvorstellungen der Führungskräfte auf die Konzeption und die grundsätzliche Implementierungsentscheidung erheblichen Einfluß aus.

7. Der hindernisreiche Weg zum „schlanken" Unternehmen in der Praxis

Viele Bausteine des Lean-Management-Konzeptes und ihre Vorteilhaftigkeit sind seit langem bekannt, nur werden sie aus den unterschiedlichsten Gründen nicht erfolgswirksam eingesetzt. Gerade in der Implementierung liegt die japanische Stärke und gleichzeitig eine Schwäche nicht-japanischer Wettbewerber: Daher erscheint es wichtig, die

Implementierungshindernisse zu beleuchten, um präventiv nicht nur vor diesen zu warnen, sondern auf die Notwendigkeit der frühen proaktiven Einbeziehung in umfassende praktische Lösungsansätze des Lean Management hinzuweisen. Implementationsbarrieren können den Erfolg ganzheitlicher „Schlankheitskuren" völlig scheitern lassen oder aber die Gefahr eines „Stehenbleibens auf halber Strecke" heraufbeschwören. Die Vermeidung beziehungsweise die aktive Einflußnahme auf Implementationshindernisse setzt deren genaue Kenntnis voraus.

Das Auftreten unterschiedlicher Formen und Ausprägungen von Implementationsbarrieren ist dann besonders gravierend, wenn es sich im betreffenden Unternehmen um wesentliche Neuerungen im Vergleich zum bisherigen Produktions- und Managementsystem handelt. Denn Lean-Management-Konzepte bedeuten für viele Unternehmen den Ersatz des althergebrachten Führungs-, Fertigungs- und Organisationssystems durch ein vollkommen neues System.

Der folgende Katalog möglicher „Stolpersteinen"[*] auf dem Weg zum schlanken Unternehmen kann den Praktiker dazu anregen, die Gründe für Implementierungsschwierigkeiten näher zu analysieren und Korrekturen möglichst frühzeitig vorzunehmen, statt aufgrund eines drohenden Scheiterns der Umsetzung – möglicherweise durch recht banale Gründe – frustriert weitere Anstrengungen „im Sande verlaufen" zu lassen.

Traditionelle verkrustete Denk- und Arbeitsstrukturen bremsen die Neuorientierung

Anders als in Japan herrscht im westlichen Unternehmen noch oft kurzfristiges, ROI-orientiertes Denken und Handeln vor, weil notwendige spezielle Anreize für eine langfristige, strategische Orientierung fehlen. Deshalb kann es niemanden verwundern, daß erst in merklichen und nicht mehr zu leugnenden Rezessions- und Unternehmenskrisenzeiten die Notwendigkeit von Änderungen auf breiter Basis im Management gesehen und diskutiert wird. Erfolge der Vergangenheit („Wir haben auch ohne Moden mitzumachen erfolgreich gearbeitet!"), Behäbigkeit und Gewohnheiten, Unsicherheiten dem Neuen gegenüber, Risikoaversion und „Bewahren" der Vergangenheit können dazu führen, daß notwendige Änderungen überhaupt nicht oder nur partiell anerkannt wird. Als „Modewellen" interpretierte Neuorientierungen im Management werden vornehmlich als Arbeitsbeschaffungsmaßnahmen ungeliebter Unternehmensberater kritisiert, denen deshalb als „Change Agents" wenig Vertrauen entgegengebracht wird. Neuerungen werden manchmal gar als Störungen des Verwaltens von Abläufen verstanden, weil in den langen Jahren der Unternehmensmitgliedschaft lieb gewonnene Denk- und Arbeits-

---

[*] Es sei nochmals darauf hingewiesen, daß aussagekräftige empirische Studien hinsichtlich Implementierungserfolg/-fortschritte/-hindernisse außerhalb Japans bislang nicht vorliegen. Anfragen zu einer diesbezüglichen Durchführung von (teil-)strukturierten Interviews wurden von den angeschriebenen Unternehmen unisono abschlägig behandelt. Dennoch beruhen viele der Aussagen auf zahllosen Diskussionen mit Führungskräften, denen die Einführung bestimmter Managementkonzeptionen oblagen (und zum großen Teil beziehungsweise immer noch obliegen) und die mit den im folgenden beschriebenen unterschiedlichen Schwierigkeiten zu kämpfen haben.

weisen die Sensibilität gegenüber Veränderungen im Wettbewerb und Anpassungszwängen des eigenen Unternehmens abhanden gekommen ist. Die Abkehr vom „Bewährten" wird innerlich abgelehnt, Argumente gegen das Neue werden fleißig gesammelt und allzeit kapriziert. Tayloristische Gestaltungsprinzipien, „die sich in acht Jahrzehnten bewährt haben, die sich in Technik, Ausbildungsinstitutionen und realen Arbeitsprozessen manifestieren, sind aus den Köpfen der Organisationsgestalter nicht so leicht zu entfernen. Es müssen schon ‚handfeste' Beweise der Überlegenheit alternativer Prinzipien auf den Tisch kommen, um ein Umdenken herbeizuführen" (Kieser/Kubicek 1992, S. 347). Die Gefahr des „Festhaltenwollens" an Technikzentrierung und gegeneinander abgeschotteten Vertikalgliederungen besteht nach Womack/Jones (1994, S.97) vor allem für die deutschen Industrieunternehmen, bei denen „crossfunktionale" Kooperation bisher verpönt war.

Es wird somit deutlich, daß Gewohnheiten, „Besitzstände", Unsicherheiten usw. in der Regel nur langsame Verhaltensänderungen möglich machen und Lean Management nicht quasi „von heute auf morgen" implementiert werden kann, da eine „neue Denkart" erst eingeübt werden muß.

Mangelhafte Kenntnisse über die Bedeutung von Lean Management

Die Begriffskonfusion im Lean Management führt dazu, daß viele von der Notwendigkeit des „Schlankwerdens" von Unternehmen reden, jeder aber meist etwas anderes darunter versteht. So lassen sich enthusiastische Befürworter des Lean Management ausmachen, die tatsächlich aber zu wenig von dem Sujet verstehen und ihre Energie auf „Nebenkriegsschauplätze" verlagern. Ein mangelhaftes Verständnis führt unter Umständen zu übersteigerten Erwartungen an die rasch wirksame Problemlösungskraft des Ansatzes und alsbald zu Frustation und Ablehnung, weil eben kurzfristig greifbare Erfolge nicht die Regel darstellen.

Grundlegende Informationsdefizite, partielle Fehlinterpretationen, Zeitknappeit bei der Analyse, selektive Wahrnehmung mit der Folge von Vorurteilen („Was bringt Lean Production Neues?"), Fixierung auf Teilbereiche und anderes können eine nur bruchstückhafte oder weithin unzureichende praktische Umsetzung implizieren. Der Erfolg von Lean Management beruht aber gerade auf den (wenn auch kaum meßbaren) Synergien durch die Integration vielfältiger Konzeptbausteine zu einer abgestimmten Grundstrategie. Es besteht die Gefahr eines „isolierten Schlankmachens" in Einzelbereichen, wodurch – wenn überhaupt – nur Teilerfolge oder nur vorläufige „Pseudo-Erfolge" erzielt werden. „Rosinenlösungen", das heißt die Konzentration auf Einzelelemente und vereinzelte Methoden, die für leicht implementierbar gehalten werden, sind vom Scheitern bedroht: Da sich die neuen Lösungen nicht selten als inkonsistent erweisen, fallen die derart experimentierenden Unternehmen in alte tayloristische Muster zurück (vgl. Moldaschl 1992, S. 49 f.). Auch vor einer „Überfrachtung" muß gewarnt werden, die dann eintritt, wenn schließlich jede einigermaßen moderne Managementtechnik kurzerhand zum Bestandteil von Lean Management erklärt wird.

*Mangelnde Unterstützung durch das Top-Management
(Lean Management avanciert nicht zur „Chef-Sache")*

Besonders das Top-Management, das eine gewisse Vorbild- und „Promotoren-" Funktion zu erfüllen hat, ist als „Change Agent" gefordert, Veränderungsnotwendigkeiten im Unternehmen voranzutreiben, aktiv zu verdeutlichen und zu unterstützen. Ungenügendes Verständnis des Konzeptes, mangelnde echte Überzeugung hinsichtlich der Erfolgswirksamkeit, wenig Interesse für den Implementierungsprozeß und damit mangelhafte Rückendeckung für die Umgestaltung „vor Ort" können ein Scheitern vorprogrammieren, obwohl auch die Top-Führungskräfte grundsätzlich meinen, sich neuen Konzepten nicht verschließen zu können.

Wichtig, aber keineswegs selbstverständlich ist, daß einerseits Überzeugung und Begeisterung sowie andererseits umfassendes Begreifen und wirkliche Durchdringung des Neuen keineswegs synchron auftreten müssen. Denn auch die obersten Führungskräfte im Unternehmen sind, während sie gleichzeitig durch ihr Vorbild, ihre Fähigkeiten und ihr Wissen richtungweisend für die Linienmanager und die Mitarbeiter sein müssen, meist selber noch Lernende in Sachen Lean Management. Viel hängt dabei von erfahrenen (internen wie externen) Beratern ab und ihren persönlichen Fähigkeiten, Lean Management sachkundig und in die Tiefe gehend zu „verkaufen". Obwohl mancher Top-Manager der Überzeugung ist, daß er selbst weiß, was am besten ist, sollte er akzeptieren, daß Berater „vom richtigen Kaliber" mehr Know-how besitzen, das Verständnis vieler Beteiligter verbessern und die Konzeptionalisierungs- und Implementierungsarbeit wirkungsvoll unterstützen können. Verbale Bekundungen und Top-Management-Handeln müssen schließlich konsistent zusammenpassen: Für unaufrichtige, nicht von Taten gefolgte Bekenntnisse haben die Mitarbeiter ein feines Gespür.

*Eine zu wenig an die unternehmensindividuellen Erfordernisse
angepaßte Konzeptgestaltung*

Lean Management kann sich nicht auf ein allgemeingültiges Rezeptbuch-Wissen stützen. Die Umstrukturierung des Unternehmens nach Lean-Management-Prinzipien muß Rücksicht auf spezifische betriebliche Faktoren nehmen und sollte nur auf der Basis einer eingehenden Diagnose des bisherigen Produktions- und Managementssystems in die Wege geleitet werden. Widerstände werden dadurch entfacht, daß die betroffenen Linienmanager, Meister, (künftigen) Teammitglieder etc. von der Entwicklung und Implementierung ausgeschlossen und von vornherein zu wenig über anstehende Änderungen informiert werden, was Mißtrauen und Ängste weckt. Selbst brillante Theoretiker werden bei der Ausarbeitung spezifischer Unternehmenskonzepte – ohne unternehmensindividuelle Erfordernisse genauestens zu analysieren und einzubeziehen sowie ohne die Anwender „vor Ort" zu beteiligen – schon im Ansatz scheitern.

Auch konzeptionelle Überkomplexität ist wenig hilfreich. Ein Unternehmen, das nicht einmal bereits seit langem bekannte, grundlegende Managementtechniken (etwa Logistik, Qualitätsmanagement, Personalentwicklung) einigermaßen beherrscht, wird durch äußerst anspruchsvolle Konzepte überfordert. Gleiches gilt für zu sehr formalisierte, auf „viel Papier" festgehaltene, detaillierte Konzeptdokumentationen. Yoshiki Iwata, Schüler des 1990 verstorbenen Toyota-Produktionssystem-Erfinders Taiichi Ohno wird zitiert mit der Forderung: „In Europa wird zuviel theoretisiert. Speziell in Deutschland werden immer nur Konzepte gemacht, anstatt einfach den Leuten vor Ort zu zeigen, wie es geht" (vgl. Heibutzki 1992).

Zu hohe Geschwindigkeit bei der Einführung

Der oftmals große Wettbewerbsdruck besonders auf Schlüsselmärkten zwingt zu raschem Handeln, um die Wettbewerbsfähigkeit zu erhalten. Wird ein grundlegendes Konzept wie Lean Management, ohne hinreichende Information, Überzeugungsarbeit und Partizipation aller Betroffenen (die letztlich zu Beteiligten gemacht werden sollen) in das bestehende Gefüge quasi als „Bombe" hinein geworfen, schürt dieses kompromißlose Vorgehen Widerstände und überfordert viele Mitarbeiter; dies umso mehr, je stärker die Betroffenen der Meinung sind, daß drastische Änderungen der angestammten Aufgaben an einem Arbeitsplatz erfolgen oder Arbeitsplatzverluste drohen.

Nur relativ wenig komplexe Konzepte können – nach entsprechender Vorbereitung – ohne größeres Risiko dysfunktionaler Implementationswirkungen relativ rasch und als Ganzes eingeführt werden. Bei komplexen Systemen und einschneidenden Neuerungen, wie im Fall von Lean Management, sollen ein längerer Zeitbedarf, Prioritäten, realistische Zeitpläne und die Möglichkeit der „Mitgestaltung von unten" eingeplant werden.

Konzeptionelle Vorgaben werden nicht umgesetzt

Fachliche Inkompetenz, mangelndes „Stehvermögen", eine „Abwarten- und Teetrinken"-Attitude der Führungskräfte, eine gewisse Übermacht des Alltagsgeschäfts und anderes mehr können dazu führen, daß konzeptionelle Vorgaben nicht realisiert werden. Aber auch unzureichende begleitende Kontroll- und Steuerungsmaßnahmen behindern eine wirksame Implementierung. Mögen am Beginn hektische Betriebsamkeit und anfängliche Begeisterung die Realisierungsaktivitäten beflügeln, so besteht schnell die Gefahr eines „Versandens", wenn vergessen wird, Steuerungsmechanismen zu institutionalisieren und regelmäßig zu nutzen.

Bei der Vornahme von Planfortschritts-, Realisations- und Verfahrenskontrollen und bei der Analyse der Aussagen von Implementierungsverantwortlichen läßt sich nicht selten das Phänomen eines „Dynamischen Konservatismus" beobachten: Es wird nur der Anschein von Innovation, Wandel und Zielrealisierung präsentiert, werden die eigenen Handlungen durch ein „Impression Management" geschönt beschrieben, womit die tatsächliche Praxis verborgen wird (vgl. hierzu Argyris/Schön 1978). Insbesondere in meßbaren, der individuellen Interpretation sehr zugänglichen Feldern, wie Personalführung und Unternehmenskultur, wird internen wie externen Beobachtern gern ein mit den (positiv belegten) Soll-Vorgaben übereinstimmendes Bild vermittelt, ohne daß auf der

Basis einer schonungslosen Problemanalyse tatsächlich Maßnahmen entwickelt und umgesetzt worden wären.

Starke Opposition im Mittleren Management

Hierarchieabbau und die konsequente Delegation von Verantwortung an Teams implizieren eine „Erosion" des Mittleren Managements (oberhalb der Ebene der Meister). Führungskräfte dieser Ebenen sind von der Aufgabe persönlicher Macht und Teilung angestammter Privilegien und Kompetenzen ebenso betroffen wie in manchen Fällen (insbesondere den sogenannten indirekten Bereichen) sogar von Arbeitsplatzverlust. Als Folge ergeben sich Widerstände, obgleich engagierte Unterstützung (Problembewußtsein, gemeinsamer Veränderungswillen, gemeinsame Kommunikationsbasis etc.) für den tiefgreifenden organisatorischen Wandel erforderlich wäre, klammern sich die Betroffenen an den machterhaltenden beziehungsweise existenzsichernden status quo. „Man" läßt sich auch weiterhin nicht in „seine" Arbeit „hineinregieren": der Ingenieur nicht von dem „Fertigungsleuten" oder gar vom Arbeiter, der Produktentwickler nicht von der Marketingabteilung oder gar vom Kunden.

Da aus traditionellem Karrieredenken heraus „Abstiegsbeförderungen" zur personellen „Entsorgung" der in der Vergangenheit zementierten, festgefügten Hierarchien und komplexen Führungsstrukturen nach einer Reorganisation kaum in Frage kommen, bleiben als Ausweg nur Lösungen in längerfristiger Sicht übrig. Ein kurzfristiger spürbarer Personalabbau ist nur beschränkt umsetzbar, da natürliche Fluktuationen nur bei einem überalterten Führungskräftebestand greifen und kostenintensive Abfindungsregelungen und „Outplacement"-Verfahren nur in Großunternehmen durchführbar sind. Interne Versetzungen, beispielsweise in Stabspositionen, widersprechen dagegen der Leitidee „abgeflachter" Hierarchien.

Störungen in den Arbeitnehmer-Arbeitgeber-Beziehungen, da Lean Management als „Job-Killer" und reines Instrument der Leistungsintensivierung gesehen wird

Rationalisierungen haben immer auch mit Personalabbau – teilweise sogar in erheblichem Ausmaß – zu tun. Lean Management zielt diesbezüglich besonders auf die sogenannten indirekten und daher künftig verstärkt auszulagernden Bereiche abseits der Wertschöpfungskette. Eine Verringerung der Fertigungstiefe „verlagert" viele Arbeitsplätze zu den Zulieferen, die allerdings auch verstärkt zu Rationalisierungen gezwungen werden. Traditionelle Standorte beispielsweise in der Automobilindustrie sind durch eigene, produktivere Standorte „auf der grünen Wiese" und kostengünstigere im (zum Teil nahen) Ausland gefährdet. Trotz grundsätzlicher positiver Einstellung zum Lean Management, sofern damit eine sozialverträgliche Modernisierung mit modifiziertem japanischem Konzept verbunden ist, wachen die Gewerkschaften darüber, daß sich die Qualität der Arbeitsbedingungen einschließlich der immanenten Arbeitsintensivierung nicht insgesamt verschlechtert und gleichzeitig ein Sozial- und Lohnnachteil beziehungsweise -abbau durchsetzt.

Um den Implementierungserfolg nicht von vornherein zu gefährden, beschwichtigt die Arbeitgeberseite und verweist auf sozialverträgliche Regelungen („natürliche" Fluktuation, Vorruhestand), die allerdings für den Fall konsequenter und rascher Umstellungen nicht ausreichen dürften. Andererseits müssen Lean-Produzenten aber an einer vertrauensvollen Zusammenarbeit mit Betriebsräten und Gewerkschaften interessiert sein, da der Erfolg des „schlanken" Unternehmens im wesentlichen von hochmotivierten Mitarbeitern abhängt, die sich mit dem Unternehmen und den Unternehmenszielen identifizieren. Es ist nicht anzunehmen, daß die Mitarbeiter bereit wären, sich aktiv für Verbesserungen einzusetzen, als deren Opfer sie sich letztlich wähnen.

Fehlender Teamgeist und mangelnde Teamfähigkeit

Teamarbeit und -organisation auf breiter Ebene gelten als Kernelemente „schlanker" Unternehmen. Anders als in Japan, wo Konsens, Harmonie, Gruppenorientierung, Einordnungsbereitschaft, Loyalität, Unternehmenssozialisation durch lebenslange Beschäftigung (der Stammitarbeiter im Großunternehmen) und Face-to-face-Kommunikation als wichtige Kulturelemente gelten, kann in Europa nicht wie selbstverständlich von Teamfähigkeit und einem ausgeprägten Gemeinschaftsdenken ausgegangen werden. Besonders die auf individuelle Bestleistung trainierten hochqualifizierten Unternehmensmitglieder (Facharbeiter, Spezialisten, viele „Shooting-Star"-Führungskräfte) sträuben sich oft gegen Teamarbeit, bei der neben individuellem fachlichen Können Kooperationsfähigkeit und -bereitschaft gefragt sind. „Altgedienten" Meistern fällt es schwer, Mitarbeiter nicht nur als bloße Befehlsempfänger zu behandeln.

Gleichwohl sollen konstruktive Mitwirkung bei Entscheidungen und bessere „Nutzung" des Problemlösungspotentials im Team erzielt werden. Aus der Praxis wird indes berichtet, daß die Gruppenarbeit nach der Einführung nicht automatisch zum „Selbstläufer" avanciert und sich Produktivitäts- und Qualitätsfortschritte trotz Schulungen nicht einstellen wollen (vgl. Lietz 1993, S. 27). In den traditionellen arbeitsteiligen Strukturen haben die Mitarbeiter verlernt, Konflikte zu lösen und eigenverantwortlich zu arbeiten. Häufig feststellbare Defizite der Teamarbeit verhindern die erwünschten und propagierten positiven Wirkungen. Hierzu zählen zum Beispiel:

– mangelndes Vertrauen untereinander und nicht vorhandene „Team-Identity",

– Managementfehler (der dominierende Teamleiter läßt keine echte Partizipation zu, behandelt die Teammitglieder ungleich, bevorzugt permanent bestimmte Ressorts, besitzt ein wenig ausgeprägtes Einführungsvermögen etc.),

– mißverständliche Zielvorgaben und unklare Zuständigkeiten,

– mangelhafte Offenheit, schleppende Kommunikation und Zurückhalten von Informationen,

– Intragruppenkonflikte, Interessengruppenkonflikte, Konflikte zwischen Team und Teamleiter sowie Kompetenzstreitigkeiten durch Aufgabenumverteilung, fehlende Konfliktlösungsbereitschaft/-fähigkeit,

- mangelhafte Bereitschaft, auch abweichende Meinungen und Einwände überhaupt zu hören,

- unzureichende Sondierung der sich stellenden Kernprobleme durch das Team und unsystematisches Vorgehen bei der Generierung alternativer Problemlösungen (zeitdruckreduzierende und leistungsbetonende „Action" statt Ausarbeitung der „besten" Lösung),

- fehlende organisatorische Voraussetzungen (ungenügende Ressourcen, unzureichende Kompetenz- und Aufgabendelegation, unzureichendes Methoden-Training, mangelhafte Unterstützung durch das Management etc.).

Ferner ist es möglich, daß aus Teams „Cliquen" hervorgehen mit kreativitätshemmenden Eigenschaften wie „Fraktionszwang", „Jasagertum" und dem Hang zu Konformität. Um dem entgegenzuwirken, müssen Maßnahmen des Team-Managements geplant und durchgeführt werden (zum Beispiel Teamentwicklung, Projektmanagement, Teamführung, Personalauswahl auf der Basis sozialer Kompetenzen). Allerdings sollte die Eigendynamik von Gruppen Beachtung finden; denn geht man darüber leichtfertig hinweg, wird man sich kaum gegen die Interessen der Gruppe durchsetzen können, es sei denn mit Macht. Je mehr sich die Gruppe manipuliert und kontrolliert fühlt, desto geringer ist die Möglichkeit, auf sie Einfluß zu nehmen.

Die Führungskräfte vermögen es nicht, rasch in ihre neue, stark geänderte Rolle hineinzuwachsen

Die Ebene der Führungskräfte erfährt eine grundlegende Veränderung ihres Arbeitsbereiches und des geforderten Arbeitsverhaltens. Wichtige grundlegende Prinzipien dabei sind Mitarbeiterpartizipation, Aufgabe von Bereichsegoismen wie Zurückhalten von Fachwissen und Know-how, Teamdenken, kurze Kommunikationswege, Flexibilität und Kreativität. Gefordert sind verstärkt kooperativer Führungsstil und soziale Kompetenz statt eines oft feststellbaren „Herrscher- und Machertums". Die neue Rolle für die Führungskraft besteht in der eines „Team-Coaches": Er ist Förderer der Mitarbeiter, Initiator, Moderator, Spielleiter und auch Vorbild. Diese oft radikale Umorientierung fällt vielen schwer und ist – wenn überhaupt – nur in einem langfristigen Entwicklungsprozeß erreichbar.

Organisationspsychologen (zum Beispiel Neuberger 1991) sehen besonders die betonte Sachrationalität in der Führungsdiskussion als Mythos an. Ängste und Machtstreben verhindern beispielsweise „echte" Teamarbeit im Unternehmensalltag, die durch Mechanismen einer „Mikropolitik" gekennzeichnet ist. Dabei geht es eben nicht um die sachliche Problemanalyse, um offene Kommunikation zur Erzielung einer breiten Informations- und Entscheidungsbasis oder um effektive beziehungsweise effiziente Problemlösung unter Sondierung zielwirksamer Alternativen; vielmehr wollen alle Akteure im Unternehmen ihre Interessen durchsetzen, Vorteile erringen oder Nachteile verhindern.

Diese Divergenz zwischen geforderter Sachrationalität und den „machtpolitischen Spielchen" im Alltag des Unternehmens läßt deutlich werden, daß sich die neue Führungs- und Sozialkompetenz wiederspiegelnde Verhaltensweisen bei zumeist als „Einzelkämpfer" sozialisierten Führungskräften nicht simpel „verordnen" lassen. Auch sind schnelle Implementierungserfolge deshalb nicht planbar, weil aus in tayloristischen Denkweisen geübten „Unternehmensverwaltern" keinesfalls ad hoc fachlich übergreifend kompetente, eigenverantwortliche und entscheidungsfreudige „Intrapreneure" herangebildet werden können, die bereitwillig auf Status und „Stellenprestige" verzichten sowie ihr Know-how und ihre Fähigkeiten wirkungsvoll und kreativitätsfördernd in die Teamarbeit einbringen müssen, ohne sich dabei profilieren zu können.

Der neue „Manager-Typ" hält möglicherweise erst mit einer neuen Generation von Führungskräften Einzug in das Unternehmen, vorausgesetzt, dieser wird entsprechend „anders sozialisiert" auf seinem Weg zur neu definierten Führungsverantwortung, anders ausgebildet und auf neue Weise entwickelt.

Die „falsche" Unternehmenskultur

Der Hauptunterschied zwischen japanischen und westlichen Unternehmen besteht in ihrer jeweiligen sozialen Funktion. In Japan sind Unternehmen nachhaltig durch eine „Sinn-Gemeinschaft" der Unternehmensmitglieder geprägt. Die Mitarbeiter aller Ebenen verstehen sich als integralen Bestandteil der „Unternehmensfamilie" (vgl. Schneidewind 1991). In westlichen Kulturkreisen überwiegt hingegen in erster Linie die Sichtweise, das Unternehmen sei vornehmlich eine Zweck-Gemeinschaft, bei der die Unternehmensleitung auf der einen sowie die Mitarbeiter auf der anderen Seite jeweils für sich selbst und notfalls gegeneinander den größtmöglichen individuellen Nutzen durchsetzen wollen. Die sozialen Aspekte von Unternehmenszielen und -handeln werden weitgehend von betriebswirtschaftlichen Faktoren dominiert und erschweren die Herausbildung einer den „Lean-Gedanken" fördernden Unternehmensidentität bei der Belegschaft mit Leitideen wie „Konsens", „gegenseitige Unterstützung", „offene Kommunikation" usw. Es muß eine nur langsam zu bewerkstelligende Werteverlagerung von der Zentrierung auf das Individuum zu einer weitgehend verinnerlichten Gruppenorientierung gelingen.

Widerstände gegen einen „von oben verordneten" Wandel der Unternehmenskultur sind insbesondere im Falle „starker" Unternehmenskulturen, die sich durch tiefverwurzelte Wertvorstellungen und infolgedessen geringe Veränderungsbereitschaft und -fähigkeit auszeichnen, zu erwarten (vgl. Kotter/Heskett 1992, S. 15 ff.). Das Dilemma der geplanten Kulturveränderung in Unternehmen besteht darin, daß „Kulturevolutionen" im Unternehmen, die außerdem nicht abgekoppelt werden können, von den soziokulturellen Entwicklungen in der Gesellschaft, sehr viel Zeit kosten, die eigentlich nicht zur Verfügung steht. „Kulturrevolutionen" hingegen, vornehmlich durch das vom kurzfristigen Handlungsdruck geprägten Austausch von Führungskräften in die Wege geleitet (vgl. Bleicher 1991, S. 762), bergen neben Widerständen die Gefahr, daß sich neue „leanfähige" Führungskräfte in der benötigten Zahl nicht rasch genug finden lassen.

Lean Management ist nur bedingt geeignet für eine Einübung in „Crash-Kursen"

Lean Management ist ein Lernprozeß und benötigt eine mit Zeit- und Geduld verbundene Verankerung in der Unternehmenskultur, wobei langjährig eingeübte Denkmuster eine nachhaltige Veränderung erfahren müssen. „Crash-Kurse" in Sachen Lean Management, wie sie von Unternehmensberatern und Seminarveranstaltungen offeriert werden, können allenfalls Hinweise auf Veränderungsnotwendigkeiten geben und das notwendige Grundwissen vermitteln.

Hinzu kommt besonders bei Off-the-Job-Training die Problematik der Transfersicherung des Gelernten in die Anwendungspraxis. Auch hervorragende Wissensvermittlungsangebote garantieren nicht unbedingt eine meßbare Ergebnisverbesserung. Gründe für den mangelnden Praxistransfer können unter anderem unzureichende Unternehmensspezifität, nicht „leankonforme" Einstellungen und Verhaltensweisen anderer Unternehmensmitglieder (zum Beispiel Unternehmensleitung, Vorgesetzte, Teamkollegen, unterstellte Mitarbeiter), Unklarheiten über die dem einzelnen Traningskandidaten zugedachte neue Rolle im Unternehmen beziehungsweise im Team einschließlich der an ihn gerichteten „Erwartungen", mangelndes Feedback und ein wenig „lernförderliches Klima" sein. Außerdem sollte zwischen den Trainingszielen und -inhalten auf der einen sowie Interessen und Lernmotiven der Teilnehmer auf der anderen Seite weitgehende Kongruenz bestehen, da ohne die Einsicht der Mitarbeiter, daß für sie überhaupt Trainingsbedarf besteht, keine ausreichende Motivation und Bereitschaft zum Lernerfolg und -transfer vorhanden sein dürfte. Ein erfolgversprechendes Training, das neben Techniken auch Denkmuster- und Verhaltensänderungen intendiert, bedarf schon im Vorfeld (zeit-)intensiver motivationsfördernder Überzeugungsarbeit. Durch eine entsprechende Informationspolitik sollten außerdem realistische Erwartungen in bezug auf die Trainingsmaßnahmen unterstützt werden.

Das erfolgreiche Einüben neuer Denk- und Verhaltensweisen kann letztlich nur langfristig in umfassenden, „richtig dosierten" Personalentwicklungsprogrammen geleistet werden, die in das „Change Management" des Unternehmens eingebettet sind sowie Off-the-Job-Wissensvermittlung und gruppendynamische Ansätze mit On-the-Job-Training einschließlich Job Rotation, Job Enlargement und Job Enrichment zu einem abgestimmten Ganzen kombinieren.

Zu wenig Problembewußtsein für die wesentlichen Erfolgsfaktoren „Prozeßkettendenken", „Qualität" und „Kundennähe"

Vielen im traditionellen „Stückzahl-Denken" gefangenen Führungskräften fällt es schwer, umfangreiche Qualitäts-Philosophien zu verstehen und zu verinnerlichen. Rein technische Definitionen von Qualität dominieren noch zu stark gegenüber organisatorischen Qualitätsbegriffen beispielsweise gegenüber der Prozeß- und Systemqualität sowie der Qualität der Mitarbeitermotivation im Sinne eines „Total Quality Management".

Widersprüche entstehen dadurch, daß Qualitätsphilosophien ständig, rhetorisch wohlverpackt artikuliert werden, diese aber immer wieder im Zuge des ergebnisorientierten

Drucks kurzfristiger Gewinnerwartungen in Frage gestellt werden. Selbstkritisch vermerken Führungskräfte vorwiegend aus dem Qualitätswesen laut einer Studie von Specht/Schmelzer (1992, S. 546), daß mehr für die Erfassung von Kundenanforderungen an die Qualität in der Produktentwicklung getan werden sollte als bisher.

Als schwerwiegende Schwachstelle der „richtigen" Implementierung muß insgesamt die Tatsache bewertet werden, daß bei einer Befragung der Geschäftsleitungen von 118 großen deutschen Unternehmen 1993 nur 8 Prozent der Befragten Lean Management explizit mit Kundenorientierung in Verbindung bringen (Lenz 1993, S. 208).

Die Realisierung von Kundenzufriedenheit bedeutet vor allem auch ein Denken in Prozeßketten, ausgehend vom Kunden über Vertrieb, Produktion bis hin zur Beschaffung. Auch Zulieferer und Produktentwicklung werden involviert, Informationslogistik ist nötig. Die systemübergreifende Denkweise bedeutet für viele Unternehmen eine radikale Abkehr herkömmlichen „Logistik-Kästchendenkens", bei der Abschottung, Intransparenz und fehlende Vernetzung kennzeichnend sind.

Die kundenbezogene Qualität der Produkte muß gerade bei kompletten Systemleistungen um die logistische Qualität bei den Serviceleistungen ergänzt werden, wobei die vollständige und termingetreue Auftragserfüllung aus Sicht der Kunden zu beurteilen ist. Eine Denkweise, die Kundenzufriedenheit allein an der geringen Zahl beziehungsweise Häufigkeit der Reklamationen mißt, wird künftig nicht mehr ausreichen. Als Voraussetzung für ein kundenorientiertes Denken in Prozeßketten muß das vielfach verlorengegangene „Gespür für den Markt" und das rechtzeitige Erkennen von Konsumtrends (re-)aktiviert werden.

Manche Marketing-Manager schotten sich zu sehr in ihrem „Marketing-Apparat" ab und pflegen ein „elitäres Denken", das im Endverbraucher einen eher lästigen „Störer" sieht. Informationen über den Markt und den Kunden fließen zu ihnen primär über aufbereitete und selektierte Analysen aus der Marktforschung, nicht aus dem direkten Kontakt mit dem Kundenpotential.

Fehlende Ressourcen und mangelhafte Infrastruktur

Schließlich drohen Implementierungsbemühungen an fehlenden Ressourcen und an einer unzureichenden Infrastruktur zu scheitern. Die Liste der möglichen Mängel reicht unter anderem von quantitativen und qualitativen Personalengpässen über ungenügendes Know-how und mangelnde Kapitalausstattung bis hin zur äußerst wichtigen, gleichwohl oft inadäquaten Infrastruktur des Informationsmanagements.

8. Anforderungen an die Gestaltung von Lean-Management-Konzepten

Vor dem Hintergrund der konzeptionellen Grundlagen sowie der kritischen Analyse lassen sich formale Gestaltungsziele beziehungsweise Anforderungskriterien für Lean-Management-Konzepte entwickeln, die gleichzeitg als Qualitätsstandards zur Beurteilung des Gestaltungsergebnisses fungieren können. Zentrale Kriterien im Anforderungskatalog sind:

1. *Zielbezogenheit und Konsistenz*
   Das Lean-Management-Konzept muß auf die Unternehmenszielsysteme ausgerichtet und dabei in sich selbst widerspruchsfrei sein. In diesem Zusammenhang muß man sich vor allem über den kaum auflösbaren Zielkonflikt zwischen Rationalisierungsdruck einerseits und leistungsbeitragsförderlichen Humanisierungsbestrebungen bei der Arbeitsgestaltung andererseits im klaren sein.

2. *Vollständigkeit und Abstimmung der Kernelemente*
   „Isoliertes Schlankmachen" kann bedeuten, daß das Verhalten des Gesamtsystems „Unternehmen" und die Abstimmung der Subsysteme nicht in dem erwünschten Ausmaß verbessert werden. Lücken im das gesamte Unternehmen betreffenden Konzept führen unter Umständen zu falschen Prioritäten, Integrationsmängeln und Unwirtschaftlichkeit. Deshalb sollte Lean Management nur als ganzheitliches ineinandergreifendes Konzept umgesetzt werden.

3. *Nutzung von Synergieeffekten*
   Bei der Konzeptionalisierung versteht es sich von selbst, daß geprüft wird, ob und inwieweit einzelne Aufgabenstellungen oder zumindest Teil- oder Randaspekte des Lean Management bereits im Unternehmen realisiert werden. Um Insellösungen oder Doppelarbeitszeit verschiedener Unternehmenseinheiten zu vermeiden, empfiehlt sich ein reger Austausch von Erfahrungen, was Implementierungsbemühungen und den möglicherweise schon längerwährenden Einsatz einzelner Bausteine betrifft.

4. *Situationsbezogenheit*
   Der Implementierungserfolg steht und fällt mit einer sorgfältigen Analyse aber auch Prognose der unternehmensspezifischen Prämissen für den gewählten „eigenen Weg". Dies wird (nochmals) betont vor dem Hintergrund der Tatsache, daß viele Unternehmen über keine oder nur wenig Implementierungserfahrung von Lean Management verfügen und es sich deshalb als besonders anspruchsvoll erweist, die einzelnen Konzeptbausteine unter anderem bezüglich Intensität und Spezifität auf die neue Situation maßzuschneidern.

5. *Realisierbarkeit, Akzeptanz und Partizipation der Mitarbeiter bei der Gestaltung*
   Die Verwirklichung des Realisierbarkeitspostulates hängt maßgeblich davon ab, inwieweit vor der Konzeptionalisierung eine sorgfältige kritische Analyse erfolgt ist und die Rahmenbedingungen und Prämissen für die Konzeptverwirklichung herausgearbeitet wurden. Wenn das erarbeitete Lean-Managementkonzept von Führungs-

kräften und Mitarbeitern prinzipiell für durchführbar gehalten wird, erhöht sich auch die Akzeptanz. Die Akzeptanz wird wiederum stark verbessert, wenn die Betroffenen zu Beteiligten gemacht werden und für besondere individuelle Bedürfnisse größtmöglicher Gestaltungsspielraum offen gelassen sowie auf Selbstorganisationsfähigkeiten vertraut wird. Ferner sollten die persönlichen und beruflichen Entwicklungsmöglichkeiten herausgestellt, nicht einlösbare Versprechungen aber unbedingt ausgeklammert werden.

6. *Flexibilität*
Das Lean-Management-Konzept muß so anpassungsfähig gestaltet werden, daß problemlos notwendige spätere Modifikationen einflechtbar sind und die Weiterentwicklung gewährleistet wird. Erfolgreiche Anpassungen erfordern neben einem ausreichenden Handlungsspielraum die Gewährleistung von Handlungsschnelligkeit, die vor allem institutionell durch (früherkennungs-)wirksame Informationssysteme sichergestellt werden sollte.

7. *Transparenz und Handlungsoperationalität*
Die eindeutige Festlegung des konkreten Lean-Management-Konzeptes, dessen Gestaltung sich für alle Unternehmensmitglieder transparent und nachvollziehbar darstellt, gewährleistet eine reibungslose Realisierung und Überwachung des Realisierungsfortschritts und -ergebnisses. Handlungsoperationalität liegt vor, wenn gewährleistet ist, daß die Unternehmensmitglieder Konzept und die Rolle des einzelnen richtig interpretieren und in der Lange sind, klar formulierte Konzeptvorgaben umzusetzen. Zur Herstellung von Handlungsoperationalität empfiehlt sich eine detailgenaue schriftliche Fixierung des Konzeptes. Diese Formalisierung vermag auch eine Basis für Lern- und Weiterentwicklungsprozesse zu bieten.

8. *Professionalität der Gestaltungsträger*
Implementierungserfolg und Etablierung von Lean Management im Unternehmen hängt wesentlich von den Fähigkeiten und Kenntnissen der als Initiatoren und „Change Agents" agierenden Gestaltungsträgern ab. Zum Teil werden bestimmte Aufgaben der Einführung auf Spezialisten übertragen, die entsprechend geschult sind, um die zur Verfügung stehenden Instrumente voll auszuschöpfen. Professionalität bedeutet im einzelnen unter anderem Angst und Widerstände zu berücksichtigen und abzubauen, die Herstellung konkreter Zeitbezüge (Time Management), ganzheitliche und systematisches Denken in entsprechende Handlungen umzumünzen, Selbststeuerung zuzulassen und zu initiieren sowie die Weiterentwicklung des Konzeptes aktiv zu unterstützen. Eine „Nebenbei"-Gestaltung ohne das notwendige Know-how ist zum Scheitern verurteilt.

9. *Wirtschaftlichkeit*
Lean Management ist dem Wirtschaftlichkeitspostulat unterworfen. Der Erfüllung der hier postulierten Anforderungskriterien und der Einsatz von Instrumenten kann nur soweit Rechnung getragen werden, als es die erzielbaren Ergebnisse rechtfertigen.

10. *Einbindung in das Strategische Management*
Lean Management muß in das Strategische Management als Management der System-Umweltbeziehungen (vgl. Staehle 1991b, S. 561 ff.) eingebunden werden. Die Dynamik der Märkte und der Unternehmensumwelt erfordert eine laufende Anpassung sämtlicher Teilsysteme des Unternehmens einschließlich des Managementsystems. Verfolgt man mit strategischem Management – pointiert ausgedrückt – das Ziel „die richtigen Dinge zu tun", so muß das Lean-Management-Konzept geeignet dafür sein, daß „diese Dinge richtig getan werden" und die betrieblichen Leistungspotentiale bestmöglich zur Unterstützung der strategischen Zielerreichung genutzt werden.

Abschließend muß festgehalten werden, daß den hier postulierten formalen Gestaltungszielen Plausibilitätsüberlegungen zugrunde liegen, da diese sich aufgrund fehlender eindeutiger Verknüpfungen nicht direkt aus Ober- und Sachzielen der Unternehmensführung ableiten lassen. Ein gewisser normativer Charakter der Ausführungen kann deshalb nicht vermieden werden.

Teil III
Praktische Lösungsansätze

1. Teamarbeit in flachen Hierarchien

1.1 Von der „Palast-" zur „Zelt-Organisation"

Hierarchie verkörpert die formale Struktur der Über- und Unterordnung. Neben Ziel- und Aufgabenhierarchien als Ausdruck von umfassenden Unternehmenszielsystemen interessieren im organisationalen Zusammenhang primär Stellen- und Personenhierarchien. Hierarchische Stellengefüge können unterschiedlich stark ausdifferenziert sein; durch deren Visualisierung in Organigrammen wird über die personelle Besetzung noch nichts ausgesagt. Erst in der Personenhierarchie wird „aus der sachlogischen hierarchischen Gliederung von Zielen und Aufgaben (...) eine dauerhafte Ordnung für die Herrschaft von einigen Menschen über andere" (Breisig/Kubicek 1987, Sp. 1067).

Im Rahmen der Ausdifferenzierung kann nach der Organisationsform zwischen steilen und flachen Strukturen im Hinblick auf die Zahl der hierarchischen Ebenen unterschieden werden (vgl. Porter/Lawler 1973, S. 319). Flache Hierarchien sind dadurch gekennzeichnet, daß sie in Relation zur Organisationsgröße wenige Hierarchieebenen aufweisen. Eindeutige Quantifizierungen erscheinen hierbei wenig sinnvoll, da keine allgemeingültigen Angaben zur „richtigen" Zahl der Hierarchieebenen bei bestimmter Größe erfolgen können, sondern auf den Einzelfall und unterschiedliche Gestaltungsanforderungen abgestellt werden muß.

In der Organisationstheorie werden schon seit längerem Ansätze diskutiert, deren Protagonisten die stark hierarchische Organisationsformen zugunsten flexibler und kooperativer Organisationsformen stark überarbeitet sehen wollen. Dabei stehen prozessuale Betrachtungsweisen in Vordergrund, die traditionell primär strukturelle Ansätze in den Hintergrund treten lassen, weil deren Flexibilitätspotential zu gering ist. Statt „Organisations-Palästen" werden „Zelt"-Organisationen gefordert (Hedberg 1984, S. 27 ff.), wobei die grundsätzliche Notwendigkeit hierarchischer Strukturen zwar weiterhin bejaht wird, diese sich aber weniger hierarchisch überbordend darzustellen haben, um Reaktionsfähigkeit auf dynamische Unternehmensumwelten, Kreativität, Direktheit und Initiative möglich zu machen. Prozesse und Strukturen sind einem raschen Wandel ausgesetzt, müssen permanent auf Anpassungserfordernisse hin analysiert werden; organisatorische Regelungen unterliegen verstärkt temporalen Befristungen. Das Organisationsprinzip der Dezentralität, das hierbei zum Tragen kommen soll, impliziert unter anderem einen hohen Anteil an Projektarbeit, Unternehmenssegmentierung und Stärkung der Eigenverantwortlichkeit „vor Ort", an Selbststeuerung und weitgehenden Entfaltungsmöglichkeiten für Unternehmensmitglieder, die bislang in steilen Strukturen wenig Entscheidungs- und Mitwirkungskompetenzen besitzen.

1.2 Kennzeichen flacher Hierarchien

1.2.1 Prozeßorientierung

Traditionelle vertikale Organisationsstrukturen zeichnen sich durch Vorgabe von Einzelzielen und durch Arbeitsteilung in funktionaler Hinsicht (und weiter nach Abteilungen sowie Stellenaufgaben) aus; Entscheidungen werden „top-down" über vielstufige Hierarchieebenen nach unten verbindlich weitergegeben. Zwar gilt die vertikale Funktionenorientierung als besonders erfolgreich bei der Lösung spezifischer Probleme. Fachverantwortung wird in kleinste Einheiten zersplittert und von Spezialisten zumeist in hervorragender Weise realisiert; doch hapert es oft an Koordination und Integration von Schnittstellen – in aufgaben-, abteilungs- und funktionsübergreifender Hinsicht. „Schlanke" Organisationsstrukturen sind demgegenüber „durchlässig", prozeß- und marktorientiert (vgl. Abbildung 5, Seite 75).

Notwendig ist in vielen Unternehmen eine radikale Umgestaltung der Prozeßorganisation: Im Sinne eines „Reengineering" wird, vom Markt und von den Kundenanforderungen ausgehend, der gesamte Wertschöpfungsprozeß gewissermaßen retrograd neu entwickelt. Die Aufgaben und die Arbeit werden primär um eine möglichst konzentrierte Anzahl von Wertschöpfungs- beziehungsweise Geschäftsprozessen herum strukturiert dergestalt, daß die Aktivitäten der Unternehmensmitglieder bestmöglich mit den Wünschen beziehungsweise konkreten Aufträgen der Kunden und den einzubeziehenden Leistungen der Zulieferer abgestimmt werden. Führungsaufgaben und ausführende Tätigkeiten werden vermehrt von Teams geleistet, die ein erhebliches Maß an Verantwortung für eigene Entscheidungen erhalten. „Flache" Hierarchien mit allenfalls noch drei- bis vierstufigen teamorientierten Strukturen ersetzen die heute noch vielfach vorfindbare vielstufigen Vertikalgliederungen in Großunternehmen. Unternehmenssegmentierungen in horizontaler Hinsicht bedeuten den Abbau von Bürokratie und Abteilungsgrenzen, „Ausdünnung" des mittleren Managements (Teams als Mittelmanagementersatz), mehr Überschaubarkeit des Unternehmensgeschehens, Beschleunigung von Entscheidungsprozessen, Vereinfachung der Kommunikation, Reduktion als unnötig erkannter Aufgaben und mehr Kompetenz für den einzelnen Mitarbeiter.

Die Basis für eine prozeßorientierte Reorganisation bildet eine Ist-Analyse der bestehenden Prozeßketten (zum Beispiel Bearbeitung von Kundenanfragen, -aufträgen und Auslieferung, „logistische Ketten", Fertigungssteuerung, Produktentwicklung) im Rahmen einer möglichst detaillierten Abbildung der gesamten Unternehmensprozesse, differenziert nach direkt der Wertschöpfung dienenden Abläufen und mittelbaren Prozessen der Kommunikation, des Transportes, personaler Dienste etc. Nach einer Identifizierung der Schwachstellen unter Heranziehung von Parametern wie Qualität, Kundenorientierung, Kosten und Durchlaufzeiten folgt die Detailanalyse vornehmlich der Schwachstellen, die das größte Verbesserungspotential versprechen. Vor der Entscheidung für einen restrukturierten Gesamtprozeßplan, der anspruchsvollen Zielvorgaben genügen soll, müssen die Auswirkungen von Interdependenzen und „lokalen" Maßnahmen im Hinblick auf den Gesamtprozeß eingehend untersucht werden.

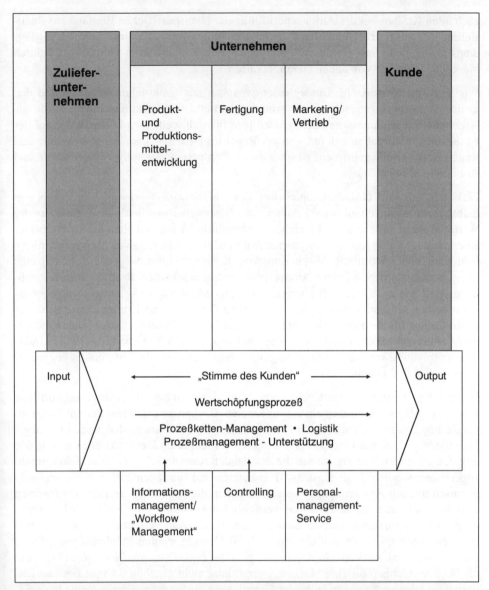

Abbildung 5: Vereinfachte Grundstruktur der horizontalen Prozeßorientierung

1.2.2 Responsibility-Center-Ansatz

Während das obere Management in der horizontal ausgerichteten Organisation das Gesamtkonzept entwickelt und vorgibt, die Rahmenbedingungen sowie „Spielregeln" setzt und auf deren Einhaltung achtet, muß das (verbleibende) mittlere Management Kompetenzen abgeben und gleichzeitig autorisierte Teams aufbauen. Es unterstützt diese nach allen Kräften bei der Aufgabenerfüllung der teamspezifischen Beiträge zur Realisierung des gesamten Geschäftsprozesses und fungiert als „Spielmacher", ohne allerdings vorhandene und erwünschte Kräfte der Selbstorganisation von Gruppen durch merkliche Eingriffe von außen zu konterkarieren.

Wichtige organisatorische Bindeglieder zwischen der Unternehmensleitung und den Teams verkörpern überschaubare, produktorientierte Organisationseinheiten, die als Netzwerk von Kleinunternehmen, jedoch jede für sich weitgehend selbständig auf der Basis von Zielvorgaben agieren – in der Regel im Kern als schon lange bekannte und wegen ihrer Vorteile gepriesene Responsibility-Center (vgl. Anthony 1970, S. 427 ff. und Abbildung 6, Seite 77).

Zielsetzungen und Grundprinzipien des Lean Management wie die Förderung von Selbststeuerungsmechanismen, Erhöhung der Eigenverantwortlichkeit der direkt an der Wertschöpfung arbeitenden Bereiche, Kostenminimierung bei gleichzeitiger strikter Kundenorientierung (auch in Unternehmen durch Internalisierung von Marktprinzipien), Erhöhung von Flexibilität, Verkürzung von Kommunikationswegen etc. lassen eine Orientierung am Profit-Center-Ansatz zweckmäßig erscheinen. Profit-Center-Konzeptionen (vgl. Menz 1973, S. 1 ff.) basieren auf einer Zunahme der Verantwortung über die verursachten Gesamtkosten hinaus in Richtung Gewinne und Erträge. Erstens ist das Profit-Center für die Produktion und den Vertrieb eines Produktes oder einer Produktgruppe verantwortlich, zweitens für dessen/deren Gewinn. Innerhalb der in der Unternehmensplanung vorgegebenen Bedingungen entscheidet der Erfolgsbereich über seine Mittel selbst und erstellt auch eine eigene Ergebnisrechnung.

Die Etablierung von „Quasi-Unternehmen" im Unternehmen als eigenverantwortliche Einheiten soll ganzheitliches unternehmerisches Denken und Handeln der mit Teilautonomie ausgestatteten Profit-Center-Leiter fördern. Geschäftsbereichsinterne und -übergreifende Kompetenzen werden hier wahrgenommen, indirekte Funktionen soweit wie möglich integriert. Wichtig ist, daß die anfallenden Kosten nach dem Verursacherprinzip zugerechnet werden. Statt Kostenschlüsselungen und -umlagen darf jede Kostenstelle demnach nur mit Aufwendungen belastet werden, die tatsächlich dort zu verantworten sind. Darüber hinaus gilt es, alle innerbetrieblichen Leistungen mit Preisen zu bewerten, die den Grundprinzipien pretialer Lenkung entsprechen. Zur Verrechnung von Leistungsverflechtungen zwischen den einzelnen Profit Centern werden möglichst weitgehend marktpreisorientierte Verrechnungspreise gebildet (vgl. Drumm 1989, Sp. 2171). Sind die Voraussetzungen für eine Marktpreisermittlung nicht gegeben, können kostenorientierte Verrechnungspreise in Höhe der Grenzkosten als Steuerungsinstrumente herangezogen werden. Dabei muß gewährleistet sein, daß die Knappheit der einzelnen Leistungsarten richtig wiedergegeben wird. Im Falle von nachhaltigen Engpässen (zum Beispiel in der Beschaffung, Fertigung) werden die knappen Produktionsfaktoren mit Grenzertragssätzen bewertet. Diese setzen sich aus den „normalen" Grenzkostensätzen sowie dem entgangenen Erfolgsbeitrag (Opportunitätskosten) zusammen, der verdeutlicht, welcher Erfolg bei der Verwendung einer Einheit des knappen Gutes mindestens erzielbar wäre.

Englische Bezeichnung	Deutsche Bezeichnung	Verantwortungsbereich des Leiters	Beispiele für Implementationen
Cost Center	Bereich mit Kostenverantwortung	wertmäßiger Güterverbrauch/Kostenminimierung bei der Erstellung von Sach- oder Dienstleistungen	Fertigung/Produktionsstätten ohne direkten Zugang zum Absatzmarkt
Discretionary Expense Center	Bereich mit Budgetverantwortung (wenn die Vorgabe von Standardkosten nicht zweckmäßig ist)	Kosten- oder Ausgabenbudgets („Verbrauchsverantwortung")	Verwaltung, Forschung und Entwicklung
Revenue Center	Bereich mit Erlösverantwortung	begrenzt auf Absatzprozesse	Verkaufsabteilungen Vertriebsgesellschaften
Profit Center	Bereich mit Erfolgsverantwortung (Gewinn, Deckungsbeitrag, Cash Flow, ROI etc.)	Erstellung/Bereitstellung eines Produkt-/Leistungsprogrammes plus Absatz	Bereichsabgrenzung nach Produktgruppen, selbständige Werke mit ausgegliederter Vertriebsorganisation, Auslandsniederlassungen, Divisions (oftmals mehrere Profit Center eingeschlossen)
Investment Center	Bereich mit Renditeverantwortung	Erfolg plus Investitionsentscheidungen	weitgehend unabhängige Divisions/Geschäftsbereiche

Abbildung 6: Formen von Responsibility-Centern

In der Praxis finden kostenorientierte Verrechnungspreise gern Anwendung, weil sie relativ leicht zu handhaben und mit relativ wenig Verwaltungsaufwand zu ermitteln sind. Durch Unvollkommenheit des Marktes (vor allem durch geringe Stabilität des Marktpreises) liegen oftmals mehrere Preise vor, so daß der Verwendung von marktorientierten Verrechnungspreisen Grenzen gesetzt sind. Da aufgrund interner Machtausübung verzerrte Ergebnisse auftreten können, eignen sich an Verhandlungen orientierte Verrechnungspreise kaum als zweckmäßiges pretiales Lenkungsinstrument.

Die Zahl der Mitarbeiter und Teams, die einem Responsibility-Center zugeordnet werden, ist zwar nicht standardisierbar für sämtliche möglichen Sachaufgaben, doch muß direkte Kommunikation idealerweise „auf Zuruf" und vertrauensvolle Zusammenarbeit auf der Basis persönlichen Kennens möglich sein. Unterstützt durch Dienst- und Beratungsleistungen werden die Responsibility-Center von – ebenfalls eigenverantwortlichen – Service Centern der sogenannten indirekten Bereiche (etwa Personal, Controlling, Logistik usw.), wobei versucht wird, auch hier unternehmerische Denkweisen im Rahmen von zielbezogener partnerschaftlicher Zusammenarbeit mit den eigentlichen Leistungs-Centern zu etablieren.

1.2.3 Aufwertung der Projektarbeit

Eine organisatorisch aufgewertete Bedeutung erhält ferner das Projektmanagement (zum Beispiel Projektteams als Task Forces, Simultaneous-Engineering in der Produktentwicklung, Audit- und gezielte Kaizen-Projekte). Entscheidend ist es, den Ergebnissen der Projektarbeit mehr Gewicht im organisatorischen Gefüge als bislang in Vertikalstrukturierungen zu gewähren; denn Projekte erleiden nicht zuletzt deshalb Mißerfolge, weil die Projektmanager zu unerfahren und zu wenig vorbereitet sind. Ihnen werden zu wenig Entscheidungskompetenzen zugeordnet, und oft haben sie außerdem zu wenig Einfluß auf die Zusammensetzung des Projektteams, deren Mitglieder „entsandt" werden. Vielfach werden auch methodische Mängel sichtbar; zum Beispiel beginnen viele Projekte mit einer ungenügenden Arbeits- und Budgetplanung und inhaltliche Fortschritte und die Kostenentwicklung werden nicht kontrolliert. Zu Beginn des Projektes werden häufig keine klaren Ziele vereinbart, mit dem Ergebnis, daß inkonsistente Ziele zusammengebracht werden müssen oder zuviel vorausschauende Anpassungsfähigkeit erwartet wird. Das Management eines Unternehmens wird häufig erst in Krisensituationen und zur Schadensbegrenzung mit dem Projekt konfrontiert. Horizontal ausgerichtete Organisationen setzen außer auf reinen, ausgegliederten Projektorganisationen zentral auf „schwergewichtiges" Projektmanagement, sowohl hinsichtlich Planung und Implementierung als auch im Hinblick auf eine Diffusion der Arbeitsergebnisse und auf die Entscheidungen in Unternehmen.

Mit der starken Entscheidungskompetenz des Projektleiters geht eine weitgehende Personalverantwortlichkeit über die ihm zugeordneten Mitarbeiter einher. Die einzelnen Projektgruppen müssen klare Ziele formulieren, ambitionierte Ansprüche kultivieren und horizontal integriert werden. Die multidisziplinäre Zusammensetzung sorgfältig ausgewählter Beteiligter schließt häufig auch die Einbeziehung von Zulieferern und Schlüsselkunden mit ein sowie ein tiefgehendes Verständnis für das Produkt- und Prozeßkonzept. Zudem sind Verantwortlichkeiten und Zusammenarbeit zwischen Projektgruppen und Linienorganisation zu klären.

1.2.4 Arbeitsflexibilisierung

Flache Hierarchien beinhalten eine starke Veränderung und Flexibilisierung von Arbeitsplätzen und der individuell zu erfüllenden Aufgaben. Zum einen kommt es zu einer Verdichtung von Arbeit, nicht nur in der Produktion, sondern auch im Management. Es wird auf eine Aufgabenerweiterung („Job Enlargement") durch Integration mehrere Arbeitsvorgänge zu einem zweckmäßigen Aufgabenpaket und auf eine Aufgabenbereicherung („Job Enrichment") durch mehr Selbständigkeit und Verantwortung in der

Planung, Abwicklung und Kontrolle der Arbeit, Delegation von Entscheidungs- und Kontrollbefugnissen von einer hierarchischen Ebene auf die nächsttiefere und Einbau von „Vorgesetztenfunktionen" (Autonomie) in die Aufgabe des Mitarbeiters hingewirkt. Klar abgrenzende Stellenbeschreibungen verlieren an Bedeutung und weichen hoher Personaleinsatzflexibilität, generellen Rollenzuweisungen und regelmäßigem Arbeitsplatzwechsel („Job Rotation"), wobei in Personalbeurteilungen die individuellen Beiträge zur Zielrealisierung von Ressort und Team eine stärkere Gewichtung als bisher erlangen. Die Flexibilisierung kennt freilich dort Grenzen, wo durch die Übernahme von zusätzlichen Funktionen und Aufgaben eine überreizte streßerzeugende Arbeitsverdichtung die zunächst positiven, individuellen und kollektiven Leistungsbeiträge deutlich überlagert. Zusätzliche Aufgaben fallen für viele Mitarbeiter in unterschiedlichen Workshops und Qualifizierungsveranstaltungen an, denn es gilt im gesamten Unternehmen Arbeitskreise und Teams mit Themen wie „Qualitätsentwicklung", „Rüstzeitverringerung", „Maschinen- und Prozeßfähigkeitsuntersuchungen", „Continuous Improvement in ausgewählten Teilbereichen" und andere mehr produktionsnah einzusetzen.

In hohem Maße wird Arbeitsflexibilisierung beispielsweise bei Honda in Großbritannien praktiziert (vgl. Odrich 1993). Bei Engpässen in der Produktion ist das Personal der Planung, Qualitätssicherung, Personalabteilung, Konstruktion, Steuerung, Materialwirtschaft usw., deren Büros in unmittelbarer Nachbarschaft entlang den Werkhallen plaziert worden sind, angehalten, unverzüglich auszuhelfen. Gegenseitige flexible Hilfeleistung wird aber nicht nur für den Notfall gefordert, sondern soll als wesentliches Leitbild und ohne jegliche Vorrechte – wann immer erforderlich – umgesetzt werden. Durch On-the-Job-Training vermag zum Beispiel auch ein hochrangiger Mitarbeiter der Personalabteilung jederzeit in der Aluminiumgießerei auszuhelfen. Die notwendige Unterstützung der Produktion durch die indirekten Bereiche wird nicht zuerst durch die am schlechtesten bezahlten Mitarbeiter geleistet, sondern umgekehrt oftmals durch Besserbezahlte, indem erst der Vorgesetzte herangezogen wird und erst anschließend – falls noch erforderlich – seine Mitarbeiter. Nach dem Verursachungsprinzip müssen ferner diejenigen, die Fehler zu verantworten haben, diese auch wieder zu beheben. Sind beispielsweise in der Beschaffung Materialien gekauft worden, die sich später für die Produktion als ungeeignet erweisen, so ist es Aufgabe jener Mitarbeiter aus der Beschaffung, die die Komponenten zuvor beschafft haben, dafür zu sorgen, daß der von ihnen angerichtete Schaden wieder beseitigt wird.

1.2.5 Vertrauensbeziehungen

Im Gegensatz zu bürokratisch-hierarchischen Organisationen, die als Ausdruck von Mißtrauen gegenüber den Beschäftigten interpretiert werden können, basieren flache Hierarchien auf einer „Vertrauensorganisation" (vgl. Bleicher 1982). Durch die Entwicklung von Vertrauen wird die notwendige problemlose Interaktion und offene Kommunikation im Unternehmen und mit externen Partnern möglich. Da aber Vertrauen das Risiko beinhaltet, enttäuscht zu werden, ist die Herstellung von auf Gegenseitigkeit beruhendem Vertrauen in Organisationen (und darüber hinaus) „kein einfacher Prozeß" (Bierhoff

1987, Sp. 2033), bedarf also der aktiven Unterstützung durch praktizierte kooperative Führung und der „Einübung".

1.3 Grenzen der „Enthierarchisierung"

Einer radikalen „Abflachung" von Hierarchien sind Grenzen im Hinblick auf die Führungsfähigkeit der Organisation gesetzt, da eine Führungskraft nicht unbegrenzt viele Mitarbeiter zu führen vermag. Für die vieldiskutierte „optimale" Führungsspanne („Span of Control"), die angibt, wieviele Unternehmensmitglieder einer Führungskraft direkt unterstellt werden können, gibt es in der Literatur eine Vielzahl von Vorschlägen (vgl. hierzu Domsch 1970, S. 92 ff.; Schanz 1982, S. 112 ff.). Doch lassen sich keine starren Relationen für Unternehmensteilbereiche determinieren, da die Aufgabenstellung und Aufgabenerfüllung recht unterschiedliche Anforderungen an Abteilungen, Responsibility-Center oder Teams herantragen, persönliche Merkmale nicht völlig außer acht gelassen werden können und verschiedenartige Führungsstile Berücksichtigung finden müssen. Bei zunehmend höherer Führungsspanne muß eine Führungskraft eine bald kaum mehr überschaubare Zahl von Mitarbeitern betreuen, fördern, bewerten, ihre Meinungen berücksichtigen usw., was auch bei außergewöhnlichen Fähigkeiten mit dem herkömmlichen Management-Instrumentarium nicht gelingt.

Maßnahmen der Dezentralisierung von Aufgaben und der Delegation von Verantwortung an weitgehend autonome überschaubare Einheiten erfordern einen erhöhten Koordinationsbedarf für die Responsibility Center und Teams im Unternehmen. Koordinationsmaßnahmen bedeuten stets gleichzeitig eine Einengung von Handlungsspielräumen von Unternehmenseinheiten, die jedoch unumgänglich sind, um die sensible Synchronisation der vielfältig auf „Just-In-Time" und Schnittstellenmanagement ausgelegten Netzwerkstrukturen aufrechtzuerhalten.

Andererseits dienen Koordinationsmaßnahmen aus einer höherrangigen Position heraus der Konfliktregelung, beispielsweise im Falle der gemeinsamen Nutzung knapper Ressourcen oder bei dem Versuch, die eigenen Kosten zum Nachteil anderer Einheiten zu externalisieren. Die Koordination vermag deshalb kaum ausschließlich von denjenigen Akteuren geleistet werden, die untereinander in Abhängigkeit stehen und denen weiterhin kompetitive Verhaltensweisen anhaften. Ferner kann aufgrund partizipativer Entscheidungsfindung der Zeitbedarf für Diskussionen, Beratung, Kompromißfindung und Abstimmung unter Umständen Zeitvorteile durch die nunmehr vorhandenen direkten Kommunikationswege gegenüber traditionellen Dienstwegen in steilen Konfigurationen übersteigen. Die größere Zeitaufwendigkeit für Entscheidungs- und Abstimmungsprozesse mag gerade damit zusammenhängen, daß bei der Installierung flacher Hierarchien klaren Entscheidungs, Verantwortungs- und Kompetenzregelungen zu wenig Beachtung geschenkt wird.

Weiterhin wird zu wenig berücksichtigt, daß es sich nicht bei jeder Aufgabe lohnt, ein Team zu bilden; denn neben komplexen Aufgaben mit kreativem und innovativem Gehalt gibt es in jedem Unternehmen vor allem auch Routineaufgaben. Eine Kernfrage für die Entscheidungsträger im Unternehmen richtet sich also darauf zu klären, an welchen Stellen im Einzelfall „High Performance"-Teams in welcher Zusammensetzung mit welchem Autonomiegrad eingerichtet werden sollen. Noch immer ist nämlich der Experte und „Einzelkämpfer" der Gruppe überlegen, wenn stark spezialisierte Aufgaben zu lösen sind, ein extremer Zeitdruck die konstruktive Sondierung und intensive Lösungsfindung unmöglich macht oder der notwendige Abstimmungsbedarf nicht praktikabel und nur mit hohem Aufwand realisiert werden kann.

Darüber hinaus scheint die Implementierung von Teamarbeit im Unternehmen, die den Namen Teamarbeit auch verdient, ein schwieriges Unterfangen zu sein. Häufig existiert sie nur in der Vorstellung der um „Impression Management" und um ein „modernes Image" bemühten Führungskräfte (vgl. Bungard 1990, S. 316). Deshalb muß herausgearbeitet werden, was erfolgreiche Teams ausmacht und welche Maßnahmen zu deren Unterstützung notwendig sind.

1.4 Ansatzpunkte zur Schaffung einer stärker horizontal ausgerichteten Organisationsstruktur

Wesentliche Ansatzpunkte zur Schaffung einer stärker horizontal ausgerichteten Organisationsstruktur umfassen (vgl. Ostroff/Smith 1992, S. 152 ff.):

1. *Herausarbeitung wesentlicher Geschäftsziele auf der Basis von Markt- und Kundennähe und Identifizierung der Kerngeschäftsprozesse, einschließlich der wesentlichen Tätigkeiten, Entscheidungsprozesse, Informations- und Materialflüsse, die zur Erfüllung der Ziele notwendig sind*
Derartige Prozesse umfassen beispielsweise die Auftragsabwicklung vom Angebot bis zur Rechnungsstellung, die Entwicklung neuer Produkte, die integrierte Logistik vom Einkauf über die Fertigung bis zur Auslieferung an den Kunden oder das gesamte Management einer Marke und müssen „end-to-end" in ihren Einzelkomponenten analysiert werden. Dabei können sich eklatante Schwachstellen (insbesondere Kundenservice, Kosten, Qualität, zeitlicher Art usw.) ergeben. Es gilt dann zu überlegen, wie einzelne Tätigkeiten vereinfacht, überflüssge beziehungsweise unnötige Schritte eliminiert sowie fehler- und nacharbeitsinduzierende Verfahrensweisen vermieden werden können. Im Rahmen einer Synthese werden die Einzelaktivitäten in einem einzigen, integrierten und koordinierten Prozeß neu strukturiert. Auf diese Weise entsteht die Basis für ein künftiges laufendes Prozeßmanagement einschließlich kontinuierlicher Prozeßinnovationen und -verbesserungen.

2. *„Abflachung" der Hierarchien*
Die „Abflachung" von Hierarchien impliziert die Kombination miteinander verbundener, vorher aber eher fragmentarisch bearbeiteter Aufgaben und die Tilgung von Aktivitäten, die nicht zur Wertschöpfung beziehungsweise zur Erreichung von Zielvorgaben beitragen. Außerdem beinhaltet dies den weitestgehenden Abbau von

überzähligen Einzeltätigkeitsbereichen, in die bisher der Kerngeschäftsprozeß häufig unterteilt war, zugunsten eines umfassenden integrierten Arbeitsprozesses, der bestimmten Teams zur Bearbeitung zugeordnet wird. Je umfassender das teambezogene Tätigkeitsspektrum gewählt wird, desto weniger Teams werden zur Realisierung der gesamten Kernprozesse benötigt – mit der Konsequenz, daß auch der hierarchische „Überbau" gering gehalten werden kann. Obgleich horizontal ausgerichtete Organisationen in der Regel merklich flacher ausgestaltet sind, kann es insgesamt nicht darum gehen, „Abflachung" um ihrer selbst willen zu übertreiben; die Unternehmenszielsetzungen, Selbststeuerungs- und Führungsfähigkeiten müssen vielmehr stets als Richtschnur für das Ausmaß der „Enthierarchisierung" gelten.

3. *Eindeutige Zuordnung von Zielen und Prozessen zu Personen beziehungsweise Teams*
Ein wichtiges Grundprinzip besteht in der eindeutigen Zuordnung eines bestimmten Prozesses (Prozeßabschnittes) zu bestimmten Personen beziehungsweise Teams, die für die Zielerreichung verantwortlich gemacht werden. Es sollen weitestgehend Selbststeuerungsmechanismen über spezifizierte Leistungsziele, bezogen etwa auf Durchlaufzeiten, laufende Bestandssteuerung, Herstellkosten, pünktliche Lieferung und Kundenzufriedenheit greifen. Die Prozeßverantwortlichen verpflichten sich zudem, vermehrt Prozeßsteuerungsfähigkeiten, Teamgeist und offene Kommunikation etc. zu entwickeln und zu pflegen, um eine kontinuierliche Verbesserung der Prozesse zu gewährleisten.

4. *Enge Anbindung von Zielsetzungen und Evaluierungen an Anforderungen der Kundenzufriedenheit*
Während vertikale Organisationen zumeist vorrangig auf Gewinn, ROI, Deckungsbeiträge und andere monetäre Kennzahlen sowie auf die Beiträge einzelner Organisationseinheiten zu den Ergebnissen abzielen, zielt in horizontalen Unternehmen die prioritäre Anstrengung darauf, Kundenzufriedenheit herzustellen, denn Kundenzufriedenheit ist im neuen Konzept die wesentliche Determinante des Unternehmenserfolges.

5. *Kernelement „flacher" Hierarchien sind Teams, nicht Individuen*
Zentraler Baustein horizontal ausgerichteter Organisationen sind Teams, die bestimmte Voraussetzungen erfüllen müssen (vgl. Abschnitt 4.1.5). Teams übertreffen leistungsmäßig in vielerlei Hinsicht Individuen, weil sie in Zusammenarbeit, Problemen und Herausforderungen ein umfassendes, konzentriertes Problemlösungspotential entgegenzusetzen vermögen.

6. *Weitgehende Verzahnung von Führungsaufgaben und ausführenden Tätigkeiten*
In horizontal ausgerichteten Organisationen mit im wesentlichen nach dem Prinzip weitgehender Selbststeuerung gebildeten Teams werden Führungsaufgaben und ausführende Tätigkeiten nicht mehr voneinander getrennt, sondern weitgehend untereinander kombiniert. Grundlage hierfür ist die Erkenntnis, daß die Mitarbeiter „vor Ort" am besten wissen, wie Arbeiten adäquat auszuführen und zu verbessern sind.
Die Teams selbst, nicht die Führungskräfte, müssen die Autorität, die Qualifikation, die notwendige Informationsbasis und die Bereitschaft besitzen, ihre Arbeit zu gestalten, zu bewerten und zu verändern. Die Führungskräfte unterstützen, wo immer

nötig, die Gruppe als „Spielmacher", verzichten aber weitgehend auf Weisungen und Direktiven. Die Verknüpfung des Verhaltens eines Teams mit der Zielerreichung des ganzen Unternehmens zeigt, wo sich Engagement besonders lohnt. Die ständige Rückmeldung erlaubt es dem Team, die Prioritäten seines Handelns selbst zu bestimmen.

7. *Vielfache Befähigungen und Fertigkeiten als selbstverständliche Regel*
Je größer die Zahl von ins Team eingebrachten individuellen Fähigkeiten und Fertigkeiten ist und je besser sich das individuelle Verstehen des Kerngeschäftsprozesses darstellt, desto ausgefeilter präsentiert sich die Problemlösungskapazität des gesamten Teams. Dennoch kann man nicht völlig auf Spezialisten verzichten, die allerdings die Probleme der Teamarbeit, des Prozeßmanagements und der Erzielung von Kundenzufriedenheit erkennen sollten. In der Fertigung beispielsweise kommen deshalb (bei Bedarf) technische Berater, Controller und andere zum Einsatz (vgl. Abbildung 7), in Produktentwicklungs-Teams beispielsweise Key-Account-Manager, Marktforschungsspezialisten, spezialisierte Fertigungsingenieure, Produktmanager, Controller usw.

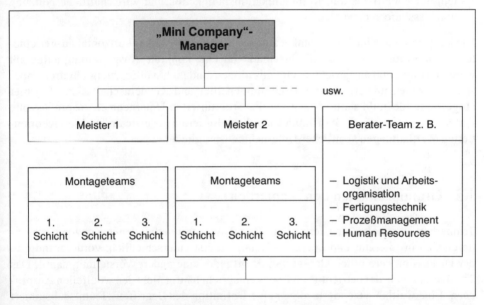

Abbildung 7: Unterstützung der Fertigungsteams durch Spezialisten

8. *„Just-In-Time"-Informationsbereitstellung und „Learning by doing"*
Ein weiteres wichtiges Prinzip horizontal ausgerichteter Organisationen ist die adäquate Bereitstellung bedarfsgerechter Informationen, die dort direkt verfügbar gemacht werden müssen, wo sie bei der Leistungserstellung und Prozeßoptimierung tatsächlich benötigt werden. Die Informationsadressaten interpretieren die (ungefilterten) Informationen selbst, unterstützt von regelmäßigen Qualifizierungsmaßnahmen fachlicher (das heißt primär technischer und betriebswirtschaftlicher) sowie

methodisch-analytischer Art. Präferiert wird außerdem ein On-the-Job-Training, da sich Qualifizierungsmaßnahmen außerhalb der Arbeitssphäre oftmals als zu abstrakt und zu wenig praxisnah darstellen.

9. *Intensivierung der Kunden- und Zulieferer-Kontakte*
   („First-hand Exposure Approach")
   Die Intensivierung von regelmäßigen, direkten Kunden- und Zulieferer-(Repräsentanten-)Kontakten dient unmittelbar der Verbesserung des kundenorientierten Wertschöpfungsmanagements. Im weiteren Verlauf wird von Art und Ausgestaltung der „Beziehungen" noch en detail die Rede sein.

10. *Verstärkung teambasierter Anreizsysteme sowie Belohnung für individuelle Entwicklung und Verbesserung der Fertigkeiten*
    Es wird versucht, die Leistung des gesamten Teams zu messen und entsprechend zu belohnen. Der Einzelne wird für seine Beiträge zur Teamleistung und die Verbesserung individueller Fertigkeiten belohnt. Kriterien für Leistungsbewertung und Entlohnungssysteme können zum Beispiel Kundenzufriedenheit, technische Fertigkeiten, Team-Partizipation, Kommunikationsfähigkeiten und wirtschaftliche Nutzung von Ressourcen darstellen.

Die aufgezeigten zehn Ansatzpunkte zur Schaffung einer stärker horizontal ausgerichteten Organisation können als „Richtschnur" für eine konkrete Ausgestaltung aufgefaßt werden. Horizontal ausgerichtete Organisationen sind nicht völlig „hierarchiefrei", aber stärker bezogen auf vertrauensvolle Zusammenarbeit und „Gemeinschaftssinn". Das hier aufgezeigte Idealbild stellt bislang vertikal strukturierten Unternehmen anspruchsvolle Aufgaben – insbesondere im Hinblick auf die geforderten neuen team- und serviceorientierten Werthaltungen sämtlicher Unternehmensmitglieder.

1.5 Grundprinzipien der Teamarbeit

Teamarbeit ist ein oft strapazierter Begriff und die damit verbundenen Konzepte präsentieren sich in Literatur und Praxis im Detail äußerst unterschiedlich: vordergründig in der Diskussion vermutlich klar, verbindet oft jeder eine andere Vorstellung damit. Das Teamverhalten in der betrieblichen Praxis entspricht häufig nicht den wohlfeilen Ansprüchen. Eine weithin akzeptierte allgemeine Definition des Begriffes „Team" subsumiert hierunter eine spezifische Arbeitsform, charakterisiert durch eine kleine, funktionsgegliederte Arbeitsgruppe mit gemeinsamer Zielsetzung, relativ intensiven wechselseitigen Beziehungen, einem ausgeprägten Gemeinschaftsgeist sowie einem relativ starken Gruppenzusammenhalt unter den Mitgliedern (vgl. Forster 1981, S. 143).

Schon seit langem werden in der wissenschaftlichen Literatur die positiven motivierenden und produktivitätsfördernden Effekte der Teamarbeit und von kooperativen Führungsprinzipien hervorgehoben (vgl. statt vieler Scharmann 1972). Die neuere Literatur zur Gruppenforschung erscheint indes kaum mehr überschaubar. Manager zeigen sich oft wegen der ihrer Ansicht nach irrelevanten Forschungsergebnisse, die primär Wissenschaftszielen verpflichtet sind und nicht eindeutige Handlungsempfehlungen beinhalten, verärgert (vgl. Bettenhausen 1991, S. 372). Dennoch ist es wichtig, möglichst fundierte Aussagen beispielsweise zu Fragen zu erhalten, wie Gruppenarbeit die Effizienz von Organisationen zu erhöhen vermag und gruppendynamische Prozesse gesteuert werden können – auch wenn praktische Vorgehensweisen unter spezifischen Bedingungen häufig „trial and error" angegangen werden. Durch die vermehrten Forschungsanstrengungen in der Organisationspsychologie, Erfolgsfaktoren zielwirksam agierender Arbeitsgruppen zu analysieren, dürfte sich auch in der Praxis das Interesse an entsprechenden Forschungsergebnissen, die aber erst vereinzelt vorliegen (vgl. Bettenhausen 1991, S. 366 ff.), verstärken. Es kristallisiert sich heraus, daß die Etablierung und „Pflege" einer kooperativen Arbeitsumgebung häufig entscheidend für die Gruppenleistung ist und deshalb ihre Gestaltung eine wichtige Herausforderung für das Management darstellt. Im folgenden sollen pragmatisch (im Sinne einer Orientierungshilfe) Ansatzpunkte für eine erfolgreiche Teamarbeit im Überblick vorgestellt werden.

Teams und Teamarbeit lassen sich in vielerlei Hinsicht analysieren. Zunächst lassen sich Basistypen unterscheiden. Nach Katzenbach/Smith (1993, S. 116 ff.) gibt es:

1. Teams, die gemeinsam bestimmte Gegenstandsbereiche erarbeiten, Gestaltungsbeziehungsweise Handlungsempfehlungen aussprechen, vielfach aber auch Entscheidungen treffen und umsetzen, (zum Beispiel Teams in der Produktentwicklung, Venture Teams, Task Forces, spezifische Projektteams in den Bereichen Unternehmensanalyse, Qualitätsverbesserung, Arbeitssicherheit, Implementierung etc.),

2. Teams, die aktiv an der Wertschöpfung (direkt/unterstützend) beteiligt sind sowie

3. Arbeitsgruppen ohne besonders ausgeprägten Teamgeist, die dazu prädestiniert sind, spezielle Problemstellungen in einem bestimmten funktional abgrenzbaren Bereich zu lösen, und die nicht notwendigerweise als „echte" Teams fungieren müssen, weil die Aufgabenstellung bereits in detaillierter und unabänderlicher Form vorliegt.

Nachfolgend sollen Teams des Basistyps (1) behandelt werden und kontrastierend „einfachen" Arbeitsgruppen (3) gegenübergestellt werden. Wertschöpfungsteams (2) werden im Rahmen der Gruppenarbeit in der Fertigung (Abschnitt IV. 3.6) behandelt. Als gestaltungsbedürftige Merkmale von Teams und Teamarbeit sollen Gruppengröße, Bestehensdauer, Fähigkeitenstruktur und „Common Commitment" diskutiert werden.

1. *Gruppengröße*
Wichtig ist, daß die Mitgliederzahl der Teams überschaubar bleibt, damit im adäquaten Maße Interaktion zwischen den Teammitgliedern stattfinden kann und komplementäre Fertigkeiten zur Lösung der Gesamtaufgabe zur Verfügung stehen. Die empfehlenswerte Spanne der Mitglieder reicht von ca. 5 bis 15 Akteuren; eine konkrete Empfehlung läßt sich nicht aussprechen, hängt die ideale Gruppengröße doch letztlich von den konkreten Aufgabenstellungen ab.

2. *Bestehensdauer*
Die Bestehensdauer eines Teams hängt im wesentlichen von zwei Faktoren ab: zum einen von der gestellten Aufgabe und zum anderen davon, ob das Team die gestellten

Erwartungen erfüllen kann oder nicht. Ein Produktentwicklungsteam wird erheblich längere Zeit beisammen sein als ein Projektteam zur Markteinführung eines neuartigen Konsumgutes. In seiner Dauer unterscheidet sich das Team auch von Ausschüssen, Kollegien oder Tagungsgruppen. Diese sind im allgemeinen erheblich kurzfristiger angelegt als Teams.

3. *Fähigkeitenstruktur*
Die Fähigkeiten der Mitglieder eines Teams kann man unterteilen in technische oder funktionale Fähigkeiten, in Entscheidungsfindungs- und Problemlösungsfertigkeiten und in soziale Fähigkeiten. Technische Fähigkeiten sind Fachwissen und Spezialkenntnisse. Ein Team, das nur aus solchen Spezialisten besteht, neigt oft dazu, nur die konventionellen, aus ihrem Gebiet stammenden Lösungswege in Betracht zu ziehen. Jedes neue Team sollte darum auch einige Mitglieder haben, deren besondere Fähigkeit es ist, analytisch zu denken und somit für das gesamte Team die Möglichkeiten und Lösungswege aufzuzeigen. Soziale Fähigkeiten wie Integrationsvermögen, Konfliktfähigkeit, abwägendes Bewertungsvermögen bei dennoch ausgeprägtem Enthusiasmus für die Arbeit im Team und Risikobereitschaft sind unabdingbare Fähigkeiten in einem Team, da sonst die Kommunikation im Team sehr leicht abreißen kann. In der Praxis läßt sich dieses Ideal selten verwirklichen, weil auf der Basis des vorhandenen Personalbestandes kein uneingeschränkt selektives Vorgehen möglich ist. Es bleibt dann nichts anderes übrig, als eklatante Schwächen aufzudecken und entsprechende Personalentwicklungsmaßnahmen einzuleiten, sofern eine längerfristigere Zusammenarbeit geplant ist.

4. *„Common Commitment"*
Als weiteres wichtiges Merkmal von Teamarbeit läßt sich „Common Commitment" im Sinne gegenseitiger Verpflichtung, starker Identifikation mit der Gruppe und gemeinsame Verantwortung für die Ziele des Teams herauskristallisieren (vgl. Katzenbach/Smith 1993, S. 112). „Echte Teams" besitzen ein „eigenes", gemeinsames und anspruchsvolles, von jedem akzeptiertes Ziel, auf das sie in vertrauensvoller Zusammenarbeit engagiert hinarbeiten. Mit der Entstehung kollektiver Ziele verstärkt sich in der Regel auch die Teamkohäsion, da prägnante gemeinsame Bezugspunkte die gegenseitige Verständigung erleichtern. Nur durch den starken Gemeinschaftsgeist werden tatsächlich Synergieeffekte erzielt, lassen sich die vielbeschworenen Vorteile der Teamarbeit (Qualitäts-/Produktivitätsverbesserungen, Durchlaufzeiten-Verringerung etc.) wirksam realisieren.

In „echten Teams" stimmen sämtliche Mitglieder darin überein, wer welche Aufgaben übernimmt, welche Termine gesetzt und fest eingehalten, welche Fähigkeiten entwickelt werden müssen, wie Mitgliedschaft auf Dauer erworben werden kann und auf welchem Wege Entscheidungen zu treffen sind. Man fordert sich gegenseitig heraus, geht aufeinander ein, zeigt sich integrativ, bringt sich mit einem äquivalenten Leistungsbeitrag ein, löst Konflikte konstruktiv und fühlt sich persönlich für das kollektive Arbeitsergebnis uneingeschränkt verantwortlich. Bei Mißerfolgen wird die Schuldfrage nicht innerhalb des Teams „herumgeschoben" oder nach außen verlagert, sondern es wird gemeinsam nach künftigen Fehlervermeidungs- beziehungsweise Verbesserungsmöglichkeiten gesucht.

Die Beschreibung des Phänomens „Common Commitment" erweist sich als ein alles in allem schwieriges Unterfangen, denn: „‚Gemeinsame Verpflichtung' ist sehr schwer zu verstehen, solange man sie nicht selbst erfahren hat. Und selbst wenn man sie erfahren hat, ist es schwierig, dies in Worte zu fassen" (Larson/LaFasto 1989, S. 73 – Übersetzung der Verfasser). Erfolgreiche Teams wissen also oft selbst nicht so genau, warum sie so leistungsfähig sind. In Abbildung 8 werden wichtige Unterschiede zwischen „echten" Teams und eher individuell ausgerichteten „einfachen" Arbeitsgruppen herausgestellt.

Arbeitsgruppe	„Echtes" Team
■ starker, entscheidungskonzentrierter Arbeitsgruppenleiter	■ klar definierte, von allen akzeptierte Zielsetzung und ambitionierte Zielerreichung
■ wenig Handlungs- und Entscheidungsspielräume, da Ziele weitgehend vorgegeben	■ „Common Commitment" und verteilte Führungsrollen
■ individuelle Verantwortlichkeit, kompetitives Verhalten,	■ individuelle und gemeinsame Verantwortlichkeiten
■ individuelle Arbeitsergebnisse	■ stark kooperative und produktive Arbeitsatmosphäre
■ eher loser Zusammenhalt	
■ Veranstalten ergebnisorientierter Zusammenkünfte	■ Spezifische Teamziele, die das Team als einheitliches Ganzes nach außen vertritt
■ mittelbare Messung der Effektivität über die gruppenarbeitsbedingten Einflüsse auf andere Kenngrößen (zum Beispiel finanzielles Ergebnis des Geschäftsbereiches)	■ kollektive Arbeitsergebnisse
	■ Förderung von „Open-End"-Diskussionen und aktiven Problemlösungs-Meetings
■ Diskussionen, Entscheidungen und Delegation von Arbeit	■ Augenmerk auf Problemlösung und nicht auf der Suche der/des Schuldigen
■ Betonung sachrationaler Aspekte	■ direkte Messung der Leistung durch regelmäßige Evaluierung der kollektiven Arbeitsergebnisse
	■ gegenseitiges Zuhören, offene Diskussionen, konsensuale Entscheidungen und Präferierung „echter" Zusammenarbeit

Abbildung 8: Unterschiede zwischen Arbeitsgruppen ohne prägnanten Teamcharakter und „echten" Teams (in Anlehnung an Katzenbach/Smith 1993, S. 113)

Zu recht wird bei aller Euphorie für eine „flächendeckende" Implementierung von Teamarbeit im Unternehmen vor einer überzogenen simplifizierten Idealisierung im Sinne eines omnipotenten Problemlösungsansatzes unter Ausblendung von praktischen Umsetzungsschwierigkeiten, möglichen Dysfunktionalitäten, Teamführungsproblemen etc. gewarnt (vgl. Sinclair 1992). Beispielsweise besteht eine schwierige Aufgabe darin, die subtile Balance zwischen wünschenswerter Gruppenkohäsion einerseits und konstruktiver Individualität der Mitarbeiter andererseits zu finden. Aus einem allzu starken Gruppenzusammenhalt resultiert nicht selten Konformität mit der Folge, daß die notwendige Kreativität und ein der geforderten „kontinuierlichen Verbesserung" nutzendes individuelles „Querdenken" unterbleibt. Gefordert werden muß daher eine kritische, die Grenzen der Machbarkeit und mögliche Gefahren berücksichtigende kontingenzbezogene Analyse und kritische Begleitung der Teamarbeit und ihrer Erfolgspotentiale im Unternehmen.

1.6 Fazit

Flache Hierarchien folgen einer marktnahen, horizontalen Prozeßorientierung. Entlang der Wertschöpfungskette werden überschaubare, produktorientierte Organisationseinheiten gebildet, die als Neztwerksverbund von weitgehend selbststeuernden „Responsibility-Centern" („Mini-Companies") nach dem internen Kundenprinzip agieren sollen. Der Abbau von Funktions- und Abteilungsgrenzen wird zwecks Schaffung „durchlässiger" Prozeßsteuerungsmöglichkeiten forciert. Interdisziplinäres Projektmanagement und Teamarbeit ersetzen unternehmensweit in vielen Fällen unzweckmäßige Vertikalgliederungen. Bei der Strukturierung des Unternehmens dürfen neben der formalen Neugestaltung von Aufbau- und Ablauforganisation die sozio-emotionalen Aspekte der auf Vertrauen, Kooperation und gegenseitiger Unterstützung basierenden intraorganisatorischen Interaktionen nicht vernachlässigt werden. So scheitert Teamarbeit nur selten an Meinungsverschiedenheiten über Sachfragen, sondern vielmehr an „gestörten" Beziehungen der Teammitglieder untereinander. Zuweilen paßt Teamarbeit gar nicht in die aktuelle, stark kompetitive Unternehmenskultur (zum Beispiel im Falle von „Macho-Kultur"), da Konkurrenzdenken mit dem Bestreben, sich auf Kosten anderer zu profilieren, jeden auch nur versuchsweisen Ansatz von Teamarbeit verhindert. Teamarbeit mit Betonung von „Common Commitment" gegenseitigem Vertrauen und ausgeprägtem Teamgeist läßt sich schließlich nicht „von oben" verordnen, sondern bedarf einer langfristigen Entwicklungsperspektive und der Unterstützung durch teamarbeitsförderliche Rahmenbedingungen im Unternehmen.

2. Simultaneous Engineering

2.1 Begriff und Zielsetzung

Simultaneous Engineering (Concurrent Engineering) läßt sich definieren als ein systematischer Ansatz hinsichtlich einer integrierten, gleichzeitigen Entwicklung von Produkten und der mit ihnen verbundenen Prozesse, einschließlich der Produktionsanlagen und der notwendigen Unterstützung durch andere Unternehmensbereiche. Das Konzept des Simultaneous Engineering zielt darauf ab, die an der Produkt- und Prozeßentwicklung Beteiligten von Anfang an dazu zu bewegen, alle Elemente des Produktlebenszyklus, von der Produktidee und Konzeptionalisierung auf der Basis von Markt- und Wettbewerbsanalysen bis hin zur Markteinführung, -diffusion und Produktvariation einschließlich zentraler Erfolgsfaktoren wie Qualität, Kosten, „Time to Market" und Anwenderbeziehungsweise Kundenanforderungen stets und von Beginn an zu berücksichtigen (vgl. Carter/Baker 1992, S. 2).

Zeit-, kosten- und qualitätsorientierte Unternehmen müssen sich künftig als integrierte, vernetzte Systeme verstehen, in denen sich jeder einzelne dessen bewußt ist, in welcher Weise seine Tätigkeit in Beziehung zu der der anderen steht. Große Aufmerksamkeit gilt den Schnittstellen zwischen verschiedenen Aufgaben- und Funktionsbereichen einschließlich ihres Einflusses auf den Gesamtablauf.

Simultaneous Engineering stellt auf die Integration von Produkt-, Prozeß- und Produktionsmittelentwicklung ab. Es beinhaltet statt sequentieller Arbeitsweisen eine weitgehende Parallelisierung und Synchronisierung von Prozessen. Durch die Schaffung von ressortübergreifenden Projektteams soll gewährleistet werden, daß verschiedene Arbeitsschritte möglichst gleichzeitig, in enger Abstimmung zueinander und beschleunigt vollzogen werden können. Außerdem lassen sich nachträgliche, zeit- und kostenintensive Änderungen im Entwicklungsprozeß bis zur Produkt- beziehungsweise Markteinführung durch proaktive, die vielfältigen Sachaspekte und Interessenlagen von vornherein berücksichtigende Planung, durch kreative Mitgestaltung vielseitiger Ideenträger und rechtzeitige Abstimmung sowie durch frühzeitige Kompromißfindung erheblich vermindern. Zeitintensive Produktänderungen lassen sich am ehesten vermeiden, wenn vorher kundenorientiert die kritischen Qualitätsmerkmale klar definiert worden sind. Auf diese Weise erfolgt schon in der Produktentwicklung eine positive Weichenstellung für Herstellungs-, Betriebs- und Servicekosten und damit für die Marktchancen von Produkten. Die Berücksichtigung zentraler Kostenkategorien („Target Costing" – vgl. Abschnitt V. 6) verkörpert eine wesentliche Steuerungsgröße.

Da viele Qualitätsmängel und -fehler schon in der Entwicklungsphase entstehen und quasi vorprogrammiert werden, sollte eine frühzeitige, umfassende und marktorientierte Planung kritischer Qualitätsmerkmale neuer Produkte erfolgen. Je früher Qualitätsprobleme erkannt werden, desto geringer sind die Kosten der notwendigen Änderung. Auf diese Weise wird das Qualitätsmanagement bereits in der Entwicklungsphase ein aktiver Bestandteil der Projekt-Teamarbeit, werden bei den Projektbeteiligten zusätzlich Lerneffekte erzielt. Der ständige Informationsaustausch führt zu einem gegenseitigen Verständnis, zu einer Erhöhung der Planungssicherheit und zur Aneignung bereichsübergreifenden Wissens.

Die Zulieferer werden künftig frühzeitig in die Produktentwicklung einbezogen, und genauso verantwortlich für ihren Verantwortungsbereich gemacht wie interne Leistungsbeziehungsweise Profit Center. Ihre Teilnahme an Simultaneous-Engineering-Projekten wird vielfach zur Pflicht.

Bei Simultaneous Engineering muß durch die Projektstrukturierung, durch die Teamzusammensetzung und durch eine Projektinfrastruktur eine ganzheitliche, inhaltlich und zeitlich vernetzte Projektbearbeitung sichergestellt werden. Teilaufgaben des Projektes sind eindeutig zu fixieren, „Meilensteine", die Zwischenergebnisse betreffen, strikt einzuhalten. Es ist ein professionelles Projektmanagement zu installieren und dabei Nachdruck auf die Umsetzung wichtiger Projektarbeitsergebnisse im Wertschöpfungsproßß hinzuwirken. Voraussetzungen sind ferner neben einem realistischen Arbeits- und Zeitplan die nachhaltige Förderung durch die Unternehmensleitung durch Sicherstellung ausreichender Handlungsspielräume und Entscheidungskompetenzen. Abbildung 9, Seite 91, faßt Ziele und Vorteile des Simultaneous Engineering zusammen.

2.2 Die Institutionalisierung von „Schwergewichts"-Teams

Ein wichtiger Erfolgsfaktor „schlanker" Produzenten in Japan ist die Charakteristik der Projektleitungen in der Produktentwicklung (vgl. Womack/Jones/Roos 1991, S. 114 ff.).

Dort werden die einzelnen Entwicklungsprojekte an eine starke Persönlichkeit gebunden, die bei Toyota die Bezeichnung „Shusa" besitzt und die die gesamte Verantwortung und Koordination für das Projekt von Anfang an bis zum Modellauslauf trägt. Auf diese Weise existiert ein mächtiger Verfechter des Produkts, der dem Fahrzeug seinen Persönlichkeitsstempel einprägt, alle zur Konstruktion des Fahrzeugs erforderlichen Ressourcen mobilisiert und der das Projekt auch wirkungsvoll gegen Einmischungen aus dem Top-Management zu verteidigen vermag. Dies steht in krassem Gegensatz zu der herkömmlichen Organisation nach Funktionen. Bei der Produktentwicklung eines traditionellen Massenherstellers befindet sich der Projektkoordinator – wenn es überhaupt einen solchen gibt – in einer zu schwachen Position, um sämtliche Funktionen zu einer koordinierten, reibungslosen Zusammenarbeit zu verbinden. Der „Shusa" bildet ein kleines Kernteam von Spezialisten aus unterschiedlichen Ressorts sowie von ausgewählten Lieferanten. Die Teammitglieder bleiben zwar weiterhin ihren ursprünglichen Abteilungen zugeordnet, widmen sich jedoch ganz dem neuen Team bis zur Beendigung des jeweiligen Projekts.

Wheelwright/Clark (1992, S. 194 f.) sprechen in diesem Zusammenhang von „Crossfunctional Heavyweight Development Teams", da dem Teamleiter direkter Zugriff und erhebliche Verantwortung für alle im Projekt involvierten Mitarbeiter zukommt. Ihr „Schwergewicht" rührt von zwei wesentlichen Faktoren her: Zum einen gelten sie als

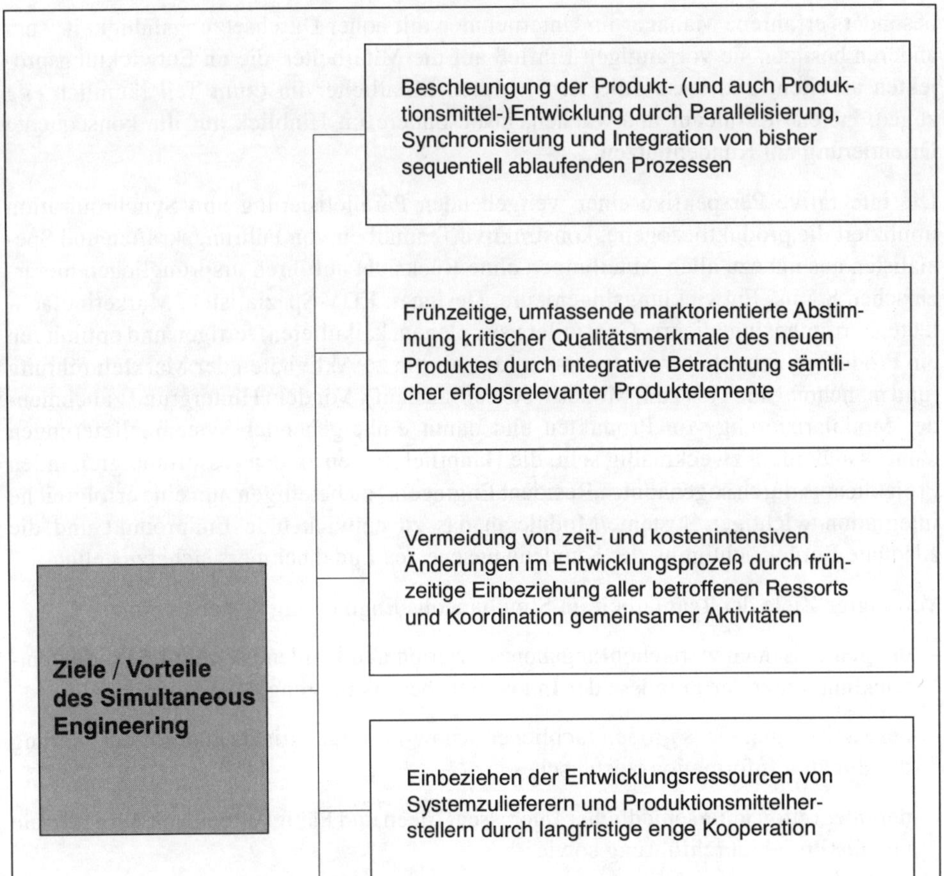

Ziele / Vorteile des Simultaneous Engineering

- Beschleunigung der Produkt- (und auch Produktionsmittel-)Entwicklung durch Parallelisierung, Synchronisierung und Integration von bisher sequentiell ablaufenden Prozessen

- Frühzeitige, umfassende marktorientierte Abstimmung kritischer Qualitätsmerkmale des neuen Produktes durch integrative Betrachtung sämtlicher erfolgsrelevanter Produktelemente

- Vermeidung von zeit- und kostenintensiven Änderungen im Entwicklungsprozeß durch frühzeitige Einbeziehung aller betroffenen Ressorts und Koordination gemeinsamer Aktivitäten

- Einbeziehen der Entwicklungsressourcen von Systemzulieferern und Produktionsmittelherstellern durch langfristige enge Kooperation

- Verbesserung der Kommunikation und des integrierten Aufgabenverständnisses

- Möglichst auch räumliche Konzentration von Experten in „schwergewichtigen" Projektteams mit gemeinsamen Entscheidungen auf der Basis eines umfassenden Know-hows (Kompetenzzusammenführung)

Abbildung 9: Marktorientierte integrierte Produktentwicklung mit Simultaneous Engineering

besonders erfahrene Manager im Unternehmen mit hoher Durchsetzungsfähigkeit. Zum anderen besitzen sie vorrangigen Einfluß auf die Mitarbeiter, die an Entwicklungsprojekten arbeiten, und lassen die Arbeit durch Mitarbeiter im (zum Teil räumlich eng zugeordneten) Kernteam überwachen, insbesondere im Hinblick auf die konsequente Orientierung am Kundennutzen.

Die integrative Perspektive einer weitgehenden Parallelisierung und Synchronisation impliziert die produktbezogene, konstruktive Teamarbeit von Führungskräften und Spezialisten aus nahezu allen Abteilungen ohne Rücksicht auf ihren ursprünglichen hierarchischen Status. Entwicklungsingenieure, Designer, EDV-Spezialisten, Marketingfachleute, Fertigungsingenieure, Controller usw. planen, kalkulieren, fertigen und optimieren ein Produkt ganzheitlich von der ersten Idee bis hin zu Aktivitäten der Markteinführung (und manchmal auch bis zum Modellwechsel/-auslauf). Vor dem Hintergrund zunehmender Modularisierung von Produkten und damit einhergehender Systemzulieferungen kann es außerdem zweckmäßig sein, die Hauptlieferanten an den ressortübergreifenden Projektteams durch sogenannte „Resident Engineers" zu beteiligen, um eine erfolgreiche Integration wichtiger Systeme/Module in das zu entwickelnde Endprodukt und die adäquate Berücksichtigung der Kundenwünsche des Endabnehmers sicherzustellen.

Vorrangige Ziele der Teamarbeit im Simultaneous Engineering bestehen in:

– der gemeinsamen wertschöpfungskonzentrierten und kundenorientierten Produktentwicklung unter der Prämisse der Innovationsbeschleunigung,

– der Aktivierung eines großen fachlichen Know-how-Potentiales unter Intensivierung des direkten Informationsaustausches,

– der Integration unterschiedlicher Interessen, Ideen und Fähigkeiten in die Projektziele und die Projektdurchführung sowie

– der Gewinnung von überzeugten Verfechtern der Projektidee (Promotoren), die diese in ihre Stammabteilungen wirkungsvoll hineintragen.

Zu den Aufgaben der Projektteams und seiner Mitglieder zählen unter anderem:

– die Transparentmachung, Sondierung, Einzelzielfestlegung und Terminierung des Vorhabens,

– die Koordination und Bewertung der Vorstudienaktivitäten,

– die Rückkopplung der Fragestellungen und Projektaktivitäten aus einzelnen Arbeitskreisen und -phasen zu den einzelnen funktionalen Bereichen,

– die rasche, aber auf gründlicher Analyse beruhende, möglichst konsensfähige Lösungsfindung,

– die Gewährleistung eines schnellen Informationsaustausches zwischen den Teammitgliedern und

– regelmäßige Projektaudits und Festlegung künftiger Aktivitäten.

Die laufende Arbeit der Projektteams sollte regelmäßig überwacht und beurteilt werden. Zentrale Frage hierbei ist, ob und inwieweit die Projektziele erreicht wurden und welche Zielerreichungsgrade im Hinblick auf Kosten und Nutzen, Zeit, Qualität usw. realisiert wurden. Der Innovationserfolg wird allerdings erst langfristig sichtbar. Zur Evaluation gehört auch der Leistungsbeitrag einzelner zum Gesamtergebnis der Gruppe, der in die Personalbeurteilung eingeht und besonders bei erfolgreichen „schlanken" Unternehmen ein gewichtiges Kriterium im Rahmen von Beförderung, Laufbahn- und individueller Karriereplanung darstellt. Japanische Unternehmen können insofern als Vorbild dienen, da die Beförderung im wesentlichen von der Arbeit im Projektteam abhängt, weniger von der Leistung als Spezialisten in der ursprünglichen Abteilung. Die Idee des Simultaneous Engineering beinhaltet keineswegs eine universelle Vorgehensweise im Projektmanagement, sondern es wird ein facettenreiches Spektrum unterschiedlicher Konzeptionen, Methoden und Instrumente (einschließlich diverser Hilfsmittel) subsumiert.

2.3 Projektmanagement

Das Projektmanagement sollte auf klaren Zielen sowie präzisen Kompetenz- und Aufgabenzuweisungen fußen. Projektindividuell sind beispielsweise (vgl. Bullinger/Wasserloos 1990, S. 9):

– Entscheidungen über die Notwendigkeit und den Aufwand einzelner Teilschritte durch wertanalytische Betrachtungen zu treffen,

– die zeitliche Reihenfolge einzelner Entwicklungsschritte festzulegen,

– die Parallelbearbeitung voneinander unabhängiger Teilschritte zu planen und

– die Entkoppelung und weitgehende Parallelisierung voneinander abhängiger Teilschritte zu analysieren und zu planen, bis sie sich nicht mehr in einer „kritischen Zeitzone" befinden.

Die Evaluierung der Notwendigkeit und des erforderlichen Aufwandes für einzelne Teilschritte sollte unter Berücksichtigung der erwarteten Wertschöpfungsleistungen erfolgen. Prozesse, die nur geringe Wertschöpfungsbeiträge enthalten (zum Beispiel Transport- und Liegezeiten, Einarbeitungs- und Suchzeiten) sind für das Gesamtergebnis irrelevant und müssen deshalb vorrangig minimiert beziehungsweise eliminiert werden.

Abbildung 10, Seite 95, zeigt exemplarisch einen gedanklichen Bezugsrahmen zur Ausgestaltung des Projektmanagements-Prozesses im Rahmen von Simultaneous Engineering. Dieser ist, sofern die Teilschritte nicht logisch beziehungsweise sachlich zwingend konsekutiv abzuarbeiten sind, als „Komponentenschema" aufzufassen mit der Möglichkeit einer zeitlichen Parallelisierung einzelner Komponenten. Die kontinuierliche Weiterentwicklung und Verbesserung eines integrierten Projektmanagements (Strukturierung, Koordination, Kommunikation, Methodik etc.), der Abbau zeitintensiver bürokratischer Regelungen und eine Konzentration auf das Wesentliche sind wichtige Rahmenbedingungen zur Realisierung von Produktentwicklungsvorhaben.

Kernaufgabe im Projektmanagement ist die Erstellung eines Projektplanes, in dem die Aufgaben und die Termine für die Tätigkeiten der unterschiedlichen Funktionsbereiche festgelegt werden. Dieser Projektplan, in dem alle notwendigen Aktivitäten vom Marketing über die Beschaffung, Entwicklung, Fertigung, Qualitätssicherung, Logistik, Investitionsplanung bis zur Finanzierung festgeschrieben werden, muß als Netzwerk verstanden werden, in dem es möglich ist, unterschiedliche Verfahrensschritte gleichzeitig auszuführen.

Ein solcher Plan ermöglicht es, die einzelnen Abläufe und Entscheidungen in den einzelnen Entwicklungsphasen transparent zu machen. Nur hohe Transparenz gibt allen Beteiligten die Möglichkeit, auf Ergebnisse einzugehen und dadurch notwendige Änderungen so früh und komplex durchzuführen, wie dies notwendig ist. Um erforderliche Änderungen durchführen zu können, ist es wichtig, diesen Plan in einem gewissen Maße flexibel zu halten. Es muß möglich sein, Ziele während des Projektlaufes zu modifizieren, ohne den Plan von Grund auf neuzugestalten. Gerade Planvorgaben im technischen Bereich müssen inhaltlich zunächst flexibel gehalten werden, ohne zeitliche Vorgaben zu mißachten, um größere Kreativität und ausreichende Ideengenerierung in der Produktentwicklung zu fördern.

Im Rahmen der Projektdurchführung wird ein Produkt zunächst im Groben unter Mitwirkung von möglichst allen betroffenen Ressorts einschließlich der Zulieferer (Resident Engineers), Produktionsmittelhersteller und eventuell externer Berater geplant. Im folgenden wird das Produkt schrittweise verfeinert, wobei bei jedem Schritt die Auswirkungen auf die anderen Bereiche überprüft und eventuelle Änderungen am Produkt vorgenommen werden. In Abbildung 11, Seite 96, wird beispielhaft die Fragestellung der Teamstrukturierung und Teamzusammensetzung angesprochen. Unterschieden wird hier nach ständiger oder fallweiser Mitgliedschaft im Gesamt- oder Kernteam. Ad-hoc-Teams treten unabhängig von der Strukturierung je nach Problemfall zusammen. Spezialisten und externe Berater greifen bei Bedarf unterstützend ein, während dem Kernteam laufend ein Projektplaner für die Projektmanagement-Unterstützung zur Verfügung steht.

Im Rahmen der Detailprojektarbeit werden Produkt und Produktionsmittel gleichzeitig im einzelnen fertig entwickelt und realisiert. Vertrieb und Marketing sowie die Zulieferer bereiten sich zeitgleich auf den Produktionsanlauf vor. Weil das vorher erstellte Konzept in einem hohen Maße konkretisiert wurde und Eventualitäten weitgehend berücksichtigt wurden, ist es nunmehr möglich, diese Phase zeitlich stark zu straffen. Prinzipiell werden jetzt keine Änderungen mehr zugelassen, um die Zeit bis zum Markteintritt nicht unnötig zu verlängern. Die Projektdurchführung endet mit der Fertigungsfreigabe (vgl. Abbildung 10).

I. Projektvorbereitung

1. Markt- und Wettbewerbsanalyse
   - strategische Früherkennung/Konkurrenzanalyse
   - Marktentwicklungen/technische Anforderungen
   - Wettbewerbsfähiger Preis
2. Erarbeitung eines Rahmenkonzeptes
   - Feststellen von Voraussetzungen
   - Grobanalyse (Aufgaben, Informationsbedarf etc.) und Ideengenerierung
   - Definition von „Meilensteinen"
   - Abgrenzung und Vereinbarung von Projektzielen
   - Parallelisierung unabhängiger Teilschritte, Versuch der Entkopplung abhängiger Schritte
   - Systematische Struktuierung und Festlegung eines Zeitplanes/Netzplanes
3. Definition eines Kostenrahmens
   - Abstecken von Budgets/Kostenlimits für einzelne Baugruppen
   - Grobstückliste
   - Projektkosten insgesamt/„Target Costing"
   - Herstellkosten im Zusammenhang mit Zielpreis/-Deckungsbeitrag
4. Institutionalisierung
   - Teambildung, Kompetenzverteilung, hierarchische Einordnung, Teammanagement, Teamentwicklung
   - Beteiligte und Projektleiter
   - Berichtswege/Kommunikation/Dokumentation
   - Schaffung organisatorischer Rahmenbedingungen

II. Projektdurchführung

1. Detailplanung
   - Disaggregation von Aufgabenkomplexen in Teilaufgaben/Zuordnung und Aufgabenintegration/Detailterminplanung
   - Erstellen detaillierter Pflichtenblätter/-hefte je Baugruppe
   - Festlegen detaillierter Kostenziele
   - Auswahl von Methoden/Hilfsmitteln
   - Erkennen von Problemfeldern der Zusammenarbeit und Erarbeitung von „Begleitmaßnahmen" zur Vermeidung/Verminderung von Reibungsverlusten
2. Erarbeitung von Entwürfen/Entscheidung
   - Erarbeiten von mindestens zwei Entwürfen je Teil/Baugruppe
   - Prüfung der Entwürfe auf Vor-/Nachteile, Fertigungsprobleme, Anforderungen und Kosten; Erarbeitung von Verbesserungen, Kalkulation
   - Ranking der Entwürfe/Auswahl
3. Detailkonstruktion/Spezifikationen/Versuche
   - Erstellung der Einzelteilzeichnungen
   - Feinabstimmung mit Arbeitsvorbereitung
   - Funktionsbeschreibung
   - Versuchspflichtenheft, Versuch und Konstruktion
   - Testdurchführung/Prototyp/Pilotprojekt
   - Fertigungsfreigabe/Fixierung der Fertigungsunterlagen

III. Projektcontrolling

- Ergebnisorientierte Kontrolle anhand der „Meilensteine" und Bewertungskennzahlen
- Ressourcen-/Verfahrens-/Timing-Kontrolle
- Abweichungsanalysen
- Kosten-, Budget- und Wirtschaftlichkeitskontrollen
- System-Audits (Konzeptüberprüfung, Spezifikationsüberprüfung, Konzeptionsüberprüfung, Eigenschaftsüberprüfung etc.)

Abbildung 10: Allgemeines Komponentenschema für Simultaneous-Engineering-Projekte

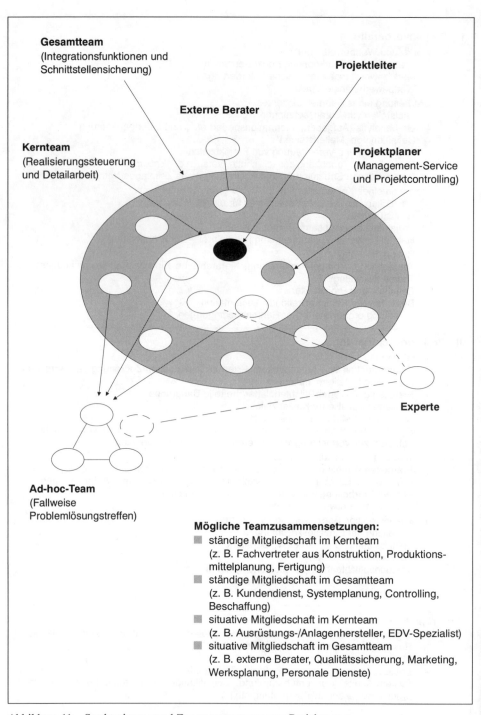

Abbildung 11: Strukturierung und Zusammensetzung von Projektteams

Das Projektcontrolling dient der Feststellung des Projektstatus und der Wirksamkeit der geplanten und durchgeführten Maßnahmen, der Ermittlung von eingetretenen und noch zu erwartenden Schwierigkeiten (Abweichungsanalye, Früherkennung) sowie der rechtzeitigen Einleitung von Korrekturmaßnahmen, um auch künftig die Synchronisation der parallelen Aktivitäten aufrechterhalten zu können. Es wird projektbegleitend durchgeführt, erstreckt sich auf sämtliche Aspekte der Projektplanung und -durchführung und ist mit dem zentralen Unternehmenscontrolling abzustimmen. Wichtige Aufgabe ist es, das „Nebeneinander" von SE-Teams und der Linienorganisation zu koordinieren.

2.4 „Crossfunktionale" Integration der Produktentwicklung: Der Ansatz von Wheelwright/Clark

Einen ressortübergreifend-integrativen Ansatz der Produktentwicklung schlagen Wheelwright/Clark (1992, S. 172 ff.) vor. Exemplarisch beschreiben die Autoren aufeinander abgestimmte Aufgabenkomplexe und phasenweise strukturierte Tätigkeiten der wesentlichen beteiligten Abteilungen (vgl. Abbildung 12). Sogenannte Meilensteine fassen die wichtigen Zielsetzungen der einzelnen Prozeßphasen zusammen. Es muß schließlich Einverständis hinsichtlich der Ergebnisse der einzelnen Teilschritte erzielt werden.

Die Phase der Erarbeitung eines detaillierten Entwurfes und der Entwicklungsarbeit im Detail ist deshalb zweigeteilt, weil angenommen wird, daß die Entwicklung von Produktionsmitteln länger dauert als die Arbeiten zum detaillierten Produkt-Design. Zwar werden Produkt und Prozeß zusammenhängend entworfen, doch der verschiedenzeitliche Ansatz hinsichtlich der notwendigen Tests und der Verifikation (erst das Produkt, dann der Prozeß) berücksichtigt prozeßbeschleunigend unterschiedliche Durchführungszeiten.

Alles in allem fördert dieser integrierte Ansatz zeitsparend die Parallelisierung und Synchronisation von Teilaktivitäten des Innovationsprozesses, indem zeitgleich zur Produktentwicklung Fertigungs-/Montage- und Markteinführungskonzepte erarbeitet werden. (Ferner wäre beispielsweise die Einbeziehung von Logistik, Service- und Personalkonzepten denkbar). Erforderlich für das Funktionieren einer integrativen Produktentwicklung ist allerdings eine grundsätzliche Neuorientierung bei der jeweils ressortspezifischen, traditionell isoliert ablaufenden Prozeßorganisation.

Beispielsweise bauen die Ingenieure zur Unterstützung des „crossfunktionalen" Arbeitens sehr früh Prototypen, um den praktisch nachvollziehbaren Kundennutzen transparent zu machen und testen zu können. Vice versa werden die Techniker dazu veranlaßt, sich frühzeitig in Zusammenarbeit mit dem Marketing mit dem Verstehen von Kundenwünschen und -nutzen vertraut zu machen. Die Fertigungsingenieure erarbeiten Verfahrensweisen schon in der Phase der Konzeptentwicklung in Zusammenarbeit mit den Ingenieuren aus der Konstruktion und warten damit nicht so lange, bis die Konzepte der Konstrukteure „fertig" sind.

Entwicklungsphasen

Funktionale Aktivitäten	Konzeptentwicklung	Produktplanung	Detaillierte(r) Entwurf und Entwicklung		Vorbereitung der Markteinführung	Markteinführung
			Phase I	Phase II		
Konstruktion/ Produktentwurf	Einbringen neuer Technologien; Entwickeln neuer Produktideen, Konstruktion von Modellen; Durchführung von Simulationen	Auswahl von Komponenten und Kontaktaufnahme mit Zulieferern; Bau erster Prototypen; Definition der „Produkt-Architektur"	Realisation eines detaillierten Produktentwurfs; Bau und Test vollwertiger Prototypen (evt. nur Anwendung von „Rapid Prototyping")	Verfeinerung von Details im Produktentwurf Partizipation beim Bau	Bewertung und Test von Pilotserien; Lösung von auftretenden Problemen	Auswertung der Praxiserfahrungen mit dem Produkt
Marketing	Bereitstellung von Marktforschungsergebnissen; Vorschlag und Analyse von Produkt-Konzepten	Definition von Kundennutzen-Parametern; Schätzung von Umsätzen und Gewinnspannen; frühe Kontaktaufnahme zur Zielgruppe	Durchführung von Tests durch Kunden; Partizipation in der Prototypen-Bewertung	Durchführung weiterer Tests durch Kunden; Bewertung der Prototypen; Planung der Marktbearbeitung; Erarbeitung eines Vertriebskonzepts	Vorbereitung des Marktstarts, Schulung des Verkaufs- und Kundendienstpersonals Preparation des „Order-Entry"-Systems	Sicherstellung reibungsloser Distribution; Verkaufs- und Werbeanstrengungen; Austausch mit Schlüsselkunden
Fertigung	Vorschlag und Untersuchung von Prozeß-Konzepten	Entwicklung von Kostenschätzungen, Definition der „Prozeß-Architektur"; Durchführung von Prozeßsimulationen; Lieferantenbewertung	Verwirklichung des detaillierten Prozeßentwurfs; Entwurf und Entwicklung geeigneter Maschinen, Ausrüstungen, Anlagen; Beteiligung am Bau vollwertiger Prototypen	Testen und Ausprobieren der geplanten Produktionsmittel; Bau verbesserter Prototypen; Installation des gesamten Equipments und Erarbeitung neuer Verfahren	Bau von Piloteinheiten unter „realen" Bedingungen; Verfeinerung des Prozesses aufgrund von Nullserien-Erfahrungen; Mitarbeiterschulung und (erneute) Prüfung der Beschaffungswege	„Hochfahren" der Produktionsanlagen auf geplantes Volumen; Realisierung von Qualitäts-, Ertrags- und Kostenzielen
Entscheidende Meilensteine	Bestimmung des Produkt- und Prozeßkonzeptes	Fixierung von Produkt, Designund Prozeßarchitektur; Festlegung von Programmparametern	Bau und Test kompletter Prototypen; Verifikation des Produkt-Designs	Verbesserung und Verfeinerung der Prototypen; Verifikation von Verfahren und endgültiger Entwurf	Vorserienanlauf, Inbetriebnahme/Test des kompletten Markteinführungskonzeptes	„Herauffahren" der Produktion; Realisation von Marktzielen
Schlüsselentscheidungen	Konzept-Einverständnis	Programm-Einverständnis	Einverständnis bezüglich detailliertem Entwurf	Gemeinsame abschließende Zustimmung zu Produkt und Prozeß	Zustimmung zur Markteinführung	Volle Zustimmung für die Marktbearbeitung

Abbildung 12: „Crossfunktionale" Integration in der Produktentwicklung nach Wheelwright/Clark (1992, S. 173)

Ganz entscheidend für die stufenweise Erarbeitung von „Meilensteinen" und für das gemeinsame Treffen von Entscheidungen, die jeder einzelne der Arbeitsgruppe(n) akzeptiert und deshalb motiviert vorantreibt, ist die enge zeitliche Kopplung von Aktivitäten und – keine leichte Aufgabe – die Realisierung einer offenen, auf die gemeinsame Ziele ausgerichteten Kommunikation zwischen den beteiligten Akteuren und Arbeitsgruppen.

2.5 Methoden und Werkzeuge

Im Rahmen simultaner Produkt- und Prozeßentwicklung kommen sehr vielfältige Instrumente zum Einsatz, die zum großen Teil bekannt sind und nun konzeptionell im Rahmen des Simultaneous Engineering miteinander verknüpft werden müssen. Zur technologischen und methodischen Unterstützung der Projektarbeit dienen je nach Einzelvorhaben zum Beispiel folgende Verfahren und Hilfsmittel:

- Projekthandbücher und projektbegleitende, systematisierende Regelwerke, die die Rahmenbedingungen für Prozesse des Simultaneous Engineering darlegen,

- integrierte CAD-/CAM-Systeme (mit Modellierungs-, Zeichnungs-, NC- und Datenverarbeitungs-Modulen),

- „Rapid Prototyping", indem mittels CAD/CAM-Technologie Bauteile direkt auf Basis der über Konstruktionsdaten generierten Modelle gefertigt werden können,

- Prioritätensetzung (Mittels ABC-Analyse, Netzplantechnik, Projektportfolio-Analyse),

- Techniken der Gestaltung von Aufbau- und Prozeßstruktur des Fertigungssystems,

- Simulationstechniken für die Modellierung ganzheitlicher Lösungen auf dem Weg von der Produktidee bis zur Produktionsanlage,

- simulationsgestützte Taktzeitprognose und -optimierung,

- fertigungs- und montagebezogene Produktanalyse und -gestaltung,

- Ingenieur-Datenbanken (Technische Informationssysteme), die wichtige Informationen zu neuen Werkstoffen, innovativen Fertigungsverfahren und/oder Stücklisten an einzelnen Arbeitsplätzen bereitstellen,

- EDV-gestütztes Projektcontrolling zur Überwachung und Koordination von Teilprojekten,

- Einsatz von Methoden des Quality Engineering (Statistical Process Control, QFD, FMEA etc.) sowie

- Entwicklung und Implementierung von Informationssystemen (für Konstruktion, innerbetriebliche Logistik usw.) und zwischenbetrieblichem EDI (Electronic Data Interchange).

Der Erfolg von Simultaneous-Engineering hängt maßgeblich von der Verfügbarkeit vernetzter Informationssysteme und einer gemeinsamen Datenbasis ab mit dem Ziel, den Projektstand jederzeit abrufen zu können (Projektdokumentation) und frühzeitig Eingriffe in den Projektablauf zu ermöglichen. Hersteller und Zulieferer verwenden dann miteinander kompatible Computersysteme, die über eine Datenleitung gekoppelt sind. Der Zugriff auf relevante Daten des Kooperationspartners impliziert, daß die fremden Daten in der Regel zwar gelesen, aber nicht verändert werden können.

In vielen Fällen erwarten die hochqualifizierten Teammitglieder vom Teamleiter als „primus inter pares" ein ausgeprägt kooperatives Führungsverhalten, dagegen bauen übergeordnete Vorgesetzte (die sich in der Regel auf der Vorstandsebene befinden) tendenziell auf ein direktives und Entscheidungsprozesse verkürzendes Vorgehen aufgrund des gegebenen Zeitdrucks. Deshalb empfiehlt sich ein zeitorientiertes Personalmanagement als wichtiges, auf der Teamleiterebene angesiedeltes Instrumentarium zur Gewährleistung der beabsichtigten Beschleunigung von Innovationsprozessen und des „Time to Market". Zeitorientiertes Personalmanagement in der Produktentwicklung umfaßt sämtliche Maßnahmen, die bewußt darauf abzielen, durch unmittelbare und mittelbare Beeinflussung des Verhaltens (aber auch genereller „Verfügbarkeit") von den an Produktinnovationen beteiligten Mitarbeitern (besonders aber derer in Simultaneous-Engineering-Teams) die Möglichkeit eines frühen Zeitpunkts der Markteinführung zu gewährleisten (vgl. Gerpott 1991). Zu den Aufgaben des zeitorientierten Personalmanagements gehören die Schaffung genereller Voraussetzungen für einen frühestmöglichen Beginn von Simultaneous-Engineering-Aktivitäten und das Kreieren von Rahmenbedingungen für eine Verkürzung der Produktentwicklungsprozesse. Hierzu zählen beispielsweise die Heranbildung von „Zeitbewußtsein", die Vereinbarung anspruchsvoller Zeitziele und die rigorose Anwendung von Time-Management-Techniken.

2.6 Fazit

Für ein auf Qualität, Kosten und „Time to Market" konzentriertes Innovationsmanagement empfiehlt sich das Konzept des Simultaneous Engineering. Zielsetzung ist die Parallelisierung, Synchronisierung und Integration vielfältiger Aufgaben der Produktentwicklung. Durch den frühestmöglichen Beginn von Aktivitäten unter rechtzeitiger Abstimmung der beteiligten Ressorts erreicht man Zeitverkürzungen und eine intensivere Nutzung des kritischen Erfolgsfaktors „Zeit" im internationalen Wettbewerb.

Bislang wurde Simultaneous-Engineering konzeptionell und instrumentell vor allem unter technologischen und (projekt-)organisatorischen Gesichtspunkten betrachtet. Ebenso wichtig sind aber auch Fragestellungen des Simultaneous Engineerung auf der Grundlage ressortübergreifender Projektteams, bei denen der Faktor Mensch in den Vordergrund des Interesses tritt. Zur Forcierung von Simultaneous-Engineering-Projekten sollten produktbezogen vermehrt „schwergewichtige" Produktentwicklungs-Teams gebildet werden mit Teamleitern, die vollverantwortlich weitestgehende Projektsteuerungsmöglichkeiten ausschöpfen können, ohne Einmischungen von „außen" (Geschäftsleitung, Linienmanagement) hinnehmen zu müssen.

Entscheidend für die Simultaneous-Engineering-Potentiale ist, inwieweit es gelingt, die Aktivitäten durch Entkoppelung zu parallelisieren. In „crossfunktionaler" Kooperation lassen sich in der integrierten Produktentwicklung idealtypisch zeitgleich besonders zentrale Aufgaben der Fertigung, Montage und der Markteinführung gemeinsam durchführen. Grenzen simultaner Planung und Durchführung von Projekten liegen allgemein in den teilweise komplizierten sachlichen und zeitlichen Querverbindungen zwischen den vielfältigen Aufgabenkomplexen, die bei Festlegungen aufeinander bezogen werden müssen und einen zeitintensiven Koordinationsbedarf implizieren. Aufgrund der Interdepedenzproblematik wird man mit der Parallelisierung bei voneinander weitgehend unabhängigen Aufgabenstellungen beginnen und abhängige Teilschritte einzelfallbezogen sorgfältig auf Entkopplungsmöglichkeiten hin untersuchen.

3. Grundzüge des Lean Manufacturing

3.1 Herausforderungen an das Produktionsmanagement

Das Ausmaß der Veränderung eines traditionellen Industrieunternehmens zum „schlanken" Unternehmen zeigt sich besonders in der Fertigung, die das „Herzstück", also den „zentralen Ort" des integrierten Wertschöpfungsmanagements darstellt. Wichtige Leitmaxime für das Produktionsmanagement ist die uneingeschränkte Orientierung an (auch kurzfristig veränderlichen) Kundenwünschen. Drucker formuliert die neue Herausforderung so: „Understand the ‚making' process all the way to the final customer. Then design and build the factory." (Drucker, 1990, S. 102).

Verändertes Kundenverhalten äußert sich in steigender Nachfrage nach individuellen, maßgeschneiderten Problemlösungen und ausgeprägtem Qualitätsbewußtsein. Kürzer werdende Produktlebenszyklen bedingen Herausforderungen durch häufige Produktwechsel, Beschleunigungserfordernisse und weniger Zeit für die Produktionsoptimierung. Nachfragedifferenzierung auf dem Absatzmarkt bedeutet häufigere und deshalb möglichst kurze Rüstvorgänge, einen höheren Planungs- und Steuerungsaufwand, aber auch eine Konzentration auf ein bestimmtes Kern-Produktionsprogramm, um Überkomplexität aufgrund zu großer Typen- und Variantenvielfalt zu vermeiden. Der zunehmende internationale Wettbewerb zwingt nicht nur zu einem (zumeist schnelleren) „Time to Market", sondern übt über den wachsenden Preisdruck einen enormen Zwang auf die Senkung der Produktionskosten aus.

Steht die umfassende Optimierung der gesamten Wertschöpfungskette im Mittelpunkt, so wird die traditionell einseitige Ausrichtung auf die maximale Kapazitätsauslastung bei oft fehlender Berücksichtigung und Koordination der Material- und Informationsflüsse obsolet. Gegenüber langen Durchlaufzeiten, hohen kapitalbindenden Beständen, uneinhaltbaren Terminen und isolierter Kostenstellen-Optimierung gilt es, eine prozeßbeziehungsweise logistikorientierte Materialfluß- und Prozeßsteuerung zu realisieren sowie diese auf ihren Beitrag zur Qualitäts- und Kostenoptimierung hin zu analysieren. Diese Neuorientierung im Produktionsmanagement führt zu derartig grundlegenden Veränderungen, daß Bullinger/Seidel (1992) von einem Paradigmenwechsel im Produktionsmanagement sprechen. Der neue praxeologisch-gestalterische Bezugsrahmen favorisiert ganzheitlich vernetzte und prozeßbezogene Sichtweisen und die Produktorientierung. Außerdem rückt der Mitarbeiter und sein Problemlösungspotential stärker in den Vordergrund der Betrachtung.

3.2 Von CIM zu HIM?

Computer Integrated Manufacturing (CIM) geht über den betrieblichen Funktionsbereich Produktion weit hinaus und bezieht sowohl technische als auch betriebswirtschaftliche Funktionen bei der betrieblichen Steuerung mit ein und zielt auf eine umfassende Integration der DV-Unterstützung ab. Das umfassende CIM-Konzept (vgl. zum Beispiel den Überblick bei Scheer 1990) beinhaltet neben den informatorischen Prozessen auch den Materialfluß im Unternehmen. Beide weisen enge Parallelen auf. Sowohl Material als auch Informationen müssen in der „richtigen" Menge, in der erforderlichen Qualität, zum notwendigen Zeitpunkt am „richtigen" Ort sein. CIM-Lösungen sind daher mit Logistik-Konzepten untrennbar verbunden. Die Verknüpfung der Informationsbeziehungen geschieht mit EDV-Systemen, die für die Bewältigung konstruktions- beziehungsweise produktionsbezogener Teilprobleme mehr oder weniger unabhängig voneinander entwickelt worden sind. Im Lean Management muß es zunächst konzeptionell um neue organisatorische Ansätze gehen, bevor technologische Aspekte ihrer Unterstützung behandelt werden.

Aufgrund mannigfacher Implementierungsschwierigkeiten stellt die vollautomatisierte Fabrik primär ein Denkmodell einer breit gefächerten Produktionsstrategie als Teil einer zukünftigen Unternehmensstrategie dar. Komplette CIM-Lösungen werden derzeit noch nicht angeboten. Die hohen Erwartungen und Anforderungen erfüllen die bisher realisierten Konzeptionen noch nicht. Fehlende Erfahrungen, mangelnde Kenntnisse im Detail, hohe Investitionskosten, vielfältige technische Hindernisse und Akzeptanzprobleme sprechen dafür, eine sukzessive, langfristige Umsetzung und Erweiterung von CIM-Strategien zum favorisieren (vgl. Pleschak 1991, S. 26 ff.).

Bislang wurde der Faktor Mensch bei der CIM-Konzeptionalisierung gegenüber Ansätzen zur Lösung informationstechnischer Probleme stark vernachlässigt (vgl. Bullinger/Ganz 1990). Mit dem Aufkommen von „Lean Management" ändert sich dies, ohne daß CIM nunmehr gänzlich von einem „Human Integrated Manufacturing" (HIM) abgelöst wird. Es kristallisiert sich aber die Erkenntnis heraus, daß

1. „intelligente" Formen der Arbeitsorganisation und eine humanzentrierte, das Problemlösungspotential der Mitarbeiter nutzende Produktion vor einer rein technikzentrierten Automatisierung und Rationalsierung rangieren müssen, und daß

2. der zum Teil schnelle Wandel in der Produktion einhergehen muß mit einem simultanen und komplementären Wandel im Personalmanagement,

sollen anspruchsvolle und nützliche technische Innovationen nicht durch Mißmanagement scheitern. Die Entwicklung des intellektuellen Potentials der Mitarbeiter und das Management wertschöpfungsdienlicher „wissensbasierter" Dienstleistungen – auch in der Fertigung – treten stärker in den Vordergrund gegenüber der herkömmlichen Fokussierung auf Technologie (vgl. hierzu auch Quinn 1992).

Lean Manufacturing bedeutet aber keineswegs einen Verzicht auf Automatisierungsanstrengungen. So sind hochmoderne Maschinen zentraler Bestandteil des Produktionskonzeptes im neuen britischen Toyota-Werk in Burnaston (vgl. Helmüller 1993): Hier sorgen beispielsweise 60 Roboter im Preß-, Schweiß- und Lackierbereich für Präzision und Arbeitserleichterung, so daß die Karosseriefertigung weitgehend automatisiert ist. Vollautomatische Förderzeuge transportieren die Teile zwischen der Hochgeschwindigkeits-Schneidstraße und den drei Transferpressen. Auch in bezug auf das neue japanische Toyota-Werk in Tahara wird berichtet, daß dort selektiv und experimentell die Automatisierung forciert wird (vgl. North 1993), wenngleich weiterhin in weiten Teilen die manuelle Montage dominiert. Gleiches gilt für die neuen Werke von Mazda und Nissan, wobei der Ausgangs-Automatisierungsgrad lediglich etwa bei 20 Prozent liegt (vgl. O. V. 1993b, S. 108; O. V. 1993c, S. 40).

Entscheidend ist grundsätzlich die Vorgehensweise bei der Automatisierung: Die Japaner beginnen bei der Gestaltung (in bezug auf die gesamte Wertschöpfungskette) integrierter Fertigungssysteme in der Regel damit, die einfachen Tätigkeiten, nicht die kompliziertesten zu automatisieren. Sie benutzen dazu vielfach Maschinen, die unternehmensintern speziell für den jeweiligen Einsatz hergestellt werden, statt kostspielige und universell einsetzbare Ausrüstungen bei externen Herstellern zu beziehen. Dieses selbst produzierte Equipment wird, sobald es sich im Einzelfall bewährt hat, für alle ähnlichen Funktionen unternehmensweit eingesetzt. Generell wird versucht, die Komplexität in der Fertigung weitgehend zu reduzieren und Abläufe immer weiter zu rationalisieren.

Inzwischen wird hierzulande in der Automobilindustrie über „Low-Cost-Lösungen" mit verringertem Automatisierungsgrad, der bislang deutlich über dem der japanischen Wettbewerber lag, nachgedacht. Traditionelle flexible Fertigungssysteme, das bedeutet mehrere automatisierte Werkzeugmaschinen beziehungsweise Fertigungszellen, die durch ein automatisches, variables Werkstücktransportsystem gekoppelt sind, geraten zusehens in die Kritik, denn

– auch bei sich verringernder Auslastung gestalten sich die Fixkosten und die Kapitalbindung unverändert hoch,

– die Verkettung hochflexibler Einzelsysteme garantiert nicht in jedem Fall eine hohe Flexibilität des Gesamtsystems,

– eine zentralistische ausgelegte, fehleranfällige System-EDV kann unter Umständen einer dezentralen Steuerung unterlegen sein,

- manuelle Arbeit – „intelligent" organisiert – kann durchaus effizienter sein als der fixkostenintensive Einsatz automatisierter Fertigung mit hohem Platzbedarf.

Im Rahmen des Lean Manufacturing gilt es, anwenderspezifische flexible Fertigungssysteme zu installieren, die Anforderungen der prozeßorientierten Reorganisation genügen (vgl. hierzu auch Duimering/Safayeni/Purdy 1993), und vermehrt Gruppenarbeit dort einzusetzen, wo bestimmte Funktionen und Operationen manuell kostengünstiger und qualitätsverbessernd erledigt werden können. Für die stete Verbesserung der Fertigungsprozesse werden künftig mehr Mitarbeiter gebraucht, die mitdenken und sich engagieren, damit Produktionsunterbrechungen und Qualitätsmangel gar nicht erst auftreten. Die (Rück-)Verlagerung von Kompetenzen in die Fertigung impliziert, daß vielfältig qualifizierte, mit Fach-, Methoden- und Sozialkompetenzen ausgestattete Mitarbeiter eingesetzt werden müssen, die Forderungen nach hoher Leistungsbereitschaft, flexiblem Arbeitseinsatz, ständigem Lernen, nach Disziplin und vor allem Teamwork erfüllen.

Die Qualität der Humanressourcen und das „Beeinflussungsinstrument" Personalmanagement bilden dabei einen kritischen Engpaßfaktor bei der erfolgreichen Durchsetzung von Lean Manufacturing. Das Personalmanagement im Unternehmen steht indes in bezug auf moderne Produktionstechnologien in der Kritik und muß verbessert werden, weil es oftmals inkonsistente Wege beschreitet, Implementierung und den „laufenden Betrieb" mit adäquaten Maßnahmen wirkungsvoll zu unterstützen (vgl. zum Beispiel Buchanan/Bessant 1985, Jaikumar 1986).

3.3 Grundprinzipien, Gestaltungsparameter und Methoden

Lean Manufacturing beinhaltet eine Reihe von Komponenten, die westlichen Produktionsmanagern vielfach schon seit längerem als erfolgreiche japanische Produktionsmethoden bekannt sind. In einem weiten Sinne gehören hierzu besonders Total Quality Control als umfassende präventive Qualitätssicherung (vgl. insbesondere Feigenbaum 1983), Just-In-Time-Produktion und -Beschaffung (vgl. insbesondere Schonberger 1982), statistische Prozeßsteuerung und Prozeßsteuerung à la Toyota (Kanban-Systeme – vgl. insbesondere Monden 1983). All diesen Ansätzen war und ist gemeinsam, daß sie nur zusammenhängend gesehen werden sollten und daß ein deutlicher Akzent auf der Prävention von Fehlern und Qualitätsmängeln und einer hohen Prozeßsicherheit liegt. Dies reduziert die Kosten und sichert zeitintensive Installierung von Absicherungstechnik (insbesondere Puffern) im Produktionsprozeß.

Der „schlanke" Produzent arbeitet bei wenigen vorhandenen Maschinen mit kleinen Losgrößen. Die verwendeten Werkzeuge und Maschinen zeichnen sich durch hohe Flexibilität aus. Es sind nur sehr kurze Rüstzeiten notwendig, um zum Beispiel eine Blechpresse auf eine andere Form umzustellen. Diese Rüstvorgänge werden von den Montagearbeitern selbst durchgeführt. Fexible Fertigung geht einher mit einer hohen Arbeitseinsatzflexibilität hochqualifizierter, deshalb vielfältig einsatzfähiger Arbeitnehmer. Ordnung, Übersichtlichkeit und Funktionalität bestimmen die Fertigung und die

Lean Manufacturing

I. Arbeitsorganisation
- Konzentration auf die Wertschöpfung bei der Gestaltung der Arbeitsabläufe, Reduktion von Komplexität, klare Segmentierung, Schaffung von Transparenz
- Humanzentrierung: aktive Mitwirkung der Mitarbeiter an der Gestaltung von Prozessen
- „flache" Organisationsstrukturen, Integration von wichtigen „indirekten" Funktionen und Verantwortung in die Fertigung
- dezentrale Organisation (Responsibility-Center, Teamorganisation)
- schnelle und kurze Kommunikations- und Entscheidungswege
- kürzeste Rückmeldekreise und schnelle Behebung von Problemursachen
- hohe Personaleinsatzflexibilität/Job Rotation
- ausgeprägte Service-Pflicht und -Bereitschaft der indirekten Bereiche
- integrierte und präventive Qualitätssicherung und Instandhaltung
- Bereitschaft und Fähigkeit zur Übernahme von Eigenverantwortung durch Teams und einzelner Mitarbeiter sowie zur „ständigen Verbesserung"

II. Technische Auslegung/Fabrikstruktur
- Vereinfachung technologischer Abläufe/Verringerung der Fertigungskomplexität/Produktion auf Modulbasis
- tendenziell niedrige Fertigungstiefe
- Investition in Wertschöpfung, weniger in Peripherie
- durchgängige Prozeßorientierung, Fertigungssegmentierung, „Fabrik-in-der-Fabrik"-Prinzip
- vernetzte Fertigungen, synchronisierte Abläufe, harmonisierte Kapazitäten, Reduktion von Störungen und Disharmonien im Fertigungsablauf
- systematischer Abbau von Absicherungsmaßnahmen, einfache/robuste Automatisierung
- Prozeßsicherheit durch vorbeugende Instandhaltung, laufende Maschinenbetreuung und -wartung („Total Productive Maintenance")
- leichte Umrüstbarkeit, hohe Flexibilität, kurze Rüstzeiten
- Integration von Gruppenarbeit in die Fertigung unter Beibehaltung von Fließband und Taktbindung
- (teilweise) Anordnung der Maschinen um die Arbeitsplätze herum zur Vermeidung langer Wege („U-Shaped Factory Layouts")
- Ausgleichsfertigungen für schwankende Anwesenheit im niedrigen und überschaubaren Peronalbestand
- Band-Stopp-Option: begleitendes/präventives, auf Ursachen konzentriertes Quality Engineering (Ziel: „Zero Defects" – keine Nacharbeit)
- geringerer Flächenbedarf

III. Logistik
- Umstellung vom Bring- auf das Holprinzip
- Just-in-Time-Produktion
- Aufbau von Kunden- und Lieferantenbeziehungen innerhalb des Segmentes und zwischen den Fertigungssegmenten
- stabile Programmstruktur, straffes Angebotsspektrum
- hohe Termintreue, kurze Liefertermine
- kurze Durchlaufzeiten, weniger Puffer
- kleine Lose (zum Teil Tageslose)
- niedrige Anlieferungsmengen bei produktionssynchroner (interne und externer) Beschaffung
- Materialflußsteuerung mit Hilfe von Kanban-Prinzipien
- „Info-Logistik": rechnergestütztes Produktionsmanagement, Statistical Process Control

Abbildung 13: Wichtige Prinzipien, Gestaltungsparameter und Methoden des Lean Manufacturing

Arbeitsplatzstruktur. Die Maschinen werden häufig um den Arbeitsplatz herum angeordnet, um kurze Wege und direkte Eingriffsmöglichkeiten bei Störungen und qualitätsbedingten Bandstopps realisieren zu können (Ansatz der „U-Shaped Factory"). Abbildung 13, Seite 105, zeigt im Überblick miteinander verknüpfte Grundprinzipien, Gestaltungsparameter und wichtige Methoden des Lean Manufacturing. Diese Aufzählung von Stichworten stellt lediglich einen kleinen Ausschnitt einer Fülle von generellen Gestaltungsprinzipien, Maßnahmen und Konzeptbausteinen dar und erhebt keinen Anspruch auf Vollständigkeit. Im folgenden sollen überblickartig wesentliche ineinandergreifende Basisansätze des Lean Manufacturing näher inhaltlich beschrieben werden. Einen ersten wichtigen Ansatz zur Fabrikorganisation unter den Prämissen „Kundenorientierung" und „Prozeßoptimierung" stellt das Konzept der Fertigungssegmentierung dar, in dessen Folge sich (miteinander vernetzte) „Fabriken in der Fabrik" bilden, die sich jeweils auf ganz spezifische Produktionsaufgaben konzentrieren.

3.4 Basisansätze

3.4.1 Fertigungssegmentierung

Durch Fertigungssegmentierung wird versucht, die Kosten- und Produktivitätsvorteile der Fließfertigung mit der hohen Flexibilität der Werkstattfertigung zu verbinden. Das zentrale Leitmotiv für die Segmentierung wird durch die Kundenorientierung vorgegeben. Ziel ist eine weitgehende Entflechtung der Kapazitäten, die durch eine bewußte Gliederung der Produktion nach Produkt und Technologie angestrebt wird. Die Ausrichtung auf relativ einfache, aber im Verbund arbeitende Produktionseinheiten führt bei den bislang nach traditionellen tayloristischen Vorgaben arbeitenden Unternehmen deshalb zu einer umfassenden Bereinigung der Produktionsstrukturen.

Nach Wildemann (1992a, S. 66) werden unter Fertigungssegmenten produktorientierte Organisationseinheiten zusammengefaßt, die mehrere Stufen der logistischen Kette eines Produktes umfassen und mit denen eine spezifische Wettbewerbsstrategie verfolgt wird. Die als Responsibility-Center organisierte, für die Realisierung präzise definierter Ziele verantwortliche, eigenständige Einheit integriert planende und indirekte Funktionen und kann quasi als „Unternehmen im Unternehmen" geführt werden. Abbildung 14 zeigt wesentliche Definitionsmerkmale von Fertigungssegmenten. Fertigungssegmente weisen ein hohes Maß an Flexibilität und Zuverlässigkeit auf. Höchste Qualität oder kurze Durchlaufzeiten stehen im Vordergrund. Maschinenstörungen, verursacht zum Beispiel durch Störungen in den Zuführsystemen, Kollisionen im Bereich Greifer/Werkstück etc., und fehlerhafte Teile sollen sofort erkannt und behoben beziehungsweise eliminiert werden (vgl. Abbildung 14, Seite 107).

Fertigungssegmente umfassen stets mehrere Stufen in der „logistischen Kette" eines Produktes bis hin zu einer Integration sämtlicher unternehmensinterner Wertschöpfungsstufen. Keinesfalls aber werden mit der Gliederung in selbständige Arbeitseinheiten Insellösungen anvisiert. Durch eine Verlagerung von Planungs- und Entscheidungskom-

Abbildung 14: Definitionsmerkmale von Fertigungssegmenten (vgl. Wildemann 1992a, S. 68)

petenzen in die ausführenden Bereiche wird verstärkt Eigenständigkeit aufgebaut, die das Kostenbewußtsein und die Rationalität der Entscheidungen mit hohem Praxisbezug fördert sowie die Motivation der Mitarbeiter steigern soll. Zur Wahrnehmung einer „ganzheitlichen" Verantwortung gehört auch die weitgehende Übertragung von sogenannten indirekten Funktionen, das heißt aller nicht unmittelbar zur Produktion zählenden Aufgabenkomplexe (zum Beispiel Instandhaltung, Transport, Materialbereitstellung).

Mit der prozeßorientierten Gestaltung der Segmente wird eine Verbesserung des Material- und Informationsflusses und die Verkürzung der Durchlaufzeiten erreicht. Allerdings kann die Auftragsabwicklung nur dann reibungslos vonstatten gehen, wenn die Systeme der Planung, Steuerung und Überwachung vorher harmonisiert wurden.

Der Segmentbildung können verschiedene Kriterien zugrunde liegen. Primär können zum einen produktorientierte Kriterien eine Basis bilden, wozu Produktabmessungen, Losgrößen, Produktionsvolumen sowie Durchlaufzeiten gehören. Zum anderen spielen auch bearbeitungsorientierte Segmentierungskriterien, die beispielsweise Fertigungsverfahren, Bearbeitungsstufen, Rüstzeiten und Materialfluß beinhalten, eine Rolle.

Das Konzept der Fertigungssegmentierung umfaßt verschiedene Gestaltungsprinzipien (vgl. im einzelnen Wildemann 1992a, S. 294 ff.):

– Flußoptimierung,
– kleine Kapazitätsquerschnitte in jeder Fertigungsstufe,
– räumliche Konzentration von Betriebsmitteln mit variablem Layout,
– selbststeuernde Regelkreise,
– Komplettbearbeitung von Teilen und Baugruppen,
– Selbstkontrolle der Qualität beziehungsweise statistische Prozeßkontrolle,
– Entkopplung von Mensch und Maschine (Erhöhung der Mitarbeiterautonomie),
– Teamorientierung.

Als wesentliches Gestaltungsprinzip der Fertigungssegmentierung gilt die Flußoptimierung, da diese bei hinreichender Kapazitätsauslastung die kostengünstigste Form der Fertigungsorganisation darstellt. Durch die Reduzierung der Übergangszeiten werden die Durchlaufzeiten minimiert, die Bestände gesenkt, und es entstehen geringere Aufwendungen für die Koordination der Abläufe. Die meisten der aufgeführten Gestaltungsprinzipien finden sich in dem in Abbildung 15, Seite 109, aufgezeigten Praxisbeispiel wieder.

3.4.2 U-Shaped Factory Layouts

Um den Anforderungen der Mitarbeiter an ganzheitliche Aufgabenerfüllung, Anforderungsvielfalt, Personaleinsatzflexibilität, Kooperationserfordernisse, Lernnotwendigkeit und mehr Autonomie gerecht zu werden, bietet sich für ein flußoptimiertes Layout häufig die räumliche Konzentration von Betriebsmitteln in U-Form an. „U-Shaped"-Factory Layouts haben sich ursprünglich als Teil des Toyota-Produktionssystems entwickelt und finden beispielsweise mit großer Extensität bei japanischen Automobilzulieferern Anwendung (vgl. Ikeda 1991).

Abbildung 16, Seite 110, zeigt schematisch den grundsätzlichen Unterschied zwischen einer traditionellen Fertigungslinie und einem U-förmigen Layout auf. Letzteres weist gegenüber „linearen" Systemen vor allem folgende Vorteile auf (vgl. Schonberger 1983, S. 70):

– Gewährleistung von produktionsvolumenbezogener Personaleinsatzflexibilität (Mehrmaschinenbedienung wird möglich),

– Verbesserung von Problemlösungen in Gruppenarbeit durch die in räumlicher Nähe erleichterten Kommunikationsmöglichkeiten,

- gemeinsame ursächliche Fehlerbehebung am Ursprungsort durch unmittelbare Nacharbeit,

- Verkürzung überlanger Transportwege,

- Vereinfachung von Material- und Werkzeughandhabung.

	Beispiel Fertigungssegmentierung
Unternehmen	ZF Friedrichshafen AG, Zweigwerk Schwäbisch Gmünd.
Produkt	Zahnstangen-Hydrolenkungen.
Ziel	Segmentierung aller Fertigungsbereiche zur Schaffung „Autonomer Verantwortungszonen".
Vorgehensweise	Jeder Geschäftsbereich unterteilt sein Produktprogramm in einzelne Produktbereiche, die wiederum in Montage- und Baugruppen gegliedert werden, gefolgt von den Segmenten der Einzelfertigung, während die kleinste operative Einheit, die Fertigungsinsel, den Abschluß bildet. Zwischen allen Segmenteinheiten besteht ein Kunden-Lieferanten-Verhältnis, das als Folge der Eigenverantwortung eines jeden Segments ein Höchstmaß an Termintreue, sowie Qualitäts- und Kostenbewußtsein sicherstellen soll. Die Fertigungstiefe wird „den Erfordernissen angepaßt" (nicht notwendigerweise nach dem Prinzip „So niedrig wie möglich").
Neuer fertigungstechnologischer Ansatz	Feindrehen anstelle von Schleifen sowie der Einsatz Hochdruckwaschanlagen und Hochdruckbearbeitung zum Entgraten der Werkstücke.
Fabrik-Layout	U-förmige Anordnung der Fertigungsinseln; Entkopplung von Mensch und Maschine: Die zu bearbeitenden Teile werden in speziell entwickelten Werkstoffträgern transportiert und als Einheit den Maschinen zugeführt werden, so daß ein Industrieroboter auch die Beschickung übernehmen kann.
Produktionslogistik	Enge Kopplung von Disposition, Fertigungssteuerung, Qualitätseingangsprüfung und Planung von Transportmitteln; EDV-Support: Mitarbeiterzugriff auf die Leitebene und Fertigungsinselebene. Bestandteil der Leitebene sind ein zentrales Fertigungsleitsystem, ein Fertigungsleitstand und ein Logistikleitsystem. Die Fertigungsinselebene registriert im wesentlichen Betriebs- sowie Maschinendaten und erstellt Störungsübersichten; auch Arbeitsplatz- und Terminübersichten können abgerufen werden.

Gruppenarbeitskonzept	Bildung von Gruppen mit ca. zehn Mitgliedern; Wahl von Gruppensprechern mit Koordinationsaufgaben; Aufhebung funktionaler Trennung von planenden und ausführenden Stellen; Selbstkontrolle mit Qualitätsverantwortung; Selbststeuerung der Feinplanung und Terminverfolgung innerhalb vorgegebener Endtermine durch die Gruppe; Übernahme von Aufgaben der Werkzeugeinstellung, der Disposition, des Materialtransports und der vorbeugenden Wartung; Personaleinsatzflexibilität und gegenseitiges Anlernen; fachliche Qualifizierung plus Verbesserung der Sozialkompetenz; gruppenorientiertes Entgeltsystem: individuelles Grundentgelt (anforderungs- und qualifikationsorientiert) + individuelle Leistungszulage + Gruppenkomponente (über eine Kennzahl für Arbeitsqualität und -quantität wird ein „Nutzungsgeld" ermittelt, das einen Anreiz zur Rüstzeitreduzierung und zur Verfügbarkeitssteigerung der eingesetzten Produktionsmittel bieten soll) + variables „Verhaltensgeld".

Abbildung 15: „Steckbrief" eines praktischen Konzeptes der Fertigungssegmentierung (vgl. Kamper 1993)

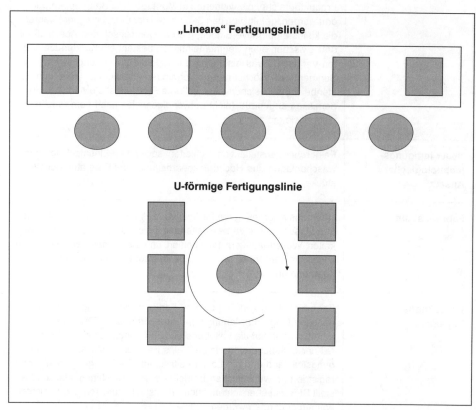

Abbildung 16: Schematische Unterscheidung von „linearer" und U-förmiger Fertigungslinie

Wichtige Anforderungen an U-förmige Fertigungslinien betreffen unter anderem:

- die Gestaltung der Anlagen sequentiell entsprechend der vorgebenen Prozeßfolge,
- die Fokussierung auf eine Produktionseinheit zu einer bestimmten Zeit,
- Bewegungsfreiheit für die Mitarbeiter, die vorwiegend im Stehen arbeiten,
- speziell die Ausrüstungen, besonders hinsichtlich einer flexiblen Kombination einfacher, robuster und deshalb wartungsfreundlicher Maschinen,
- den Einbau von Automatismen, zum Beispiel automatische Stopps bei Fehlererkennung, notwendige Inspektionsintervalle, statistische Prozeßreglungen zur fortlaufenden Produktionsüberwachung,
- kurze Rüstzeiten in bezug auf Variationen des „Produktfamilien-Mixes", die von den Montagearbeitern kurzfristig selbst durchgeführt werden können, um Nutzungsunterbrechungen so gering wie möglich zu halten,
- qualifizierte, vielfältig einsatzfähige und -bereite Mitarbeiter.

Vor allem ältere Maschinen eignen sich erst nach entsprechenden Umbaumaßnahmen für U-förmige Arbeitsplätze. Die Mitarbeiter sollten frühzeitig in die (Um-)Gestaltung des Arbeitsumfeldes und der Arbeitsabläufe involviert werden, um deren Ideen und Erfahrungen berücksichtigen zu können. Die Implementierung von U-förmigen Fertigungslinien ist alles in allem eng an die Implementierung von Gruppenarbeit in der Fertigung gebunden.

3.4.3 Ansatzpunkte für montagegerechte Produktstrukturen

Es ist produktionswirtschaftliche Aufgabe, die oftmals (zu) hohen Komplexitätskosten zu beherrschen dergestalt, daß ein Optimum gefunden wird zwischen einerseits der Produkt- und Variantenvielfalt, die vom Kunden als kaufentscheidend angesehen wird und andererseits dem Komplexitätsgrad, der niedrige Kosten für das Unternehmen garantiert. Dabei ist wichtig zu wissen, daß kundennutzenorientierte Variantenvielfalt nicht zwangsläufig zu unternehmensinterner Komplexität führen muß (vgl. Child/Diederichs/Sanders/Wisniowski 1991, S. 74). Japanische Automobilunternehmen sind seit langem bekannt dafür, daß sie eine weitreichende kundenorientierte Produktvarietät mit Vereinfachung von Produktstruktur und Montageabläufen verbinden.

Durch Vereinfachung und Modularisierung der Produktstruktur läßt sich der Aufwand für Montage und Montageanlagen insgesamt vermindern. Durch die Modularisierung des Produktaufbaus erfolgt eine Vorverlagerung der Produktdifferenzierung von der Endmontage in die Baugruppenmontage, werden mit anderen Worten einzelne Komponenten schon vor dem Montageband als Modul zusammengefügt; infolgedessen vereinfacht sich die Endmontage. Es wird die Bereinigung der Produktstruktur mit dem Ziel verfolgt, eine montagetechnische Entkopplung der Produkte zu erreichen und damit eine Montage auf mehreren (entkoppelten) Linien zu ermöglichen (vgl. Abbildung 17). Zu-

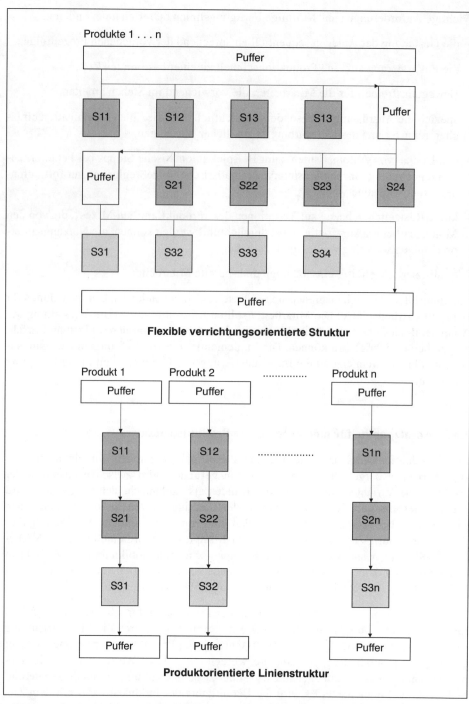

Abbildung 17: Unterscheidung von flexibler und produktorientierter Strukturierung (Hesselbach 1992, S. 96)

sätzlich wird nachhaltig die kostensenkende Reduzierung von Puffern angestrebt. Die Vorteile dieser Vorgehensweise liegen einerseits in der Straffung des Materialflusses (flußorientierte Struktur) und damit auch in der Verringerung des Steuerungs-, Handhabungs-, Transportaufwandes und Platzbedarfs. Andererseits lassen sich hierdurch dezentrale, relativ autonome Bereiche schaffen. Die Übertragung der Fertigung von Teilkomponenten oder Baugruppen auf den Lieferanten zur eigenständigen Entwicklung setzt eine entsprechende Entwicklungskapazität und ein hohes Know-how-Niveau des Endprodukts, in dem die Lieferantenleistung Verwendung finden soll, voraus. Diese Form gemeinsamer Entwicklung bietet eine deutliche Verringerung der Koordinationskosten, eine zusätzliche Entlastung des Herstellers und die Chance zur weiteren Beschleunigung des Innovationsprozesses, erfordert aber einen hochqualifizierten Lieferanten, mit dem langfristige Kooperation angestrebt wird (vgl. Abschnitt 4.5).

Ein Beispiel für eine modulare Produktstruktur als Voraussetzung für eine modulare Fertigung stellt der VW-Golf A 3 dar (vgl. Lorenz 1993). Im VW-Werk Mosel verbleibt nur die Kernfertigung (Preßwerk, Rohbau, Lackiererei und Montage). Neun Systemlieferanten liefern Just-in-Time ihre Baugruppen jeweils in ein „Dreiminutenfenster" an das Endmontageband. Mit wenigen Handgriffen werden die Module dort montiert. Die neu gewonnene Flexibilität in der Modulmontage macht eine größere kundenwunschgemäße Variantenvielfalt möglich. Die modulare Fertigung setzt eine just-in-time-fähige Werkslogistik voraus.

3.4.4 Just-In-Time-Produktion

Die Just-In-Time-Philosophie (JIT) bezieht sich in der Regel auf die gesamte Unternehmenslogistik, das heißt auf die „ganzheitliche" Auftragsabwicklung entlang der „logistischen Kette": vom Zulieferer über das eigene Rohmateriallager bis zur Fertigung; vom Teilelager über Montage, Fertigwarenlager, Warendistribution bis hin zum Abnehmer. Logistik kann man, auf den Aspekt der Prozeßintegration abstellend, als eine Art Ablaufspezialisierung oder als Prozeßkettenmanagement bezeichnen (zum Logistikbegriff vgl. zum Beispiel Weber 1990). Im Mittelpunkt stehen dabei *Dienstleistungsprozesse*, die rund um die Materialien, Halbfertigerzeugnisse und Produkte angesiedelt sind, wie

- Lieferabrufe,
- Bereitstellungsprozesse (Anlieferungen, Kommissionieren, Handling),
- Bereithaltungsprozesse (Lagerungen),
- Einsatzdispositionen (Auftragssteuerung, Fertigungsdisposition) und
- Vertriebssteuerungsprozesse (Kundenauftragsabwicklung).

Es gilt stärker als bisher, sowohl die einzelnen Dienstleistungsprozesse besser beherrschen zu lernen, als auch sie in ihren Wechselwirkungen untereinander zu verstehen.

Als ein Kernbereich des Prozeßkettenmanagements gilt die Fertigung beziehungsweise Produktion. Hier gilt es, den Materialfluß so zu gestalten, daß Fertigungs-, Montage-, Transport- und Lagerprozesse optimal aufeinander abgestimmt werden können.

Mit der Implementierung einer JIT-Produktion werden im wesentlichen folgende Ziele verfolgt (Fandel/François 1989, S. 531):

- Verringerung der Materialbestände,
- Verringerung der Durchlaufzeiten,
- Erhöhung der Arbeitsproduktivität,
- Erhöhung der Flexibilität bezüglich der kurzfristigen Lieferbereitschaft.

Die mit JIT verbundene auftragsbezogene Produktion funktioniert nur mit gewissen Kapazitätsreserven (Sicherheitsbeständen), da abrupte Nachfrageausweitungen bei rascher Lieferfähigkeit sonst Kapazitätsengpässe heraufbeschwören würden. Insgesamt muß eine Kapazitätsharmonisierung mit dem Ziel angestrebt werden, das Angebot der zur Leistungserstellung verfügbaren Kapazitätseinheiten (Personal, Betriebsmittel) einer gegebenen Produktionseinheit (Gesamtproduktion, einzelne Produktionsstätten, Anlagen usw.) so mit der geplanten Kapazitätsnachfrage abzustimmen, daß möglichst gleichmäßige Auslastungsgrade erzielt, permanente Engpässe beseitigt und dadurch die Durchlaufzeiten reduziert werden können.

Voraussetzung ist eine konsequente Materialflußplanung nach dem produktorientierten Fließprinzip. Die JIT-Produktionsphilosophie läßt sich darüber hinaus mit folgenden charakteristischen Merkmalen kennzeichnen (vgl. hierzu im einzelnen Wildemann 1987, S. 55 ff.; Fandel/François 1989, S. 534 ff.):

- auftragsorientierte Produktion: nicht mehr als nötig produzieren, nicht früher als erforderlich mit der Fertigung beginnen und nicht eher als notwendig das Material an die Fertigung anliefern (fertigungssynchrone Beschaffung),

- Realisierung von Durchlaufzeitreduzierungen bei gleichzeitig hoher Termintreue,

- Anwendung für kleinere, überschaubare Fertigungssegmente und standardisierte Produktionsabläufe (viele Standardteile, geringe Produktvariationen),

- Herstellung eines klar definierten, hochwertigen Teilespektrums ohne nennenswerten Rüstaufwand,

- aufeinander abgestimmte Fertigungskapazitäten, hohe Verfügbarkeit und Prozeßsicherheit der Maschinen und Anlagen sowie zeitnahe Qualitätssicherung,

- Schaffung von Voraussetzungen: umfassende, aktuelle, fehler- und redundanzfreie Informationen, die Transparenz schaffen, Flexibilität ermöglichen und den durchgängigen Materialfluß erlauben, ferner ausreichend qualifizierte Mitarbeiter und deren flexibler Einsatz.

Bei der Realisierung der JIT-Produktion nehmen die Anforderungen an die Produktionsplanung und -steuerung im Vorfeld der eigentlichen Leistungserstellung zu. Die bislang auf der operativen Ebene durchgeführte Zuordnung von einzelnen Arbeitsgängen zu Kapazitätseinheiten wird in die Arbeitsvorbereitung vorverlagert. In Abbildung 18 werden die Eckpfeiler der JIT-Produktion zusammengefaßt.

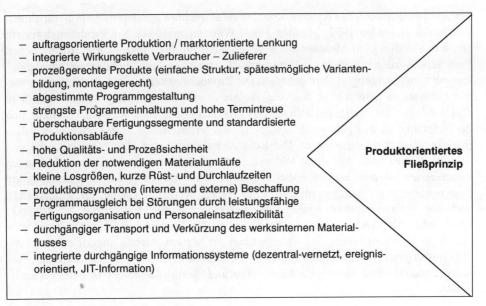

Abbildung 18: Eckpfeiler der JIT-Produktion

Die Just-in-Time-Produktion kann nur funktionieren, wenn die Produktionsmengen in den einzelnen Monaten nicht zu sehr voneinander abweichen. Deshalb legt man beispielsweise bei Toyota sehr viel Wert auf die Erstellung eines monatlichen Produktionsplans und paßt die Bandgeschwindigkeiten sowie die Anzahl der Montagearbeiter an den verschiedenen Fertigungslinien jeweils am Monatsbeginn dem benötigten Produktionsvolumen an. Die Festlegung der Reihenfolge des Tagesproduktionsprogrammes erfolgt durch einen Optimierungsalgorithmus (ca. 50 Optimierungskriterien), der zum einen die gesamte Montagezeit an jedem Arbeitsprozeß-Schritt nivelliert und zum anderen die Geschwindigkeit in der Verarbeitung jedes Bauteils beziehungsweise Moduls an der Linie konstant hält. Wesentliches Grundprinzip bei Toyota ist das Holprinzip mittels sogenannter Kanbans.

3.4.5 Produktionssteuerung à la Toyota

Das japanische Kanban-Konzept, das allen Unkenrufen zum Trotz, weiterhin – wenn auch verfeinert – im Ursprungsunternehmen Toyota die Produktionssteuerung beherrscht, basiert auf dem Leitgedanken der Just-In-Time-Produktion („Produktion auf Abruf"). Statt „Bringprinzip" besteht eine Holpflicht: Das benötigte Material wird von der verbrauchenden Stelle bei der vorgelagerten Stufe abgeholt beziehungsweise der Auftrag an das Transportsystem zur Abholung wird selbständig erteilt. Durch die Holpflicht kann keine Warteschlange vor dem Fertigungssystem entstehen; es ist jedoch ein minimales Zwischenlager (Pufferlager) erforderlich. Als Informationsträger in diesem Konzept dienen bestimmte Karten (= Kanbans).

Praktisch funktioniert das Kanban-Konzept vereinfacht folgendermaßen (vgl. im einzelnen hierzu Burbidge 1982, Monden 1983, Wildemann 1984): Ein Produktionssystem erhält den Auftrag zur Montage eines bestimmten Produktes. Die dafür erforderlichen Fertigteile werden mittels einer Transportkarte vom vorgelagerten Lagersystem abgerufen und zum Fertigungssystem geliefert. Die Produktionskarte wird von den entnommenen Fertigteilen getrennt, an das vorgelagerte Produktionssystem geschickt und dient dort wiederum als Fertigungsauftrag. Das Produktionssystem seinerseits beschafft sich die Halbfabrikate beziehungsweise Rohteile wiederum mittels Transportkarte von dem ihm vorgelagerten Lagersystem. Die Rohmaterialien werden über Materialkarten von Zulieferern bezogen. Auf diese Weise entsteht eine Kette von in sich geschlossenen Regelkreisen mit dem Ergebnis, daß nur soviel produziert wird, wie das nachgelagerte System verbraucht. Damit werden nicht nur geringe Werkstattbestände erreicht, sondern auch die Auftragsbearbeitungszeit werkstattseitig auf die Montagezeit der Produkte beschränkt. Als Grundvoraussetzungen für die Realisierung des Kanban-Konzeptes gelten die Harmonisierung des – weitgehend auf Sortenfertigung angerichteten – Produktionsprogramms, eine ablauforientierte Betriebsmittelanordnung (Prozeßfolge), eine weitgehende Harmonisierung der Kapazitäten und Flexibilitätspotentiale beim Personaleinsatz.

Inzwischen hat man bei Toyota an einem wichtigen Schwachpunkt, dem der langen Informationswege-Zeiten, umgestellt: Statt über (Return-)Kanbans erfolgt in den neuen Werken die Informationsübermittlung bezüglich des Teileabrufes über ein Informationsnetzwerk.

3.4.6 Total Productive Maintenance (TPM)

In der Vergangenheit führte die starke Spezialisierung zu einer Verlagerung der Wartungs-, Instandhaltungs- und Reparaturarbeiten zu zentralen Stellen. Müßte in der schlanken Fertigung bei jeder Störung Wartungs- und Instandhaltungspersonal angefordert werden, so ergäben sich aufgrund von Zeitverzögerungen empfindliche Unterbrechungen des Produktionsflusses. Störungen an einzelnen Maschinen können bei niedrigen Puffern zu Folgestörungen bis zu einem weitgehenden Stillstand sämtlicher Anlagen führen. Die Rückverlagerung von Wartungs- und Instandhaltungsaufgaben in die Fertigung verfolgt das Ziel, einen schnellstmöglichen Wiederanlauf einer ausgefallenen Maschine zu erreichen. Darüber hinaus sollte Maschinenausfällen durch regelmäßige Inspektion und Wartung vorgebeugt werden. Hier setzt das Konzept der Total Productive Maintenance (TPM) an. TPM kann als wichtige Ergänzung zum Total Quality Management angesehen werden. Beide Ansätze dienen präventiv der Vermeidung jeglicher Fehler im Leistungsprozeß und der Verbesserung von Produktivität und Qualität. Wichtige Unterschiede (vgl. Ikuta/Nakajima 1985, S. 87 ff.) bestehen darin, daß bei TPM

– primär die Maschinen-Nutzer angesprochen sind und nicht sämtliche Unternehmensmitglieder,

- der Gegenstandsbereich auf der Input-Seite („Equipment") zu suchen ist und nicht auf der Output-Seite („Quality"),

- die Instandhaltung und Prozeßsicherheit sowie die Eliminierung von Verlusten und Verschwendung im Vordergrund steht, während sich TQM auf die unternehmensweite Steuerung der Qualität konzentriert.

TPM hilft beim Abbau von Absicherungsmaßnahmen, (zum Beispiel in Form von Puffern) und führt zu hoher Prozeßsicherheit bei gleichzeitigem Einsatz möglichst robuster, einfacher technologischer Lösungen. Im Mittelpunkt von TPM-Konzepten steht einerseits die Schulung der Mitarbeiter in der Fertigung im Hinblick auf eine Verbesserung der Kenntnisse und Fähigkeiten der laufenden Instandhaltung der Maschinen sowie generell die Vermittlung einer positiven Grundeinstellung gegenüber prozeßsichernden Maßnahmen.

Andererseits wird kontinuierlich an Verbesserungen der technischen Ausrüstungen gearbeitet. Nicht zuletzt aufgrund einer fortlaufenden systematischen Prozeßbeobachtung lassen sich vorbeugend Wartungs- und Austauschplanungen und -maßnahmen vornehmen und realisieren.

Einzelaufgaben des TPM betreffen:

- die Pflege, Instandhaltung und Beschaffung von Betriebsmitteln,

- das Beheben von Kleinstörungen,

- das Melden von Ablauf- oder Anlagenstörungen an den Meister (falls von der Gruppe nicht behebbar),

- die Überwachung der Fertigungsinformationen,

- die Beschaffung von Schutzkleidung, Ausrüstung, Hilfsmaterial, Werkzeug usw.,

- das Disponieren und bedarfsgerechte Bereitstellen von Material,

- die Reklamation fehlerhaften Materials und

- die Verbesserung der Kenntnisse der Zusammenhänge zwischen Eingangs- und Prozeßgrößen als zentrale Voraussetzung für eine gezielte Beeinflussung von Fügeprozessen.

In Europa ist TPM noch wenig bekannt; eine Ausnahme bildet Nissan in Großbritannien. Hier arbeiten die Fertigungsmitarbeiter, die in Instandhaltungsfunktionen geschult werden, eng mit den Instandhaltungsspezialisten zusammen. Dies wird im Rohbau an den Spannvorrichtungen mit Roboterzellen besonders deutlich: Das Fertigungspersonal kennt die Spannvorrichtung, führt Instandhaltungsaufgaben durch, programmiert die Roboter falls erforderlich an Wochenenden um und behebt alle einfacheren Maschinenstillstände. Das Instandhaltungspersonal plant das Instandhaltungsprogramm, dokumentiert dessen komplette Aufgaben, schult das Fertigungspersonal und nimmt auch am Spannvorrichtungsbau teil.

3.5 Neue Anforderungen an ein EDV-gestütztes Produktionsmanagement

Bei der grundlegenden Festlegung sowie Steuerung des Produktionsablaufes spielen integrierte, EDV-gestützte Produktionsplanungs- und Steuerungssysteme eine wesentliche Rolle. Als sogenannte PPS-Systeme firmieren eine Vielzahl von Konzepten, die den unterschiedlichen Zielgrößen der Produktion und der notwendigen, möglichst simultanen Berücksichtigung der mannigfaltigen Interdependenzen und multidimensionalen strategischen Erfolgsfaktoren weitgehend gerecht werden sollen. Das Gebiet der Produktionsplanung und -steuerung (PPS) umfaßt die Gesamtheit von Dispositionen, die auf die Festlegung eines Absatz- beziehungsweise Produktionsprogramms und die Bestimmung des Vollzugs dieses Programms in mengenmäßiger und zeitlicher Hinsicht ausgerichtet sind (Glaser/Geiger/Rohde 1991, S. 1). Zu den typischen PPS-Funktionen, die computergestützt wahrgenommen werden, gehören die

1. Produktionsprogrammplanung
2. Mengenplanung (Materialwirtschaft)
3. Termin- und Kapazitätsplanung (Zeitwirtschaft)
4. Auftragsveranlassung
5. Auftragsüberwachung

1. bis 3. lassen sich unter den Aufgabenkomplex der Produktionsplanung subsumieren, 4. und 5. sind Aufgaben der Produktionssteuerung. PPS-Systeme müssen einer Reihe von Anforderungen genügen. Wichtige Kategorien nennt Abbildung 19, Seite 119. Neben allgemeinen Anforderungen gelten für PPS-Systeme spezifische Anforderungen des gegebenen Produktionssystems im Einzelfall (Produkt- und Programmeigenschaften, Prozeßtyp, Einsatztyp etc.) Die Erfordernisse des Lean Manufacturing decken die Schwachstellen bisheriger Systeme auf. Notwendig ist eine Entwicklung hin zu dezentralen Systemstrukturen mit kleinen bereichsspezifischen Regelkreisen und eine Integration in unternehmensweite und -übergreifende Informationssysteme. Dabei ist auch zu fragen, inwieweit bislang favorisierte „überkomplexe" EDV-gestützte Systeme vom Umfang und von den Kosten her reduziert werden können, nicht zuletzt dadurch, daß EDV in weiten Bereichen durch verbesserte organisatorische Regelungen ersetzt werden.

Die (effiziente) Steuerung der Produktion muß stärker in den Vordergrund treten, die deterministische Ausrichtung und die Überrepräsentation der Material- und Zeitwirtschaft müssen überwunden werden. Einen Ansatzpunkt im Hinblick auf eine stärker integrierte Produktionssteuerung verkörpert die Verbindung von CAx-Technologien und PPS-Systemen. Beispielsweise lassen sich durch eine Integration von PPS- und CAQ-Systemen verwandte Funktionen wie Arbeits- und Prüfplanung zusammenlegen. Auf diese Weise kann der Aufwand für die Datenerfassung gesenkt und die Aktualität und Informationsgüte gesteigert werden. Noch aber läßt sich ein deutliches Mißverhältnis zwischen den Anforderungen schlanker Unternehmen und den in der Praxis vorfindbaren „mächtigen" PPS-Systemen konstatieren (vgl. Stein 1993). Insbesondere besteht Nach-

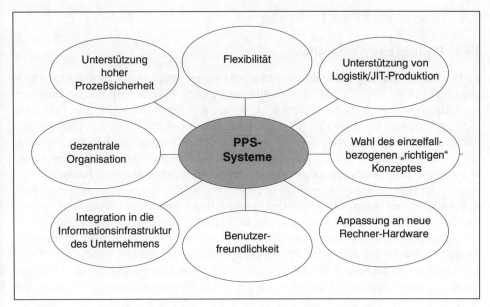

Abbildung 19: Wichtige Anforderungen an PPS-Systeme im Überblick

holbedarf bei der Software. Schließt man die Möglichkeit des Anpassens von Organisations- und Fertigungsstrukturen an die vorhandenen PPS-Systeme von vornherein aus, bleiben drei Optionen der PPS-Unterstützung des Lean Manufacturing übrig:

1. die Entscheidung für PPS-Systeme mit umfassender, also nicht unbedingt erforderlicher Funktionalität,

2. die individuelle Anpassung der PPS-Standardsoftware und

3. die weitestgehende PPS-Eigenentwicklung.

Neue Anforderungen an ein EDV-gestütztes Produktionsmanagement ergeben sich durch erhebliche Fortschritte in der Informationsverarbeitungs-Technologie in Form von Client-Server-Architekturen, dem Einsatz grafischer Benutzeroberflächen und den zwischenbetrieblichen Electronic Data Interchange. PPS-Systeme erfüllen heute noch ausschließlich operative Aufgaben, vermögen aber nicht der strategischen Entscheidungsunterstützung des Produktionsmanagers zu dienen. Im Rahmen eines umfassenden DV-gestützten Produktionsmanagements gibt es Überlegungen zu Konzepten eines rechnergestützen Arbeitsplatzes für den Produktionsmanager auf der Basis der heute schon verfügbaren Komponenten der computergestützten Produktion (vgl. zum Beispiel Gronau 1992).

3.6 Teamarbeit in der Fertigung

3.6.1 Planung und Ausgestaltung

Zu Beginn der Planung und Ausgestaltung der Gruppenarbeit in der „schlanken" Fertigung (vgl. AKNA 1993, S. 25 ff. und Abbildung 20, Seite 121) steht die präzise Diagnose der Ausgangssituation (Soll-Ist-Vergleich). Bei völliger Neustrukturierung der Fertigung nach „schlanken" Prinzipien (= Soll) erscheint eine möglichst simultane Analyse und Planung des fertigungstechnischen Systems und der Arbeitsorganisation zweckmäßig, mit deren Hilfe schon frühzeitig Aussagen zu personalwirtschaftlichen und informationstechnischen Problemlösungsmöglichkeiten gemacht werden können. Analyse-, Planungs- und Gestaltungsschwerpunkte betreffen das durch Unternehmensaufgaben, Produktstruktur und Lean Manufacturing vorgegebene technische System (Automatisierungsgrad, Layout, Fließbandfertigung unter Beibehaltung der Taktbindung permanente Qualitätssicherung), einschließlich Losgrößen, Fertigungsstückzahlen, eingesetzte Techniken, Verfahren, den quantitativen und qualitativen Personalbestand, die Aufbauorganisation und die Prozeßstruktur (vor allem Schnittstellen/organisatorische Verknüpfungen). Eine weitere Determinante ist die verstärkte Humanzentrierung, verbunden mit Aufgabenintegration, menschengerechter Arbeitsgestaltung, Delegation von Aufgaben und Kompetenzen in die Teams und einem kooperativen Führungsstil.

Die Analyse der Ausgangssituation unter den produktspezifischen, technischen, organisatorischen, personellen und zielbezogenen Prämissen geben den Rahmen für die „Machbarkeit" hinsichtlich Planung und Gestaltung von Teamarbeitsformen vor.

Zentrale Aufgabenfelder der konkreten Ausgestaltung der Arbeitsorganisation beinhalten die Aufgabenstrukturierung, die Kompetenz- und Aufgabenzuordnung zu Teams beziehungsweise Funktionsträgern und die Konstituierung von Teams.

Inhalt und Umfang der einem Team übertragenen Handlungs- und Entscheidungsspielräume kennzeichnen deren Autonomiegrad. In der „schlanken" Fertigung (aber nicht nur hier) wird dieser stark eingeschränkt durch vorgegebene Mengen, Just-In-Time-Fertigung, hohe Qualitätsstandards, Taktbindung, durch Fähigkeiten und Bedürfnisse der Mitarbeiter etc.

Abbildung 21, Seite 122, zeigt einen praxisorientierten Aufgabenkatalog als Basis für die situationsgerechte Aufgabenausstattung von Fertigungsteams. Im Rahmen der Vorgaben handelt das Team selbständig und ist verantwortlich für die Erfüllung der übertragenen Aufgaben. Bühner/Pharao (1992, S. 51) schlagen vor, den Autonomiegrad und damit die Bandbreite der Handlungs- und Entscheidungsspielräume im Zeitablauf in Abhängigkeit von den Arbeitserfolgen auf der bisherigen Ausprägungsstufe des Autonomiegrades sukzessive zu erhöhen. Die Erfüllung der Teamarbeit ist mit einem regelmäßigen Arbeitsplatzwechsel in der Gruppe verbunden. In der betrieblichen Praxis werden die den einzelnen Teams zugeordneten situativen Handlungs- und Entscheidungsspielräume in unterschiedlicher Weise genutzt, wobei die Zusammensetzung des Teams sowie die persönlichen Fähigkeiten und die Qualifikation der Teamsprecher und Meister eine entscheidende Rolle spielen (vgl. Minssen/Howaldt/Kopp 1991, S. 436).

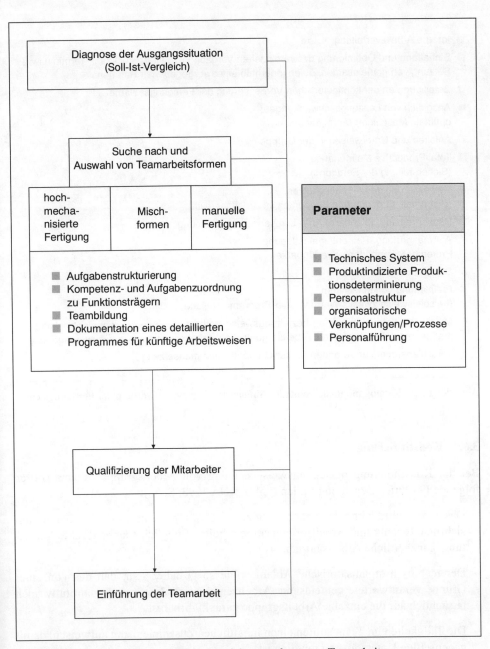

Abbildung 20: Grobschema zur Planung und Ausgestaltung von Teamarbeit

- Interne Arbeitsverteilung
- Einhaltung und Optimierung der vereinzelten Vorgaben (Qualität, Stückzahl, Termin usw.), Setzung von gemeinsamen Zielen innerhalb eines vorgegebenen Rahmens
- Beteiligung an der kontinuierlichen Verbesserung der Fertigungsabläufe
- Ausgleich von Leistungsschwankungen, optimale Maschinen-/Anlagennutzung
- Anleiten und Unterweisen in der Gruppe
- Total Productive Maintenance (Sicherstellung der Fertigung)
- Verbesserung des Arbeitsschutzes (Sicherheit, Ordnung und Sauberkeit im Arbeitsbereich)
- Pausenregelung, (planbare) An-/Abwesenheitsabstimmung
- Auftragsprüfung, Reihenfolgefestlegung, Prüfen der Komponentenverfügbarkeit
- Schichtübergabe
- Freiplanung von Maschinen (beispielsweise zwecks Wartung oder Programmstellung)
- Mitwirkung bei der Initiierung beziehungsweise Verbesserung von Personalentwicklungsmaßnahmen, Arbeitsinhalten, Arbeitsorganisation, Arbeitsbedingungen, Arbeitsumgebung
- Vorschlagsrecht zur Veränderung der Gruppenzusammensetzung

Abbildung 21: Katalog möglicher zentraler Aufgaben in Eigenverantwortung der Fertigungsteams

3.6.2 Konstituierung

Bei der Konstituierung beziehungsweise Bildung von Arbeitsgruppen/Teams sollten folgende Leitlinien Beachtung finden (vgl. AKNA 1993, S. 56):

– Das Team sollte möglichst unabhängig zu anderen organisatorischen Einheiten hinsichtlich Technik und Arbeitsorganisation arbeiten (möglichst keine direkte Verkettung, ganzheitliche Arbeitsaufgabe usw.).

– Der technisch-organisatorische Ablauf sollte so gestaltet sein, daß das von einer Gruppe verantwortete gemeinsame Arbeitsergebnis qualitativ und quantitativ auch tatsächlich auf die einzelne Arbeitsgruppe zurückführbar ist.

– Die Tätigkeiten im Team sollten einen inhaltlichen Zusammenhang aufweisen, damit gegenseitige Unterstützung möglich ist.

– Schwankungen und Störungen müssen aufgefangen werden können, damit diese nicht unkontrolliert auf eine andere organisatorische Einheit übertragen werden.

Die Konstituierung erfolgt unter Berücksichtigung technischer, organisatorischer, personalbestandsbezogener, räumlicher und kommunikativer Einflußgrößen sowie der grundlegenden Ausgangssituation mit der vielfach unumgänglichen Fragestellung, ob vorhandene Personalstrukturen aufgelöst und ob bereits bewährte Gruppen bei erforderlichen Umstrukturierungen im Kern erhalten bleiben und integriert werden sollen. Klärungsbedarf hinsichtlich der Teamzusammensetzung besteht zunächst darin, ob zur Lösung der gemeinsamen Arbeitsaufgabe innerhalb des Teams Mitarbeiter eingesetzt werden, die sämtliche Tätigkeiten beherrschen und auch ausüben sollen (Generalisten), oder aber eine auf Spezialisten zugeschnittene Funktionsverteilung erfolgen soll (wobei Mischformen denkbar sind). Je gleichmäßiger das Anforderungsniveau der Aufgaben in der Gruppe ist, desto eher können „homogene" Gruppen gebildet werden. Auch die Notwendigkeit, Mitarbeiter mit Einsatzeinschränkungen zu integrieren, gilt es zu berücksichtigen.

Bei der Bildung von Teams sollte ein „Teilnahmezwang" vermieden werden: Nicht jeder Mitarbeiter ist für die Gruppenarbeit geeignet und bereit. Durch eine flächendeckende Einführung wird das Prinzip der Freiwilligkeit allerdings stark relativiert, und es muß über Maßnahmen der Personalfreisetzung, Versetzung oder Team-Qualifizierung nachgedacht werden, da der Zwang zur Gruppenarbeit deren erfolgreiche Umsetzung gefährdet. Personelle Kontinuität in der Team-Zusammensetzung fördert in der Regel das Arbeitsergebnis. Für die Teamgröße gilt das Prinzip der Überschaubarkeit: Je nach Art und Umfang der abgegrenzten Arbeitsaufgaben gilt eine Anzahl von mindestens 5 und maximal 15 Mitarbeitern als Orientierungsmaßstab. Die frühestmögliche Qualifizierung der Mitarbeiter beginnt mit einer systematischen Unterweisung der Teammitglieder gemäß den Anforderungen des Arbeitsplatzes und der neuen Arbeitsweise.

3.6.3 Ausarbeitung eines detaillierten Programmes als Basis für Gruppenarbeit und zukünftige Arbeitsweisen in der Fertigung

Es empfiehlt sich, als Grundlage für Teamarbeit und zukünftige Arbeitsweisen ein detailliertes Programm auszuarbeiten und „anwenderfreundlich" zu dokumentieren. Darauf aufbauend lassen sich Arbeitsweisen vermitteln, Trainingsbedarf feststellen und Trainingsprogramme erarbeiten. Detaillierte Programme dienen der Konkretisierung der Produktionsphilosophien des Lean Manufacturing und als Arbeitswerkzeug für die Arbeitsgruppen und Führungskräfte (Meister, Supervisor etc.).

Diese standardisierte, nach festen Regeln definierte Arbeitsweise erlaubt es aber auch, mit allen Beteiligten in kontinuierlichen Prozessen über die Verbesserung der zur Zeit gültigen Standards konstruktiv nachzudenken und auf diese Weise neue und immer wieder verbesserte Standards zu schaffen. Das Programm kann sich in einem umfassenden „Station Profile" niederschlagen, das für jede Arbeitsposition alle notwendigen Details festschreibt, die für die Ausführung einzelner Tätigkeiten notwendig sind (vgl. Abbildung 22, Seite 124).

1. Zielsetzung der Produktionseinheit
2. Layout der Halle
3. Beschreibung des Arbeitsplatzes
4. Layout des Arbeitsplatzes
5. Zusammenbau – Zeichnung
6. Stücklisten für an diesem Arbeitsplatz gefertigte Werkstücke
7. Fertigungsanweisung („Standard Operation Sheet")
8. Qualitätssicherung (Prüfmittel etc.)
9. Kritische Kundenpunkte
10. Darstellung der „Off-Standards" (zum Beispiel Nacharbeit)
11. Arbeitssicherheit
12. Darstellung der Anlagenparameter
13. Indentifikationsblatt für ähnliche Teile (Spezifikation)
14. Darstellung der Veränderung am Arbeitsplatz
15. Wartung und Instandhaltung
16. Festlegung der Sicherheitsüberprüfung
17. Auflistung der Veränderungen der Anlagenparameter
18. Hinweise für Ordnung und Sauberkeit

Abbildung 22: Beispiel eines „Station Profile" bei Seat (Martorell/Spanien)

3.6.4 Die neue Rolle des Meisters

Mit der Implementierung von Teamarbeit im Unternehmen gerieten die Meister in ein Führungsverhaltens-Dilemma, nämlich nach wie vor zwar für reibungslosen Fertigungsablauf verantwortlich zu sein, andererseits aber nicht mehr mit traditionellen Direktiven agieren zu können. Grundsätzlich gilt: Je mehr Aufgaben und Verantwortung an die Teams delegiert werden, desto stärker verändert sich künftig auch das herkömmliche Rollenbild des Meisters (vgl. Antoni 1992, S. 51). Gibt er viele Aufgaben ab, lassen sich originäre Aufgaben der Unternehmensführung seiner Ebene zuordnen und gleichzeitig das übergeordnete Middle Management entlasten. Im einzelnen lassen sich folgende Aufgaben typologisieren:

1. *Führungsaufgaben:*
Hierzu zählen die zielorientierte Führung der Teams (Zielvereinbarung), Schaffung von relativ konstanten Rahmenbedingungen für die Arbeit der Gruppen, Sorge für die Weiterentwicklung beziehungsweise Verbesserung von Arbeitsabläufen und -bedingungen, Mitarbeit bei Produkt- und Produktionsmittelinnovationen und Wahrnehmung von Aufgaben des Personalmanagements.

2. *Koordinationsaufgaben:*
Koordiniert werden insbesondere die Arbeit der dem Meister unterstellten Teams; ferner kann der Meister als Koordinator zwischen den Teams und anderen Organisationseinheiten fungieren, die Informationskoordination übernehmen, zur Koordination des Personaleinsatzes zwischen den „Meisterschaften" beitragen etc.

3. *Überwachungsaufgaben:*
   Dieser Aufgabenkomplex umfaßt unter anderem die Steuerung des Arbeitsverhaltens der Teams (Ergebniskontrolle speziell im Hinblick auf Qualität, Stückzahlen, Termin, Fertigungszeit und Kosten), Schwachstellenanalyse, Behandeln von Beschwerden, Arbeitssicherheit, differenzierter Leistungsevaluierung der einzelnen Teams etc.

4. *Beratungs- und Serviceaufgaben:*
   Schließlich ist der Meister aufgefordert, die ihm zugeordneten Teams fachkundig und tatkräftig in ihrer Arbeit zu unterstützen, dabei gegebenenfalls bei Infragestellung von Zielen zu helfen beziehungsweise einzugreifen, Unternehmensziele zu kommunizieren und Qualifzierungsmaßnahmen anzuregen. Eine besondere Fürsorgepflicht besteht gegenüber älteren Mitarbeitern und Mitarbeitern mit eingeschränkter Einsatzbreite.

Eine generelle Gefahr besteht bei der enormen Veränderung des Rollenbildes darin, daß die Aufgabe direktiven Führungsverhaltens nicht direkt in einem den neuen Anforderungen entsprechenden Verhalten mündet, sondern mangels ausreichender Qualifikation in einer der Gruppenarbeit abträglichen starken Verunsicherung. Damit die Meister ihrer neuen Rolle und den Erwartungen der Beschäftigten gerecht werden, müßten zunächst die notwendigen Rahmenbedingungen für das Überwachen und Steuern von Teamzielen geschaffen, ihre Aufgaben als Berater, Unterstützer, Supervisor und Koordinatoren konkreter gefaßt und außerdem eine breitgefaßte Qualifizierung in Personalführung vorgesehen werden.

Bei Volkswagen beispielsweise sollen die Meister aus diesem Grund zu sogenannten Produktionsstätten-Managern weiterqualifiziert werden. Intensive Informations- und Trainingsphasen enthalten insbesondere:

– grundlegende Inhalte und Ziele des Produktionsstätten-Managements (= Gesamtbereich der dem Meister zugeordneten Gruppen),
– Entwicklung befähigter Mitarbeiter,
– Methoden zur Teamentwicklung,
– Umgang mit Daten zur Zielvorgabe auf Produktionsstättenebene,
– Methoden der Qualitätssicherung,
– Visualisierungstechniken,
– Erstellung und Aktualisierung von Arbeitsablaufbeschreibungen und
– Optimierung des Personaleinsatzes.

Ein wichtiger Aufgabenbereich umfaßt die Bewertung der Teamarbeit, bei deren Trägerschaft die Meister eine zentrale Rolle einnehmen können. Bei der Bewertung werden primär die Entwicklung der Produktivität und Qualität, der organisatorischen Abläufe sowie die Veränderung der humanen und sozialen Arbeitsbedingungen zu beurteilen sein. Als Bewertungsparameter und Verbesserungspotentiale können unter anderem herangezogen werden:

- Verringerung von Ausschuß und Nacharbeit,
- Reduktion der Fertigungszeiten zum Beispiel durch Verbessern der Bearbeitungsabläufe,
- Verbesserung der Termineinhaltung durch das Optimieren der Bearbeitungsreihenfolge „vor Ort",
- Verringerung von Maschinenstillstandszeiten durch die dezentral durchgeführte Auftragsprüfung und Prüfung der Komponentenverfügbarkeit,
- Optimierung der Werkzeugnutzung durch die dezentrale Verwaltung der verfügbaren Werkzeuge sowie
- Erhöhung von Arbeitszufriedenheit, Motivation, Verantwortungsbewußtsein, Teamgeist, Eigeninitiative, Qualitätsdenken und Qualifikationsbereitschaft der Mitarbeiter.

3.6.5 Wahl eines Teamsprechers

Dem Teamsprecher (Gruppensprecher) obliegt die Aufgabe, den inneren Zusammenhalt des Teams zu organisieren und zu fördern sowie das Team nach außen zu vertreten. Seine Rolle besteht nicht etwa in der des „Ersatzmeisters" bei der Ausübung disziplinarischer Weisungsrechte innerhalb des Teams, sondern in der eines „Klassensprechers", der sowohl das Vertrauen der Mitarbeiter als auch das der Vorgesetzten genießt. Diese Aufgabe erweist sich deshalb als besonders schwierig, da man in der Regel nicht wie selbstverständlich von harmonischen, reibungslosen Beziehungen innerhalb von Arbeitsgruppen, die sich nicht freiwillig zusammengefunden haben, ausgehen kann. Stattdessen muß der Teamsprecher ausgleichend bei Macht- und Herrschaftsproblemen innerhalb der Gruppe wirken, die sich in Disharmonie, Konflikten, Willkür, Launenhaftigkeit, Gruppendruck, Konformitätszwang, „Hackordnungen" und Sanktionen gegenüber „Abweichlern" ausdrücken (vgl. Fröhlich 1983).

Wie die Rolle des Teamsprechers in der Praxis ausgefüllt wird, hängt (wie im Fall der Meister) maßgeblich von den individuellen Fähigkeiten der Sprecher und dem der Arbeitsgruppe gewährten Autonomiegrad ab. Bei einem hohen Maß an Selbstorganisation sind besonders methodische Fertigkeiten, Förderung des Teamgedankens, Moderationsfähigkeit und Initiative gefragt. Doch bleiben die Teamsprecher in den Arbeitsprozeß fest eingebunden. Der funktionsspezifische Arbeitsaufwand erfordert aber eine zeitliche Kreditierung im Rahmen der Gruppenaufgabe. An die Funktion sollte ein Zuschlag zum Entgelt gekoppelt werden.

In der Regel wird der Sprecher (wie sein Stellvertreter) vom Team in geheimer Wahl bestimmt. Bei Opel beispielsweise nimmt der Gewählte die Funktion zunächst für sechs Monate ein. Er (oder sie) kann aber beliebig oft wiedergewählt werden und erhält zur Vorbereitung eine intensive, die fachlichen, methodischen und sozialen Kompetenzen fördernde Schulung. Abbildung 23, Seite 127, gibt mögliche Einzelaufgaben des Teamsprechers im Überblick wieder.

1. Gruppeninterne Aufgaben
- Sorge für die Einhaltung der Teamzielsetzungen
- Aufgabenverteilung/Rotationspläne erstellen
- Urlaubsplanung
- Anwesenheitsfeststellung
- Durchführung und Moderation von regelmäßigen Gruppengesprächen
- Förderung des Gruppenzusammenhalts und des Teamgeistes
- Konfliktmanagement
- „Springer"-Funktion bei Urlaubs-/Krankheitsvertetungen
- Informationsvermittlung
- Übernahme/Übergabe der Schicht
- Mitwirkung an Qualifizierungsplanungen
- Erstellen von Berichten
- Unterstützung bei der Durchführung des ständigen Verbesserungsprozesses

2. Externe Koordination
- Vorbereitung und Abstimmung von übergeordneten Gruppengesprächen mit Meistern und vor- und nachgelagerten Teams, Instandhaltung, Logistik etc.
- Mitwirkung bei Qualitäts-Besprechungen/Kaizen-Aktivitäten
- Vertretung des Teams gegenüber Management und anderen betrieblichen Institutionen
- enge Kooperation mit dem Meister
- ständiger Kontakt mit anderen Teamsprechern

Abbildung 23: Katalog möglicher Aufgaben des Teamsprechers

3.6.6 Regelmäßige Teambesprechungen

Teambesprechungen sind regelmäßig stattfindende Gespräche in der Gruppe, die vom Teamsprecher moderiert werden und der Abstimmung von Aufgaben und Kompetenzen sowie der Verbesserung von Arbeitsbedingungen und -abläufen dienen. Teambesprechungen haben als fester Bestandteil der Arbeitsaufgabe zu gelten und bilden die Grundvoraussetzung für Selbstorganisation und interne Koordination. Werden Teambesprechungen außerhalb der Arbeitszeit durchgeführt, sind sie deshalb wie Mehrarbeit zu vergüten. Themen, Inhalte und Termine der Gespräche werden im Einzelfall festgelegt. Mögliche Inhalte betreffen unter anderem

– Teamziele und deren Realisierung,

– Planung, Organisation und Optimierung von Arbeitsabläufen,

– Diskussion von teambezogenen Kennzahlen (Qualität, Anlagennutzung, Mengenleistung, Absentismus, Kosten etc.),

- Produktivitäts- und Qualitätsverbesserungen,
- Beteiligung an der sinnvollen Gestaltung von Arbeitsinhalten,
- Mitwirkung bei der Gestaltung und Eigenkontrolle des quantitativen und qualitativen Arbeitseinsatzes,
- Gemeinsame Mängelfeststellung in der Arbeitsausführung und den Arbeitsbedingungen sowie
- Organisation der Lernprozesse innerhalb des Teams.

Zu den Besprechungen können Gruppenexterne (zum Beispiel Mitglieder anderer Teams, Spezialisten) eingeladen werden. Wichtige Ergebnisse sollten protokolliert und dokumentiert werden.

3.6.7 Institutionalisierte Koordination der Teamarbeit

Um eine Abstimmung zwischen den Teams herbeizuführen, können unterschiedliche Koordinationsorgane mit unterschiedlichen Entscheidungskompetenzen und Einzelaufgaben zuständig sein beziehungsweise neu gebildet werden (Arbeitskreise, Kommitees, Ausschüsse, übergeordnete Instanzen, Lenkungsgremien etc.). Das Treffen von Absprachen und Vereinbarungen (vertikal und horizontal) zwischen den unterschiedlichen Organisationseinheiten sowie die permanente Kommunikation ist eine wichtige Voraussetzung für den Implementierungserfolg von Gruppenarbeit.

Ein Beispiel für eine institutionalisierte Interaktion ist die Teamstruktur von Opel im Werk Bochum II (vgl. Thönnes 1993, S. 188 f.). Dort reduzieren sich die Entscheidungsebenen für alle die Gruppenarbeit betreffenden Fragen auf drei Ebenen:

- die Gruppen (Meisterebene),
- die Durchführungsteams (Betriebsleiterebene) und
- das Förderteam (Direktor des Werkes/Fertigungsleiterebene).

Das Durchführungsteam besteht aus dem jeweiligen Betriebsleiter, seinen Meistern und assoziierten Mitgliedern aus den Fachbereichen, die mit ausreichender Entscheidungskompetenz ausgestattet werden. Zu den Aufgaben dieser Ebene gehören zum Beispiel:

- das Treffen von Zielvereinbarungen mit den Gruppen durch Konkretisierung der Zielvorgaben des Förderteams und Entwicklung eigener Ziele,
- das Schaffen von Voraussetzungen für die Qualifizierung,
- die Auswertung der Gruppenprotokolle und
- die Einleitung gruppenübergreifender Maßnahmen.

Zur Unterstützung der Gruppenarbeit sind die Durchführungsteams als Bindeglied zwischen Fertigungsgruppen und Förderteams eingesetzt. Im Förderteam trifft die Werksleitung gemeinsam mit den Hauptabteilungsleitern der Fachbereiche und dem Betriebsrat die bereichsübergreifenden Grundsatzentscheidungen zur Umsetzung der Gruppenarbeit. Die Aufgaben umfassen im einzelnen unter anderem:

- die Abstimmung der wirtschaftlichen und sozialen Ziele der Gruppenarbeit,

- das Entwickeln und Vereinbaren von Zielen und Aufgaben für die Durchführungsteams,

- die Verabschiedung der mittelfristigen Strukturplanung zur Prozeßstabilisierung und -fortschreitung sowie

- das Erörtern von Themen, die durch den Betriebsrat oder die Durchführungsteams eingebracht werden.

Die Institutionalisierung von unterschiedlichen Entscheidungs- und Koordinationsebenen macht deutlich, daß man einer reinen (konfliktarmen) Selbstabstimmung bei Opel nicht traut und bestimmte Grundsatzentscheidungen „top-down" vorgibt.

3.7 Fazit

Lean Manufacturing bedeutet in erster Linie ganzheitliches, integratives Produktionsmanagement unter Berücksichtigung der Schnittstellen zu den untrennbar verbundenen betrieblichen Funktionen der Produkt- und Produktionsmittelentwicklung, der Beschaffung, des Absatzes und der Querschnittsfunktion Logistik. Dabei erhalten humanzentrierte Problemstellungen ein weitaus stärkeres Gewicht als bei traditionellen technikzentrierten Überlegungen zur Fertigungsoptimierung. Wichtig erscheint vor allem ein Umdenken hinsichtlich Orientierung am Kundennutzen, Qualität, Kosten, Arbeitsorganisation und interne Zusammenarbeit. Die Prozeßoptimierung führt zu grundlegenden Konzepten der Fertigungssegmentierung, der auftragsorientierten Just-In-Time-Produktion und zu Gruppenarbeit in der Fertigung.

Bisher wird Lean Manufacturing überwiegend in Unternehmen realisiert, deren Marktbedingungen aufgrund der Marktstrukturen eine relativ gleichmäßige Kapazitätsauslastung zulassen. Bei relativ konstanten Auftragsgrößen vermag der Materialfluß in gleichmäßigen Bahnen durch das Herstellerunternehmen geleitet zu werden. Niedrige Pufferbestände basieren auf dem Vorhandensein eines kontinuierlichen Materialflusses mit relativ geringen Schwankungen der einzelnen Auftragsgrößen sowie der vollständigen Beherrschung der Fertigung und seiner Rahmenbedingungen. Grenzen können sich für die schlanke Fertigung dadurch ergeben, daß außer zyklischen Nachfrageveränderungen Schwankungen in der Auftragsgröße (wie etwa in Branchen mit Einzel- und Kleinserienfertigung) auftreten, wodurch die Planungen (beispielsweise Programm-, Kapazitäts- und Investitionsplanungen) erheblich erschwert werden. Außerdem können produktbezogene Anwendbarkeitsgrenzen bestehen, wenn – wie in der Einzel- und Kleinserienfertigung nicht selten – aufgrund des Produktgewichtes, -volumens oder räumlicher Distanzen verschiedener Montageabschnitte keine leichte Handhabung zu erwarten ist. Aufgrund der sensiblen Synchronisationserfordernisse der Prozesse treten sehr schnell Anwendungsgrenzen dort auf, wo die Fertigung nicht störungsfrei beherrscht wird beziehungsweise Störungen nicht ausgeglichen werden können. Eine hohe Prozeßsicherheit ist also unbedingt erforderlich. Schließlich bedeutet die Umstellung der Fertigung auf Gruppenarbeit eine erhebliche Umstellung auf die neuen Arbeitsbedingungen, neue Verhaltensweisen der Mitarbeiter und vielfältigere Qualifikationen – Anforderungen, die in der Regel nicht „von heute auf morgen" eingelöst werden können.

Wesentliche Kosten für die Implementierung von Lean Manufacturing entstehen nicht zuletzt bei der Qualifzierung der Mitarbeiter. Sweeney/Carter (1989, S. 134 f.) ermitteln zum Beispiel bei der Implementierung einer Just-In-Time-Fertigung insbesondere Kosten für umfassende Schulungsveranstaltungen, Beratung, Simulations-Software und Opportunitätskosten für Produktivitätsminderungen durch Qualifizierungsmaßnahmen während der Implementierung. Auch entstehen bei der Installation neuer Fertigungssysteme erhebliche Personalkosten. Freilich wird die Bedeutung von Kosten relativiert, vergleicht man die erreichbaren Kosteneinsparungen mit der Alternative, weiterhin mit überholten Fertigungsverfahrensweisen zu produzieren. Hinzu kommt, daß sich durch Verringerungen in der Fertigungstiefe und durch vermehrte Modulzulieferungen die Kosten für Entwicklung, Fertigung, Logistik usw. auf Systemlieferanten überwälzen lassen.

4. Total Quality Management (TQM)

4.1 Qualität als strategischer Erfolgsfaktor

Die Qualität wird zu den zentralen strategischen Erfolgsfaktoren im internationalen Wettbewerb gezählt. Der Kunde mißt der Qualität in der Regel einen hohen Stellenwert bei, was um so mehr wiegt, da heute eher Käufer- als Verkäufermärkte Handlungsmaxime für den Anbieter bilden. Nur bei „Low-Tech"-Produkten fallen Kostengesichtspunkte vergleichsweise stärker ins Gewicht.

Die uneingeschränkte Forderung und das kompromißlose Einhalten von Qualitätszielen haben die Japaner den Europäern voraus. In Japan beherrschen hohe Qualitätsansprüche jede Phase des Managementprozesses. Die japanische Total-Quality-Philosophie geht davon aus, daß sich der ökonomische Erfolg sozusagen von selbst einstellt, wenn der Kunde von der Qualität der Produkte überzeugt ist. Deshalb ist Kundennähe erste Priorität. Je präziser die Kundenbedürfnisse definiert werden, desto besser lassen sich zielgerichtet Qualitätsverbesserungen einleiten.

Während in Japan das Total Quality Management bereits eine Selbstverständlichkeit geworden ist (vgl. Ishikawa 1985), gilt ein weitgefächertes Qualitätsmanagement als Teil der Unternehmungsstrategie in Europa in der Regel als neu und wird deshalb nur selten in der Praxis angetroffen. Substantielle Elemente eines ganzheitlichen Konzepts im Sinne von Total Quality Management finden keine Berücksichtigung. So läßt sich die Situation in der Bundesrepublik Deutschland zu Beginn der neunziger Jahre eher als (zögerliche) Reaktion auf Aktivitäten im Ausland und die damit angestrebte Verbesserung der Wettbewerbsfähigkeit charakterisieren (vgl. Schildknecht 1992).

Der Ursprung von Total-Quality-Programmen wird in den USA gesehen, wo schon Anfang der sechziger Jahre vom ITT-Manager Philip Crosby erkannt wurde, daß rund 90 Prozent aller Fehler außerhalb der Produktion in Planung und Management entstehen und deshalb Fehlervermeidungsstrategien entwickelt werden müßten. Japanische Unternehmungen waren aber die ersten, die umfassende TQM-Konzepte konsequent und erfolgreich umsetzten. Inzwischen erheben die zahlreichen TQM-Protagonisten das Qualitätsmanagement zum „Strategic Business Imperative" (vgl. Feigenbaum 1986).

4.2 Leitidee und Elemente

Leitidee des TQM ist es, über laufende und möglichst schnelle Verbesserungen der Qualität zu einer Steigerung der Wettbewerbsfähigkeit zu gelangen. „Total" meint dabei die Einbeziehung aller Unternehmensmitglieder auf allen betrieblichen Ebenen sowie die Einbeziehung der Zulieferer und der Absatzmittler. Durch die Kundenorientierung wirkt letztlich mittelbar auch der Endverbraucher an der Verbesserung der Qualität mit. TQM ist Führungsaufgabe, „Chefsache" und als Leitbild in der Unternehmenskultur zu verankern. Die Eckpfeiler eines TQM-Konzeptes lassen sich folgendermaßen kennzeichnen:

1. TQM bezieht sich auf die gesamte Organisation mit all ihren Produkten, Funktionen, Prozessen, Instrumenten, Systemen, Strukturen und Personalressourcen. Die Qualität aller Leistungen von Führungskräften und Mitarbeitern determiniert letztlich neben den finanziellen Aufwendungen die Qualität der betrieblichen Ausbringung.

2. TQM ist strategisch-vorsteuerndes Qualitätsmanagement auf einer breiten Informationsbasis und beinhaltet eine simultane Steuerung und kontinuierliche Verbesserung Prozeß- und Produktqualität.

3. Ein strikter Kunden- beziehungsweise Anwenderbezug soll im Rahmen des TQM-Konzeptes die Wettbewerbsfähigkeit erhöhen. Zu einer engen Zusammenarbeit mit dem Kunden gehört unter anderem eine Qualitätsgarantie sowie die Möglichkeit für die Abnehmer, Beschwerden und Beanstandungen bezüglich der Qualität wirkungsvoll einbringen zu können. Mitarbeiterorientierung bedeutet in erster Linie Motivierung, Schaffung von Anreizsystemen, Information, Partizipation und Qualifikation.

4. TQM beinhaltet die Präzisierung und Formalisierung von Qualitätspolitik und -strategie, die Sicherstellung einer adäquaten internen und externen informationstechnischen Basis, die Festlegung von Qualitätsnormen und Teilqualitäten, die Zuweisung von Aufgaben und Kompetenzen an die Verantwortlichen des TQM, das Bereitstellen der notwendigen Ressourcen und die regelmäßige Überprüfung der Wirksamkeit des Total Quality Management (TQM-Audit).

5. TQM fußt auf einem mehrdimensionalen Qualitätsverständnis. Qualität bezieht sich sowohl auf die Produktqualität als auch auf die Prozeßqualität, die Schnittstellen im Unternehmen, die Qualität der Zulieferungen und die des Kundenservices. Als Beispiele für Teilqualitäten (Produkteigenschaften) lassen sich zum Beispiel die Gebrauchstauglichkeit, die Leistung, die Güte und die Ausstattung anführen.

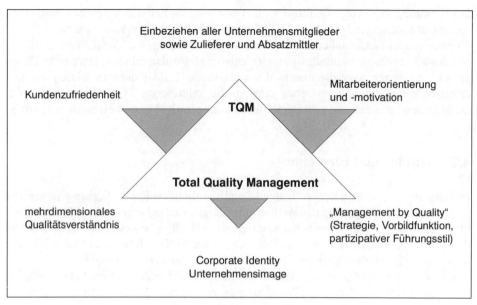

Abbildung 24: Die sechs Dimensionen des Total Quality Management
(Groth/Kammel 1992b, S. 119)

Herstellerbezogen mag die erreichte Qualität des Entwurfs, der Zulieferungen, des Ausführungsplans und der Ausführungsergebnisse zwar bestechen. Für den Absatzerfolg ist aber allein die subjektive Beurteilung der Qualität durch den Abnehmer entscheidend, die von dem Anforderungsprofil des Kunden und dem von ihm vorgesehenen Verwendungszweck des Produktes beziehungsweise der Leistung („Fitness for Use"), den vom Kunden als kaufentscheidend angesehenen Faktoren („selektive Qualitätbeurteilung") und dem von ihm angestellten Vergleich mit Angeboten der Konkurrenz („relative Qualität") abhängig ist (vgl. Engelhardt/Schütz 1991, S. 395). Abbildung 24 zeigt die Dimensionen des TQM im Überblick.

TQM-Konzepte bilden einen integralen Bestandteil der Unternehmensstrategie. Sie sollen zur Steigerung des Marktanteils, zur Kostensenkung durch Früherkennung von Fehlern, zur höheren Produktivität und zu verbesserter Mitarbeitermotivation beitragen.

4.3 Ansatzpunkte für die Umsetzung

Die Planung, Realisierung und Kontrolle der Qualitätsverbesserung sollte systematisch erfolgen. Der TQM-Prozeß läßt sich grundlegend als Problemlösungsansatz (unabhängig von verschiedenen „TQM-Schulen") in idealtypische Phasen und Tätigkeiten untergliedern (vgl. Abbildung 25, Seite 133), deren Komponenten Grundlage für die Erarbeitung situationsspezifischer Vorgehensweisen sein können. Die in Abbildung 26, Seite 134,

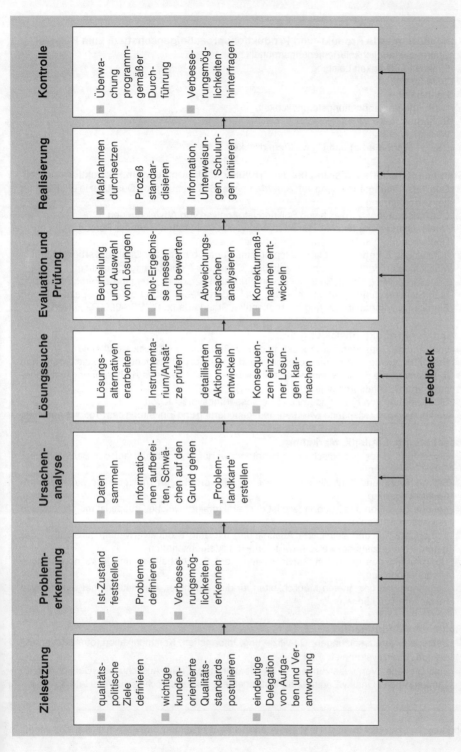

Abbildung 25: Exemplarischer, schematisierter Ablauf von TQM-Projekten

Kundenorientierte Produkt- und Produktionsprozeßeigenschaften, zum Beispiel
- Gebrauchstauglichkeit/Bedienungsfreundlichkeit
- Funktionstüchtigkeit/Leistung
- Zuverlässigkeit
- Haltbarkeit
- Wartungs-/Instandhaltungsfreundlichkeit
- Sicherheit
- Wirtschaftlichkeit
- Design (Form/Farbe) und Umweltfreundlichkeit

Stand der Qualitätssicherung bei der Produktionsplanung und im Produktionsprozeß
- Qualitätsplanung: Ermittlung von Anforderungen, Bestimmung von Qualitätszielen, Planung der Durchführung
- Qualitätsprüfung: Vergleich von Soll und Ist, Analyse von Abweichungen
- Qualitätssteuerung durch Information, Motivation und Maßnahmen der Personalführung
- Überwachung und Reduzierung der Qualitätskosten
- frühzeitiges Erkennen von Qualitätsproblemen und Chancen zur Qualitätsverbesserung
- Möglichkeiten der Computerunterstützung (Computer Aided Quality Assurance)
- Erstellung, Pflege und Beachtung von Funktions-, Liefer-, Freigabe-, Fertigungs-, und Meß-Eichvorschriften, Arbeitsanweisungen für den Arbeitsplatz und Kundenspezifikationen
- Einhaltung von nationalen und internationalen Standards (z. B. ISO 9000-Regelwerk)

Stand der Produktentwicklung
- vollständige Erfassung der produkt- und prozeßbezogenen Qualitätsmerkmale
- Beachtung kundenbezogener, gesetzlicher und umweltschutzbezogener Produktanforderungen
- frühestmögliche Einbeziehung von Spezialisten anderer Ressorts zur Erkennung und Behebung von Qualitätsproblemen
- Einbeziehung von Kundenideen und Verbesserungsvorschlägen
- Verkürzung der Zeitspanne zwischen Ideengenerierung und Einführung des Produkts am Markt

Beschaffung, Logistik, Marketing
- Einrichtung eines periodischen Lieferantenbewertungsverfahrens auf der Basis präziser Qualitätskriterien
- Sicherstellung und Kontrolle eines schnellen und vorsichtigen Transports sowie produktadäquate Lagerung
- genaue Definition des Kunden (wie ist er charakterisiert: welche Gruppe ist möglicherweise vergessen worden?)
- vorherige klare und detaillierte Abstimmung mit dem Produktverwender hinsichtlich der geforderten beziehungsweise erwarteten Produkteigenschaften
- Überprüfung des gesamten Servicesystems auf Schwachstellen und – wo notwendig – Ursachenanalyse
- Schaffung von geeigneten Möglichkeiten für die Abnehmer, Qualitätsmängel wirkungsvoll reklamieren zu können

Rahmenbedingungen
- personale Voraussetzungen: Qualifizierung, Information, Kommunikation, qualitätsverbessernde Anreizsysteme etc.)
- institutionelle Voraussetzungen (TQM-Beauftragter, TQM-Ausschüsse, Quality Circle, Steuerung des Quality Engineering-Instrumenteneinsatzes, technische Ausstattung etc.)

Abbildung 26: Beispiel für eine TQM-Basischeckliste zur Erstellung eines Stärken-/Schwächenprofils

aufgeführte Checkliste hat Anregungsfunktion und kann als Grundlage für eine unternehmensspezifische Stärken-Schwächenanalyse des eigenen „State of the Art" im Qualitätsmanagement dienen.

Wichtig für die Einteilung beziehungsweise Umsetzung von TQM erscheinen die Schaffung geeigneter Voraussetzungen und die Mobilisierung von Unterstützungspotentialen. Hierzu zählen vor allem

- die Vermittlung klar verständlicher Zielsetzungen,
- die unmißverständliche Übertragung von Aufgaben und Kompetenzen,
- der Aufbau eines hohen Qualitätsbewußtseins,
- die Integration unterschiedlicher Interessenlagen,
- Erhöhung der Kommunikationsbereitschaft bei geforderter bereichsübergreifender Denkweise,
- die Schaffung von Prämiensystemen für Qualität,
- die Festlegung der erforderlichen Ausstattung (Meß-/Prüfmittel, Computer etc.),
- Verbesserung der Arbeitsbedingungen zur Unterstützung der Mitwirkung der Gruppen/Mitarbeiter an TQM,
- die Qualifizierung und Motivation der Mitarbeiter,
- die Unterstützung durch spezielle Expertengruppen und eine „Lenkungsgruppe Qualität",
- die uneingeschränkte TQM-Verpflichtung des Top-Managements und
- die Beherrschung der Ansätze und Instrumente des Quality Engineering.

Durch die Implementierung des „internen Kundenprinzips" zwischen Teams und Ressorts entlang der Wertschöpfungskette – wobei wechselseitig Zulieferer- und Empfängerrollen einzunehmen sind – wird gewährleistet, daß nicht nur auf die Qualität des Inputs, sondern auch auf die Qualität der weitergegebenen Leistung geachtet wird.

4.4 Methoden und Instrumente

4.4.1 Von der Qualitätskontrolle zum proaktiven „Quality Engineering"

Um TQM in der Praxis umsetzen zu können, muß jeder Führungskraft und jedem Mitarbeiter die große Verantwortung für das Erreichen des Gesamtziels und damit die Behandlung der nächsten Stufe des Wertschöpfungsprozesses als „internem Kunden" bewußt gemacht werden. Ferner wird die Beherrschung und konsequente Anwendung von praxisgerechten Methoden des Quality Engineering vorausgesetzt, mit denen echte Ursachenforschung und Ursachenbehebung zwecks künftiger Fehlervermeidung und Realisierung von Lerneffekten und Präventionswirkungen einhergehen. Zur TQM-Implementierung läßt sich ein Mix verschiedener Ansätze und Instrumente heranziehen (vgl. Abbildung 27, Seite 136 f.), der das gesamte Spektrum von den eher technischen Verfahren der Qualitätssicherung bis hin zu den Methoden der Personalführung abdeckt. Diese teilweise sich überlappenden und konzeptionell verknüpften Ansätze und Instrumente gestalten sich derart vielfältig, daß eine klare Systematisierung beziehungsweise

Instrument/ Methode/Ansatz	Zielsetzung	Angaben zum Inhalt
Quality Circle	Problemidentifikation, Problemanalyse Qualitätsverbesserung	Fünf bis acht Mitarbeiter, dauerhafte Gesprächsteams
Null-Fehler-Strategien	Fehlervermeidung im Leistungserstellungsprozeß	Produktionsbezogene Maßnahmen der Motivationsförderung und Eigenverantwortung, Schulung
Root Cause (Five-Why) Analysis	Identifikation allgemeiner innerbetrieblicher Probleme der Produktqualität	Grobe Analyse von Qualitätsproblemen durch Aufdecken von Ursache-/Wirkungsbeziehungen
Kundenservice-Strategien	Stärkere Kunden- und Anwenderorientierung	Beratung, Schulung, After-Sales-Services
Förderung innerbetrieblicher Kooperation	Abbau von Ressortegoismen, reibungslose Handhabung der Schnittstellen im Unternehmen, Qualitätsverbesserung	Neuorientierung des Führungsstiles und der Unternehmenskultur, Vorbildfunktion der Vorgesetzten, internes Kundenprinzip, Vermittlung von Qualitätsbewußtsein
Berücksichtigung der Mitarbeiterpotentiale	Vermehrte Nutzung des Problemlösungspotentials von Teams und einzelnen Mitarbeitern	Teammanagement, Qualifizierung, ganzheitliche Arbeitsinhalte, Delegation, Qualitätsverantwortung
Kaizen (Continuous Quality Improvement)	Einsparung von Kosten, Zeit, Material und Personal bei gleichzeitiger Erhöhung von Qualität, Prozeßsicherheit und Produktivität	Sämtliche Maßnahmen zur ständigen Verbesserung von Produkt- und Prozeßqualität
Marktnahe Produktentwicklung (insbesondere QFD)	Konzentration auf kundenorientierte Qualitätsaspekte bei der Produktentwicklung	Prozeß und Methoden zur Umsetzung der Kundenwünsche in Produktspezifikationen
Risikominimierung im Vorfeld der Produktentstehung (insbesondere FMEA)	Frühzeitige Fehleridentifikation und -prävention	Fehler-, Möglichkeits- und Einflußanalyse
Frühzeitige qualitätssichernde Maßnahmen in der Produktentstehung (Taguchi-Methode)	Minimierung der Qualitätsverluste durch Zielwertoptimierung und Streuungsminimierung	Verfahren zur kostenbewußten Bewertung, Verbesserung und Sicherstellung von Qualität
Cause & Effect Diagram with Addition of Cards (CEDAC)	Problemindentifikation, Visualisierung, Diskussion, Problemlösung	Problemlösungsmethode für Kleingruppen auf der Basis täglicher Datenerfassung (Stückzahlen, Fehlerquoten) im Verhältnis zur Zielsetzungskurve; Basis: Ursachen- und Wirkungsdiagramm
Deming-Ansatz	Qualität als Wettbewerbsfaktor anerkennen	14-Punkte-Programm zur Qualitätssicherung, Kombination von statistischen Methoden und Personalführung
Juran-Trilogy	Gleichgewicht zwischen Wert der Qualität und Kosten für Qualität	Stufenkonzept (1. Planung von Strategie, Qualität, Kosten; 2. Qualitäts- und Kostensteuerung; 3. Verbesserung von Qualität, Kostensituation, Gewinn)
Ishikawa-Ansatz	Mitarbeiterorientierte Qualitätssteuerung	Aufzeigen von Qualitätshemmnissen (mitarbeiterbezogene Aspekte, Materialien, Arbeitsmethoden, Maschinenpark, Meßmethoden) mit Ursache-Wirkungs-Diagramm („Ishikawa-Diagramm")
Conjoint-Analyse	Inbezugsetzung von einzelnen Produktmerkmalen und individuellen Präferenzen, Steuerung der Produktentwicklung	Psychometrische Dekompositions-Verfahren
Normenwerk ISO 9000	Katalog von Verfahrens- und Arbeitsanweisungen für das Qualitäts-Management	Weltweit anerkannter Standard für Qualitätssicherungssysteme; Leitfaden für Auswahl und Anwendung

Instrument/ Methode/Ansatz	Zielsetzung	Angaben zum Inhalt
Qualitätsverbesserung im industriellen Service	Profilierung des eigenen Angebots durch Qualitätserhöhung der angebotsbegleitenden und werterhöhenden Maßnahmen	Kundengerichtete Dienst- und Serviceleistungen, qualitätsorientierte Serviceplanung, -prüfung und -organisation
Wertanalyse	Erfüllung vorgegebener Anforderungen mit minimalen Kosten	DIN 69 910; Wert = Nutzen der Funktionen des Produkts zu Realisierungskosten; Steigerung der Funktionswerte
Vermeidung unbeabsichtigter Fehler (poka-yoke)	Organisatorisches Aufbereiten einzelner Fertigungsschritte mit dem Ziel automatisierter Fehlervermeidung	Netz von einfachen technischen „Plausibilitätsprüfungen" in der Fertigung
Betriebliches Vorschlagswesen	Verbesserung der Arbeitsabläufe, Produktverbesserung, Energieeinsparung und anderes	Systematische, mit Anreizen verbundene Institutionalisierung der Annahme und Implementierung von Verbesserungsvorschlägen der Mitarbeiter
Qualitätsanalyse, Qualitätsinformationssystem	Auffinden von Ursachen für Qualitätsmängel, Informationsbasisbildung	Kennzahlenbildung, Marktforschung, EDV-Unterstützung, Qualitätssicherung
Qualitätskostenrechnung	Überwachung der Wirtschaftlichkeit	Ermittlung, Analyse, Prüf-, Fehler- und Fehlerverknüpfungskosten
Prozeßkostenmanagement	Anregungen für qualitätsverbessernde Maßnahmen; Evaluation von Qualitätsverbesserungen	Steuerung von Gemeinkosten; kostenmäßige Bewertung von Hauptprozessen und Cost Drivers
Auf Qualitätsmanagement bezogene Weiterbildung	Sensibilisierung für Produkt- und Prozeßqualität, Schaffung einer „Qualitätskultur"	Schulungsmaßnahmen, Training
CAQ (Computer Aided Quality Assurance)	Automatisierung der Qualitätskontrolle und Erhöhung der Effektivität	Horizontale Qualitätssicherung mittels rechnergestützter Produktentwicklung, Produktionsprozesse, Endabnahme und anderes mehr
Task-Force-Ansatz	Beseitigung potentieller Fehlerquellen während des Schichtbetriebs durch Expertenteams	Untersuchung einzelner Bearbeitungsstationen
Bildung von Improvement-Teams	Qualitätsverbesserung	Projektteams zur Analyse von Kundenbeschwerden und Bewertung von Problemlösungen
Quality Steering Teams	Steuerung/Kooperation des TQM	Setzen von Prioritäten, Bereitstellung von Hilfsmitteln, Überprüfung des Fortschritts, Aussprechen von Anerkennung
Qualitätsorientierte Zuliefererintegration	Verlagerung der Qualitätssicherung auf die Inputseite, enge frühzeitige Kooperation mit ausgewählten Zulieferern	Lieferantenbewertungsverfahren, flexibles „Global Single Sourcing", Übertragung von voller Qualitätsverantwortung
Entwicklung von Qualitätshandbüchern	Dokumentation, Transparenz, Implementierungshilfe	Schriftliche Fixierung des Qualitätsmanagements
Visual Control System	Förderung der Mitwirkung bei Verbesserungen	Infostände, Leuchttafeln etc.
Qualitätskontrolle	Überwachung von Produkt- und Prozeßqualität	Statistische Qualitätskontrolle
Quality Audits	Systematische Überprüfung des gesamten Qualitätsmanagements	Kontrolle von Zielen, Strategien, Kosten usw.
TQM-orientiertes Personalmanagement	Mitarbeiterorientierte Qualitätssicherung	TQM-bezogener Einsatz eines breiten Spektrums von Instrumenten des Personalmanagements

Abbildung 27: Wichtige Ansätze und Instrumente des TQM im Überblick

Typologisierung nach bestimmten Gliederungsmerkmalen zur Erzielung größerer Übersichtlichkeit scheitern muß.

Kern der TQM-Maßnahmen bildet die Qualitätssicherung einschließlich der traditionellen ergebnisorientierten Qualitätskontrolle. Die Qualitätssicherung umfaßt die Qualitätsplanung, -führung, -prüfung, -steuerung und die – Kostenüberwachung. Sie wird häufig EDV-gestützt durchgeführt und umfaßt dabei alle Aufgabengebiete von der technologischen Vorbereitung bis zur Lagerung. Die Qualitätskontrolle, die primär auf statistischen Methoden beruht, umfaßt in der Regel alle Phasen des Produktionsprozesses. Die Hauptproblematik besteht darin, Qualitätssicherungsmaßnahmen genau da anzusetzen, wo Qualität entsteht, um den Kontrollaufwand zu minimieren. Mit der Popularisierung von TQM und Lean-Management-Konzepten erfinden heute präventive und proaktive Qualitätsstrategien größere Aufmerksamkeit. Hierzu zählen unter anderem Nullfehler-Strategien, Poka Yoke, QFD, FMEA, Taguchi-Methode, Kaizen und Qualitiy Circles.

4.4.2 Null-Fehler-Strategie

Ziel dieser Methode ist eine Steigerung der Produktqualität über das Maß hinaus, das statistisch auf Grund des Produktionsvolumens zu erwarten wäre (vgl. Wild 1990, S. 630 f.). Sie läßt sich in drei Programmstufen unterteilen:

1. Steigerung der Mitarbeitermotivation, gleichzeitig Senkung der prozeßbedingten menschlichen Fehler in der Produktion. Zu diesem Zweck werden motivationsfördernde Instrumente (Visual Management, Prämiensysteme für mehr Qualität etc.) eingesetzt.

2. Vorbeugung und Reduktion von Führungsfehlern nach dem „Error Cause Removal"-Prinzip. Dies umfaßt die Förderung, Bewertung und Implementation von Verbesserungsvorschlägen der Führungskräfte im Unternehmen.

3. Entwicklung eines wirksamen und schnellen Feedback-Systems als Orientierungshilfe für die Mitarbeiter. Grundlegende Prinzipien dieser Methode sind die Motivation und Partizipation der Mitarbeiter, die Definition klarer Ziele und die Information über die Bewertung der Leistung.

Wichtige Komponenten der Null-Fehler-Strategie umfassen:

– einen strukturierten Ansatz zur Diskussion von Qualitätsproblemen, deren Ursachen und die Entwicklung von Lösungen,

– einen systematischen Ansatz für die Entwicklung eines Anreizsystems, das zur Lösung der angesprochenen Qualitätsprobleme beitragen soll,

– das Mitwirken aller Betroffenen an der Entwicklung und Umsetzung der Qualitätsziele und Lösungsansätze,

– die Definition klarer und einheitlicher Ziele und Zwischenziele, um den Fortschritt messen zu können,

- die Einführung eines einfachen, Transparenz schaffenden Controlling- und Informationssystems zur Überwachung der Fortschritte und

- die zielunterstützende Organisation beziehungsweise Reorganisation der Arbeitsaufgaben der Mitarbeiter im Sinne der Qualitätsförderung.

Die Null-Fehler-Strategie wird möglichst in den täglichen Arbeitsablauf der Arbeitsgruppen integriert.

4.4.3 Poka Yoke (Vermeidung unbeabsichtigter Fehler)

Poka Yoke (vgl. Shingo 1986) zielt auf die Vermeidung von zufälligen, also unbeabsichtigten Fehlern der Mitarbeiter ab, die durch Konzentrationsmängel bei den besonderen Bedingungen automatisierter Fertigungsprozesse entstehen, wenn prozessual keinerlei Rücksicht auf physiologische Schwankungen genommen wird. Fehlhandlungen (selbst im Promille-Bereich) können bei der Komplexität vieler technischer Produkte nicht mehr hingenommen werden.

Eine Null-Fehler-Strategie muß sicherstellen, daß aus den Fehlhandlungen keine Fehler am Produkt entstehen. Je später die Kontrollen im Fertigungsprozeß ansetzen, desto geringer ist ihre Wirksamkeit und die Chance, fehlerfreie Produkte ausliefern zu können. Poka Yoke besitzt drei wichtige Elemente:

- ein Detektionssystem mit Sensoren und Überwachungseinrichtungen,
- einen Auslösemechanismus mit Kontakten, Zählern und Bewegungsdetektoren und
- einen Reguliervorgang durch Alarm oder Abschalten.

Alle drei Elemente kommen mit einfachsten Hilfsmitteln aus. Wichtig ist der angepaßte Einsatz, der im Einzelfall präzisiert werden muß (vgl. zum Beispiel Sondermann 1991).

4.4.4 Quality Function Deployment (QFD)

Das QFD-Konzept orientiert sich an der Maxime, Qualität von vornherein, das heißt schon im Entwurfsstadium, in ein Produkt zu implantieren. Dies soll durch eine schrittweise Umsetzung von Kundenforderungen und -erwartungen in meßbare beziehungsweise qualitativ beurteilbare Produkt- und Prozeßparameter erreicht werden. QFD beginnt mit einer sorgfältigen Analyse der registrierten Kundenwünsche. Der Kern der QFD-Analyse ist die strukturierte Darstellung einer Wirkungsanalyse von möglichen technischen Produkteigenschaften und resultierenden Erfüllungsgraden kundenspezifischer Qualitätsmerkmale. Folgende zentrale Fragen sind zu beantworten:

- Welche Produkteigenschaften müssen als wichtig für den Kunden angesehen werden?

- Welche Parameter haben Priorität bei der Realisierung dieser kritischen Kundenanforderungen?

- Welches sind die entscheidenden Zielparameter für das neue Produkt-Konzept?

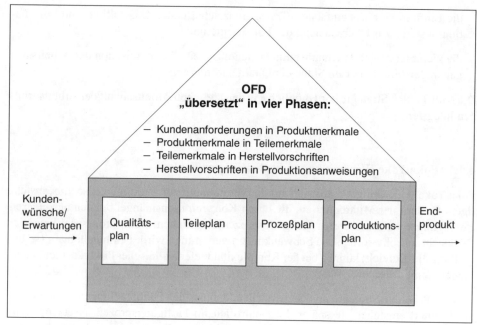

Abbildung 28: „The House of Quality"

Der Bezugsrahmen für den QFD-Prozeß bildet das „House of Quality" (vgl. Hauser/Clausing 1988). Jeder Schritt hilft bei dessen Aufbau (vgl. Abbildung 28).

Die Qualitätsplanung dient der „Übersetzung" von Qualitätsforderungen der Kunden auf dem Zielmarkt in technische Merkmale des Endproduktes. Im Rahmen der Teileplanung ist die Qualität des Endproduktes in die einzelnen Qualitätsmerkmale seiner Baugruppen aufzuspalten. Die Funktionen der Produktteile sind festzulegen, ebenso die Qualitätsmerkmale der Baugruppen, die einzuhaltenden Standards und Qualitätssicherungsmaßnahmen. Innerhalb der Prozeßplanung sind die optimalen Produktionsverfahren unter Kosten- und Genauigkeitsgesichtspunkten zu determinieren sowie Prüfpunkte in Prozeß- und Prüfablaufplänen im Hinblick auf kritische Produktparameter zu fixieren. In der Produktionsplanung schließlich werden durch Aufstellung von detaillierten Arbeits- und Prüfplänen die zur Einhaltung der Produkt- und Prozeßparameter erforderlichen Arbeitspläne ausgearbeitet.

QFD besteht aus einem System detaillierter, aufeinander abgestimmter Planungs- und Kommunikationsprozeduren durch crossfunktional besetzte SE-Teams mit weitreichenden Entscheidungskompetenzen. Zentrale Strukturierungs-, Visualisierungs- und Argumentationshilfen in den kundenorientierten Planungsphasen, die das „House of Quality" möglich machen sollen, sind (Zugehörigkeits-)Matrix-Darstellungen, die Produkt und Prozeßparameter miteinander in Beziehung setzen, zum Beispiel Kundenforderungen versus technische Merkmale, Tests versus Fehlermöglichkeiten, Fehlermöglichkeiten versus Kundenforderungen, Bauteile versus Prozeßparameter usw. (vgl. ausführlich

Akao 1992). Obwohl die Aufgaben jeweils variieren, haben doch alle Tabellen das gemeinsame Ziel, einen Einblick in die Eigenheiten des Produktes (oder der Dienstleistung) zu ermöglichen und somit aufzudecken, an welcher Stelle Qualitätsverbesserungen erforderlich sind. Infolge des von Matrix zu Matrix wachsenden Detaillierungsgrades würden die Darstellungen bereits in der zweiten Phase nicht mehr handhabbar sein. Deshalb werden nur die wenigen kritischen Ausgangsgrößen in die nächste Darstellung übernommen.

Konfliktträchtige Beziehungen gilt es bei der Analyse und Planung besonders zu beachten, um Kompromisse zu finden, die keinen Nachteil für den Kunden verursachen. Ergebnisse aus Wettbewerbs- und Konkurrenzanalysen sowie eine Gewichtung einzelner Faktoren werden hinzugefügt.

Auf diese Weise wird schließlich das „House of Quality" komplettiert und bietet sich zur Analyse an. Es ist in der Lage, eine Vielzahl von Informationen zu erfassen, zu strukturieren und zu dokumentieren. Resümierend lassen sich folgende Vorteile von QFD herausstellen (vgl. auch Sullivan 1986, S. 40):

– Es existieren unmißverständliche kundenorientierte Produktentwicklungs-Zielvorgaben.

– Marketing-Strategien gehen bei der „Übersetzung" in Planungsvorgaben, Produktentwicklung und Produktion nicht verloren; es ergeben sich nachträglich weniger Änderungsnotwendigkeiten.

– Wesentliche Aspekte der Produktionssteuerung erhalten angemessenes Gewicht.

– Die Methode erfordert eingehende ressortübergreifende Kommunikation, schafft Transparenz und verhindert Fehlinterpretation der kundenwichtigen Anforderungen im gesamten Unternehmen.

4.4.5 Failure Mode and Effects Analysis (FMEA)

Zweck dieser Methode ist es, potentielle Fehler an Produkten oder in Fertigungsprozessen bereits bei der Produkt-, Maschinen- beziehungsweise Prozeßplanung und -Festlegung zu erfassen und die Fehler im Hinblick auf nachstehende Kriterien zu analysieren:

– die Wahrscheinlichkeit ihres Auftretens,
– ihre Bedeutung und ihr Einfluß und
– die Wahrscheinlichkeit, entdeckt zu werden.

Entsprechend ihrer Gewichtung werden sodann ebenfalls im Vorfeld angemessene Abstellmaßnahmen in Form eines „Kontrollplanes" festgeschrieben.

Ausgangspunkt der sukzessiven FMEA ist stets das geplante Endprodukt mit seinen kritischen Komponenten und einzelnen Verbesserungspotentialen. Die Verantwortlichen werden gezwungen, sämtliche denkbaren Fehler eines Produktes zu identifizieren, zu dokumentieren, zu analysieren, hinsichtlich der Folgen zu bewerten und Vermeidungsstrategien zu entwickeln.

4.4.6 Taguchi-Methode

Die Taguchi-Methode (vgl. Taguchi 1986) ist ein Verfahren zur Minimierung der Qualitätsverluste durch Zielwertoptimierung und Streuungsminimierung. Zentrale Komponenten der Methode sind statistische Verfahren, mit der Qualitätsniveaus bewertet und Bedingungen für eine Minimierung der Qualitätskosten ermittelt werden. Ausgangsbasis ist die Erkenntnis, daß zwar die strikte Überwachung der Fertigungsprozesse keine Alternative besitzt, die „Solidität" eines Produktes aber primär von seiner Konstruktion abhängt, wobei anspruchsvolle Qualitätsziele eingehalten werden sollten und nicht nur Mindestgütemerkmale. Die Strategie zur Produkt- und Prozeßoptimierung umfaßt im wesentlichen drei Fragestellungen:

1. *Wie bewertet man Qualität kostenbewußt?*
Empfohlen wird die Fixierung von Qualitätsverlusten (jede Abweichung eines Prozesses vom Zielwert) sowie die Ermittlung des „Signal/Noise"-Verhältnisses zur Beurteilung der Produkt- und Prozeßqualität und ihrer Robustheit. Die Hinzuziehung einer „Qualitätsfunktion" dient der quantitativen Bewertung des Qualitätsverlustes aufgrund funktionaler Abweichungen. Nach Taguchi liefert ein solides Produkt (im auf elektronische Empfänger übertragenen Sinne) ein kräftiges Signal und vermeidet Störgeräusche. Jede konstruktive Verbesserung (= spürbar besseres Signal/Noise-Verhältnis) bei einzelnen Bauteilen erhöht die Leistung des Produktes ingesamt. Bevor Produkte in die Produktion gehen, sind Fertigungstoleranzen festzulegen. Der „totale Qualitätsverlust" nimmt hierbei mit dem Quadrat der Abweichung vom Zielwert zu, gemäß der Gleichung

$$L = D^2 C.$$

In der Gleichung stehen D für die Abweichung von der Sollvorgabe und die Konstante C für die Kosten von Qualitätssicherungsmaßnahmen, die unter Umständen in der Fertigung ergriffen werden müssen.

2. *Wie verbessert man Qualität kostenbewußt?*
Hier bieten sich spezielle Verfahren wie „System Design", „Parameter-Design" und „Tolerance Design" an.
Die Entwicklung eines Konzeptes („System Design") benötigt zur Innovation Kenntnisse der Wissenschaft und Technik, die Analyse der Kundenwünsche und bezieht Erfahrungen früherer Konstruktionen und Wettbewerbsdaten ein. Die zunächst primär kostenbewußte Konstruktion soll im Rahmen des „Parameter Design" optimiert werden.
Hier gilt es, durch experimentelle Versuchsanordnungen und Einstellungen, die Sollwerte und Kombinationen von Steuergrößen zu finden, die das Produkt oder den Prozeß robust gegen Störgrößen machen und damit die Schwankungen von Qualitätsmerkmalen minimieren. „Tolerance Design" wird schließlich dann eingesetzt, wenn die durch „Parameter Design" erzielte Verringerung der Streuung noch nicht ausreicht. Es bedeutet eine Verschärfung der Toleranzforderungen bei solchen Produkt- oder Prozeßfaktoren, die einen großen Einfluß auf etwaige Qualitätsstreuungen des Endproduktes aufweisen.

3. *Wie sichert man kostenbewußte Qualität?*
In diesem Zusammenhang spielt die statistische Prozeßsteuerung eine wichtige Rolle. Mit dieser Methode werden systematische Einflüsse sogenannter Signalfaktoren zur Stabilisierung des Prozesses herangezogen. Ein wichtiges Kriterium für die Bewertung des Prozesses ist die randome Streuung, die durch die Störfaktoren mit stochastischer Verteilung hervorgerufen wird. Die statistischen Grundlagen und die Arbeitsanweisungen für die Anwendung sind bereits weit verbreitet.

Sämtliche Aktivitäten konzentrieren sich auf die kostenbewußte Verbesserung und deren frühestmögliche Realisierung, um zu verhindern, daß der Kunde sozusagen „Testperson" des Herstellers wird und sich auf diese Weise über die Schwachstellen des Produktes ärgern muß.

4.4.7 Prinzip der kontinuierlichen Verbesserung („Kaizen") und Betriebliches Vorschlagswesen

Als Basisphilosophie des japanischen Erfolges läßt sich das „Kaizen"-Prinzip (KAI = Ersatz, Änderung; Zen = das Gute) ausmachen, das heißt die kundenorientierte „ständige Verbesserung" von Produkt-, Prozeßqualität und Arbeitshandgriffen durch den Mitarbeiter, eine Handlungsmaxime, die (angeblich) in Japan jeder Mitarbeiter verinnerlicht haben soll (Imai 1986). Kaizen kann sehr unterschiedliche Formen in Abhängigkeit von der spezifischen Arbeitssituation annehmen. Ziel ist die Einsparung von Kosten, Zeit, Material und Personal bei gleichzeitiger Erhöhung von Qualität, Prozeß-Sicherheit und Produktivität. Die essentiellen Kaizen-Merkmale sind:

– Der Ansatz hat keine „Quantensprünge" als Zielsetzung, sondern verkörpert eine kontinuierlich-inkrementale Vorgehensweise.

– Bezüglich der zu behandelnden Sujets sind keine Grenzen gesetzt: Kaizen bezieht sich also keinesfalls nur auf Qualität oder Produktivität; stets ist aber Kundenorientierung als Handlungsmaxime zu wahren.

– Keine Verbesserung, und sei sie noch so geringfügig, ist zu wenig bedeutend, als daß ihr nicht die angemessene Aufmerksamkeit zu schenken wäre.

– Kaizen ist offen für jedermann – alle Führungskräfte und Mitarbeiter können und sollen partizipieren, gleichviel, ob in speziellen Kaizen-Teams oder in Qualitätszirkeln, ob sie allein arbeiten oder in einer Arbeitsgruppe.

– Bevor eine Verbesserung implementiert wird, muß der Vorschlag im Vergleich zum bisherigen Produkt oder Verfahren analysiert werden; diese Phase sollte aber ohne größere Zeitverzögerungen durchlaufen werden.

Der japanische Kaizen-Ansatz unterscheidet sich durch sein stark aktives Vorgehen in erheblichem Maße vom traditionellen betrieblichen Vorschlagswesen. Man wartet nicht, bis innovative Vorschläge eingebracht werden, sondern betrachtet die ständige Verbesserung von Produkten, Prozessen und Arbeitsbedingungen als zentralen Wettbewerbs-

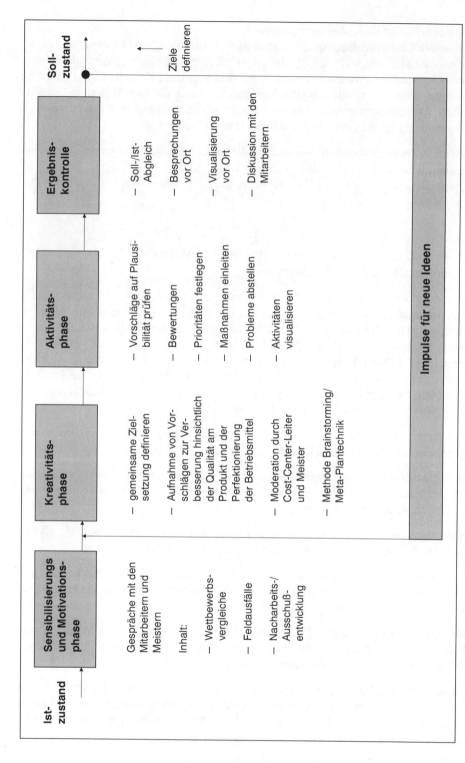

Abbildung 29: Kontinuierlicher Verbesserungsprozeß bei Volkswagen Salzgitter

faktor und als integralen Bestandteil der Personalführung, Organisations- und Personalentwicklung. Kaizen kann als Ausdruck höchster Erwartungen gewertet werden, die japanische Führungskräfte (auch im Ausland – vgl. Mahoney/Deckop 1993) gegenüber der Leistungsbereitschaft der Mitarbeiter und der Einbringung ihrer intellektuellen Fähigkeiten hegen. Als Ausgangsbasis wird gezielt Information – zum Beispiel über Leistungsdaten im Produktionsprozeß – für die Fertigungsteams bereitgestellt (vgl. Banker/Potter/ Schroeder 1993). Deutlich wird, daß der Problemerkenntnis und -analyse im Sinne einer kontinuierlichen Identifizierung neuer und dringlicher Problemstellungen ein hoher Stellenwert zukommt und jeder einzelne Mitarbeiter zu Eigeninitiative und Kreativität bei der Problemlösung und der Lösungsimplementierung herausgefordert werden soll (vgl. Basadur 1992).

Abbildung 29, Seite 144, zeigt exemplarisch das Phasenmodell des kontinuierlichen Verbesserungsprozesses von Volkswagen im Überblick auf. Auf der Basis eines allgemeinen Problemlösungsansatzes arbeiten kleine Gruppen von Mitarbeitern zusammen mit dem Ziel, herauszufinden, wo Verschwendung in den Arbeitsabläufen immanent ist, die es möglichst unverzüglich abzustellen gilt, und wo es weitere Möglichkeiten der Kosteneinsparung gibt.

Auch andere deutsche Unternehmen (vor allem Automobilhersteller, -zulieferer) versuchen inzwischen verstärkt, Kaizen – vornehmlich bezogen auf die Prozeßoptimierung – in das bestehende Betriebliche Vorschlagwesen zu integrieren. Mitarbeiter werden durch jährliche Zielvorgaben bei den Verbesserungsvorschlägen zur Ideengenerierung angespornt; anders als in Japan, wo Verbesserungsvorschläge als eine Investition des Mitarbeiters in die Zukunft seines Unternehmens und damit seines Arbeitsplatzes interpretiert wird, gewährt man hier materielle Anreize. Die eingereichten Verbesserungsvorschläge werden schnellstmöglich mit den Mitarbeitern diskutiert, dokumentiert und bei Zweckmäßigkeit auch rasch umgesetzt. Zur Bewältigung größerer Mengen von Vorschlägen empfiehlt sich einerseits eine Kanalisierung durch Schwerpunktthemenvorgabe, andererseits eine Dezentralisierung. Koordinatoren für das Vorschlagswesen betreuen eine überschaubare Anzahl von Mitarbeitern beziehungsweise Teams und sorgen bei Lösungen, die breitere Aufmerksamkeit im Unternehmen verdient haben, für deren Bekanntwerden. Abbildung 30 zeigt mögliche Eckpfeiler eines „modernen" Vorschlagswesens auf.

- Am Anfang kommt es mehr auf die Quantität, als auf die Qualität der Vorschläge an.
- Die Konzentration bei den Verbesserungsvorschlägen liegt auf den kleinen, aber kontinuierlichen Schritten
- Es ist eine schnellstmögliche Entscheidung über die eingegangenen Vorschläge anzustreben.
- Dem Einsender des angenommenen Vorschlags obliegt auch dessen Implementierung.
- Die Ideengeber werden mit Geld- und Sachprämien belohnt.
- Das Programm erhält die volle Unterstützung der Führungskräfte; sie müssen „täglich und stündlich" über Verbesserungsvorschläge sprechen.

Abbildung 30: Eckpfeiler des Vorschlagwesens beim GM/Suzuki-Joint Venture CAMI Automotive Incorporated Canada

Praktische Erfahrungen bei Opel (Rüsselsheim) haben unter anderem ergeben, daß (vgl. Wippel/Koser 1993, S. 79 ff.)

- zunächst eine vertrauensvolle Basis und erste Erfolgserlebnisse als Motivator für weitere Aktivitäten zu schaffen sind,

- ein „Leitfaden für Verbesserungsvorschläge" die Ideenfindung erleichtert,

- wohl begründete Ablehnungen von Vorschlägen keineswegs demotivierend wirken müssen,

- die Gruppen auch versteckte Verschwendungen erkennen, Maßnahmen erarbeiten, vorschlagen und einleiten,

- Arbeitsaufteilungen bei der Bearbeitung von Vorschlägen ergebnisverbessernd die Stärken einzelner Gruppenmitglieder nutzen und

- die zuständigen Meister als Koordinator die Aktivitäten der Gruppe in der Regel unterstützen.

Die Institutionalisierung von Kaizen-Teams soll an praktischen Beispielen von Toyota, Nissan und einem Zulieferunternehmen verdeutlicht werden. Eine spezielle Abteilung ist bei Toyota (Stand 1992) unter anderem zuständig für die Durchführung von etwa acht bis zehn jährlichen Kaizen-Kursen, die in der Regel fünf Tage dauern, sich an unterschiedliche Zielgruppen (Führungskräfte, Teamleiter, Supervisor, Werksleiter) wenden sowie Theorie (zwei Tage) und Praxis (drei Tage) vereinen. Nach Erläuterung der Grundlagen von Kaizen wird in Teams die praktische Umsetzung durchdacht, wobei praxisnahe Problembereiche unter die Lupe genommen werden. Der konkreten Formulierung der anvisierten Verbesserung folgt die Detailanalyse. Da die Möglichkeiten, innerhalb von drei Tagen einen Arbeitsprozeß beziehungsweise eine gesamte Fertigungslinie umzugestalten, relativ gering sind, kommt es bei den Kaizen-Kursen (vgl. auch VI. 3.4) ganz besonders auf Detailverbesserungen an, die ohne großen (Zeit-)Aufwand durchgeführt werden können. Ernste Verbesserungsvorschläge werden noch während des Kurses in der Praxis umgesetzt, danach ihre Auswirkungen analysiert. Regelmäßige Diskussionen über einzelne Detailfragen und weitere Vorgehensweisen begleiten die Kurse.

Bei Nissan in Sunderland (Großbritannien – Stand 1992) arbeiten auf allen hierarchischen Ebenen ca. 60 Kaizenteams an Ablaufoptimierungen auf der Basis bezahlter Überstunden. Jeder einzelne Mitarbeiter in der Fertigung und in der Verwaltung ist aufgefordert, aktiv am Funktionieren seines Arbeitsplatzes mitzuwirken. In Sunderland steuert ein zwölfköpfiges Komitee die Kaizenaktivitäten. Der Zwölferrat arbeitet außerdem darauf hin, daß jeder einzelne bereit ist, von den Beiträgen anderer zu lernen. Abbildung 31 zeigt exemplarisch die Institutionalisierung von Kaizen-Aktivitäten auf unterschiedlichen hierarchischen Ebenen bei einem japanischen Zulieferer auf.

Schwierigkeiten bei der kontinuierlichen Verbesserung treten besonders dann auf, wenn isoliert Teilbereiche optimiert werden, die hinterher quasi einen Störfaktor bilden und nicht mehr in das (suboptimale) Gesamtsystem passen. Die Motivation, Verbesserungen zu erarbeiten, kann deshalb erheblich eingeschränkt sein, weil der einzelne fürchten muß, mit seinem Engagement für eine verbesserte Produkt- und Prozeßqualität längerfristig den eigenen Arbeitsplatz wegzurationalisieren – trotz aller Beteuerungen seitens des Unternehmens, die Optimierung in kleinen Schritten diene primär der Arbeitsplatzsicherung durch Existenzsicherung des Unternehmens im harten Wettbewerb.

Aktivität/ Bezeichnung	Zielbereich	Ebene	Häufigkeit	Kurzbeschreibung
„Total Quality Control"	Fertigungslinie	Management	viermal pro Jahr	Ein Manager wählt Kaizen-Objektbereich aus und diskutiert mit ca. fünf Kollegen an ca. sechs Tagen drei bis vier Stunden Verbesserungsvorschläge
Verbesserung der Arbeitsorganisation („Work Place Watching")	Gestaltung von Arbeitsorganisation und Arbeitsplätzen	Teamleiter	monatlich	Teamleiter präsentieren eigene Kaizen-Aktivitäten dem oberen Management
Präsentation ausgewählter Qualitätszirkelaktivitäten	offen	Montageteams	zweimal pro Jahr	Das obere Management entscheidet sich auf Vorschlag des mittleren Management für zwei bis drei erfolgreiche QZ-Projekte, die von den betroffenen Montageteams vorgestellt werden
Kontinuierlicher Verbesserungsprozeß („Creative Suggestion System")	Arbeitsprozeß	Montageteams	täglich	Montagearbeiter schlagen dem Teamleiter Verbesserungen vor

Abbildung 31: Beispiel für die Institutionalisierung von Kaizen-Aktivitäten in einem japanischen Zulieferunternehmen

4.4.8 Quality Circles

Auch Quality Circles können als Institutionalisierungsansatz für das Prinzip fortlaufender Verbesserungsanstrengungen interpretiert werden. Bei Quality Circles handelt es sich um Gruppen von fünf bis zehn Mitarbeitern, die sich regelmäßig (etwa alle 14 Tage während der Arbeitszeit) treffen, um Probleme ihres Arbeitsbereiches zu diskutieren, zu analysieren und realistische Lösungen zu entwickeln. Wichtige Zielrichtungen der Qualitätszirkelarbeit nennt Abbildung 32.

In der Regel werden die Teilnehmer zunächst aufgefordert, Probleme in ihrem Arbeitsbereich selbständig zu benennen. Die nächste Phase ist die Problemanalyse. Es folgen Lösungssuche und Lösungsauswahl. Den Abschluß bildet eine Präsentation vor einem Steuer- oder Entscheidungsteam, das für die Arbeit der Quality Circles verantwortlich ist.

Im Falle technischer Fragestellungen läßt sich einfacher bestimmen, welches Problem besonders schwerwiegend oder kostenintensiv ist. Die Bewertung wird schwierig, wenn Themen berührt werden, die sich nicht in Kosten operationalisieren lassen, zum Beispiel bei Kommunikationsproblemen.

Im Unterschied zur Teamarbeit und zum Projektmanagement beruhen Quality Circles auf Freiwilligkeit. Nach Bungard (1991, S. 482) besteht bei der Etablierung von Gruppenarbeit im Unternehmen das unbedingte Erfordernis, zur Stabilisierung von Teamorganisation – quasi im Sinne einer Ventilfunktion, regelmäßige Gesprächsrunden einzurichten. Quality Circles eignen sich deshalb besonders für diese Aufgabenstellung, weil dort offene Aussprachen stattfinden können.

Mit dem Quality-Circle-Konzept wird versucht, die Mitarbeiter stärker am Unternehmensentwicklungsprozeß zu beteiligen. Es gibt ihnen die Chance, ihren Arbeitsbereich nach den eigenen (realistischen) Vorstellungen zu verändern. Das Middle Management wird in das die gesamten Zirkelaktivitäten koordinierende Steuerteam integriert.

Unternehmensinterne Zielrichtungen:	■ Reduzierung von Schnittstellenproblemen ■ verbessertes Ideenmanagement ■ bessere Kommunikation und Motivation ■ Nutzung des Problemlösungs- und Kreativitätspotentials der Mitarbeiter ■ Schaffung und ständige Erweiterung von Problemlösungswissen
Unternehmensexterne Zielrichtungen:	■ Intensivierung/Verbesserung der Kundenbeziehungen ■ weniger Reklamationen ■ besserer Kundenservice

Abbildung 32: Zielrichtungen der Qualitätszirkelarbeit

4.5 Haupteinsatzgebiete der rechnergestützten Qualitätssicherung (CAQ)

Computergestützte Systeme dienen der Qualitätssicherung auf vielfältige Weise:

- Durch die Verwendung von Sensorik und Betriebsdatenerfassungs-Systemen lassen sich schnell große Datenmengen erfassen.

- Durch den Einsatz multifunktionaler Rechner und Hochleistungsnetzwerke wird die Aufnahme, Verarbeitung, Speicherung und Weiterleitung von Daten wirkungsvoll unterstützt.

- Die schnelle Vorauswertung von Daten verkürzt die Reaktionszeiten; automatische Fehlerreaktionen werden möglich.

- Die Entscheidungsfindung wird durch gezielte Datenaufbereitung und anwenderfreundliche Präsentation (grafische Visualisierung, Berichte etc.) verbessert.

Ziel von CAQ-Konzepten ist die Installierung und Integration einer horizontalen Qualitätssicherung. CAQ-Systeme lassen sich insbesondere einsetzen:

- in der Produktentwicklung zur frühzeitigen Erkennung von Fehlerquellen und der Beschreibung ihrer Auswirkungen (FMEA), im Rahmen des Dokumentenmanagements sowie zum Freigeben der Produktion;

- in der Fertigung im Vorfeld bei der Planung der Prüfungsverfahren, bei der Prüfmittel- und Produktionsmittelüberwachung (Vergabe von Maschinenkennwerten), zur Beurteilung der Vorprodukte im Hinblick auf das Vorhandensein qualitätsrelevanter Eigenschaften;

- im eigentlichen Produktionsprozeß hinsichtlich der Prozeßsteuerung in den einzelnen Fertigungsstufen mit Prozeßfähigkeitsaussagen und statistischer Versuchsplanung; außerdem zur Beurteilung von Fertigungsstufen für die Folgeverarbeitung, zur Dokumentation der Daten von Stichproben und des gesamten Fehlermanagements (einschließlich Statistik, Schwerpunktanalyse und Fehlerprognose);

- bei der Endabnahme und Auslieferung zur Zertifizierung und Reklamationsbearbeitung mit Rückkopplung zur Produktion;

- speziell beim Entwurf eines Qualitätshandbuchs, bei der Generierung von bedarfsgerechten (Top-)Management-Informationen und der Einspeisung qualitätsrelevanter Daten in andere Systeme.

4.6 Fazit

TQM bezieht sich nicht allein auf die vom Kunden geforderte Produktqualität, sondern umfaßt das gesamte Unternehmen. Die einzelnen Ansätze, Methoden und Instrumente des TQM führen deshalb auch nur zum gewünschten Erfolg, wenn sie einvernehmlich von Management und Belegschaft getragen werden. Die Implementierung der TQM-Philosophie bedeutet für die meisten Unternehmen einen fundamentalen Wandel in der Unternehmenskultur, zum Beispiel bezüglich:

- einer stärkeren Beteiligung der Belegschaft im Qualitätsmanagement,
- einer vermehrten Delegation von Entscheidungsbefugnissen und Verantwortung,
- einer Umsetzung des „internen Kundenprinzips",
- des Einsatzes neuer Methoden und Techniken,
- der Bildung motivierter Teams,
- einer Dokumentation des gesamten Qualitätssystems und
- der neuen Leitmaxime einer präventiven Ausrichtung des Qualitätsmanagements.

5. Kooperatives Beschaffungsmanagement im Rahmen von Wertschöpfungspartnerschaften mit Zulieferern

5.1 Vom Gegner zum Partner: Faire langfristige Zusammenarbeit von Hersteller und Zulieferer

Das traditionelle Verhältnis zwischen Hersteller und Zulieferer (Abbildung 33) ist geprägt durch ständigen Preispoker und fortwährendes Ringen um kurzfristige Vorteile beider Parteien. Hersteller wie Lieferanten konzentrieren sich unabhängig voneinander auf die eigenen Zielsetzungen; es herrscht eine ausgeprägte Abgrenzung untereinander und starkes Konkurrenzverhalten vor. Die Hersteller versuchen, durch eine Erhöhung der Wettbewerbsintensität unter den Zulieferern möglichst niedrige Preise zu erreichen und Kosten (zum Beispiel in Form von Lägern) zu überwälzen oder aufgrund ihrer Marktmacht generell einen fortwährenden Preis- und Konditionendruck auszuüben. Die Zulieferer ihrerseits versuchen – soweit wie möglich –, arbeitsintensive Produktionssegmente verstärkt in Niedriglohnländer zu verlagern. Der große Nachteil der Kostensenkung per „Fertigungsexodus" besteht jedoch in der häufig großen Entfernung zum Abnehmer mit entsprechenden logistischen Problemen der Koordination, Kommunikation und JIT-Fähigkeit. Außerdem können aufgrund von Qualitätsmängeln verursachte Kosten (Ausfallzeiten, Nachbesserungen, Ausschuß etc.) die vermeintlichen Kosteneinsparungen mehr als kompensieren. Zwar werden durch harte Wettbewerbsbedingungen und Kostenüberwälzungen die Zulieferer fortlaufend zu Innovationen und Effizienzsteigerungen animiert, doch wirkt sich diese kurzfristig orientierte Einkaufspolitik langfristig eher negativ auf die Kostenstruktur, Ertragskraft und Leistungsfähigkeit des Zulieferers und damit auf die Marktpreise der Produkte aus. Deshalb gilt es im Rahmen der Konzentration auf das Kerngeschäft und der Neugestaltung der Leistungstiefe verstärkt zu prüfen, inwieweit eine faire Zusammenarbeit beziehungsweise „Wertschöpfungspartnerschaft" mit bestimmten Zulieferern zum beiderseitigen Vorteil lohnend erscheint. Durch entsprechende langfristige vertragliche Absicherung soll den Schlüssellieferanten, besonders wenn arbeitsteilige Systementwicklungen und -zulieferungen anvisiert werden, eine ausgewogene langfristige Unternehmensstrategie ermöglicht werden. Gleichzeitig werden Qualitätsziele, Kostensenkungsverantwortlichkeiten und logistische Funktionen eindeutig geregelt. Dies geschieht allerdings durch laufende strenge Evaluationen der kooperierenden Zulieferer, die sich gefallen lassen müssen, daß Kostensenkungspotentiale und Innovationserfordernisse „schonungslos" aufgedeckt und einschließlich organisatorischer Anpassungen an den Hersteller „kompromißlos" eingefordert werden.

Hersteller-Zulieferer-Beziehungen	
Traditionell	**Neue Formen und Ansätze**
▪ ständige Preisverhandlungen	▪ langfristige Wertschöpfungspartnerschaften
▪ Kostenüberwälzung Hersteller/ Zulieferer	▪ Preisgestaltung unter Berücksichtigung beidseitiger Gewinninteressen, gemeinsame Kostensenkungsanstrengungen
▪ Einkauf als derivative Unternehmensfunktion	▪ strategisches Beschaffungsmanagement in Abstimmung mit der strategischen Unternehmensplanung
▪ viele Zulieferer/große Teilevielfalt	▪ Systemlösungen
▪ Technikzentrierung/Vernachlässigung der Kundenorientierung	▪ Markt- und Kundennähe
▪ nach Serienlauf zahlreiche Änderungswünsche	▪ wenig Änderungen durch Simultaneous Engineering ▪ frühzeitige Kooperation bereits in der Produktentwicklung
▪ verzögerte Informationspolitik	▪ intensiver Informationsaustausch
▪ Qualitätskontrollen nach Liefereingang	▪ durchgehendes Qualitätsmanagement
▪ schwankende Abrufe in Losen	▪ produktionssynchrone Beschaffung
▪ bürokratische Kontrakte	▪ transparente Spielregeln, Offenheit und gegenseitiges Vertrauen, Entbürokratisierung
▪ gegenseitiges Abgrenzungs-/ Konkurrenzverhalten	▪ Lieferantenförderung, -pflege und -entwicklung ▪ Aufbau eines vielschichtigen Beziehungsnetzes zwischen einzelnen Fachabteilungen und Projektgruppen von Zulieferer und Hersteller

Abbildung 33: Das traditionelle und das neue, partnerschaftliche Verhältnis von Hersteller und Zulieferer

5.2 Unternehmensnetzwerke und Zuliefererpyramiden

Auch wenn feststeht, daß sich Keiretsu-Netzwerke nach japanischem Vorbild der „quasi-vertikalen Integration" hierzulande nicht einfach übernommen werden können, läuft die zunehmende Verbreitung des Lean Management in der Industrie auf das Entstehen von (zum Teil) weitverzweigten Unternehmensnetzwerken entlang der Wertschöpfungskette hinaus.

Ein strategisches Unternehmensnetzwerk stellt eine auf die Realisierung von Wettbewerbsvorteilen zielende Organisationsform ökonomischer Aktivitäten dar, die sich durch komplex-reziproke, eher kooperative als kompetitive und relativ stabile Beziehungen zwischen rechtlich selbständigen, wirtschaftlich jedoch zumeist abhängigen Unternehmungen auszeichnet (Sydow 1991, S. 239). Ein derartiges Netzwerk ist das Ergebnis einer die Unternehmensgrenzen übergreifenden Differenzierung und Integration ökonomischer Aktivitäten. Dazu werden „Make or Buy"-Überlegungen mit dem Ziel angestellt, die Funktionswahrnehmung im Netzwerk unter Gewinnerzielungsgesichtspunkten optimal zu verteilen und auf diese Weise die gesamte Wertschöpfungskette zu restrukturieren. Im Falle von Entscheidungen für den Fremdbezug wird die jeweilige, bei den Zulieferern erforderliche Leistungserstellung mit den sorgfältig ausgewählten Unternehmen eng koordiniert. Hierzu werden bislang nur selten übliche, auf gegenseitigem Vertrauen beruhende Formen der langfristigen Zusammenarbeit zwischen Herstellern und Zulieferern geschaffen und gepflegt.

Nach japanischem Vorbild entstehen in vertikaler Hinsicht (bezogen auf die einzelnen Wirtschaftsstufen) Zuliefererpyramiden (vgl. Abbildung 34, Seite 153): Der Hersteller tritt in erster Linie mit Systemlieferanten (I bis N) der ersten Stufe in Verbindung. Der Endprodukthersteller bezieht fertig montierte und geprüfte Systemmodule von einem Lieferanten, der für dieses Vorprodukt sämtliche Verantwortung und Abstimmungspflichten trägt. Die Systemzulieferer koordinieren und organisieren also autonom die Beziehungen zu den Komponentenzulieferern (1 bis x) auf der zweiten Ebene, die wiederum die Teilelieferanten (a bis y) der dritten Stufe steuern. Das Ziel der Hersteller besteht in der Etablierung eines möglichst reibungslos funktionsfähigen Zuliefersektors, der Komplettlösungen mit hoher logistischer Kompetenz anbietet (vgl. Wildemann 1992d).

Japanische Unternehmen in Europa zeigen – weit entfernt von heimischen Keiretsu-Strukturen – Anpassungsfähigkeit bei der Verfolgung ihrer Ziele. Die Beschaffungspolitik japanischer Transplants in Europa (zum Beispiel Nissan und Toyota in Großbritannien) zielt auf langfristige „Vertrauensbeziehungen" zu den ausgewählten Zulieferern ab (vgl. hierzu auch Helmüller 1993), die allerdings laufend einer kritischen Überprüfung unterzogen werden. Dabei spielt der Preis nicht die alles entscheidende Rolle, zumindest nicht in der ersten Phase der Zusammenarbeit. An erster Stelle steht bei Toyota die Produktqualität, gefolgt von der Qualität der Produktionsanlagen des Zulieferers als Sicherheit, daß dauerhaft die gewünschte Produktqualität geliefert werden kann. Wenn künftig neben japanischen Zulieferunternehmen, die ihrem Schlüsselkunden zu seinem neuen Standort gefolgt sind, auch verstärkt europäische Lieferanten Berücksichtigung

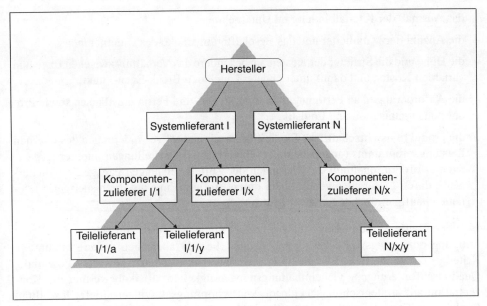

Abbildung 34: Zuliefererpyramide nach japanischem Vorbild

finden, wird es auch für diese darum gehen, Zulieferungen primär als Bestandteil der Qualität des späteren fertigen Produktes zu begreifen. Toyota geht es nicht in erster Linie um exakte Einhaltung vertraglich festgelegter Spezifikationen und Toleranzen, sondern um die frühzeitige Vermittlung des „Gefühls" dafür, an welcher Stelle auf welche Weise die Vorprodukte installiert werden und welche Verbesserungen unter Umständen noch erzielbar sind. Der „Nissan Way" beinhaltet, daß, falls ein Hauptlieferant die geforderten Leistungen nicht aus eigener Kraft zu erzielen vermag, Nissan auch die Verhandlungen mit den Sublieferanten übernimmmt.

5.3 Make-or-Buy-Entscheidungen als Basis des strategischen Beschaffungsmanagements

Die Frage der Leistungstiefe und damit der Frage der Anteile von Eigenfertigung und Fremdbezug gilt als zentrales Entscheidungsfeld in der strategischen Unternehmensplanung. Determiniert werden im wesentlichen folgende Größen (vgl. Picot 1992, S. 105 f.):

- der Umfang der internen Entwicklungs-, Produktions- und Vertriebsaufgaben und der damit verbundenen Kompetenzen und Qualifikationen,

- das quantitative und qualitative Einkaufsprogramm und – daraus resultierend – beispielsweise auch die Bandbreite der unternehmensinternen Einkaufskompetenzen und -qualifikationen,

- das Ausmaß der Kapitalbindung im Unternehmen,
- die Anzahl der Mitarbeiter und das Beschäftigungsrisiko des Unternehmens,
- die Höhe und die Struktur der Kosten, insbesondere das Verhältnis zwischen fixen und variablen Kosten und damit unter anderem auch den Break-Even-Punkt,
- die Anforderungen an Fertigungsstandorte, Lager- und Fertigungsflächen sowie Produktionsorganisation und Logistik,
- die produktionswirtschaftliche Flexibilität, weil qualitative Änderungen des internen Leistungsprogramms (gegebenenfalls schwerfällige) Umstellungen interner Kapazitäten erfordern, qualitative Änderungen der Zulieferleistungen dagegen möglicherweise durch Lieferantenwechsel oder durch Einflußnahme auf die bisherigen Lieferanten häufig einfacher zu bewältigen sind.

Eine detaillierte Make-or-Buy-Analyse umfaßt einen Vergleich von Kosten der Eigenfertigung beziehungsweise des Fremdbezuges, bezieht aber auch weitere qualitative Kriterien ein (zum Beispiel Erhaltung wettbewerbskritischen Know-how-Potentiale, Qualitätsanforderungen, Geheimhaltungsnotwendigkeiten, Risikobewertungen, Konzentration auf strategisch entscheidende Wertschöpfungsaktivitäten, Lieferflexibilität, Produktspezifität, Auswirkungen auf logistische Prozesse), wird oftmals durch Nutzwertanalysen untermauert (vgl. hierzu zum Beispiel Hahn/Hungenberg/Kaufmann 1994) und anhand in Frage kommender „Fremdleister" konkretisiert.

Galt früher prinzipiell, daß jede Unternehmung nur das selbst herstellen sollte, was nicht kostengünstiger bei einem Anbieter in angemessener Zeitspanne besorgt werden kann, so stellt sich heute für den „schlanken" Produzenten die zentrale Frage, wie Montagewerke und Zulieferer unabhängig von den formalen und rechtlichen Beziehungen so reibungslos zusammenarbeiten können, daß durch eine weitestmögliche Nutzung von Synergieeffekten die Qualität maximiert und die Kosten reduziert werden können. Make-or-Buy-Fragestellungen lassen sich nicht abschließend beantworten, sondern stellen sich immer wieder neu.

Im Vordergrund steht die Überlegung, wie sich überlange und überkomplexe Wertschöpfungsketten abbauen lassen. Eine strategische Konzentration des Herstellers beläßt nur solche Teile, Komponenten beziehungsweise Systeme in der Eigenfertigung, die eine technologische Differenzierung im Wettbewerb zu günstigen Kosten ermöglichen. Dazu ist eine umfassende Kostenanalyse erforderlich, denn bei der Berechnung direkter Kosten der Eigenleistung bleibt regelmäßig außer acht, daß im Preis des Zulieferers Vor- und Nebenleistungen enthalten sind, die bei interner Erstellung erhebliche Kosten verursachen.

Den Logistik-Potentialen im Hinblick auf den gesamten Wertschöpfungsprozeß kommt bei der (langfristigen) Neugestaltung der Arbeitsteilung zwischen Lieferanten, Dienstleistern und Abnehmern große Bedeutung zu: Der zu starke Anstieg von Transaktionskosten (vgl. Abbildung 35, Seite 155) durch mehr Fremdleistungen sollte vermieden und die verbleibende Kern-Eigenfertigung unter aufbau- und ablauforganistorischen Gesichtspunkten „logistikkostenoptimal" gestaltet werden (vgl. Wildemann 1992b).

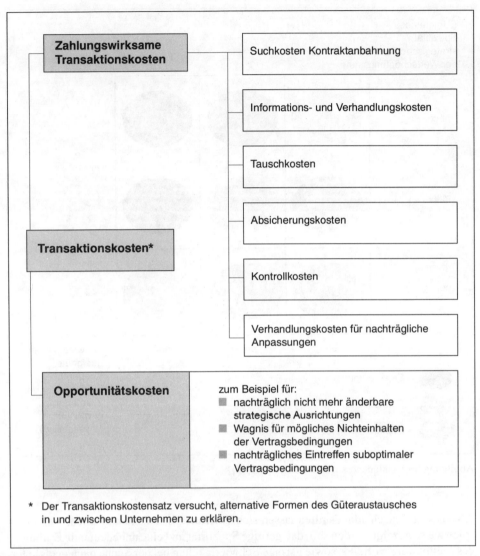

Abbildung 35: Systematisierungsansatz für Transaktionskosten
(vgl. zur Transaktionskostentheorie beispielsweise Picot 1991)

Eine zu große Leistungstiefe bindet Kapital- und Managementkapazitäten. Andererseits kann allerdings auch nicht ein radikales undifferenziertes Kappen von Wertschöpfungsketten propagiert werden. Notwendig sind vielmehr detaillierte Analysen aller unternehmerischen Leistungen beziehungsweise Wertschöpfungsstufen unter Beachtung der strategisch festgelegten Bereiche des eigentlichen Kerngeschäftes, der Möglichkeit paralleler und (in Grenzen) flexibel gestaltbarer Eigen- und Fremdfertigung sowie der Verstärkung der Kooperation mit ausgewählten Zulieferern.

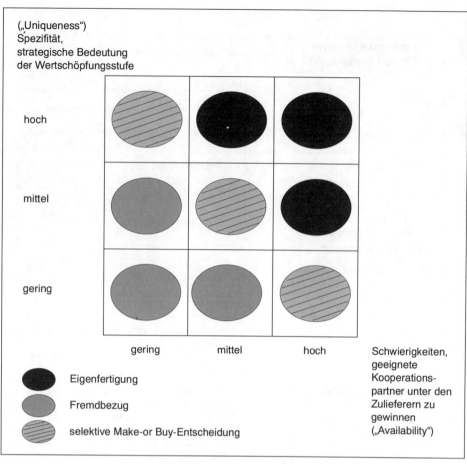

Abbildung 36: Uniqueness-/Availability-Portfolio

Als visuelle Entscheidungshilfen lassen sich Portfolio-Ansätze heranziehen, wenn beispielsweise gezeigt werden soll, daß geringe Spezifität und eine unbedeutende Erhöhung des Wettbewerbsvorteiles sowie geringe Schwierigkeiten bei der Suche nach geeigneten langfristigen Zulieferpartnern geradezu ein „Muß" für ein „Outsourcing" zuweilen kostenintensiver Randbereiche bedeuten (vgl. Abbildung 36). Ein weiteres Beispiel ist das Make-or-Buy-Portfolio der Boston-Consulting-Group (vgl. Abbildung 37). Dieser Ansatz stellt den Eigen-Fremdfertigungsanteil (in Prozent) für einzelne Produkte und deren Komplexitätsgrad (beziehungsweise -index) gegenüber. Letzterer wird mit Hilfe von Kennziffern des technischen Niveaus der Fertigung (zum Beispiel Art der Steuerung, Anzahl und Dauer der Bearbeitungsstufen, Umrüstflexibilität, Qualifikationen des Bedienungspersonals) festgelegt. Die Plazierung einzelner Teile verdeutlicht, wo Outsourcing-Bedarf (seltener Insourcing-Notwendigkeit bei komplexen Produkten) besteht, und

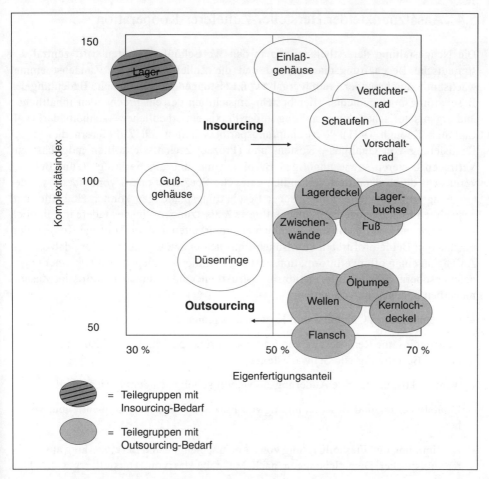

Abbildung 37: Make-or-Buy-Portfolio der ABB Turbo Systems AG
(Daten aus Wettbewerbsgründen verfremdet;
Quelle: The Boston Consulting Group/Manager Magazin, Heft 8/1991, S. 118)

zwar insbesondere bei kostenintensiven Standorten im Falle hoher Eigenfertigungstiefe und eines geringen Komplexitätsgrades.

Einen hohen Grad an vertikaler Integration, das heißt einen hohen Eigenfertigungsanteil, weisen in der Regel Güter mit strategischer Bedeutung für die Schaffung und den Erhalt von Wettbewerbsvorteilen sowie Güter mit hoher Spezifität auf (vgl. Picot 1991). Spezifität bezieht sich sowohl auf technisch-stoffliche als auch auf ganz bestimmte logistische Anforderungen.

5.4 Ansatzpunkte der Hersteller-Zulieferer-Kooperation

Die Neugestaltung der Arbeitsteilung in den Wertschöpfungsketten trifft zentral das strategische Beschaffungsmanagement und die Zulieferstrategien. Zunächst einmal wächst mit zunehmender Fremdvergabe von Leistungen die strategische Bedeutung des Beschaffungsmanagements. Hier besteht hinsichtlich der entsprechenden inhaltlichen und organisatorischen Ausgestaltung in der Praxis ein erheblicher Nachholbedarf (vgl. Cammish/Keough 1991). Wertschöpfungspartnerschaften mit Zulieferern dienen der Realisierung von Qualitäts-, Kosten- und (Prozeß)-Zielen; sie sollten möglichst auf Vertrauen basieren sowie unnötigen Bürokratismus und „Papierkrieg" (zum Beispiel verursacht durch detailliert vertraglich geregelte Spezifikationen) vermeiden. Auf der Grundlage differenzierter strategischer Beschaffungsplanungen können Hersteller und ausgewählte Lieferanten gemeinsam detaillierte Zielsetzungen – insbesondere im Hinblick auf die Lösung von Schnittstellenproblemen – erarbeiten und die künftige Kooperation präzisieren. Beide profitieren von frühen Entscheidungen und auch davon, daß sie von Anfang an einen offenen Informationsaustausch initiieren, pflegen und von einer unternehmensübergreifenden Informationsinfrastruktur her unterstützen. Langfristige Zusammenarbeit bedeutet unter anderem:

- ein gemeinsames Qualitäts- und Kostenmanagement,
- die gemeinsame Realisierung von Rationalisierungspotentialen und Zusammenarbeit bei der Beseitigung von Schwachstellen,
- weniger kostenintensive Änderungsnotwendigkeiten nach dem Serienanlauf,
- Paralellisierung und Beschleunigung von Prozessen (statt stark sequentiellem Vorgehen),
- Abstimmung und Flexibilisierung von Abnahmemengen und Bereitstellung ausgefeilter logistischer Dienstleistungen nach Maßgabe des vom Hersteller gewünschten Lieferservice,
- Bildung gemeinsamer Arbeitsgruppen mit klaren Zielvorgaben (zum Beispiel gemeinsame Kosten- und Wertanalysen, Produktentwicklung, Qualitätsverbesserungen),
- Installation durchgängiger Logistik- und Informationssysteme.

Wichtig ist die frühestmögliche Involvierung des Zulieferers, der nicht nur als ein wettbewerbsstarker Produzent des erforderlichen Produktes qualifiziert sein, sondern zusätzlich einschlägiges Know-how auf den Gebieten Produktentwicklung, Qualitäts- und Kostenmanagement besitzen muß.

Die Zusammenarbeit mit Zulieferern bei der Produktentwicklung kann zum Beispiel über „Resident Engineers" in Simultaneous-Engineering-Teams erfolgen. Auf diese Weise wird verstärkt das Entwicklungs-Know-how der Lieferanten genutzt, und zwar nicht ausschließlich, um innovatives Produkt-Know-how zu erhalten, sondern auch, um Innovationen zu beschleunigen, da der Zulieferer von Anfang an künftige Vorhaben und Vorgaben des Abnehmers kennt und sich an den Wünschen des Endprodukt-Kunden orientiert. Eine Konzentration auf Kerngeschäfte und die damit einhergehende Verringerung der Fertigungstiefe auf sämtlichen Stufen bedeutet in der Regel auch eine vermehrte Übertragung von Entwicklungsaufgaben zum jeweiligen Vorproduzenten. Zulieferer mit den geforderten Forschungs- und Entwicklungspotentialen besitzen gute Chancen, in den Kreis der langfristigen Kooperationspartner aufgenommen zu werden. Entweder überträgt ihm der Hersteller in diesem Fall bestimmte Forschungs- und Entwicklungsaufgaben, oder es wird versucht, durch Kooperation Synergieeffekte in der Produktentwicklung zu erzielen. Die Neuverteilung der Arbeit und die frühe Kooperation in der Produktentwicklung lassen sich soweit ausdehnen, daß die „Resident Engineers" langfristig unter Nutzung kurzer Kommunikationswege direkt beim Hersteller arbeiten. Vertrauen und Kontinuität sind besonders bei den kritischen Fragen der freien Nutzung gemeinsam erarbeiteten Know-hows durch beide Partner und bei der Geheimhaltung von spezifischen Unternehmensfaktoren, Daten, Verfahren, Arbeitsergebnissen usw. wichtige Voraussetzungen.

Total Quality Management bezieht sich im besonderen auf die Schnittstellen in der Wertschöpfungskette: unternehmensintern zwischen den einzelnen Produktionsstufen und extern zu den Zulieferern. Ziel muß es daher sein, nicht allein strenge Qualitätskontrollen nachträglich bei Liefereingang vorzunehmen, sondern die Zulieferer im Sinne einer präventiven Qualitätssicherung bezüglich Qualitätspotentialen und Prozeßsicherheit im Bestreben einer „Null-Fehler-Strategie" frühzeitig zu unterstützen und zu fördern. Die komplette Qualitätsverantwortung soll möglichst dezentral „vor Ort" während des Produktionsprozesses beim Zulieferer wahrgenommen werden. Eine solche Verlagerung der qualitätssichernden Aktivitäten zum Beeinflussungsort (zum Beispiel Bemusterung und Serienkontrolle weitgehend beim Lieferanten) impliziert die Erstellung von gemeinsamen, einheitlichen Programmen zur Realisierung bestmöglicher Qualitäts- und Prozeßfähigkeit sowie die intensive Einbindung der Lieferanten in die Fehlerursachenanalyse und -behebung.

Zwar steigen die Suchkosten der Kontraktanbahnung, die Informations- und Verhandlungskosten gegenüber traditionellen Beschaffungsaktivitäten zunächst an; dafür lassen sich durch sinkende Kosten in der Abwicklung kompensieren. Kostenvorteile können durch sinkende materialflußbezogene Kosten aufgrund einer verringerten Anzahl von Transporten bei gleichzeitig verminderter Lieferantenbasis, durch den Wegfall von Zwischenlägern und mehrfacher Verpackungsaktivitäten sowie durch die Reduktion von Umschlagprozessen durch Integration der Materialflußsysteme erwartet werden. Außerdem vermag der gemeinsame Einkauf von Herstellern und kooperierenden Wertschöpfungspartnern Kostensenkungen herbeizuführen, da die Beschaffungsaktivitäten besser koordiniert werden können und die Marktmacht zunimmt.

Mit der anfänglichen Realisierung von Kostenvorteilen werden sich die neuen Wertschöpfungspartner kaum zufrieden geben können angesichts steigenden Wettbewerbsdrucks. Durch ein marktorientiertes Zielkostenmanagement (vgl. Abschnitt V.6) weiß der Zulieferer von Beginn an, was er zu leisten hat und ob er dazu letzlich in der Lage sein wird. Durch die Forderung nach einem kontinuierlichen „Cost Improvement Process" wird er gezwungen, die laufende Verbesserung, Standardisierung und Vereinfachung

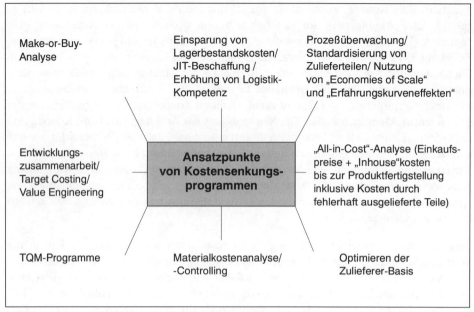

Abbildung 38: Ansatzpunkte gemeinsamer Kostensenkungsprogramme von Hersteller und Zulieferer (in Anlehnung an Rajagopal/Bernard 1993, S. 19)

bestehender Prozesse zu gewährleisten, um diese insgesamt kostengünstiger und damit konkurrenzfähiger zu gestalten. Mit der Verpflichtung zur kontinuierlichen Kosten- beziehungsweise Preisreduzierung werden Erfahrungskurveneffekte sowie Kostenein- sparungen aufgrund von Verbesserungen im Produktionsprozeß während des Produktle- benszyklus antizipiert. Durch wertanalytische Methoden („Value Engineering") werden die Kosten jeder Produktionsphase und Produktionsstufe aufgeschlüsselt und Kostensen- kungspotentiale bei Produkten oder Verfahren ermittelt. Die Kosten und die Gewinne des Herstellers und seiner Zulieferer werden also in einem „Marktpreis minus"-System statt in einem „Zulieferer plus"-System fixiert. Ansatzpunkte für gemeinsame Kosten- senkungsprogramme zeigt Abbildung 38 im Überblick auf. Bei Mercedes Benz hat man beispielsweise interdisziplinäre „Kostenkreise" unter Einbeziehung der Zulieferer ins Leben gerufen, um die Zusammenarbeit beim „Cost Improvement" zu fördern. Begleitet werden diese regelmäßigen Arbeitstreffen durch gegenseitige Besuche vor Ort, um sich intensiv mit der Optimierung der laufenden Serie zu befassen.

In den Wertschöpfungspartnerschaften wird es aber nicht allein darauf ankommen, die Zulieferer zu Kostensenkungsanstrengungen anzuhalten, sondern auch „Entwicklungs- hilfe" im Sinne eines „Supplier Developments" zukommen zu lassen, indem ein Know- how-Transfer zum Beispiel im Bereich „Quality Engineering" gefördert wird.

Eine stärkere Integration der Zulieferer bringt Gewinner und Verlierer in einer mehrere Ebenen umfassenden Zuliefererhierarchie hervor. Da für die Endprodukt-Hersteller vieler Branchen in Zukunft Systeme Vorrang vor Teilen und Komponenten haben werden, kommen fast ausschließlich ausgewählte Systemzulieferer zum Zuge, die bestmögliche Lösungen bei Produkten- und Produktionsverfahren und zunehmen im Bereich der Logistikleistungen bieten und die die komplette Systemverantwortung übernehmen. Der „Rest" muß sich als Sublieferant von Komponenten und Teilen verdingen.

5.5 Produktionssynchrone Beschaffung

Die Just-In-Time-Zulieferung (JIT-Beschaffung) von Teilen und Komponenten erfolgt produktions- beziehungsweise montagesynchron und zielt darauf ab, den täglichen Teilefluß innerhalb des Beschaffungssystems zu koordinieren und die Bereitstellung des „richtigen" Materials, in der „richtigen" Menge, in der „richtigen" Qualität, zum „richtigen" Zeitpunkt, am „richtigen" Ort zu sichern. Als Leitmotiv der JIT-Beschaffungsstrategie läßt sich die Vermeidung von Zwischenlagerhaltung und die daraus folgende Kapitalbindung bezeichnen. Erst durch eine langfristige Zusammenarbeit wird die produktionssynchrone Beschaffung überhaupt möglich. Zur Just-in-Time-Anlieferung ist hinsichtlich des Material- und Informationsflusses ein übergreifendes logistisches Gesamtkonzept mit integrierten Logistikketten erforderlich, das alle Bereiche eines Unternehmens und seine Beziehungen zu Lieferanten und Kunden als einheitliches Ganzes betrachtet und zu optimieren sucht (vgl. Wildemann 1992c).

Gemeinsame Gestaltungsbereiche sind im wesentlichen Möglichkeiten des Direktabrufs, der gemeinsamen Bestandssteuerung, des Informations-, Behälter- und Transportkonzeptes sowie das eventuelle Erfordernis der Zulieferer-Ansiedlung in Werksnähe des Herstellers.

Die Entscheidung, welche Produkte produktions- oder montagesynchron anzuliefern sind, kann mit Hilfe einer ABC-Analyse erleichtert und nachvollziehbar gestaltet werden. Die produktionssynchrone Beschaffung bietet sich besonders bei großvolumigen und kostenintensiven Teilen an, deren Lagerung zu hoher Kapitalbindung führt, und bei Teilen, an die hohe qualitative Anforderungen gestellt werden. Die Schwerpunkte der JIT-Beschaffungsstrategie liegen deshalb bei Teil-Komponenten oder Modulen der A-Klasse, weil diese einen hohen wertmäßigen Anteil repräsentieren. Die Voraussetzungen produktionssynchroner Beschaffung nennt Abbildung 39, Seite 162.

Die Realisation produktionssynchroner Beschaffung zwingt die Zulieferer zu einschneidenden Veränderungen ihrer Produktionsprozesse und Auftragsabwicklungen. Der Anpassungsdruck auf die Lieferanten kann über eine Verlagerung der Produktion oder den Aufbau eines Zwischenlagers in unmittelbarer räumlicher Nachbarschaft des Herstellers hinausgehen und sequenzgenaue Anlieferungen erforderlich machen.

In diesem Falle erfolgt der Abruf der Teile beim Zulieferer im Stundentakt, und die Zwischenlagerung ist auf den Transport beschränkt. Die Zulieferteile unterliegen dann keiner Eingangskontrolle beim Hersteller mehr, wobei die gesamte Qualitätsverantwortung auf den Lieferanten überwälzt wird. Im Extremfall haben die Zulieferer ihre

Voraussetzungen für eine produktionssynchrone Beschaffung
■ es gibt möglichst wenige Zulieferer pro Teil, ■ ein Rahmenvertrag garantiert die langfristige Bindung mit einem verbrauchsgesteuerten Abruf, ■ es bestehen exakte Lieferzeit- und Empfangsvorgaben, ■ die direkte Information und Kommunikation ist gewährleistet, ■ es besteht höchste Verläßlichkeit hinsichtlich Lieferqualität und -quantität, ■ der Abnehmer gibt die Lieferzeitpunkte vor und ■ die Abrechnung erfolgt über Sammelrechnungen.

Abbildung 39: Voraussetzungen der JIT-Beschaffung

Komponenten nicht nur taktgerecht ans Band zu bringen, sondern sie sogar mit eigenen Mitarbeitern gleich in das betreffende (End-)Produkt einzubauen.

Den Vorteilen der JIT-Beschaffung (geringere Materialbestände, geringerer Raumbedarf und geringere Investitionen im Lagerbereich für den Abnehmer) stehen nicht unerhebliche Kosten gegenüber, zum Beispiel für (vgl. Fandel/François 1989, S. 542 f.):

- häufigere Bestellvorgänge, die hohe bestellfixe Kosten verursachen,

- kleinere Lieferungen, die in der Regel höhere Transportkosten und höhere Kosten bei der Warenannahme erfordern,

- unter Umständen erhöhte Einstandspreise für den Abnehmer, wenn die Kosten des Zulieferers durch JIT-Anlieferung ansteigen und Kostenüberwälzungen aus Sicht des Zulieferers möglich sind.

In Japan scheint die produktionssynchrone Beschaffung bereits an klare Grenzen zu stoßen: Verkehrsstaus führen beispielsweise bei Toyota zu einer erhöhten Toleranzgrenze für die Zulieferung. Hinzu kommen hohe Luftverschmutzung, enorme Überstundenzahlen für die LKW-Fahrer, Nachwuchsmangel und steigende Transporttarife (vgl. Burckhardt 1993, S. 103). Deshalb ist die weitestgehende Zulieferer-Ansiedlung in Werksnähe nach dem „Modell Toyota-City" zum Beispiel durch Schaffung von Industrieparks für besonders enge Kooperationspartner des Herstellers eine Alternative. Hierdurch ergeben sich Vorteile im Logistikmanagement („kurze Wege"), wenig Lagerfläche, Einsparung von Transportkilometern). Weitere Kosteneinsparungen sind durch die gemeinsame Nutzung beispielsweise der Betriebsfeuerwehr, des Werkschutzes, von Ausbildungseinrichtungen, der medizinischen Abteilung oder der Transportlogistik möglich.

5.6 Irreversible Abhängigkeiten?

Die Konzentration auf nur eine Bezugsquelle verspricht Kostensenkungen durch bessere Kapazitätsauslastungen des Zulieferers und logistische Vereinfachungen, Prozeßbeschleunigung, Qualitätsverbesserungen, Produktionsvorteile durch Arbeitsneuverteilung etc. Doch der Wandel der Hersteller-Zulieferer-Beziehungen hin zu langfristigen Partnerschaften zieht zum Teil intensive gegenseitige Abhängigkeiten durch „quasi-vertikale Integration" und damit verbundene nicht unerhebliche Risiken nach sich. „Single Sourcing" („Sole Sourcing") für einen bestimmten Beschaffungsgegenstand birgt die Gefahr, sich zu sehr auf das Know-how eines einzigen Lieferanten, dessen tatsächliche Entwicklungspotentiale und langjährige partnerschaftliche Treue zu verlassen. Um Wechselkosten („Switching Costs") so niedrig wie möglich zu halten, den Wettbewerb zwischen den Anbindern zu forcieren, Abhängigkeitsrisiken zu mildern und lieferantenbezogene Flexibilitätspotentiale aufzubauen, empfiehlt sich zum Beispiel:

- „Parallel Sourcing" (Richardson 1993, S. 65), wobei ein ausgewählter Zulieferer zwar umfassend für ein bestimmtes Teil in Anspruch genommen wird, das gleiche Teil für ein anderes Modell oder für ein anderes Werk aber von anderen Zulieferern geliefert wird. Mit Ablauf einer Vertragsperiode finden Bewertungen statt und die Leistungsfähigsten erhalten den Zuschlag für die nächste Periode.

- Lückenschließung durch sogenanntes „Cross Sourcing", falls an verschiedenen Produktionsstandorten jeweils unterschiedliche Zulieferer zur Verfügung stehen.

- Die Aufteilung auf unterschiedliche Baureihen, was den jeweiligen Zulieferer zu größeren Anstrengungen veranlaßt, um im Wettbewerb den Zuschlag für die neu zu entwickelnde Baureihe zu erhalten.

- Die zeitweise Verlagerung des Bezuges auf einen alternativen Lieferanten (insbesondere als Sanktion wegen nicht zufriedenstellender Lieferung).

- Die Initierung sogenannter Kontaktaufträge mit potentiell in Frage kommenden künftigen Stammlieferanten.

- Die Verminderung der Störanfälligkeit durch „strategisches Inhousing" kritischer Teile mit hoher Varianten-Vielfalt und hohen Qualitätsanforderungen beziehungsweise Geheimhaltungserfordernissen; diese Teile werden weiterhin eigengefertigt, auch unter der Prämisse, daß sie prinzipiell von spezialisierten Zulieferern geliefert werden könnten.

Auf der anderen Seite möchte kein Zulieferer – obwohl an langfristigen Lieferverträgen interessiert – „verlängerte Werkbank" des Abnehmers sein mit dem Risiko plötzlicher Lösung der Geschäftsbeziehungen. Engere Verflechtungen untereinander bewirken aber eine weitgehende Elimination von ruinösen Partnerschaften. Der Abnehmer ist eher an einer Unterstützung, Förderung und Entwicklung gerade der elementar wichtigen Systemzulieferer interessiert. Er vermag es zumeist nicht, abrupt auf andere Lieferanten umzuschwenken.

5.7 Lieferantenanalyse- und -beurteilungssysteme

Lieferantenanalysen und -beurteilungen dienen der Herausarbeitung eines kooperationsbereiten und -fähigen Pools von langfristigen A-Lieferanten und einer „Bereinigung" der bisherigen Lieferantenstruktur (in bezug auf Teile/Teilefamilien, Systemlieferfähigkeit, Werk, Lieferantenleistung usw.). Die vereinfachte Lieferantenanalyse bezieht sich auf die vermutete Leistungsfähigkeit des potentiellen Zulieferers. Erst durch die Sammlung von Erfahrungen können Detailinformationen generiert werden. In einer Art Probezeit geht es um den weiteren Ausbau der Kooperation oder um die Suche nach einer besseren Lösung. Stammlieferanten werden regelmäßigen Beurteilungen beziehungsweise Audits der tatsächlichen Leistung unterzogen (zum Beispiel jährlich).

Bei den üblichen Bewertungsverfahren (zum Beispiel Punktbewertungsmethode entsprechend Abbildung 40, Seite 165) wird die Leistung des Lieferanten mit einer für wichtig erachteten Zahl von Kriterien (vgl. Abbildung 41, Seite 166 f.) evaluiert. Durch Zuordnung von Gewichtungsfaktoren werden bestimmte Lieferantenleistungen in unterschiedlichem Maße berücksichtigt. Die möglichst unternehmenseinheitliche (subjektive und daher sehr sorgfältig durchzuführende) Lieferantenbeurteilung durch Produktentwicklung, Qualitätssicherung, Produktion, Einkauf (beziehungsweise Beschaffung), Controlling und andere Ressorts betont im „schlanken" Unternehmen besonders Kriterien wie Qualität, Zuverlässigkeit, Kostensenkungspotentiale, wettbewerbsfähige Preise, Kontinuität im Management, kooperative Einstellung aller Mitarbeiter, Lernfähigkeit und -bereitschaft, Entwicklungs- und -logistische Kompetenzen. Die jeweiligen aggregierten Bewertungsziffern einzelner Lieferanten werden in eine Rangfolge gebracht und dienen als Entscheidungsgrundlage. Es gilt, die Beurteilungskriterien möglichst operational zu definieren und wegen der innewohnenden Willkürproblematik der Verfahren regelmäßig die Objektivität des Urteils zu überprüfen und zu erhöhen.

Eine wichtige Möglichkeit der Urteilsverbesserung liegt in der Etablierung von intensiven Unternehmensaudits beim Lieferanten durch die Entsendung von Evaluierungsteams. Der Kern der Auditing-Idee umfaßt die kriterienbezogene Überprüfung und Analyse der Situation, Arbeitsweise und Entwicklung des Unternehmens – im Hinblick auf grundlegende Kooperationsentscheidungen und auch bezüglich erforderlicher konzeptioneller, inhaltlicher und methodischer Anforderungen, Neuerungen und Anpassungen im Verlauf der Zusammenarbeit (zum Beispiel kompatible effektive Qualitätssicherungs- oder Informationssysteme). Besonders die Qualität der Zulieferteile rückt mehr und mehr in den Blickpunkt von Bewertungs- und Auditaktivitäten. Beispielsweise führt Nissan in Großbritannien sechs Produktions-Testläufe durch, wobei der Zulieferer unter dem Druck der Großserie liefern muß. Nach jedem dieser Probeläufe werden die Teile genau untersucht. Gelingt es dem Zulieferer nicht selbst, Fehlerursachen zu beseitigen, hilft Nissan mit einem eigenen Team von Produktions- und Prozeßingenieuren.

Rang-stufe	Entscheidungskriterium	Gewichtungs-faktor	Maximal-punktzahl	Erreichte Punktzahl		Ergebnis	
				Zul. A	Zul. B usw.	Zul. A	Zul. B usw.
1	Lieferung einwandfreier Qualität	10	25	20		200	
2	Termingerechte Lieferung nach Mengen/Reihenfolgen	9	25	22		198	
3	Quality-Engineering-Kompetenz	8	20	15		120	
4	Bisherige Kostensenkungs-erfolge	7	20	10		70	
5	Fertigungskompetenz/-kapazitäten	6	15	15		90	
6	Kundenorientierung (allgemein/Endabnehmer)	5	15	12		60	
7	Frühere Erfahrungen (bewiesene Leistungsfähigkeit insgesamt, Auditing-Ergebnisse)	4	15	10		40	
8	Kontinuität im Management	3	10	5		15	
9	Innovationskraft	2	10	8		16	
10	Kooperative Einstellung der Mitarbeiter	1	10	5		5	
	Gesamtpunktzahl		max. 1060			814	

Abbildung 40: Beispiel Lieferantenbeurteilungsschema

Die unternehmensübergreifende partnerschaftliche Zusammenarbeit sollte Unterstützung durch die Erarbeitung eines anforderungsgerechten Beschaffungsinformationssystems (einschließlich Berücksichtigung von Logistikkosten) mit „Vor-Ort"-Zugriffsmöglichkeiten der Verantwortlichen und durch die Schaffung eines unternehmensübergreifenden, systemgestützten Informationsaustausches zwischen Hersteller, Lieferanten und Abnehmer erfahren. Eine Alternative zu einer die Unabhängigkeit der Zulieferer stark einschränkenden Anpassung an die zum Teil hochkomplexen, sich im Wandel befindlichen Computer-Infrastrukturen der Hersteller gibt es derzeit nicht.

Allgemeine Daten	■ Unternehmensimage/unternehmerische Kompetenz ■ Beschaffungs-/Fertigungs-/Verkaufsprogramm ■ Marktanteile/Umsatzentwicklung/kostenbezogene Wettbewerbsfähigkeit ■ Marktverhältnisse/Hauptkonkurrenten ■ Kapitalbeziehungen ■ Finanzkraft ■ Kundenorientierung/-nähe ■ Umweltmanagement ■ Zukunftsorientierung des Zulieferers ■ Interesse an langfristigen Bindungen zum eigenen Unternehmen ■ Kontinuität im Management ■ kooperative Einstellung aller Mitarbeiter („cultural fit") ■ Betriebsbesichtigungsergebnis/Auditergebnis ■ bisherige Erfahrungen/bewiesene Leistungsfähigkeit
Qualitätssicherung	■ anspruchsvolle Qualitätssicherungs- und -kontrollsysteme ■ Total-Quality-Konzepte und -Instrumentarien ■ statistische Qualitätsregelverfahren ■ „Null-Fehler-Strategie" (Anzahl der am Fließband entdeckten Fehler etc.) ■ „Quality Engineering" – Kompetenz (Methoden, Prüfbuch, systematische Fehleranalyse etc.) ■ Vorstellung von Standards, Normen usw. ■ Qualitätsbewußtsein der Führungskräfte ■ Qualitätseinfluß auf Sublieferanten
Daten des eigenen Einkaufs/Absatzkonzept des Zulieferers	■ Professionalität, Anpassungsfähigkeit und Problemlösungskompetenz ■ produktbezogene Details ■ Preise/Konditionen ■ Vertriebsformen ■ Kundendienst/After Sales Service/Rückfragenbearbeitung ■ Lieferkapazitäten ■ Garantieleistungen/Kulanz ■ Grenzen für Abnehmerwünsche ■ Angebot an Systemlösungen ■ „Cost-Improvement"-Fähigkeiten ■ Zahl der Reklamationen bisher pro Zeiteinheit ■ Einhaltung von Lieferanweisungen ■ Bestellungsdurchführung/Auftragsabwicklung ■ Verhalten in Notsituationen
Produktion	■ Kenntnisse über Fabrikanlagen/-verfahren ■ Fertigungskapazitäten ■ technische Kompetenz ■ Prozeßfähigkeiten und -sicherheit ■ „Lean-Manufacturing"-Stand ■ Produktions- und Prozeßüberwachung ■ Mitarbeiterflexibilität

Logistik	■ Liefertermintreue/-zuverlässigkeit/-flexibilität ■ Lieferungsbeschaffenheit ■ Bereitschaft zur Lagerhaltung ■ JIT-Fähigkeit ■ gemeinsame Bestandssteuerung ■ Transportvorteile/Standort ■ unternehmensübergreifende Infosysteme/EDI-Fähigkeit
Forschung und Entwicklung	■ Innovationskraft/-bereitschaft ■ Simultaneous-Engineering-Kompetenz ■ Entwicklungskapazitäten ■ Entwicklung von Systemlösungen ■ Mitarbeiterpotential/-entwicklung ■ spezielles F+E-Image ■ Bereitschaft zur Entsendung von „Resident Engineers" ■ Kundenorientierung ■ Ausstattung (Testeinrichtungen, Prototyping, CAx-Einrichtungen etc.)

Abbildung 41: Kriterienkatalog zur Lieferantenanalyse und -bewertung

Die insgesamt auf „Fair Play" und Vertrauen gegründeten „unbürokratischen" Beziehungen müssen nicht durch komplizierte vertragliche Regelungen abgesichert werden, sondern basieren auf Spielregeln in möglichst transparenten Rahmenverträgen wie für Verfahrensweisen bei der Preisbildung, Bestellung, Lieferung, Kostensenkung und Rationalisierung sowie in den Bereichen Schutzrecht, Qualitätsmanagement, Kommunikation und Auditing-Vorgehensweisen.

5.8 Nutzung von Global Sourcing-Potentialen

Global Sourcing knüpft an das Konzept der globalen Integration an. Es läßt sich als internationale Beschaffungsmarktbearbeitung im Sinne einer systematischen Ausdehnung des Beschaffungsmanagements auf weltweit vorhandene Bezugsquellen unter strategischer Ausrichtung verstehen (vgl. Arnold 1989, S. 21). Im Vordergrund steht der Versuch, besonders günstige Einkaufspreise – und als Konsequenz Kostensenkungspotentiale – zu realisieren. So lassen sich unter Umständen durch die Erschließung neuer Beschaffungsmärkte über den Zugang zu innovativen Technologien, die in das Endprodukt eingehen, Wettbewerbsvorteile erzielen. Das ist beispielsweise hinsichtlich der fernöstlich beherrschten Mikroelektronik-Branche oft der Fall.

Die Entwicklung weltweiter Beschaffungstrategien erfolgt unter Berücksichtigung von weltwirtschaftlichen und politischen Entwicklungen sowie länderspezifischen Beschaffungspotentialen. Besonders multinationale Unternehmen können ihr weltweit vorhandenes Beschaffungs-Know-how wirksam nutzen und gegebenenfalls ihre Nachfragemacht durch zentrale Einkaufsentscheidungen erhöhen. Voraussetzung für eine Realisierung von Global-Sourcing-Konzepten ist eine ausgebaute Beschaffungsmarktforschung und ein unternehmensweites Kommunikationsnetz, mit dem laufend Know-how, Preise, Konditionen, Qualitätsprobleme und Informationen über Lieferengpässe zwischen allen Produktionsstätten ausgetauscht werden können.

- Schaffung eines Überblicks über die prinzipiellen Möglichkeiten unternehmensspezifischer globaler Beschaffung
- Weltweiter Marktpreisvergleich (einschließlich Inland) für spezifische Zulieferteile
- Analyse der Kosten des Global Sourcing unter Einbeziehung aller Kosten, nicht nur der direkten
- Auslotung von Preissenkungspotentialen bei den bisherigen, primär inländischen Zulieferen aufgrund verstärkter Wettbewerbsintensität
- Sicherstellung der Rückendeckung durch das Topmanagement bei der Neuorientierung der Beschaffungsstrategie
- Bereinigung der Zuliefererbasis durch Bewertung alter und potentieller internationaler Lieferanten (unter Berücksichtigung von „Switching Costs")
- Entwicklung von Vertrauen und Anerkennung (besonders wichtig bei signifikanten Unterschieden zur Landeskultur des Stammhauses)
- Einsatz von integrierten, überbetrieblichen Informations-, Kommunikations- und Controllingsystemen zur Steuerung der weltweiten Beschaffungsaktivitäten
- Suche nach Wegen, Geschäftsrisiken zu vermeiden beziehungsweise zu verringern

Abbildung 42: Bausteine zur Entwicklung eines Global-Sourcing-Konzeptes (in Anlehnung an Fagan 1991, S. 24 f.)

Global Sourcing und Single Sourcing schließen sich nicht von vornherein gegenseitig aus. Eine längerfristige Kooperation sollte zur Vermeidung von eklatanten Versorgungsrisiken aber nur den weltweit leistungsfähigsten Lieferanten angeboten werden. Nur mit diesen Lieferanten lohnt sich die Erarbeitung eines langfristigen gemeinsamen Konzeptes. Vor allem bei der Übertragung von Systemverantwortung bei High-Tech-Vorprodukten und kritischen Komponenten ist Vorsicht geboten. Es empfiehlt sich, zunächst bei Low-Tech-Teilen Erfahrungen zu sammeln, bevor man sich auf die systematische Suche nach High-Tech-Lieferanten macht.

Abbildung 42 zeigt konzeptionelle Bausteine des Gobal Sourcing, die sukzessive implementiert und einer fortlaufenden Überprüfung unterzogen werden sollten. Besonderes Augenmerk gilt den Risiken und zusätzlichen Kosten. Nutzen wie geringere Beschaffungskosten und andere – zum Teil nur schwer quantifizierbare – Größen müssen den teilweise schwer quantifizierbaren spezifischen Transaktionskosten (Information/Kommunikation, Transport/Logistik, Reisetätigkeit, Einkaufsbüros, Zwischenläger, Administration, „Product-Reworking", Aufbau einer Beschaffungsmarktforschung, Verluste durch Wechselkursschwankungen etc.) in einer betriebswirtschaftlichen Analyse gegenübergestellt werden. Hinzu tritt eine Risikoanalyse, die speziell auf mögliche Unterbrechungen der (verlängerten) Versorgungskette fokussiert ist. Beispielsweise wird bei der Debatte um den „Standort Deutschland" oft vergessen, daß die Lohnkostenvorteile in „Problemländern" durch Nachteile anderer Art kompensiert werden. Beim Import von notwendigen Einsatzfaktoren zumeist aus dem Low-Tech-Bereich sind das die weniger leistungsfähigen Transportsysteme in Ländern der Dritten Welt, die in Industrieländern weitgehend unbekannten Betriebsstörungen zum Beispiel durch Stromausfall, die unzureichende Ausbildung, ferner Motivationsdefizite, ungünstige klimatische und ethisch nicht vertretbare Bedingungen etc. Diese Nachteile sind gegen vermeintliche Lohnkostenersparnisse aufzurechnen.

Dennoch liegen im Global Sourcing vielfaltige Chancen, die bei allem Drängen auf JIT-Fähigkeit und produktionsstandortnahe Ansiedlung nicht außer acht gelassen werden sollten. So verfügt beispielsweise Mazda im Rahmen einer intensivierten globalen Beschaffungspolitik über Lagerkapazitäten in unmittelbarer Fabriknähe. Dies bedeutet eine Abkehr vom Prinzip der strengen Reduzierung der Lagerkosten, wobei die Störanfälligkeit produktionssynchroner Beschaffung (nicht zuletzt aufgrund zunehmender Verkehrsdichte) Berücksichtigung findet.

5.9 Fazit

Lean Management stellt die traditionellen Hersteller-Zuliefererbeziehungen quasi „auf den Kopf". Anstelle des unnachgiebigen, kurzfristig orientierten „Preisdrückens" der Hersteller gegenüber den Zuliefern erscheint eine langfristige kooperative Zusammenarbeit geeigneter zu sein, fortlaufende Kostensenkungen, kundenorientierte Qualität und rechtzeitige Verfügbarkeit der benötigten Zulieferteile im Wertschöpfungsproßß zu realisieren.

Die Konzentration auf das Kerngeschäft impliziert eine Neuverteilung der Arbeit von Herstellern und Zulieferern und in vielen Fällen eine Verringerung der Fertigungstiefe beim Hersteller. Umsomehr ist man in den entstehenden, strategisch orientierten Wertschöpfungspartnerschaften auf ausgewählte, absolut zuverlässige Partner, die zum Teil Komplettlösungen liefern, angewiesen. Frühe Involvierung in eigene Unternehmensaktivitäten durch offenen Informationsaustausch bietet beispielsweise Kostenvorteile durch gemeinsames Zielkostenmanagement, gemeinsame Realisierung von Rationalisierungspotentialen, Zusammenarbeit bei der Beseitigung von Schwachstellen in der logistischen Kette und Beschleunigung von Prozessen durch Parallelisierung.

Die Zulieferer werden ihrerseits nicht von der Verpflichtung zu einem fortlaufenden „Cost and Quality Improvement" entbunden. Sie müssen sich, um mit dem Hersteller „im Geschäft zu bleiben", regelmäßigen Evaluierungen unterziehen und dabei ihre

Leistungsfähigkeit unter Beweis stellen. Trotz eines vermehrten „Single Sourcing" sollte überlegt werden, wie die Vorteile globaler Beschaffungsaktivitäten (Kosten, Know-how) in das strategische Beschaffungsmanagement einbezogen werden können und wie sich dies mit den Erfordernissen des Just-In-Time und der produktionssynchronen Beschaffung verträgt. Es ist anzunehmen, daß der durch strenge Evaluierung forcierte Wettbewerb um die „lukrativsten Plätze" in den neu entstehenden Zulieferpyramiden dafür sorgt, daß die Lieferanten zu einer kosten- und qualitätsbezogenen Passivität verleitet werden. Durch frühe Information und gezielte Förderung vermag sich der Zulieferer „just in time" auf die von Markterfordernissen und Endabnehmerwünschen determinierten Anforderungen der „schlanken" Produzenten adäquat einzustellen, ohne daß er sich als „Gestaltungsobjekt" des Herstellers mißbraucht fühlen muß.

6. Die Gestaltung der Kundenbeziehungen

6.1 Neue Akzente im Marketing

Die Konzentration auf die gesamte Wertschöpfungskette von den Zulieferern bis zum Endabnehmer, auf Kerngeschäfte und strategische Partnerschaften in Unternehmensnetzwerken lenkt den Marketing-Fokus auf den Faktor Kundenbeziehungen (vgl. Webster 1992). Wurde in der Vergangenheit unter dem Prinzip der Kundenorientierung primär die Gewinnung von Neukunden verstanden, so gelten in den neu entstehenden Unternehmensnetzwerken die langfristigen Kundenbeziehungen mit den aufeinander aufbauenden Parametern der dauerhaften Kundzufriedenheit und der Schaffung und Pflege einer loyalen Kundenbasis als Schlüsselprinzipien. Der reine Transaktionsaspekt im Marketing verliert insgesamt an Bedeutung zugunsten des Beziehungsaspektes, der alle Akteure im Wertschöpfungsprozeß und auch die „indirekten", unterstützenden Bereiche wie Personal, Controlling, DV-Spezialisten etc. einschließt. Sämtliche Funktionen im Unternehmen müssen sich anders als bisher am gemeinsamen Ziel der bestmöglichen Zufriedenstellung des Kunden ausrichten. Der diesbezügliche komparative Vorteil gegenüber dem Leistungsspektrum der Konkurrenz ist präzise herauszuarbeiten.

Die Termini „Kundenorientierung", „Kundennähe" und „Kundenzufriedenheit", die eng zusammenhängen mit Fragen der Häufigkeit der Kontakte, Langfristigkeit von Beziehungen, gegenseitigem Vertrauen und räumlicher Nähe, werden in der Literatur in der Regel bedeutungsgleich verwandt: „Langfristig ist hohe Kundennähe weitgehend synonym mit umfassender und dauerhafter Zufriedenstellung des Kunden" (Simon 1991, S. 4). Dennoch variiert der Begriff von Branche zu Branche und von Unternehmen zu Unternehmen, wird unterschiedlich interpretiert und entzieht sich einer simplen Charakterisierung anhand von allgemeingültigen „Ein-Satz-Definitionen". Zu vielfältig stellen sich die einzelnen Aspekte dar, so daß sich „wirkliche" Kundennähe erst im Kontext des Einzelfalles erschließt. Gerade für beratungs- und serviceintensive Produkte werden kundennahe Vertriebskonzepte vom Markt besonders honoriert und bedürfen deshalb differenzierter Bearbeitung.

Soll Kundennähe kein Schlagwort bleiben, gilt es, möglichst sämtliche Möglichkeiten zu nutzen, sich fortlaufend über das Marktgeschehen und die Kundenzufriedenheit zu informieren. Notwendig ist ein direkter, gelegentlich persönlicher Draht zum Endverbraucher und ein aktives Kundenmanagement, das Kundenzufriedenheit nicht lediglich als Abwesenheit von Unzufriedenheit definiert, sondern Sensibilität gegenüber der labilen „Konsumentenseele" beweist. In den neuen Unternehmensnetzwerken muß idealtypisch die „Stimme des Kunden" bis „in den letzten Winkel" dringen, das heißt bis zum Einzelteilzulieferer ganz am Anfang der Wertschöpfungskette. Bei der Erzielung kundengerechter Qualität hilft das interne Kundenprinzip, das bedeutet, jede nachfolgende Stufe in der Wertschöpfungskette ist wie ein Kunde zu behandeln, womit jeder Akteur automatisch Kunde und Lieferant zugleich wird und verpflichtet ist, die geforderte Qualität zu liefern. Umgekehrt berechtigt ihn dies aber auch, unzureichende Qualität zurückzuweisen.

6.2 Ansatzpunkte zur Schaffung von mehr Kundennähe

Ganzheitliche kundenorientierte Unternehmensführung und Marketingplanung

Kundenorientierte Unternehmensführung zielt auf die Schaffung, Nutzung und Erhaltung von Marktpotentialen, Marketingplanung beinhaltet konkret die Planung aller auf die aktuellen und potentiellen (Absatz-)Märkte ausgerichteten Aktivitäten im Sinne einer dauerhaften Befriedigung der Kundenbedürfnisse einerseits und der Realisierung der Unternehmensziele andererseits. Mehr Kundenorientierung bedeutet vor allem:

– die Ausrichtung des gesamten Unternehmens auf die Ziele Kundenzufriedenheit und langfristige Abnehmerbindung;

– Kundenorientierung ist „Chefsache", das heißt, Kundenorientierung muß „vorgelebt" werden. Daß die Orientierung am Kunden und die Pflege des Kundenstammes verbindliche Werte des Unternehmens darstellen und Aufgabe aller (und nicht nur der im Kundenkontakt stehenden) Funktionsbereiche ist, muß durch eine der Kundenorientierung verpflichteten Unternehmensleitung ständig und beispielhaft vermittelt werden;

– die Sicherstellung der kundenorientierten Zusammenarbeit von Führungskräften, Abteilungen, Teams, Mitarbeitern durch die innerbetriebliche Informationspolitik (Infoveranstaltungen, Visual Management, Schulungen, Anreizsysteme, Führungsgrundsätze etc.), die zudem für eine regelmäßige Information der Mitarbeiter über die Zufriedenheit der Kunden mit den Produkten des Unternehmens zu sorgen hat;

– eine Ausrichtung des Kernleistungsangebots an den Erwartungen einer „bereinigten" Kundenstruktur: Nicht jeder Kunde ist ein Schlüsselkunde. Das Primat der Wirtschaftlichkeit darf bei der Kundenorientierung nicht vernachlässigt werden;

- eine fortlaufende Marktbeobachtung mit verbesserter Reagibilität hinsichtlich (mittel- bis langfristiger) Marktveränderungen (intensive frühererkennungsorientierte Marktforschung, Kundenbesuche von Entwicklungsingenieuren, schnelle Umsetzung von Marktforschungsergebnissen, Involvierung von Schlüsselkunden bei der Produktentwicklung etc.) und ein institutionalisierter kontinuierlicher Dialog mit den Kunden (auch im Anschluß an den Leistungserwerb).

Um die wirklichen Bedürfnisse der Kunden zu erfahren gilt es, die Kundenerwartungen und -bedürfnisse „richtig" wahrzunehmen (vgl. Abbildung 43).

- Kennen wir unsere Kunden? Haben wir Indikatoren definiert, nach denen Zielkunden erkannt werden?
- Kennen wir das „Problem" unserer Kunden? Verstehen wir, was die Kaufentscheidung antreibt und was sie bremst?
- Wissen wir, daß es manchmal sehr schwer faßbare Gründe sind, die einen Kunden zum Kauf bewegen oder vom Kauf abhalten?
- Kennen wir Markteintrittsbarrieren und Marktaustrittsbarrieren von potentiellen und aktuellen Kunden?
- Kennen wir die Wertschöpfungskette unseres Kunden? Wissen wir, welchen Beitrag unsere Leistung zur Wertschöpfung beim Kunden erbringt?
- Wissen wir auf segmentierten Märkten, welche Personenkreise an der Kaufentscheidung beteiligt sind? Kennen wir deren Wahrnehmungen, Bedürfnisse und Einstellungen?
- Wissen wir bei individuellen Kunden, wer die Kaufentscheidung trifft und wer auf sie einwirkt? Kennen wir die Wahrnehmungen, Bedürfnisse und Einstellungen dieser Personen? Kennen wir das Beziehungsgefüge zwischen ihnen?
- Wissen wir, daß der Kunde alles bewertet, was für ihn im Zusammenhang mit Beschaffung, Implementierung, Nutzung und Entsorgung des Produktes Opfer einerseits sowie Nutzen andererseits bewirkt?
- Wissen wir, welche Produkteigenschaften, welche Dienstleistungen und sonstigen Leistungsmerkmale für den Kunden wichtig sind?
Kennen wir die Gewichtung dieser Merkmale?
- Erkennen wir rechtzeitig unerfüllte Bedürfnisse beziehungsweise neu entstehende Probleme? Wissen wir, welche Produkte und Dienstleistungen noch nicht die beste Lösung für aktuelle und zukünftige Kundenprobleme sind?
- Hören wir auf unsere Kunden? Überprüfen wir die Kundenzufriedenheit regelmäßig anhand qualitativer Instrumente und soweit möglich anhand quantitativer Methoden?
- Sind wir für Kundenäußerungen offen? Nehmen wir Vorschläge oder Beschwerden ernst und beziehen sie in unsere Strategieüberlegungen ein?

Abbildung 43: Checkliste zur „richtigen" Wahrnehmung der Kundenerwartungen und -bedürfnisse nach Plinke (1992, S. 99 f.)

Einen Überblick über Methoden für eine Messung der Kundenzufriedenheit bietet Abbildung 44, Seite 174. Die Messung der Differenz zwischen Kundenerwartungen und -wahrnehmungen erweist sich als besonders vorteilhaft, da konsequente Stärken-/Schwächenanalysen Rückschlüsse auf Wichtigkeit, Ursprünge und Zusammenhänge der Kundenzufriedenheit erlauben. In der Regel empfiehlt sich eine Kombination verschiedener Instrumente, was aber nicht zuletzt auch eine Kostenfrage ist, insbesondere wenn strukturierte quantitative Analyseergebnisse durch qualitative Befragungen gestützt werden sollen.

Traditionell wird vielfach die Kundenzufriedenheitsmessung mit Hilfe externer, das heißt nicht direkt an Vertrieb, Verkauf und Service beteiligter Marktforschungsabteilungen und -institute erhoben sowie Meßergebnisse über (Nicht-)Zufriedenheit aus Ersatzindikatoren gewonnen. Verstärkt werden sollte dagegen der „direkte" Draht" zum Endverbraucher zum Beispiel über Händlerkontakte, Korrespondenz mit Kunden, Gesprächen von Führungskräften mit Vertretern des Kundenunternehmens. Manche Führungskraft im Konsumgütermarketing würde gewiß schnell merken, was an seiner Konzeption falsch ist, ginge er gelegentlich unangemeldet und unerkannt beispielsweise in einen Supermarkt! Eigene Anschauung fördert das Zurechtfinden in der schwer handhabbaren Datenflut. Es ist also nötig, möglichst viele Informationsquellen zu nutzen, um sich intensiv über Marktgeschehen und Kundenzufriedenheit und vor allem auch hinsichtlich der Attraktivitäts-Defizite bei Nicht-Kunden zu informieren (vgl. Abbildung 45, Seite 175). Allerdings müssen hieraus auch die richtigen Schlußfolgerungen gezogen werden. Wissenschaftlich fundierte Modelle (zum Beispiel Erklärungsmodelle, Prognosemodelle, Entscheidungsmodelle) zur Beschreibung der Wirkungszusammenhänge sind hierzu unerläßlich (vgl. hierzu zum Beispiel den Überblick bei Kotler/Bliemel 1992, S. 143 ff.).

Methode/Verfahren		Ziel	Vorgehensweise	Kurzbewertung
Allgemeine Zufriedenheitsmodelle		Messung eines globalen Zufriedenheitsmaßes	Erhebung einer skalierten Zufriedenheitsziffer (zum Beispiel auf einer 1–10 oder 1–100 Skala)	Die Modelle geben lediglich einen Überblick über die Zufriedenheit im Zeitverlauf, sie sind vom meßtheoretischen stark kritisierbar und tragen wenig zu einer fundierten Ursachenanalyse bei; einsetzbar als einfacher Vergleich unterschiedlicher Angebote.
Differenzmodelle	Produktdifferenz	Bewertung des angebotenen Leistungsspektrums	Vergleich von Erwartungen und Wahrnehmungen	Geeignet zur Analyse von Stärken und Schwächen; die Modelle stellen allerdings keine Daten über die Wettbewerber oder Substitute zur Verfügung.
	Vergleichende Leistungsdifferenz	Bewertung alternativer Leistungsangebote	Vergleich von Erwartungen an den Wahrnehmungen von Konkurrenzprodukten	Die Modelle sind zur Wettbewerbsanalyse und zum Stärken-Schwächen-Vergleich geeignet; aufgrund mangelnder Erfahrungen mit anderen Problemlösungsmöglichkeiten oft nicht einsetzbar oder in der Meßsituation nicht valide darstellbar.
	Vergleich mit hypothetischem Idealprodukt	Bewertung der Wahrnehmungen anhand von Idealerwartungen	Vergleich der tatsächlichen Wahrnehmung mit Idealsituationen	Zur Modellierung und Erfassung von Innovationen geeignet; der Ansatz ist aber als gedankliches Konstrukt für den Befragten schwer nachzuvollziehen; Gefahr der überzogenen Abqualifizierung des bestehenden Leistungsangebotes aufgrund überhoher Erwartungen.
Kontaktpunktmodelle	Beschwerdeanalyse	Ermittlung von Unzufriedenheitsquellen	Auswertung eingegangener Kundenbeschwerden	Zur Analyse bestehender Schwächen geeignet und als Steuerungsinstrument hilfreich. Aspekte der Zufriedenheit werden zu wenig berücksichtigt.
	Flußdiagrammanalyse	Ermittlung von Schwächen im Beziehungsablauf	Betrachtung der gesamten Kundenbeziehung als Quelle möglicher Unzufriedenheit	Als Analyseinstrument von Stärken/Schwächen geeignet; allerdings nicht zur Erfassung von „kritischen" Kundenerwartungen.
	Critical-Incident-Methode	Ermittlung von positiven und negativen Schlüsselerlebnissen	Befragung über kritische Ereignisse bei bisheriger Erfahrung	Brauchbares Analyse- und Optimierungsinstrument; langfristig Steuerungsmethode aber nicht nutzbar; aufwendige Erhebung und Auswertung.
	Frequenz-Relevanz-Analyse	Quantitative Bewertung von Kundenproblemen	Vergleich der Problemrelevanz und Unzufriedenheitsfrequenz	Als Steuerungsinstrument für die Beseitigung von Schwächen einsetzbar; der Ansatz läßt indes weder Vergleiche noch eine Stärkenanalyse zu.

Abbildung 44: Überblick über die Erhebungsverfahren zur Kundenzufriedenheitsmessung (in Anlehnung an Rapp 1992, S. 25 f.)

- intensive individuelle Befragungsaktionen
- Versenden/Verschicken standardisierter Fragebögen (eventuell Multiple Choice)
- Institutionalisierung eines Beschwerdemanagements
- Auswertung von Verkäufer- und Kundendienstberichten, Kundenanfragen, Kundenvorschlägen, Fachzeitschriften etc.
- regelmäßige gezielte Befragung ausgewählter Fokusgruppen nach Bedürfnissen und Problemen
- Beobachtung von Anwendern bei typischen Arbeits- und Verfahrensabläufen
- Kontinuierliche Beteiligung von Kunden an der Produktentwicklung
- regelmäßige persönliche Kontakte zwischen Mitarbeitern verschiedener Ebenen und Funktionen (zum Beispiel Entwicklungsingenieur, Leiter von Simultaneous-Engineering-Teams) und Schlüsselkunden
- Gemeinsame Produkt-, Service- und Prototypentests mit Kunden
- Kundenbezogene Funktions- und Wertanalysen, Conjoint-Analysen
- anonyme Tests von Service- und Reparaturleistungen/Überprüfung der Dienstleistungskompetenz
- „Cross Exchange": Zeitweise Beschäftigung von eigenen Mitarbeitern beim Kunden und/oder zweitweise Beschäftigung von Kunden-Mitarbeitern im eigenen Unternehmen
- Einrichtung kostenfreier Telefon-„Hotlines" („direkter Draht" zum Service)
- Institutionalisierung von „Round-Table"-Gesprächen
- „Telefon-Report": eingehende Kundenbefragung im Anschluß an Verkauf/Service-Leistung

Abbildung 45: Wege zur Information über Kundenbedürfnisse im Überblick

Kommunikationspolitik

Kontaktintensivierung ist auch ein wichtiges Element der Kommunikationspolitik: Intensivierung einerseits durch gezielte persönliche Kontaktaufnahme und -pflege, andererseits durch die Nutzung moderner Informations- und Kommunikationstechniken. Indes steht nicht mehr nur einseitig die bewußte Gestaltung der auf dem Absatzmarkt gerichteten Informationen zu Zwecken einer Verhaltenssteuerung aktueller und potentieller Käufer im Mittelpunkt, sondern verstärkt auf die Einrichtung offener Kanäle auf „kurzen Wegen" zur Rückkopplung von Kundenanliegen aller Art. Nicht zuletzt die Institutionalisierung eines schnellen und kundengerechten Beschwerdemanagements erscheint geeignet, die Kommunikation mit dem (unzufriedenen) Kunden herzustellen und schließlich doch noch Zufriedenheit und Kundenbindung zu erreichen, weil dieser sich „ernst genommen" fühlt und ihm möglichst unbürokratisch Problemlösungen angeboten werden. Ein aktives Beschwerdenmanagement umfaßt die Anregung zur Beschwerdeführung (durch deutliche Hinweise auf Beschwerdemöglichkeiten), die Kanalisierung eingehender Beschwerden, deren Bearbeitung und Analyse sowie die Nutzung der gewonnenen Informationen als Basis für Lernprozesse (vgl. hierzu Hansen/Jeschke 1991). Extensiv-intensive Befragungsaktionen versprechen zwar reliablere und validere Ergebnisse, sind aber zeit- und kostenintensiv. Bei der Informationsbeschaffung bieten multiinstrumente Konzeptansätze die Möglichkeit Vor- und Nachteile (Qualität der Meßergebnisse, Kosten etc.) einzelner Methoden zu nutzen beziehungsweise zu kompensieren, wobei laufende Erhebungen die notwendige Aktualität sicherstellen.

Produktpolitik

Drei Kernbereiche einer professionellen Produktpolitik lassen sich ausmachen:

1. die Gewährleistung, daß die „Stimme des Kunden" bis in die Produktentwicklung vordringt,
2. die Begrenzung der Produktvielfalt ohne Einbußen bei der Kundenorientierung und
3. die zeitgerechte „Zurverfügungstellung" des neuen Produktes („Time to Market").

Bei ersterem steht die systematische Umsetzung von Kundenanforderungen und -erwartungen in meßbare beziehungsweise qualitativ beurteilbare Produkt- und Prozeßparameter (Quality Function Deployment) im Vordergrund. Im zweiten Fall geht es darum, die richtige Balance zwischen dem Bemühen um ein möglichst straffes innovatives Produktprogramm auf der einen und einer möglichst variantenreichen, kundenindividuellen Angebotsstruktur auf der anderen Seite zu finden. Unternehmensberatungen wie McKinsey (1993, S. 19 ff.) favorisieren deshalb eine Konzentration auf Kernbereiche in der Sortiments- und Kundenstruktur, da (zuviele) Nischenprodukte und -kunden zwar verlockend erscheinen, aber durch höhere Deckungsbeiträge und bessere Auslastung letztlich Intransparenz und Komplexitätskosten entstehen. Entgegen der landläufigen Ansicht besteht zum Beispiel bei japanischen Autobilherstellern keine nahezu unbeschränkte Variantenvielfalt. Die Japaner haben es vielmehr verstanden, durch eine reichhaltige Standardausstattung für gehobene Ansprüche die Vielfalt in Grenzen zu halten. Große Produktionslose für hochwertige Ausstattungspakete führen zu niedrigeren Kosten und über ein (im Vergleich zur Konkurrenz) günstiges Preis-Leistungs-Verhältnis zu hoher Nachfrage.

Abbildung 46, Seite 177, zeigt wichtige Maßnahmen zur Herausbildung der „optimalen" Sortimentsstruktur (vgl. Roever 1991). Vor einer radikalen Sortimentsbereinigung sollten indes Maßnahmen geprüft werden, den Deckungsbeitrag von Randprodukten zu erhöhen und produktproportionale Kosten und Opportunitätskosten zu verringern. Zusätzlich sind Vorkehrungen nötig, die Beherrschung der Komplexität langfristig abzusichern, das heißt, die Struktur- und Ablauforganisation sowie die Führungssysteme zu ändern. Opportunitätskosten sind allerdings nur schwer ermittelbar und betreffen zum Beispiel Lieferausfälle oder – sofern nachweisbar – entgangene Umsätze/Deckungsbeiträge wegen zu später Einführung neuer Produktgenerationen. Schließlich vermag die Umsetzung der Produktidee beziehungsweise eines Markterfordernisses in ein fertiges Produkt (einschließlich der Bereitstellung des geeigneten Produktionssystems) neben der Vereinfachung der Produktstruktur vor allem auch durch eine verstärkte – gleichzeitig kostenreduzierende – Kombinierbarkeit der Endproduktkomponenten beschleunigt werden. Eine regelmäßige Evaluierung der Produktpolitik sichert ihre Übereinstimmung mit Markt- beziehungsweise Kundenerfordernissen.

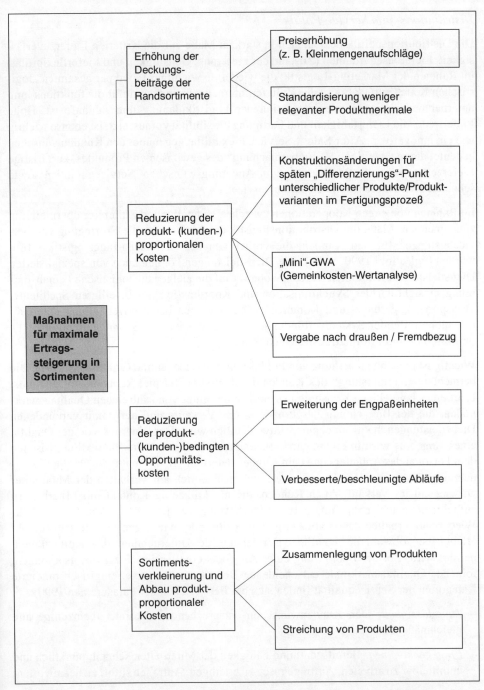

Abbildung 46: Zentrale Maßnahmen der ertragssteigernden Bereinigung überkomplexer Sortimentsstrukturen (vgl. Roever 1991, S. 260)

Distributions- und Service-Politik

Die Distributionspolitik bezieht sich in starkem Maße auf die Kriterien Lieferzuverlässigkeit, Lieferbeschaffenheit (Zustand der Lieferung, Genauigkeit und Lieferflexibilität) im Rahmen der Marketing-Logistik, die wiederum wichtiges Glied der gesamten „logistischen Kette" zurück bis zu den Zulieferunternehmen und damit für die funktions- und unternehmensübergreifende Integration der Logistikplanung und -abläufe ist. Hohe Liefertreue, die Lieferfähigkeit und Fertigungsflexibilität voraussetzt, ist ebenso wichtig wie ein innovativer „After-Sales"-Service. Flexibilität gegenüber den Kundenwünschen bedeutet die rechtzeitige „Verfügbarmachung" des gewünschten Produktes, kurzfristige Lieferzeiten, schnelle Realisierung von Änderungswünschen, Servicegarantien sowie schneller Kundendienst und Reparaturservice.

Im Rahmen von engen Kooperationen zwischen Hersteller und Zulieferer übernimmt in zunehmendem Maße die Distributionslogistik des Lieferanten die Erbringung von Serviceleistungen für den Kunden, die vorher von dessen Beschaffungslogistik erfüllt wurden (vgl. Pfohl 1990, S. 26). Die Dienstleistungen können auch von spezialisierten Dienstleistern übernommen werden, wobei es auf die zielgenaue logistische Feinabstimmung hinsichtlich der Synchronisation und Koordination der beteiligten Spediteure, Transport-, Lagerungs- und Kommissionsunternehmen bei der Herstellung unternehmensübergreifender Systemverbindungen und Lösungen von Schnittstellenproblemen im Material- und Informationsfluß ankommt.

Wichtig ist die Unterscheidung von Produkt- und Servicequalität (vgl. Stauss 1991). Die betrachtete „Kernleistung" des Kundendienstes (zum Beispiel Reparatur eines Autos, Kauf eines langlebigen Konsumgutes etc.) ist nur eines von zahlreichen Qualitätsmerkmalen, die bei Betrachtung des Prozesses des Verkaufs und der damit verbundenen Dienstleistungen aus Kundenperspektive deutlich wird. Der Eindruck von der Qualität eines Angebots wird in einem ganz erheblichen Maße durch die Interaktion zwischen dem Personal des Anbieters und dem Kunden determiniert, das heißt, die Qualitätswahrnehmung durch den Kunden orientiert sich maßgeblich am Verhalten der Mitarbeiter vorwiegend im Verkauf. Auch Kunden, die nur kurzzeitig Kontakt mit Mitarbeitern aufnehmen, machen ihre qualitative Einschätzung des jeweiligen Angebots und ihr Wiederkaufverhalten davon abhängig, wie positiv oder wie negativ sie diesen Kontakt erlebt haben, obwohl die eigentliche Kernleistung des Unternehmens davon oft gar nicht berührt wird. Bei der Beurteilung eines Angebots erhalten im einzelnen insbesondere folgende Qualitätsmerkmale entscheidende Bedeutung (wichtige, empirisch fundierte Kategorien der Servicequalität finden sich bei Berry/Zeithamel/Parasuraman 1990):

– *Zuverlässigkeit:* Den Kundenwünschen entsprechende, akkurate, rechtzeitige und gleichmäßige Leistungserstellung;

– *Entgegenkommen:* Bereitschaft und Fähigkeit der Mitarbeiter, schnell, pünktlich und unmittelbar zu arbeiten. Aufträge rasch zu erledigen. Anfragen sofort zu beantworten;

– *Kompetenz:* Fähigkeit und Fertigkeiten des Kontaktpersonals und der sie unterstützenden sonstigen Mitarbeiter;

- *Erreichbarkeit:* Telefondienst, rascher Kundenservice, angenehme Öffnungszeiten, kundennaher Standort;

- *Höflichkeit:* Zuvorkommenheit, Respekt, Freundlichkeit und Aufmerksamkeit des Kontaktpersonals, ansprechendes Erscheinungsbild der Mitarbeiter;

- *Kommunikation:* Informationsbereitschaft und -fähigkeit entsprechend den Wünschen und der Aufnahmefähigkeit der Kunden;

- *Glaubwürdigkeit:* Ruf des Unternehmens, Verläßlichkeit, Ehrlichkeit;

- *Sicherheit:* physische und finanzielle Sicherheit, Bewahrung vertraulicher Informationen;

- *individuelles Kennen und Verständnis:* Anstrengungen, die speziellen Bedürfnisse des Kunden zu kennen, ihm individuelle Aufmerksamkeit zu widmen, Stammkunden als solche zu behandeln;

- *„Corporate Design":* Eindruck der Gebäude, der Ausstattung, des Fuhrparks und anderer visueller Elemente der Unternehmenspräsentation nach außen.

Serviceleistungen können unter Umständen auch an Wahlmöglichkeiten gekoppelt werden, indem der Kunde im Einzelfall entscheidet, wieviel Service er (zu entsprechenden Kosten) zusätzlich zur georderten „Kernleistung" in Anspruch nimmt. Das Ziel der langfristigen Kundenbindung impliziert eine intensive Nachkaufbetreuung; das bedeutet die Gewährung von umfassenden, mit dem Produkterwerb verbundenen Zusatz-, Folge- beziehungsweise Nebenleistungen. Auch gilt es, den Kunden mit entscheidungsbestätigenden und nutzungserleichternden Informationen (zum Beispiel via „Hotlines", durch benutzerfreundliche Gebrauchsanweisungen) zu versorgen und die (möglichst direkte) Nachkaufkommunikation durch aussagekräftige Kundendatenbanken zu unterstützen.

6.3 „Schlanke" Organisation von Verkauf und Marketing

Inhalte und Elemente des Lean Management lassen sich auf die Organisation von Verkauf und Marketing übertragen. Möglich ist es, Verkaufsteams zusammenzustellen, die „steile", das heißt mehrebenenbezogene Vertriebsorganisationen ersetzen, und direkt der Geschäftsleitung zu unterstellen. Die Realisierung hängt unter anderem davon ab, ob die Mitarbeiter im Verkauf in der Lage sind, Teamfähigkeit zu entwickeln und inwieweit sich teamorientierte Anreizsysteme Akzeptanz finden. Bei Toyota in Japan beispielsweise legt man Wert auf Verkaufsteams, die im Sinne eines „Full-Service" für den Kunden zur Verfügung stehen (vgl. Abbildung 47, Seite 180 f.) und – neben anderen Einrichtungen – als „Mittler" zwischen Kunden und Hersteller dienen.

Im Rahmen einer „Verschlankung" von Marketing und Vertrieb sollte überlegt werden, welche nicht direkt der Kundenorientierung dienenden Aufgabenstellungen ausgelagert werden können. Nach einer Definition von Kernkompetenzen in Marketing und Verkauf lassen sich Outsourcing-Alternativen, das heißt die komplette Übertragung strategisch

Beispiel: Institutionalisierung von „mehr Kundennähe" bei Toyota in Japan

Toyota hält engen Kontakt zu den Händlern. Eigens werden für diese Aufgabe Führungskräfte abgestellt. Zu deren Aufgabenbereich gehören regelmäßige Händlerbesuche, um neben der möglichst engen Kontaktpflege Mitwirkung beziehungsweise Hilfestellung bei „Sales Forecasts" und bei Beurteilung von Verkauf, Bestellungen und Lagerbeständen der einzelnen Händler zu leisten.

Ein weiterer Punkt, der die enge Kooperation zwischen Hersteller und Händler unterstreicht, ist die Tatsache, daß Toyota eine eigene Abteilung mit ca. 45 Mitarbeitern unterhält, die sich „Dealer Human Ressources Department" nennt und zuständig ist für die Unterstützung der Rekrutierung, bei intensiver Schulung und für die Beratung in Personalangelegenheiten des Händlers. Den „direkten Draht" garantieren sogenannte „Fieldmen", die mit den Händlern Markttrends diskutieren und sie bezüglich des Garantie- und Service-Managements beraten. Ferner obliegt ihnen, die Verkaufsräume der Händlerfilialen sowie die Werkstätten zu besichtigen und gegebenenfalls Verbesserungsvorschläge zu unterbreiten. Weitere Aufgabenfelder umfassen den Austausch von technischen Informationen zwischen Toyota und dem einzelnen Händler, die Sammlung von technischen Marktinformationen (auftretende Mängel, Marktanforderungen nach Qualität etc.), die Durchführung von Feldstudien einschließlich der Weiterleitung der Informationen an die entsprechenden Abteilungen, die Weiterleitung von Ziel- und Maßnahmenvorgaben sowie die sonstigen Informationen (zum Beispiel Ergebnisse von Qualitätsverbesserungen) des „Service Departments" an die Händler, Feedback der Händlermeinungen und -wünsche an Toyota sowie die Unterstützung der Händler bei den „After-Sales-Service"-Aktivitäten. Bei Toyota ist man der festen Überzeugung, daß die Entwicklung und Fertigung von Fahrzeugen mit hoher Qualität ganz entscheidend davon abhängt, wie schnell man Probleme im Markt erkennt und wie wirksam sich die Rückkopplung detaillierter Informationen an die Ressorts „Produktion", „Qualitätssicherung" und „Produktentwicklung" gestaltet.

Tritt ein Qualitätsproblem beim Kunden auf, muß vom Händler ein standardisiertes sogenanntes „Technical Field Information Sheet" ausgefüllt und (gegebenenfalls mit den defekten Teilen) an das „Technical Information Department" geschickt werden. Es enthält unter anderem folgende Angaben:

- Schilderung des Problems durch den Kunden,
- Ursachenanalyse der Werkstätten (gegebenenfalls mit Skizze),
- ergriffene Gegenmaßnahmen (Reparatur),
- Angaben, ob und welche Teile ausgetauscht wurden.

Je nach Zuständigkeit wird das Formblatt (gegebenenfalls zusammen mit den defekten Teilen) entweder an innerbetriebliche Abteilungen (Produktentwicklung, Produktion) oder den Zulieferer weiter geleitet mit der Verpflichtung, das Problem zu analysieren und zu lösen. Weitere Aufgabenbereiche des Technical Information Departments sind unter anderem die Einleitung von „Market Surveys" und Auswertung der Ergebnisse, Fahrzeuguntersuchungen vor Ort, Vorbereitung und Durchführung regelmäßiger Händlerkonferenzen, bei denen Qualitätsprobleme im Markt diskutiert werden sowie die Unterstützung der „Fieldmen". Bei Toyota besteht ferner eine Hauptabteilung „Customer Relations", die vor allem zuständig für Kundenanfragen beziehungsweise -beschwerden ist und diese Informationen gezielt in die betreffenden Fachabteilungen weiterleitet.

> Die bei uns übliche Arbeitsteilung beim Händler (Trennung von Verkauf, Finanzierung, Auslieferung und Service) gibt es in Japan nicht. Hier kümmern sich laufend geschulte Verkäufer aus eng zusammenarbeitenden Verkaufsteams (mit gegenseitiger Unterstützung) individuell und ganzheitlich um den Kunden. Ergebnis ist zum einen ein sehr gutes Wissen über den Kunden (das in Kundendatenbänken erfaßt und aufbereitet wird), andererseits eine auf Kundenzufriedenheit ausgerichtete individuelle Fahrzeugwahl, wobei das Auto relativ kurzfristig vom Kundenbetreuer angeliefert wird.
>
> Wie enorm beispielsweise die Flexibiliät des Toyota Order-Entry- und Produktionssystems ist, beweist die Tatsache, daß bis zu drei Tagen vor dem „Start of Production" Änderungen bei den Bestellungen vorgenommen werden können (Modell, Motorvariante und Karosserietyp sind allerdings nicht in jedem Fall veränderbar), vorausgesetzt, bestimmte auf den einzelnen Händler bezogene Gesamtumfänge werden nicht überschritten. Zukunftsvision ist, daß der Kunde im Verkaufsraum des Händlers den Wagen seiner Wahl „entwirft", der Auftrag per Fax der Fabrik zugeleitet und das Fahrzeug binnen ca. sechs Wochen ausgeliefert wird. Dieser Ansatz der „Mass Customization" ist zugleich Herausforderung für Innovationen in der Fertigung bei Toyota.

Abbildung 47: Ansatzpunkte der Institutionalisierung von „mehr Kundennähe" bei Toyota in Japan

nicht relevanter, weniger wettbewerbssensibler Aufgabenstellungen an externe Dienstleister oder Joint Ventures, entwickeln. Outsourcing zielt nicht lediglich auf Kosteneinsparung durch Transformation fixer in variable Kosten und mehr Flexibilität durch kurzfristige Steuerungsmöglichkeiten der Kapazitäten ab, sondern verfolgt die Optimierung von einzelnen Funktionen, was unter anderem durch Innovations- und Qualitätsverbesserungen einzelner Leistungen aufgrund spezialisierten Experten-Know-hows realisiert werden kann. Durch „schlankere" Organisationseinheiten in Marketing und Verkauf soll im Ergebnis die Möglichkeit zu mehr Kundennähe verbessert werden.

Allgemeingültige Aussagen zur Frage der „im Hause verbleibenden" Kernleistungen und -prozesse lassen sich nicht treffen, weil diese von Unternehmen zu Unternehmen stark variieren können. Beispiele für häufig auslagerungsfähige Funktionen sind C-Kundenbetreuung, Konzeptionsfindung, Marktforschung, Verkaufsförderung, Werbung und Public Relations. Zu den Nachteilen und Risiken des Outsourcing zählen die Abhängigkeit von Externen, die Verminderung von speziellem Marketing-Know-how, Schnittstellenprobleme und Koordinationsaufwand, Zunahme der Transaktionskosten, Widerstände durch Personalabbau, mangelnde Professionalität mit einzelnen vertraglich längerfristig verbundenen Dienstleistern und mögliche Disharmonie zwischen Mitarbeitern der unterschiedlichen Unternehmen („Cultural-Fit"-Problematik). Deshalb gehören Risiko-Diagnose und -Prognose sowie Möglichkeiten der Schnittstellenkoordination zur Entscheidungsvorbereitung im Rahmen der Planung des Outsourcing-Umfanges.

Neben einem Kostenvergleich zwischen Eigenerstellung und Fremdbezug ist die Bestimmung der Qualität der eigenen Leistungen im Vergleich zu den besten verfügbaren Anbietern bei der Outsourcing-Planung unabdingbar. Wichtiger Ansatzpunkt für die Initiierung von Kostensenkungsprogrammen im Vertrieb ist die Kenntnis der Profitabilität einzelner Kunden, die sich aus einer funktionierenden Vertriebskostenrechnung ergibt. A- und B-Kunden beziehungsweise Schlüsselkunden mit hohen Deckungsbeiträgen sind sicherlich nicht die vornehmlichen Zielgrößen von „Rotstift"-Ansätzen; sie erwarten im Gegenteil ein differenziertes, manchmal aufwendiges Kundenbeziehungsmanagement.

6.4 Key Account Management

Entscheidende Bedeutung für das Schnittstellenmanagement in partnerschaftlich geprägten Unternehmensnetzwerken ist das Key Account- oder Großkundenmanagement. Schlüsselkunden erwarten nicht nur hohe Produktqualität, sondern Komplettproblemlösungen auf hohem Niveau. Key Account Manager sind in kundenorientierten Organisationsstrukturen – ähnlich wie Produkt-Manager für ihre Produkte – für einen oder einige weniger strategisch bedeutsame Schlüsselkunden („Key Accounts") verantwortlich. Damit soll eine intensive Betreuung des Kunden im Sinne eines langfristig orientierten Beziehungsmanagements erreicht werden und zwar durch die Erfüllung folgender vier Funktionskomponenten (vgl. Diller 1989, S. 214):

– *Informationsfunktion:* Der Key Account Manager hat sämliche relevanten Informationen über „seine" Schlüsselkunden zu beschaffen, zu analysieren und gegebenenfalls weiterzuleiten.

– *Planungs- und Promotorfunktion:* Der Key Account Manager hat darüber hinaus kundenbezogene Absatz- und Marketingplanungen durchzuführen, um das Geschäft mit dem jeweiligen Kunden voranzutreiben und konzeptionell abzusichern.

– *Koordinations- und Diplomatenfunktion:* Ferner besteht eine wichtige Aufgabe in Abwicklungs- und Koordinationstätigkeiten zur Regelung der diversen Austauschprozesse auf der Güter-, Geld- und Informationsebene mit dem Kunden, wobei es auch darum geht, in Interessenkonflikten der beteiligten Unternehmen „harmonisierend" zu wirken.

– *Kontrollfunktion:* Schließlich obliegt dem Key Accounter der regelmäßige Audit der Leistungen beim Kunden und die Kontrolle der Zufriedenheit.

In der Praxis wird es zunächst Aufgabe sein, nach der Identifikation von Schlüsselkunden mit Hilfe eines Kataloges möglicher Anknüpfungspunkte konkrete Beziehungsfelder auszuloten und den Leistungsumfang zu spezifizieren. Internationale Speditionen übernehmen beispielsweise schon in eigener Verantwortung die weitreichende Lösung der Logistikprobleme ihrer Schlüsselkunden mit maßgeschneiderter Software, was ein integriertes Informationsmanagement und umfassende Kundenkenntnis – repräsentiert durch qualitative Key-Accounter – voraussetzt.

Detaillierte Fachkenntnisse werden beim Key Accounter in der Regel nicht vorausgesetzt; eher soziale Kompetenzen und Organisationsgeschick, wenn es darum geht, den Auftritt der Fachleute der beteiligten Unternehmen erfolgreich zu koordinieren.

6.5 Fazit

Industrieunternehmen erfahren mehr und mehr, daß produkt- und prozeßtechnische Innovationen und Qualitätsverbesserungen allein keine Markterfolge mehr garantieren und daß die Chance zur Differenzierung vom Konkurrenten und zur Profilierung des eigenen Angebots vor allem in der Realisierung kundenorientierter Produkt- und Servicequalität liegt. Nur durch systematisches Erfassen und Analysieren gelingt es, die ermittelte „Stimme des Kunden" in Produkt-/Marktstrategien zu „übersetzen" und als Handlungsmaxime für alle Unternehmensmitglieder zu etablieren. Die Internalisierung von Kundenpräferenzen bei der Planung und Gestaltung von Unternehmensführung und Marketing zeigt sich insbesondere durch die Verfeinerung des Marktforschungsinstrumentariums im Hinblick auf eine (persönliche) Kontaktintensivierung, durch kundenorientierte Produktentwicklung und eine streng an den Kriterien „Lieferfähigkeit und -zeit" ausgerichtete Marketing-Logistik. Institutionell bietet sich für Schlüsselkunden der Einsatz von Key Account Managern an. Kundennähe bedeutet nicht punktuelle Ermittlung von Kundenanforderungen, sondern die dauerhafte Aufrechterhaltung von Kundenbeziehungen durch ständige Dialogbereitschaft, flexibles Reagieren auf (wechselnde) Kundenwünsche und die frühestmögliche Involvierung von Kunden-Anforderungen im Wertschöpfungsprozeß. Auch muß es darum gehen, die Servicequalität deutlich zu verbessern, nachdem der gesamte Prozeß der Interaktion zwischen Unternehmen, Händlern und Kunden auf Schwachstellen hin untersucht wurde. Auf der Basis einer im Einzelfall vorgenommenen Definition von Marketing-Kernkompetenzen und -prozessen einerseits und Rahmenaktivitäten andererseits sollte unter Einbeziehung möglicher Risiken und Gefahren die Auslagerung von einzelnen „peripheren" Marketingfunktionen vorangetrieben werden.

Teil IV

Konsequenzen für das Personalmanagement

1. Neuausrichtung des Personalmanagements als Implementierungsvoraussetzung für das Lean Management

Die Unternehmensmitglieder sind durch die Implementierung von Lean Management in vielfältiger Weise von Restrukturierungen, neuen Denkweisen, neuen Arbeitsanforderungen, Umgestaltungen der Arbeitsplätze, mehr oder minder starken Prozeßzwängen etc. betroffen. Es können beispielsweise Akzeptanzprobleme und Qualifikationsdefizite auftreten, darüber hinaus Erfordernisse, aufgrund der Arbeitsplatzneugestaltung und der (zumindest partiellen) Arbeitsverdichtung neue, leistungsbezogene Entlohnungsformen zu finden. Das personalwirtschaftliche Instrumentarium im Unternehmen muß einer Überprüfung auf „Lean-Tauglichkeit" unterworfen werden. Die Neu-Konzeptionalisierung des Personalmanagements sollte dahingehend ausgestaltet werden, daß die praktische Umsetzung im Unternehmen unterstützt wird und Implementationsbarrieren vermindert werden (vgl. Hentze/Kammel 1992, S. 325). Dem Personalmanagement kann insofern eine „Katalysatorfunktion in Sachen Lean Management" (Deppe 1993, S. 21) konzediert werden. Im Falle einer proaktiven, das heißt möglichst simultanen Planung und anschließender Realisierung von Lean-Managementkonzepten und personalressourcenbezogener Unternehmensfunktionen kann das Personalmanagement gar in eine „Schrittmacher-Rolle" (Reiß 1993b, S. 178) hineinwachsen mit der Konsequenz, daß zeitgerecht die adäquaten personalen Voraussetzungen der Implementierung erfüllt werden.

2. Personalauswahl und -integration

Durch Lean Management erfolgt eine Verschiebung von traditionell vor allem fachlichen Anforderungskriterien der Personalauswahl hin zu sozialen Kriterien. Die Forcierung der Teamarbeit impliziert, daß die Mitarbeiter außer nach fachlichen Kriterien ausnahmslos auch daraufhin rekrutiert werden, ob und wieweit sie sich als teamfähig erweisen und sich in ein konkretes Arbeitsteam einfügen können.

Die neuerrichteten oder im Aufbau befindlichen „schlanken" Montagewerke besitzen den unbestreitbaren Vorteil, sich unter den gegebenen regionalen Arbeitsmarktbedingungen diejenigen Mitarbeiter auswählen zu können, die den hohen Anforderungen am besten gerecht werden beziehungsweise ein hohes Entwicklungspotential aufweisen.

„Alteingesessene" Unternehmen stehen dagegen vor der Schwierigkeit, einerseits „leanbedingt" Personal unter erheblichen arbeitsrechtlichen Restriktionen abbauen zu müssen, andererseits intern die Mitarbeiter zu beschaffen, die im erforderlichen Maße Leistungsbereitschaft, Teamfähigkeit und Qualifikationen mitbringen.

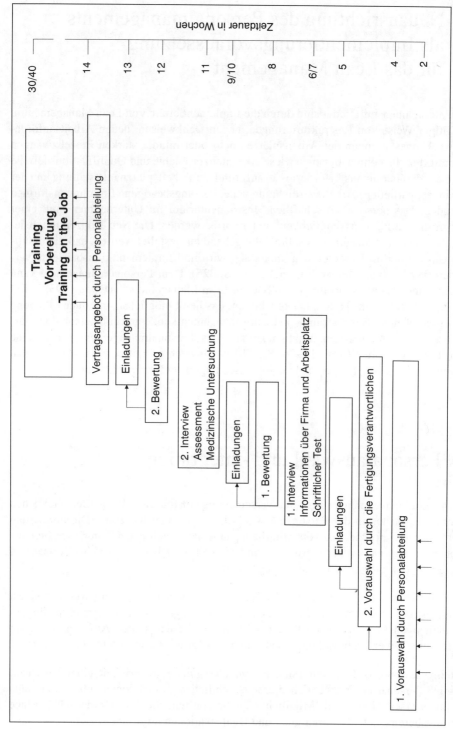

Abbildung 48: Personalauswahlprozeß am Beispiel Seat (Martorell, Spanien)

In neuen, „schlanken" Unternehmenseinheiten durchlaufen – wie bei Seat in Martorell – alle Bewerber ein gezieltes Auswahlverfahren. Diese Verfahren gestalten sich für Führungskräfte, Planungsingenieure, Cost-Center-Leiter, Supervisor beziehungsweise Teamleader oder zukünftiges Instandhaltungspersonal recht unterschiedlich und erleichtern den entsprechenden Vorgesetzten die Auswahl und Entscheidung für einen Kandidaten. Abbildung 48, Seite 188, zeigt exemplarisch den Auswahlprozeß für Mitarbeiter in der Fertigung. Die zur Verfügung stehenden Testergebnisse lassen sich mit dem Anforderungsprofil von Arbeitsplätzen abgleichen. Auf diese Weise werden die Mitarbeiter entsprechend ihren Fähigkeiten auf den für sie am besten geeigneten Arbeitsplätzen eingesetzt.

Kernelemente des Auswahlprozesses bei Seat sind schriftliche Tests (Mathematik-, Mechanik- und Ausdruckstests), Geschicklichkeitstests, Vorstellungsgespräche und Arbeitsproben. Einzel-Assessments werden auf eigens für Geschicklichkeitstests vorbereiteten Ständen durchgeführt. Eine zusätzliche Arbeitsprobe an der Fertigungslinie besteht aus einer am Arbeitsplatz durchgeführten praktischen Prüfung unter „normalen" Bedingungen (Prüfungsdauer etwa vier Stunden). Der Kandidat hat dabei die Gelegenheit, vor Ort die auszuführende Arbeit, die Arbeitsmittel, die sonstigen Einrichtungen, aber auch die Atmosphäre und das Umfeld kennenzulernen. Er trifft hier die potentiellen Teammitglieder und den möglichen künftigen Teamleiter (Supervisor). Anhand klarer Höchst- und Mindestanforderungen wird das Eignungspotential der Bewerber in den einzelnen Kategorien evaluiert. Zusätzlich werden in eingehenden Vorstellungsgesprächen von besonders geschulten Verantwortlichen für die Personalauswahl und vom Teamleiter die Kandidaten ausgesucht, die ein hohes Eignungspotential für die notwendige Gruppenarbeit aufweisen und die der Teamphilosophie anpassen können.

Zur Beurteilung der Sozialkompetenz von potentiellen künftigen Führungskräften werden in der Literatur gern Assessment-Center-Verfahren propagiert mit Übungen wie Planspiel, Fallmethoden, Gruppendiskussion etc. (vgl. zum Beispiel Jeserich 1981). Besonders die problemorientierte Diskussion in Gruppen wird oftmals als aussagekräftig für die Messung sozialer Kompetenzen des Arbeits- und Interaktionsverhaltens von Bewerbern angesehen. Dabei muß man sich allerdings hinsichtlich valider und reliabler Ergebnisse ein hohes Interpretationsrisiko vergegenwärtigen. Soll ein hoher Personal-, Zeit- und Kostenaufwand vermieden werden, können durchaus auch gezielte Bewerberinterviews dazu dienen, Rückschlüsse auf Wertorientierung, Selbstbild, Fähigkeit zur Selbstreflexion, Konfliktaustragung und -bewältigung etc. zu gewinnen. Die biographische Analyse liefert Indikatoren für soziale Fähigkeiten und Fertigkeiten; beispielsweise sind dies Engagement in Vereinen und Studienorganisationen, ehrenamtliche Mitarbeit in Institutionen, Gruppensportaktivitäten, berufliche Projektgruppenerfahrungen etc. Die diagnostische Bewertung sozialer Kompetenzen erfolgt im Gesamtkontext und ist weitaus schwieriger als die Evaluierung von Fachkenntnissen.

Die (externe) Personalbeschaffung gilt mit dem Abschluß eines Arbeitsvertrages keinesfalls als beendet, sondern mündet direkt in eine intensive Einarbeitungsphase, die zu einer möglichst raschen und reibungslosen Integration der neuen Mitarbeiter führt. Die

Einarbeitung intern gewonnener Mitarbeiter in neue Arbeitsformen gestaltet sich vergleichsweise weniger aufwendig, da beispielsweise Basis-Informationen über das Unternehmen entfallen können. Gezielte Einarbeitungsprogramme mit Bausteinen wie „Gestaltung des ersten Arbeitstages", allgemeine und arbeitsplatzspezifische „Informationsbereitstellung", „Einführungslehrgang", „tägliche Gesprächsrunden", „persönliche Betreuung", „Mitarbeitergespräch" etc. sollen hierbei helfen. Aufbauend auf den neuen Arbeitsweisen, auf dem „Station Profile" und auf der künftigen Rolle des Mitarbeiters im Arbeitsteam setzt der Teamleiter nach Vereinbarung mit dem Betroffenen fest, welche Maßnahmen und welche Reihenfolge der Personalintegration im Einarbeitungsprogramm durchlaufen werden sollen, welche ergänzenden Informationen und Hilfen er braucht und wer als permanenter Ansprechpartner/Pate zur Verfügung stehen soll, welche weiteren Trainings zu absolvieren sind und wann Beurteilungsgespräche als Feedback für die Einarbeitung stattfinden können. Die Teamkollegen sollen den „Neuen" tatkräftig unterstützen. Die mit der Einarbeitung verbundenen („On-the-Job"-)Trainingsmaßnahmen in der Fertigung umfassen beispielsweise Qualitätssicherung, kontinuierliche Verbesserungsaktivitäten, Methoden der Teamarbeit, Fertigungstechnik und Total Productive Maintenance.

Als hilfreich bei der praktischen Einarbeitung erweisen sich eigens geschaffene „Montage-Tryout-Center", wo Fertigungsabläufe und Fertigungstechnik mit Hilfe von „Lernrobotern" und Simulationsmöglichkeiten gelernt werden können, ohne daß anfängliche Fehler sogleich zum Stillstand der Produktion führen. Um den neuen (aber auch den „alten") Mitarbeitern die Möglichkeit zu geben, ihren Trainingsstand zu verfolgen, können an Tafeln die durchgeführten und geplanten Trainingsprogramme pro Mitarbeiter aufgezeigt werden. Gleichzeitig ist zu ersehen, über welche Qualifikation der einzelne verfügt und für welche Tätigkeiten er einsetzbar ist.

Bei Mercedes Benz in Rastatt werden „Lerninseln" eingesetzt. In diesen Trainingsbereichen werden alle neuen, streng selektierten Mitarbeiter zunächst vier bis sechs Wochen lang umfassend auf ihre neue Aufgabe vorbereitet. Die in Ausbildung befindlichen Mitarbeiter stehen in ständigem Kontakt mit ihrer späteren Arbeitsgruppe. Um Teamarbeit und Kommunikationsfähigkeit von Anfang an zu trainieren, eignen sich die Mitarbeiter das notwendige Können nicht nur Stück für Stück selbst an, sondern geben es gleichzeitig an wiederum neu beginnende Kollegen weiter. Die innerhalb der „Lerninseln" gefertigten Fahrzeuge sind im übrigen hochqualitative absetzbare Produkte, auch wenn der Arbeitsprozeß hier wesentlich langsamer vonstatten geht.

3. Personalbeurteilung

Grundlegendes Ziel von Personalbeurteilungen ist die Generierung von Informationen über das Mitarbeiterpotential und die anschließende, möglichst bedarfsgerechte Bereitstellung von Informationen für das Personalmanagement. Sie liefern die informatorische Basis insbesondere für Personalplanungen, Personaleinsatzentscheidungen, für die Arbeitsgestaltung und Teambildung, für Personalentwicklungsprogramme, Entgeltfindung und -differenzierung sowie Maßnahmen der Personalführung (vgl. Hentze 1991I, S. 258 f.).

Im Mittelpunkt der Personalbeurteilung stehen primär teambezogene Leistungskriterien, wie sie exemplarisch in Abbildung 49, Seite 192, in Arbeitsergebnisse, Initiative, Arbeitsstil, Fachkönnen und Kommunikation unterteilt werden. Nicht immer wird es möglich und zweckmäßig sein, individuell zurechenbare Einzelleistungen von Teamangehörigen zu evaluieren. Stattdessen wird das Team als Gesamtheit kollektiv bewertet. Einen durchaus nachahmenswerten innovativen Ansatz der Personalbeurteilung für viele westliche Unternehmen zeigen japanische Unternehmen. Dort setzt sich jeder Mitarbeiter auf der Basis eigener Aufgabenanalysen sowie Schwierigkeiten und Herausforderungen schriftliche Ziele für das kommende Jahr und schätzt nach dessen Ablauf seine Arbeitsergebnisse selbst ein (vgl. Esser 1991, S. 247 f.). Der einzelne Mitarbeiter analysiert nicht nur seine Arbeitssituation, sondern beurteilt auch seinen Qualifikationsstand und Fortbildungsbedarf, seine Arbeitszufriedenheit und körperliche Leistungsfähigkeit, seine Eignung für andere Tätigkeiten und setzt sich abschließend persönliche Entwicklungsziele.

Auf der Grundlage der eigenen Erfolgseinschätzung führt der Mitarbeiter ein Gespräch mit seinem Vorgesetzten. Dabei werden Selbsteinschätzung und Vorgesetztenurteil miteinander verglichen. Dieses regelmäßig am Jahresende stattfindende Gespräch dient der Anleitung und Unterstützung des Mitarbeiters, der Gewinnung von Verbesserungsvorschlägen im Rahmen des Total Quality Management sowie der Gewinnung einer informatorischen Basis für Potentialbeurteilungen, Weiterbildungsnotwendigkeiten und neue Einsatzmöglichkeiten. Dieser Ansatz unterscheidet sich vom klassischen „Management by Objectives" dadurch, daß vom Mitarbeiter ausgegangen wird, der sich zunächst selbst Ziele setzt und Erfolge beurteilt.

Unabhängig davon, ob anfangs Zielvereinbarungen stattfinden oder erst bei Beurteilungsgesprächen Vorgesetzten- und Selbsturteile gegenübergestellt werden: Die simple Notengebung in der Personalbeurteilung sollte verstärkt durch den Dialog zwischen Vorgesetzten und Mitarbeiter ersetzt werden, bei dem gemeinsam die Arbeitsleistung analysiert und Entwicklungsmöglichkeiten gestaltet werden. Der Vorgesetzte ist dabei aufgerufen, seine Bewertung in Rede und Gegenrede über das vergangene Jahr zu verteidigen. Auch sollte er dabei sein Führungsverhalten selbstkritisch reflektieren und Defizite des Mitarbeiters begründen.

Gegebenenfalls sind bei mangelnder Stichhaltigkeit eigene Argumente zu modifizieren. Da in dem Fall, daß ein Gespräch falsch geführt wird, mehr demotivierender Schaden als Nutzen für den gemeinsamen Erfolg bewirkt wird, muß eine intensive Schulung der Vorgesetzten hinsichtlich (möglichst standardisierter) Mitarbeitergespräche vorgenommen werden.

1. **Beitrag zu den Arbeitsergebnissen des Teams,** zum Beispiel hinsichtlich:
- Verbesserung der Kundenzufriedenheit (extern/intern) durch die Arbeitsergebnisse
- Partizipation bei der möglichst vollständigen Erfüllung des Produktionsprogrammes und der Qualitätsanforderungen
- Termineinhaltung
- Bewältigung unvorhersehbarer Anforderungen
- Lösung zusätzlicher, nicht vereinbarter Aufgaben in Selbstverantwortung des Teams
- Sicherstellung einer wirtschaftlichen Nutzung betrieblicher Ressourcen
- Management von Schnittstellen

2. **Initiative,** zum Beispiel:
- Nutzung von Entscheidungs- und Handlungsspielräumen
- Übernahme von Verantwortung
- Engagement und problemorientiertes Arbeiten
- Entwicklung realistischer innovativer Ideen für Problemlösungen
- Engagement in Qualitätszirkeln und Kaizen-Teams
- Sicherstellung der Umsetzung von Verbesserungen
- Hilfestellung bei der Integration neuer Gruppenmitglieder
- Mitwirkung bei Gestaltung der Arbeitbedingungen, -umgebung, -inhalte usw.
- Improvisationstalent

3. **Arbeitsstil,** zum Beispiel:
- Selbständigkeit und Teamorientierung
- flexible Anpassung an neue Arbeitsanforderungen
- Einsatz neuer Arbeitsmethoden
- Beachtung von Sicherheitsanforderungen
- Prioritäten- und Timemanagement
- Sicherstellung, daß sich Fehler nicht wiederholen können
- Strukturierung komplexer Fragestellungen
- ständige Lernbereitschaft und Offenheit für Neuerungen

4. **Fachkönnen,** zum Beispiel:
- hoher Kenntnisstand hinsichtlich der tatsächlichen Bedürfnisse und des Aufgabengebietes „seiner" Kunden
- Beherrschung des Aufgabengebietes, hohes Informationsniveau
- selbständige Erweiterung und Verbesserung des Fachkönnens
- Einbringung des Wissens in das Team
- Beratung und Information externer Organisationseinheiten
- Kenntnisse der Organisation und Supportsysteme
- Qualifikation in arbeitsplatzrelevanter Informationstechnologie
- Aus- und Weiterbildungsengagement

5. **Kommunikation,** zum Beispiel:
- Kontaktpflege mit Kunden (auch intern)
- Kollegialität, „teamgeistadäquates" Verhalten
- Äußerung konstruktiver Kritik
- Einsatz für die Lösung gruppeninterner Konflikte
- selbstkritische Einschätzung und Aufgeschlossenheit gegenüber Kritik
- Offenheit
- Nutzung neuer „direkter" Kommunikationswege

Abbildung 49: Beispiele für Kriterien zur Beurteilung von Teammitgliedern (ohne Personalverantwortung)

4. Qualifizierung im Umbruch

Die Qualifizierung im Unternehmen erfährt durch Lean Management eine grundlegende Neuorientierung. Beispielsweise ersetzen Teams den Spezialisten; dezentrale, weitgehend selbststeuernde Systeme implizieren, daß der Mitarbeiter verstärkt zugleich zum Planer, Ausführenden, Steuernden und Kontrollierenden avanciert. Verlangt sind hohe Flexibilität (insbesondere durch Fertigungssegmentierung), Multifunktionalität, Aufgaben- und Kompetenzerweiterungen, aber auch Bewußtseinsänderungen („Lean Management als neue Denkart"). Integrierte (Zusammen-)Arbeit erfordert vermehrt soziale Fähigkeiten, das Idealbild der lernenden Organisation entsprechende Fähigkeiten des kontinuierlichen Lernens. Spezielles Fachwissen ist durch bereichsübergreifende Qualifikation zu ergänzen mit dem Ziel, ganzheitliches, vernetztes und kundenorientiert-prozessuales Denken zu ermöglichen. Die zunehmende informationstechnologische Unterstützung der Prozesse erfordert die Beherrschung arbeitsplatzbezogener EDV-Applikationen im Rahmen eines systematischen Informationsmanagements. Zusammenfassend lassen sich folgende wichtige, die Ermittlung des konkreten Qualifikationsbedarfs leitende Kompetenzen ausmachen:

– *Fachkompetenz:* intensive, umfassende praxisnahe Kenntnisse und Fertigkeiten auf bestimmten Gebieten einschließlich der Fähigkeit, innovative Lösungen zu generieren und bei aller fachlichen „Begeisterung" unternehmerisch zu denken.

– *Methodenkompetenz:* Erfahrungen mit Methoden, deren Eignung für bestimmte Problemlösungen, selbständige Modifizierungs- und Weiterentwicklungsfähigkeit, Bereitschaft zur Anwendung neuer, bisher unbekannter Verfahren.

– *Sozialkompetenz:* verantwortungsbewußter Umgang mit Mitarbeitern, vertrauensvolle Zusammenarbeit, Teamfähigkeit, Kommunikationsfähigkeit, Fähigkeit zum Interessenausgleich, Konfliktfähigkeit und Toleranz, Empathie, Überzeugungskraft, Annahme und Verarbeitungsfähigkeit von Kritik, Standhalten von Belastungen etc.

– *Mitwirkungskompetenz:* Setzen von Impulsen, aktive, konstruktive und kreative Mitgestaltung von Arbeitsplatz und Prozessen, kontinuierliche Verbesserungsvorschläge, Hinarbeiten auf Lösungen.

– *Prozeß- und Projektmanagementkompetenz:* durchlauforientiertes vernetztes Denken, fachliche Kooperation, internes Kundenprinzip, Just-In-Time-Verhalten, Erkennung von Parallelisierungsmöglichkeiten, Methodik des Projektmanagements, Informationsmanagement-Kenntnisse, Organisations- und Improvisationstalent.

– *Lernkompetenz:* „Gelernt haben, zu lernen", Problemfrüherkennungsfähigkeit, Offenheit für Neuerungen, ständige Bereitschaft zur Weiterqualifikation, Experimentierfreudigkeit, ständig hohes Informationsniveau und flexibles Denken (Aufgabe obsoleter konventioneller Denk- und Arbeitsweisen, laufende kritische Überprüfung von Problemen und Lösungen in neuen Zusammenhängen).

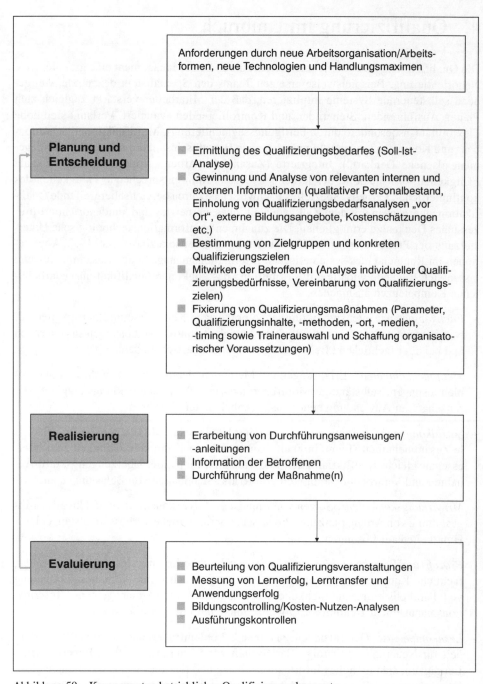

Abbildung 50: Komponenten betrieblicher Qualifizierungskonzepte

Es erscheint plausibel, daß der einzelne kaum das gesamte Spektrum der vielschichtigen Kompetenzen abzudecken vermag. Umso wichtiger wird die Vernetzung von Spezialwissen in Teams und deren Zusammensetzung durch Mitglieder mit hohem Qualifikationsniveau, gleichzeitig aber auch mit sich wechselseitig ergänzenden Fähigkeiten. Die Anforderungen neuer Denk- und Handlungsmaximen, neuer Arbeitsformen und ihre (geplante) Implementierung in Unternehmen bilden die Basis für die Ermittlung des konkreten Qualifizierungsbedarfs (vgl. Abbildung 50, Seite 194).

5. Training on the job/off the job

Zur Gewinnung von Generalisten wird verstärkt Job Rotation auf allen Ebenen eingesetzt. Idealtypisch wechseln die Mitarbeiter regelmäßig ihren Tätigkeitsbereich innerhalb des eigenen Aufgabenbereiches sowie in andere Abteilungen der betreffenden Geschäftseinheit, aber auch über deren Grenzen hinaus auf Positionen der Gesamtunternehmungsebene. Dadurch ist ein breites Verständnis für die Aufgaben, Probleme und Bedürfnisse anderer Abteilungen und Teams im Unternehmen ebenso vorhanden wie der persönliche Kontakt zur schnellen Lösung anstehender Probleme. Job Rotation kann als ein zentraler Baustein von On-the-Job-Trainingseinheiten in Qualifizierungsprogrammen angesehen werden, bei denen realitätsnahe Kenntnisse in der täglichen Konfrontation mit den konkreten Arbeitsaufgaben erfolgt („Learning by doing" bei gleichzeitiger Erfüllung produktiver Arbeitsleistungen).

Zur Vorbereitung auf die Praxis an den Montagelinien eignen sich Lean Production-Workshops, die auch direkt in der Montage abgehalten werden. Neben den üblichen Informations-Präsentationstechniken (Vorträge, Fallstudien, „Trockenübungen" etc.) können Arbeitsgruppen gebildet werden, die – falls noch vorhanden – unter der Federführung von (internen oder externen) „Lean-Spezialisten" direkt in der Fertigung herkömmliche Montagelinien (Montageschritte, Maschinentakt, Arbeitsinhalte) analysieren und auf der Basis des Gelernten praktische Umgestaltungsvorschläge nach den Regeln des Lean Manufacturing erarbeiten.

Off-the-Job-Training, welches nicht zwangsläufig unternehmensbezogen mehr dem Erlernen von theoretischem Wissen, von fachlichen Grundlagen und Verhaltensweisen dient und wegen seiner innovationsfördernden Inputs komplementär erfolgen sollte, darf nicht auf standardisierte Seminare reduziert werden. Zunehmend wird bei der Vermittlung von Fachwissen auf interaktive, computergestützte Lernmedien im Unternehmen zurückgegriffen. Interaktive, multimediagestützte Lernsysteme lassen sich beispielsweise simultan mit der Entwicklung von Neu-Produkten erstellen. Dies hat zeitverkürzend die Folge, daß schon bei der Markteinführung ein hohes produktspezifisches Informationsniveau erreicht werden kann. Die neuen Medien erlauben ein arbeitsplatznahes Selbststudium (in Unterlastzeiten). Anders als bei herkömmlichen Methoden (zum Beispiel Vorträge, Bücher) werden die Anwender aktiv zum Lernen „erzogen" und die Realität wirklichkeitsnah simuliert. Ein konkretes Beispiel für computergestützte Trainingsstationen mit Video-, Audio-, Grafik- und Textbausteinen in einem interaktiven Lernprogramm bietet die Simulation von Arbeitsvorgängen im Technischen Kundendienst eines Automobilherstellers: Das Einstellen und Reparieren von Motoren wird trainiert, indem auf dem PC grafisch simulierte Motorvorgänge interaktiv beeinflußt werden (vgl. Wojatzek 1992, S. 56).

Zusätzlich zu Maßnahmen der fachlichen Qualifizierung (konkret zum Beispiel im Hinblick auf das ISO-9000-Zertifikat im Qualitätsmanagement) erhalten Weiterbildungsmaßnahmen hinsichtlich einer Verbesserung der sozialen Kompetenz mehr Gewicht. Ein erster Einstieg kann zum Beispiel durch Rhetorikseminare, Seminare zur Gesprächs- und Verhandlungsführung, durch Selbsterfahrungs-Workshops, durch Kommunikationstraining und durch Seminare zum Projekt- und Teammanagement, zur Konflikthandhabung bis hin zum Selbstmanagement erfolgen.

Erfolgt bislang Qualifizierung beziehungsweise Weiterbildung „in vielen Betrieben weitgehend isoliert vom normalen Betriebslauf" (Staudt 1989, S. 383), so ist das zentrale Postulat der Zukunft ihre Integration im Sinne eines kontinuierlichen, „lebenslangen" Lernens am Arbeitsplatz. Das „Betriebliche Bildungswesen" wirkt nunmehr stärker als Service- und Beratungsinstitution im Unternehmen, während die Entscheidungskompetenzen in die Linie verlagert werden, die darauf allerdings erst fachlich vorbereitet werden muß.

6. Ansätze der Teamentwicklung

Eine Arbeitsgruppe wächst, reift beziehungsweise entwickelt sich dann, wenn sie willens und fähig ist, realistisch mit sich selbst und ihren Problemen umzugehen, gemeinsame Entscheidungen zu treffen und in diesem Sinne auch tatsächlich zu handeln. Eine längerfristig orientierte Teamentwicklung in reorganisierten, hierarchisch „abgeflachten" Unternehmen erscheint deshalb besonders notwendig, weil in vielen Fällen Führungskräfte, ohne je Teamfähigkeit bewiesen zu haben, bisher quasi als „Einzelkämpfer" betrieblich sozialisiert wurden. Teamentwicklungskonzepte verfolgen das grundlegende Ziel, die Leistung einer Arbeitsgruppe langfristig zu steigern, indem dysfunktionale Wirkungen in der bisherigen Arbeit transparent gemacht und analysiert, schließlich Lösungsvorschläge erarbeitet werden. Eine präventive Funktion erfüllt die Teamentwicklung dann, wenn von vornherein mögliche Probleme reflektiert und bei „Start-Up-Meetings" Grundsätze und Spielregeln für eine vertrauensvolle künftige Zusammenarbeit festgelegt werden. Schließlich ist es grundlegende Aufgabe der Teamentwicklung, die Teammitglieder in die Lage zu versetzen, sich und ihr Team selbständig weiterzuentwickeln.

Im einzelnen soll die Teamentwicklung unter anderem beitragen zur:

– Vermittlung von „Teamgeist" und von Voraussetzungen der „True Teamwork",

- Förderung gemeinsamer Wertvorstellungen und partnerschaftlichen Verhaltens im Team sowie Verhinderung von „Machtkämpfen",
- Verbesserung von Kommunikation und sozialer Sensibilität,
- Förderung der gegenseitigen Unterstützung,
- Bewußtwerdung der Dynamik von Gruppenprozessen,
- Stärkung des Verständnisses für die Rolle eines jeden Teammitgliedes innerhalb der Arbeitsgruppe und des gegenseitigen Aufeinanderangewiesenseins,
- konstruktiven Handhabung von Konflikten und zur Verbesserung der Zusammenarbeit (einchließlich Fragen der Optimierung von Arbeitsorganisation und der Koordination),
- Intensivierung der teamübergreifenden Kooperation mit anderen Arbeitsgruppen.

Teamentwicklung wird zumeist anhand von Phasenmodellen beschrieben, wobei der Ansatz von Tuckman (1965) relativ weite Verbreitung gefunden hat. In diesem Ansatz werden die Phasen „Forming", „Storming", „Norming" und „Performing" unterschieden. Der erfolgreiche Abschluß der vorgeschalteten sozio-emotionalen Entwicklungsphasen gilt als Voraussetzung für „True Teamwork", die Gemeinschaftsgeist, Gruppenkohäsion, gegenseitige Unterstützung, Vertrauen etc. und sachrationale Aspekte („Getting Things Done") der Planung, Strukturierung, Projektarbeit usw. miteinander verbindet.

„Forming" (Formierungsphase)

Am Anfang steht eine Phase des „Entdeckens" und der vorsichtigen Annäherung. In diesem frühen Stadium sind viele Teammitglieder noch unsicher, was vom Team und vom einzelnen Teammitglied erwartet wird. Die Akteure beginnen zu lernen, welche Ziele zu erfüllen sind, mit wem sie es zu tun haben und schätzen ein, welche Rolle sie künftig im Team spielen werden. Noch sind die gemeinsamen Arbeitsergebnisse eher bescheiden, man konzentriert sich auf das Kennenlernen und auf die Herstellung von Arbeitsbeziehungen, die zunächst intensiviert und dabei auch sozio-emotional stabilisiert werden müssen.

„Storming" (Konfliktphase)

Nach der Formierungsphase kommt es häufig zu Konflikten im Team, weil beispielsweise Ungeduld bezüglich der mangelhaften inhaltlichen Fortschritte der Teamarbeit auftritt. Die Teammitglieder müssen einsehen, daß ihre hohen Erwartungen an die Arbeit im Team, die sie sich oftmals auch ganz anders vorgestellt haben, nicht erfüllt werden. Wut und Frustration schaffen eine „gereizte" Arbeitsatmosphäre (Austeilen von Tadel, destruktives „Zurückschlagen", „Scheingefechte" etc.). Koalitionen werden geschmiedet, dominante Personen versuchen sich durchzusetzen, unterschiedliche Wertvorstellungen kommen zum Vorschein. Obgleich fieberhaft an Fragen der Teamzielsetzungen, der Aufgabenerfüllung, der gemeinsamen Verantwortlichkeiten, der Rollen einzelner Akteure usw. gearbeitet wird, erreicht die Gruppe im Ergebnis nur wenig.

„Norming" (Normierungsphase)

Harmonisierung und Beginn von Gruppenkohäsion bestimmen die Normierungsphase. Kompetitive Verhaltensweisen verwandeln sich in kooperative Beziehungsmuster. Die Kommunikation im Team wird offener, Vertrauen entwickelt sich, Teamklima und Teamidentität verbessert sich. Allmählich steigert sich auch die Arbeitsleistung.

„Performing" (Arbeitsphase)

„Echte" Teamarbeit findet statt, wenn sozio-emotionale und sachrationale Aspekte so zusammenwirken, daß die gemeinsamen Ziele in höchst produktiver Weise realisiert werden. Um diesen Status aufrechtzuerhalten, müssen „Group Think", das heißt allzu starke Gruppenkonformität vermieden, die Zusammenarbeit laufend hinterfragt, die Arbeitsergebnisse kontrolliert, die Arbeitsmethoden verbessert und kontinuierlich Weiterentwicklungsmöglichkeiten ausgelotet werden.

Die Teamarbeit wird idealtypisch – unabhängig vom Entwicklungsstadium – laufend von Evaluierungs- und Trainingsmaßnahmen begleitet. Am Anfang von gezielten, das heißt auf die Erreichung der vierten Phase gerichteten Teamentwicklungsprozessen steht nicht selten die wichtige Aufgabe, die Mitglieder davon zu überzeugen, daß überhaupt ein Handlungsbedarf zur Reorganisation und Verbesserung der gemeinsamen Arbeit besteht. In der Praxis existieren multiinstrumentelle Trainingskonzepte der Teamentwicklung unterschiedlicher Coleur entsprechend der zugrundeliegenden Problemsituation (vgl. zum Beispiel Dyer 1977). Gemeinsam ist ihnen jedoch, daß fast alle Modelle nach den folgenden drei grob unterteilten Schritten ablaufen:

– Diagnose der Teamsituation und Schwachstellenanalyse (schriftliche Fixierung von Teamproblemen, Fragebogenaktionen, Einzelinterviews, Beobachtung durch Berater etc.),
– Rückkopplung der Informationen an das Team,
– Planung von konkreten Maßnahmen.

Im ersten Schritt werden Informationen durch einen internen oder externen Berater gesammelt. Sie ermöglichen eine Charakterisierung des Teams bezüglich individueller Einschätzungen, Rollenverteilung, Führungsverhalten, Entscheidungstechniken, Vertrauen, Kommunikation, gemeinsamen Zielen, interpersoneller Probleme etc. und bilden eine Basis für das in einem zweiten Schritt stattfindende Gruppentreffen. Im Rahmen dieses Treffens, das möglichst außerhalb des Unternehmens erfolgen und ca. drei Tage dauern sollte, werden in Diskussionsrunden die Situation des Teams und der Teammitglieder reflektiert und die Teammitglieder für Kommunikationsstörungen sensibilisiert. Unter Beisein des Beraters, der hier als eine Art Moderator fungiert, werden Schwierigkeiten identifiziert und Schwachstellen gegenüber Leitmaximen der Teamarbeit besprochen und ursächlich geklärt.

Auf der Basis der gesammelten Daten und Informationen werden von der Gruppe eine Prioritätenliste erarbeitet und ein Maßnahmenkatalog verabschiedet. Dabei ist danach zu differenzieren, welche Lösungen sofort und direkt realisierbar und welche Maßnahmen erst mittel- bis langfristig – unterstützt durch Trainingsprogramme – in die Tat umsetzbar sind. Trainingsinhalte können beispielsweise sein:

– Optimierung der Arbeitsorganisation und des Produktionssystems,
– Problemlösung und Entscheidungsfindung im Team,
– Vertrauensbildung im Team,
– Teamzusammenstellung und Einbindung schwieriger Teammitglieder,
– Analyse der Stellung des Mitarbeiters im Team und des Teams im „schlanken" Unternehmen,
– Vor- und Nachteile der Teamarbeit,
– fördernde und hemmende Faktoren für erfolgreiche Teamarbeit,
– Umgang mit Krisen und Konflikten,
– Einfluß des Führungsstils auf die Zielwirksamkeit der Teamarbeit,
– Gruppendynamik und Prozeßanalyse und
– Sensitivity Trainings.

Im Sinne eines Training on the job (zumindest aber „near the job") kann es von Vorteil sein, das Training nicht in Schulungseinrichtungen sondern direkt in der angestammten Arbeitsumgebung – mit oder ohne externe Trainer – abzuhalten und Praxisprobleme und deren Lösungen direkt einzubeziehen. „Pilotkonzepte" können bei der endgültigen Konzeptionalisierung der Teamqualifizierung helfen. Eine ungewöhnliche Trainingsvariante besteht – wie beispielsweise bei Ford durchgeführt – in einem mehrtägigen „Out-Door"-Training, bei dem Mitarbeiter und ihre Vorgesetzten gemeinsam zum Beispiel einen Unterstand bauen. Ziel dabei ist es, sich unter „verfremdeten Produktionsbedingungen" in ein Team einzubringen und bisher nicht beachtete Verhaltensweisen zu erproben. Derartige direkte Kontakte zwischen der Werkleitung und der Belegschaft können sich im Sinne einer effizienten Gruppenarbeit als unerläßlich erweisen. Die positiven Erfahrungen bei der Einübung des „Wir-Gefühls" hat Ford veranlaßt, regelmäßig Kamingespräche – sogenannte Skip-Level-Meetings – abzuhalten, in deren Rahmen die Beteiligten gleichberechtigt ohne Ansehen von Person oder Rang offen miteinander diskutieren.

Teamentwicklungsprogramme sollten schließlich die Evaluierung des Gelernten beziehungsweise der beschlossenen Veränderungen im Arbeitsalltag des Teams beinhalten ebenso wie eine kritische Überprüfung der Programme selbst. Die Teammitglieder benötigen ein Feedback darüber, wieweit zentrale Kriterien „echter" Teamarbeit erfüllt werden und welche Verbesserungsnotwendigkeiten noch bestehen. Der Erfolg von Maßnahmen der Teamentwicklung hängt wesentlich von der Akzeptanz der Maßnahme und des Trainers beziehungsweise Moderators durch die Betroffenen, deren prinzipieller Teamfähigkeit und Kommunikationsbereitschaft und der bereits möglichst frühzeitig spürbaren Erfolgswirksamkeit in der Teamarbeitspraxis ab.

7. Management Development

Die Forderung nach vermehrtem und verbessertem Lernen im Unternehmen hat erhebliche Konsequenzen für die Führungskräfteentwicklung, weil künftig ein „neuer Manager-Typ" benötigt wird. Auf der Basis eingehender Management-Potential-Diagnosen (vgl. Sarges 1990) gilt es, frühzeitig Management-Development-Konzepte zu erarbeiten, die die neuen Führungspotentiale entwickeln helfen, was in der Regel erst in langfristiger Perspektive realisierbar ist. Management Development ist mehr und mehr zu einer Grundfunktion des Managements geworden (vgl. Ulrich/Fluri 1992, S. 255) und zielt auf die Förderung, Entdeckung und Plazierung von Führungskräften ab, wobei klare Entwicklungsziele und individuelle Laufbahnpläne die Maßnahmen und Programme steuern.

Die Anforderungen an die Führungskräfte sind vielfältig und hoch. Sie erfordern im Hinblick auf das alte Bild des „Machers" mit einem traditionellen Verständnis von fachlicher und personeller „Herrschaft" ein weitreichendes Umdenken. Führungskräften fallen neue Aufgaben und Anforderungen zu hinsichtlich Koordination und Kommunikation, Konfliktlösung, Kenntnissen in der Steuerung gruppendynamischer Prozesse, Optimierung von Montageabläufen und logistischen Prozessen, Information und Qualifizierung von Mitarbeitern. Das Anforderungskriterium „Belastbarkeit" erhält durch die strengen Zielkostenvorgaben für die einzelnen Responsibility-Center für die Verantwortlichen eine wichtige Bedeutung.

Neben der Aneignung breiter fachlicher Qualifikationen zur Überwindung einseitigen Ressortdenkens zugunsten einer Interdependenzen und Schnittstellenproblematiken integrierenden, ganzheitlichen („General"-) Managementperspektive sind soziale Qualifikationen wie Empathie, Kommunikationsfähigkeit, Wahrnehmungsfähigkeit sozialer Situationen (einschließlich zutreffender Selbstwahrnehmung), Kritikfähigkeit wichtig, ferner die Fähigkeit, Verhalten des Interaktionspartners als Konsequenz des eigenen Handelns zu erkennen.

Die Responsibility-Center-Struktur im schlanken Unternehmen verlangt den aktiven Gestalter des „Unternehmens im Unternehmen", den sogenannten Intrapreneur. Für dieses „innerbetriebliche Unternehmertum" verantwortlich denkender und handelnder Führungskräfte, die über ein erhebliches Maß an Risikobereitschaft, Initiative, Erfolgswillen, Netzwerk-Denken, Kostenbewußtsein und Projektmanagement-Erfahrungen verfügen müssen, sind umfassende und feinabgestimmte Trainingsprogramme und Anreizsysteme notwendig, ebenso die Schaffung neuer organisatorischer Rahmenbedingungen und ein tiefgreifender Wandel bürokratisch-administrativ ausgerichteter Unternehmenskulturen (vgl. Reiß 1993a). Die Förderung des individuellen „Machertyps" liefe aber dem zentralen Lean-Management-Postulat der Integration und engen Zusammenarbeit zuwider. So ist ein kollektiv handelndes Netzwerk von Intrapreneuren erforderlich, welches die für eine erfolgreiche Unternehmensführung unverzichtbaren Qualitäten eines professionellen Managements synergetisch nutzt (vgl. Staehle 1991a, S. 118). Gegenseitige Unterstützung kann dazu beitragen, daß die aufgrund der vielfältigen und

Rolle der Führungskraft im „schlanken" Unternehmen	Zentrale Anforderungskriterien	Instrumente

▪ Abgabe von Verantwortung/Mitarbeitereinbeziehung bei Entscheidungen („Empowerment")
 ▪ Gestaltung optimaler Arbeitsbedingungen (einschließlich innovationsförderlicher Unternehmensstrukturen)
 ▪ Vermittlung neuer („leankonformer") Werte, (Teamgeist, Aufbau und Pflege von Trust Relationships, gegenseitige Verpflichtung/Unterstützung, direkte, offene Kommunikation, kundenorientiertes Denken, Lernbereitschaft usw.)
 ▪ Integration unterschiedlicher Personen mit heterogenen Persönlichkeitsmerkmalen, Steuerung gruppendynamischer Prozesse und Konfliktlösung
 ▪ Integration von System im Rahmen interdisziplinärer Zusammenarbeit
 ▪ Einschwörung der Mitarbeiter auf das gemeinsame Ziel
 ▪ Aktive Mitarbeit an der Gestaltung des Wandels (die Führungskraft als „Change Agent")
 ▪ Koordination, Motivation und Inspiration der Mitarbeiter
 ▪ Sorge für den reibungslosen Ablauf von Prozessen
 ▪ Übernahme unternehmerischer Aufgaben („Intrapreneurship")
 ▪ Aufbau von Teams und „Spielmacherfunktion"
 ▪ Formulierung, Implementierung und Kontrolle von Strategien
 ▪ Auswahl, Entwicklung und individuelle Förderung der Mitarbeiter
 ▪ „Katalysatorfunktion" im Hinblick auf Informations- und Kommunikationsprozesse
 ▪ Optimierung von Prozessen (Geschäftsabläufe, Fertigung, Logistik, Arbeitsorganisation etc.)
	▪ Erhöhte Lernbereitschaft und -fähigkeit
	 ▪ Konflikt- und Teamfähigkeit
	 ▪ Soziale Kompetenzen, Kommunikationsfähigkeit
	 ▪ Strategische Kompetenzen, markt- und kundenorientiertes Denken
	 ▪ Anpassungsfähigkeit, Flexibilität und Kreativität
	 ▪ Systemisch-ganzheitliches (Netzwerk-)Denken
	 ▪ Risikobereitschaft, Initiative und Erfolgswillen
	 ▪ Eignung als Vorbild, „Coach" und „Trainer"
	 ▪ Fachliche und methodische Kompetenz (kein verengtes „Scheuklappenwissen", sondern breite Fundierung, Aufgabe des Ressortdenkens)
	 ▪ Kenntnisse in der Steuerung gruppendynamischer Prozesse
	 ▪ Unternehmerisches Denken und Belastbarkeit
	 ▪ Bereitschaft zur Entwicklung gemeinsamer Wertvorstellungen (Teamebene, Unternehmen, Netzwerk) und zum Aufbau von die Zielrealisierung stützenden „Trust Relationships"
		▪ Führungskräftebestandsanalyse
		   – Analyse und Prognose des quantitativen und qualitativen Bestandes
		   – Management-Potential-Diagnosen
		   – Stellenpläne, Personalakten, -statistiken, Mitarbeitergespräche
		 ▪ Führungskräftebedarfsermittlung
		   – Strategie und künftige Struktur
		   – Altersstruktur/Personalbewegungen
		   – Anforderungs-/Eignungsprofil-Vergleiche
		 ▪ Führungskräftebeschaffung
		   – Personal-/Potentialbeurteilung
		   – Assessment Center
		   – (externes) Personalmarketing
		   – Nachwuchsprogramm
		 ▪ Training/Förderung
		   – (horizontale) Karriereplanung
		   – Workshops/Training (on/near/off the job)
		   – Job Rotation Cross Exchange/Projektarbeit
		   – Ansätze des „Job Redesign"
		   – Coaching/Mentoring

Abbildung 51: Bausteine des Management Development

hohen Anforderungen notwendigerweise vorhandenen Schwächen einzelner auf bestimmten Gebieten kompensiert werden.

Die Entwicklung des „neuen Managertypus" ist bisher über das Stadium einer auf breiter Basis akzeptierten „Herausforderung" nicht hinausgekommen. Umfassende praxiserprobte Konzepte fehlen bislang weitgehend. Management-Development-Programme (vgl. Abbildung 51, Seite 201) lassen sich keinesfalls standardisieren oder losgelöst vom unternehmensspezifischen Strategischen Management und vom organisationalen Wandel erarbeiten.

Die erforderliche Managementkompetenz entwickelt sich nicht primär aus einer anspruchsvollen akademischen Ausbildung heraus. Schon früh hat beispielsweise Livingstone (1971), basierend auf US-amerikanischen Studien, festgestellt, daß Off-the-Job-Training im Unterrichtsraum keinen Erfolg im praktischen Management garantieren kann. Praxisfern läßt sich kaum vermitteln, was in realen Situationen wirklich wichtig ist. Selbst praxisorientierte Management-Simulationsmethoden (Fallstudien, Rollen- und Planspiele) in universitärer und betrieblicher Aus- und Weiterbildung erweisen sich oft als „konstruiert" und in den Schlußfolgerungen unrealistisch. Management kann nur durch „gelenkte Erfahrung" („Guided Experience") gelernt werden. Hinzu treten On-the-Job-Training und Job Rotation als wichtige, systematisch eingesetzte Bausteine strategisch orientierter Management-Developmentkonzepte. Als Ergänzung – nicht als Ersatz – können unter laufender Evaluierung des Lerntransfers in die Praxis lernaktivistische Simulationsmethoden „near the Job" durchgeführt werden.

Lean Management bedeutet vor allem für den Führungskräftenachwuchs und dessen Karrierepläne eine deutliche Umstellung. Nicht wenige Positionen, ehedem mit Macht, Status und hohem Einkommen ausgestattet, werden durch die „Abflachung" von Hierarchien bei Wegfall kompletter Leitungsebenen überflüssig. Fach- und Projektlaufbahnen ohne umfassende Personalverantwortung erhalten größere Bedeutung. Die traditionellen Karrierechancen mit vielstufigen Möglichkeiten des Aufstiegs sind deutlich gemindert. Dafür tritt die individuelle Entwicklungsfunktion von Karriere in den Vordergrund. Die horizontale, crossfunktionale Karriere muß künftig mehr als Weiterentwicklung der Persönlichkeit bewertet werden. Wichtiger Karrierebaustein ist dann die häufige „Job Rotation" zwischen verschiedenen Ressorts, Aufgaben und Funktionen (Stab-, Linienmanager, Generalist, Spezialist, Projektmanager etc.) bis hin zu „On-the-Shopfloor"-Hospitationen in der Fertigung, beispielsweise im Rahmen von Trainee-Programmen. „Job Redesign" bedeutet einerseits horizontale Erweiterung des Aufgabenumfanges („Job Enlargement"), andererseits vertikale Erweiterung durch mehr Entscheidungskompetenz („Job Enrichment"). Auf diese Weise werden mehr Aufgaben als früher dem Verantwortungsbereich einer Führungskraft zugeordnet, die Tätigkeiten auf den einzelnen Ebenen anspruchsvoller und zugleich höherwertiger. Für viele Führungsnachwuchskräfte wird der – nicht zwangsläufige – Aufstieg künftig länger dauern.

8. Arbeitszeitflexibilisierung

Obgleich flexible Arbeitszeitmodelle schon lange in der Diskussion sind und ihnen trotz Meßproblematik und unzulässiger Pauschalisierungstendenz im Ergebnis eine positive Wirkung auf Arbeitszufriedenheit und Leistung konzediert wird (vgl. Hentze 1991II, S. 219 ff.), haben sich die vielfältigen Modelle, die Arbeitszeit als eine flexibel gestaltbare Größe begreifen, in den an Uniformität und Starrheit der Arbeitszeit gewöhnten industriellen Großunternehmen nur partiell durchgesetzt. Eine grundlegende Bewußtseinsänderung hat flächendeckend in den Unternehmensleitungen bislang nicht stattgefunden, wenngleich sich inzwischen die Gewerkschaftsseite, Flexibilisierungskonzepten gegenüber aufgeschlossener zeigt. Durch die Implementierung von Lean Management wird in der Unternehmenspraxis auch das Arbeitszeitszeitmanagement tangiert, insbesondere wenn den Arbeitsgruppen auf breiter Ebene große Entscheidungsspielräume und erhöhte Dispositionsmöglichkeiten zugebilligt werden sollen. Folgende Entwicklungen im Hinblick auf die Gestaltung der Arbeitszeit kristallisieren sich heraus (vgl. Schneider 1992, S. 700 ff.):

– Die Delegation von Disposition, Planung, Ergebniszielen und -verantwortung wird auch mit der Delegation von Entscheidungskompetenzen über die Arbeitszeit einhergehen. Dies kann praktisch zum Beispiel so aussehen, daß in einer Betriebsvereinbarung lediglich Eckpunkte zur Arbeitszeit vorgesehen sind, über die konkrete Einteilung aber die Gruppen entscheiden.

– Die Konzentration auf den Wertschöpfungsprozeß, die Unternehmensvernetzung mit ausgewählten Zulieferern, das Just-In-Time-Prinzip und die stärkere Kundennähe implizieren eine zunehmende Synchronisation von Arbeitsanfall und Arbeitszeit, sowie eine arbeitszeitbezogene Verkettung der an den Kernprozessen beteiligten Unternehmen und unternehmensinternen Akteure.

– Die wachsende Aufgabenintegration und die Bestrebungen zu einer weiteren Entkoppelung von Maschinenlauf und Arbeitszeiten schaffen bessere Voraussetzungen für eine Zunahme zeitlicher und Individualisierungs- und Flexibilisierungspotentiale. Herkömmliche starre Schichtsysteme lassen sich zum Beispiel durch Mehrfachbesetzungssysteme, Einbeziehung von Teilzeitkräften, flexible Arbeits- und Betriebszeiten sowie Modularbeitszeiten (vgl. hierzu im Detail Knauth/Hornberger 1993) wesentlich variabler sowohl den Unternehmensinteressen beziehungsweise Prozeßzwängen als auch den tariflichen Vorgaben und den Mitarbeiterpräferenzen anpassen.

9. Von Akkord- und Zeitlohnsystemen zum Prämienlohn-Konzept in der Fertigung

Herkömmliche Akkord- und Zeitlohnsysteme erweisen sich für neue gruppenorientierte Arbeitsformen in der Fertigung als zu starr. Diese Konzepte besitzen in der Praxis oft eine große Zahl von Einstufungsmerkmalen und Lohnstufen, sind also äußerst komplex. Anforderungen an neue Lohnkonzepte beinhalten dagegen im wesentlichen:

- die Ausrichtung an den neuen, umfassend definierten Arbeitsinhalten und Leistungsbezogenheit,

- individuelle Entlohnung, aber Berücksichtigung von Gruppenleistungen als Einheit (zum Beispiel Gruppenprämien),

- explizite Berücksichtigung verantwortungsvollerer „höherwertiger", planender, gestaltender, steuernder und kontrollierender Tätigkeiten,

- Flexibilitäts- und Qualifikationsförderlichkeit (unter anderem rasches „unbürokratisches" Reagieren auf Belange des Produktionsablaufes, Bereitschaft und Qualifizierung für flexible Personaleinsätze),

- Entwicklung eines Prämiensystems und Berücksichtigung der unterschiedlichen Qualifikationen, um innerhalb der Lohnstufen Individuen auf Grund ihrer Leistung (beziehungsweise Einsatzflexibilität) von der Gruppe unterscheiden zu können,

- mehr „Lohngerechtigkeit" beziehungsweise Gleichheit und Einheitlichkeit durch weniger Lohnstufen beziehungsweise -gruppen und

- eine höhere Transparenz des gesamten Entlohnungssystems.

Als Gestaltungsparameter bieten sich grundlegend ein Grundentgelt und ein variabler Anteil (Prämienlohn) an (vgl. Abbildung 52, Seite 205). Wenn erreicht werden soll, außer der quantitativen Leistung auch die Qualifikation und die Flexibilität der Mitarbeiter zu honorieren, „dann muß ein solches System nicht nur belohnen, was jemand *tut*, sondern vor allem auch, was jemand *kann*" (vgl. Ulich 1992, S. 323). Es kommen Polyvalenz- beziehungsweise „Pay-for-Knowledge"-Ansätze zum Einsatz.

Die vom Mitarbeiter beeinflußbare Flexibilitätszulage ermöglicht eine Entlohnung, die dem Mitarbeiter einen Anreiz zur Qualifizierung gibt. Mit diesem Bestandteil wird der Forderung nach ständiger Steigerung der Flexibilität eines jeden Gruppenmitgliedes entsprochen, wobei im Einzelfall Art und Stufen der (wünschenswerten) Flexibilität definiert werden müssen. Mit der Integration eines Leistungswertes im Grundlohn wird erreicht, daß eine Ausgangsbasis für eine Leistungsbewertung beziehungsweise Leistungsdifferenzierung geschaffen wird. Zur Ermittlung des Leistungswertes wird beispielsweise eine Standardmengenleistung auf „Gutstückbasis" herangezogen. Diese Standardmengenleistung wird mit Hilfe von Äquivalenzziffern dargestellt. Die Ermittlung der Äquivalenzziffern erfolgt mit Hilfe von Vorgabezeiten, wobei die in der Vergangenheit durchschnittlich angefallenen Nacharbeiten an Erzeugnissen, Stör- und Rüstzeiten Be-

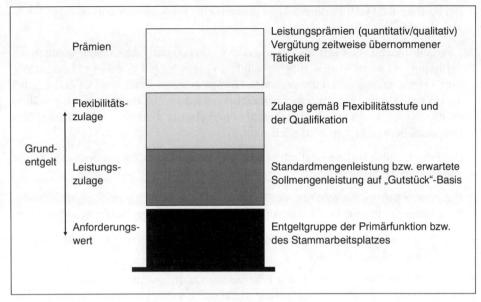

Abbildung 52: Bestandteile eines an Gruppenarbeit angepaßten Entgelts
(Quelle: in Anlehnung an Roland Berger & Partner GmbH Unternehmensberatung)

rücksichtigung finden. Für die Einordnung der einzelnen Arbeiten in die Lohngruppen (Bestimmung des Anforderungswerkes) sind in der Regel die tariflichen Bestimmungen maßgeblich.

Insgesamt sollte ein qualifikationsorientiertes Grundentgelt nach folgenden Grundsätzen gewährt werden:

– Alle in einem Arbeitsbereich einer Gruppe anfallenden Tätigkeiten werden Qualifikationen zugeordnet. Diese Qualifikationen werden in das neue überschaubare, stufenreduzierte Lohndifferenzierungsmodell eingeordnet.

– Die Mitglieder einer Gruppe werden nach der höchsten Qualifikation, die sie beherrschen und von der Gruppe benötigt wird, bezahlt.

– Das höchste in einer Gruppe zu vergebene Entgelt wird erst dann gewährt, wenn das Gruppenmitglied alle Qualifikationen beherrscht, die von der Gruppe benötigt werden.

– Eine vergütete Qualifikation muß innerhalb einer bestimmten Periode voll entfaltet werden, um zu gewährleisten, daß diese auch im erforderlichen Umfange beherrscht und genutzt wird. Ein Einkommensschutz für den Mitarbeiter wird nur dann ohne De-Facto-Ausübung gewährt, falls er (zum Beispiel in einer Lernbox) nachweisen kann, daß er die Qualifikation problemlos auszuüben vermag.

– Bei bestimmten Qualifikationen kann generell eine Prüfung oder ein sonstiger Nachweis erforderlich sein.

Der variable Anteil, gewährt als Prämie, kann an zentralen, zunehmend qualitativen Zielkriterien und deren Realisierung anknüpfen. Folgendes gilt es dabei zu beachten:
– Eine Prämie muß generell der gesamten Gruppe gewährt werden, da es Ziel ist, daß die gesamte Gruppe die vorgegebenen Ziele verfolgen soll. Eine individuell gewährte Prämie würde einen Konkurrenzkampf innerhalb der Gruppe auslösen, der dem Gruppenarbeitsgedanken abträglich wäre.

– Die Prämie selbst sollte monatlich gezahlt werden, um einen Zusammenhang von Tat und Belohnung herzustellen.

– Die Prämie sollte weiterhin für alle Gruppenmitglieder gleich sein. Eine unterschiedliche Höhe der Prämie in der Auszahlung würde dem Teamgedanken zuwiderlaufen.

– Die Prämie sollte zudem anhand von Kriterien gezahlt werden, die für alle Gruppen gleich sind und die leicht ersichtlich sind.

(Mehr-)Mengenleistungsprämien wie Prämien für Qualitätsverbesserungen werden an jedes Mitglied im gleichen Umfang ausgeschüttet. Die Qualitätsprämie kann sich vor allem an Daten der Qualitätssicherung, an Kundenreklamationen, Nacharbeitshäufigkeit oder an (kontinuierlichen) Verbesserungsaktivitäten orientieren. Die Frage, welche Kriterien im einzelnen für eine Qualitätsprämie herangezogen werden, muß durch eine Abstimmung der unterschiedlichen Unternehmensbereiche erfolgen. Damit soll sichergestellt werden, daß die notwendigen Daten zur Ermittlung einer Qualitätsprämie auch verfügbar sind. Eine (komplementäre) Produktivitätsprämie muß anhand von „Gutteilen" bemessen werden, da diese sonst den Qualitätsbemühungen zuwiderläuft.

Die Umsetzung neuer, stärker qualifikationsorientierter Gruppenentlohnungsansätze hängt unter anderem davon ab, ob ausreichendes Datenmaterial für qualitative Zielkriterien zur Verfügung steht, ob die monetären Anreize von den Mitarbeitern angenommen, ob die Erfüllung der Unternehmensziele dadurch nachhaltig unterstützt werden und inwieweit der Betriebsrat „mitspielt". Welche Regelungen auch immer im Einzelfall getroffen werden – sie sollten sich in Tarifverträgen und/oder Betriebsvereinbarungen widerspiegeln, damit sie transparent und manifest werden und auf Dauer durchsetzbar sind.

10. Neuorientierung der Personalorganisation

Als sogenannter indirekter Bereich erhält die Personalabteilung aufgrund der Verlagerung wesentlicher Aktivitäten des Personalmanagements (Personalauswahl, -integration, -entwicklung) in die Linie vermehrt Service- und Beratungsfunktion. Die Mitarbeiter der Personalabteilung entwickeln Personalmanagement-Konzepte in Übereinstimmung mit personalpolitischen Grundsätzen und unternehmensspezifischen Belangen und helfen bei der Diagnose und Bewältigung personaler Problemstellungen mit ihrem Know-how.

Dies geschieht zum Beispiel durch Personalreferenten, die in unterschiedlichen Projekten, Teams und Arbeitskreisen involviert sind.

Verschiedentlich wird gefordert, die Personalabteilung als Profit- beziehungsweise Wertschöpfungscenter zu führen (vgl. Wunderer 1992). Der Vorteil des Wertschöpfungscenter-Ansatzes läge darin begründet, daß die einzelnen Ressorts als Kunden für die Inanspruchnahme der Dienstleistungen der Personalabteilung geldwerte Gegenleistungen zu erbringen haben und dadurch neben einer bedarfsorientierten Inanspruchnahme auch die Überprüfung der Handlungen der Linienvorgesetzten im Hinblick auf ihre Kostenwirksamkeit gefördert wird. Demgegenüber wird angemerkt, daß wichtige Weichen für eine betriebliche Umsetzung eines Wertschöpfungscenters „Personal" in der Praxis bisher nicht gestellt sind (Scherm 1992). Gründe hierfür sind unter anderem, daß eine qualitative, nichtmonetäre und dabei aussagefähige Beurteilung der Personalarbeit als Ganzes oder einzelner personalwirtschaftlicher Aktivitäten stark subjektiv ist und Kennzahlen als Indikatoren nur bedingt aussagekräftig sind. Auch die Ermittlung der Kosten scheitert an einer mangelnden Erfassung und an unzureichenden verursachungsgerechten Kostenzurechnungen. Außerdem bringt die Ermittlung von Verrechnungspreisen beziehungsweise „Marktpreisen" für personalwirtschaftliche Leistungen kaum überwindbare Schwierigkeiten mit sich.

Im Praxisansatz der Deutschen BP AG beispielsweise werden Kostenplan und Leistungen in einem sogenannten Leistungsnehmergremium, das die internen Kunden der personalen Service repräsentiert, diskutiert und darauf hin bewertet, wie zum Beispiel die Kriterien Transparenz, Kundenorientierung und Wettbewerbsfähigkeit der Leistungen einzuschätzen sind (vgl. Pluns 1994, S. 113). Die Leistungsvereinbarungen beruhen also auf vorwiegend subjektiven Bewertungen.

11. Fazit

Durch Lean Management kristallisieren sich neue Schwerpunktaufgaben des Personalmanagements heraus. Die Ausführungen zeigen, daß vornehmlich qualitative Aufgabenkomplexe der Personalbereitstellung zu bewältigen sind. Die erforderlichen Personalpotentiale müssen möglichst simultan mit der Implementierung von Lean Management langfristig aufgebaut, gesichert und weiterentwickelt werden. In der Praxis wird es allerdings schwierig sein, unter quantitativen, qualitativen und zeitlichen Aspekten der Personalbedarfsplanung den künftig erforderlichen Personalbestand und die „richtige" Personalstruktur valide vorherzubestimmen, da bislang keine zuverlässigen Instrumente zur Personalplanung im „schlanken" Unternehmen zur Verfügung stehen.

Teil V

Unterstützung des Lean Management durch Informationsmanagement und Controlling

1. Anforderungen an ein integriertes Informationsmanagement

Die erhebliche Bedeutung von Information als kritischem Erfolgsfaktor für Unternehmen wird nicht erst seit der Diskussion um Lean Management erkannt und betont. Informationen gelten als „Aktionsgegenstände betrieblicher Steuerungsprozesse" (Berthel 1975, S. 20), als Basis von Entscheidungen, die gleichzusetzen sind mit einer Transformation von Informationen in Aktion. Grundlegende Lösungserfordernisse des Informationsmanagement betreffen zum einen das Mengen- und Qualitätsproblem. Erforderlich ist die Verknüpfung, Filterung, Verdichtung und Kanalisation möglichst aussagefähiger, zweckgeeigneter Informationen, differenziert nach Informationsadressaten. Das Zeitproblem ergibt sich aus der Dynamik von Unternehmensumwelt und -prozessen und dem damit verbundenen Aktualitätserfordernis der Informationen. Das Kommunikationsproblem schließlich behandelt die Frage nach der zweckentsprechenden Kanalisation des Informationsflusses, da Informationen häufig nicht dort entstehen, wo sie benötigt werden.

Bei der Bewältigung dieser Probleme liefern Informationstechnologien allein noch keinen positiven Beitrag zum Unternehmenserfolg. Statt Technikzentrierung ist zentral eine Abstimmung von Informationsmanagement, Unternehmensstrategie, Organisationsstruktur und Unternehmenskultur notwendig. Die Schaffung einer „Informations- und Kommunikationskultur" wird immer noch unterbewertet, obgleich die Informationsfähigkeit eines Unternehmen neben der „richtigen" EDV-Infrastruktur von der Informationsbereitschaft und dem Informations-/Kommunikationsverhalten seiner Mitglieder abhängt. Deutlich wird, daß bei der systematischen Zielsetzung, Planung, Gestaltung, Organisation, Implementierung, Koordination und Kontrolle sämtlicher Informationsaktivitäten zunächst das Management gefordert ist, weniger die Gruppe der EDV-Spezialisten im Unternehmen.

Die notwendige Integration auch im Informationsmanagement beginnt sozusagen in den Köpfen der Mitarbeiter, wobei es vor allem um die Transparenz und das Verstehen der betrieblichen Abläufe im Zusammenhang geht. Die Mitarbeiter sollen erkennen, wie sich das eigene Handeln im Gesamtprozeß der Wertschöpfung einordnen läßt. Aufgrund leidvoller CIM-Erfahrungen kann kein totaler Integrationsanspruch im Informationsmanagement erhoben werden, man konzentriert sich vielmehr auf partielle Integration, nach dem Motto: „Besser direkt in die interne und externe Kopplung der Geschäftsprozesse investieren als mit unüberschaubarem Aufwand an umfassenden Infrastrukturkonzepten laborieren" (Bullinger/Fähnrich/Niemeier 1993, S. 17). Das Beharren auf alten Organisationsstrukturen und halbherzige, wenig konsequente Konzentration auf die Wertschöpfungskette läßt die neuen DV-Konzepte scheitern. Die Trends zur Dezentralisierung und zur Hierarchie-Abflachung, Vernetzung von Strukturen und Prozessen (ganzheitliches Aufgabenverständnis), die zunehmende Delegation von Verantwortung bei Aufwertung von Einzelarbeitsplätzen und Teamarbeit sowie bereichs- und unternehmensübergreifende Informationserfordernisse determinieren die Entwicklung im DV-Sektor.

Kategorie	Einzelaspekte
1. Anpassung an die neuen Organisationsstrukturen und -prozesse	▪ Die DV-Infrastruktur folgt den neuen Organisationsformen ▪ Vice versa läßt das Beharren auf der alten Organisation die neuen DV-Konzepte scheitern ▪ DV-Investitionen müssen nachweislich der Wertschöpfung dienen ▪ Individuelle Lösungen statt „EDV von der Stange" ▪ informatorische Absicherung und Unterstützung der Leistungserstellungsprozesse
2. Integration (aber kein „totaler Integrationsanspruch")	▪ Information dient als „Bindemittel" bei der Integration und Koordination von Prozessen – (Intensivierung vor allem des horizontalen Info-Austausches) ▪ Harmonisierung der Vielzahl häufig heterogener Informations- und Kommunikationssysteme im Unternehmen: Die diversen Software- und Hardwaresysteme unterschiedlicher Hersteller sollen sich kooperativ einsetzen lassen. ▪ Ausgangspunkt Workflow-Management und Informationsmodellierung: Abbildung von interdependierten Unternehmensprozessen durch Unternehmensdatenmodelle (alle Funktionen, Prozeßketten, Informationsflüsse) ▪ Prozeß-/Vorgangsorientierung und damit partielle Integration der Unternehmensaktivitäten durch funktionsübergreifende, durchgängige Informations- und Kommunikationsprozesse
3. Dezentralisierung und Vernetzung	▪ Dezentrale, aber koordinierte Informationsverarbeitungskapazitäten ▪ Leichter Zugang zu allen nötigen Informationen (intern/extern) von jedem Arbeitsplatz aus. ▪ Vermeidung von „information log jams" durch Info-Netzwerke ▪ Einheitlichkeit des Netzwerkes (Betriebssystem, Schnittstellen) ▪ Teilautonome Unternehmenssegmente müssen informatorisch reintegriert werden.
4. Anwenderorientierung	▪ Definition der Anwenderbedürfnisse ▪ Funktionalität und Benutzerkomfort ▪ Ständige Verfügbarkeit und die Möglichkeit der lokalen Verarbeitung der Informationen ▪ Gemeinsame Implementierung der Infrastruktur durch Management und DV-Spezialisten
5. Bereichs- und zwischenbetriebliche Ausrichtung (Zulieferer → Hersteller → Handel)	▪ Unterstützung von Projektorganisation und Gruppenarbeitsprozessen ▪ Neue Anwendungen der Bürokommunikation („Interpersonal Computing") ▪ Verbesserung/Beschleunigung der Abstimmung von Herstellern und Systemzulieferen/Know-how-Sharing ▪ Schaffung leistungsfähiger Telekommunikationsinfrastrukturen

Kategorie	Einzelaspekte
6. Bedarfsorientierung und Zielgruppenspezifizierung	▪ Klare Zugriffsrechte ▪ Vermeidung von Informationsengpässen/-überlastungen/-redundanzen (gezielte Verbesserung des Informationsstandes) ▪ Anstreben einer Synthese von informationsanalytischen und -technischen Instrumenten ▪ Just-In-Time-Informationsversorgung
7. Informationsbereitschaft/-verhalten	▪ Abbau von Informations- und Kommunikationsbarrieren ▪ Schaffung und Pflege einer offenen Informations- und Kommunikationskultur
8. Flexibilität	▪ Laufende Weiterentwicklung/Anpassung an neue Entwicklungen auf der Basis von Stärken-/Schwächen-Analysen ▪ Vermeidung flexibilitätswidriger Überkomplexität bei den Applikationen ▪ Kurzfristige Bewältigung von Schwankungen in den Datenverarbeitungsanforderungen
9. Zuverlässigkeit und Datensicherheit	▪ Ständige Pflege, Synchronisation und Abgleichung der Informationen ▪ Ausfallsicherheit/Fehlerfreiheit ▪ Einbeziehung von Sicherheitskonzepten ▪ Datenschutz
10. Wirtschaftlichkeit	▪ Gestaltung und Durchführung gehorchen dem Wirtschaftlichkeitskalkül (Performance in Relation zu DV-Kosten: Hardware/Software, Infrastrukturbetreuung/-wartung) ▪ Fortlaufendes DV-Controlling
11. Forcierung der Umsetzung	▪ Schaffung von Akzeptanz ▪ Partizipation (Betroffene zu Beteiligten machen) ▪ Ganzheitlicher Ansatz: Organisationänderung, DV-Konzept, Personalentwicklung
12. Verbesserte DV-Kenntnis und -Nutzung im Top-Management	▪ Etablierung von Unterstützungssystemen bei strategischen Entscheidungen ▪ Rationelle Handhabung und intelligente Nutzung moderner Informationstechnologie muß betrieblichen Entscheidungsträgern selbstverständlich sein ▪ „Rückendeckung" bei der möglicherweise erforderlichen Schaffung völlig neuer Informationsarchitekturen

Abbildung 53: Katalog wichtiger Anforderungen an das „schlanke" Informationsmanagement

Wichtige Anforderungen für eine „leankonforme" Informations- und Kommunikations-Infrastruktur stellt Abbildung 53, Seite 212 f., im Überblick vor, ohne daß ein Anspruch auf Vollständigkeit erhoben wird. Wenn im folgenden Ansätze und Instrumente zu einem „schlanken" Informationsmanagement vorgestellt werden, so beschränkt sich dies vornehmlich anwendungsbezogen auf einen Überblick über wesentliche organisatorische, aus Sicht des Lean Management relevante Fragen; technische Implikationen werden weitestgehend ausgeklammert.

2. Die Etablierung einer „offenen" Informations- und Kommunikationskultur

Bei Fragen des Informationsmanagements steht oft die technische Diskussion der Informationsfähigkeit im Vordergrund. Dieser Ansatz muß um die Dimension „Informationsbereitschaft" erweitert werden, die die Fähigkeit und die Motivation der Mitarbeiter zur aktiven Informationsaufnahme, intrapersonellen Verarbeitung und Informationsweitergabe umfaßt (vgl. Zahn/Rüttler 1989). Besonderes Augenmerk muß dabei den irrationalen Aspekten des Informationsverhaltens gewidmet werden, die dem Management im Vergleich zum häufig vorausgesetzten, aber praxisfernen rationalen Informationsverhalten im Entscheidungsprozeß die größeren Schwierigkeiten bereiten. Aufgabe des Managements im Zusammenhang mit der Konzipierung eines aktiven Informationsmanagements muß es sein, durch besondere Anreize ein adäquates „Informationsklima" zu schaffen sowie Informations- und Kommunikationshemmnisse abzubauen, die sich beispielsweise in der absichtlichen oder unabsichtlichen Nichtbeachtung bestimmter Informationen, in Verspätungen bei der Bereitstellung und in bewußter „Filterung" von Informationen äußern können.

Die Kommunikationsmuster im Ursprungsland des Lean Management unterscheiden sich in fundamentaler Weise von westlichen Gepflogenheiten. Während in Japan ausgedehnte abteilungs- und bereichsübergreifende Konsultationen üblich sind, die informelle „Face-to-Face"-Kommunikation wichtiger als eine formale Regelung ist und informatorische Transparenz angestrebt wird, herrschen in den bislang hierarchischen Strukturen westlicher Prägung „Top-Down-Ansätze", schriftliche Form und zum Teil eine restriktive Informationspolitik vor. Dabei spielen informale, das heißt nicht geregelte Kommunikationsbeziehungen für die Zusammenarbeit und Koordination unabhängig vom jeweiligen Kulturkreis eine bedeutende Rolle. Informale Kommunikation auf der Basis von privaten Kontakten, zum Beispiel „inoffizielle Vorabinformation" und „kleiner Dienstweg", kann dazu beitragen, den Informationsfluß erheblich zu verbessern. Sie ergänzt formale Regelungen, kann diese allerdings nicht ersetzen, da ihr der Nachteil der Ungerichtetheit, der Instabilität und Unzuverlässigkeit anhaftet.

Das „typische" Informations- und Kommunikationsverhalten einer Organisation manifestiert sich in der Informations- und Kommunikationskultur, die das implizite Bewußtsein und die Einstellungen der Unternehmensmitglieder zu Information und Kommunikation widerspiegeln (vgl. Scholz 1988, S. 197). Sie besteht aus informations- und kommunikationsspezifischen Normen, gemeinsamen Werten und Erfahrungen der Organisationsmitglieder und schließt „Informationsrituale", Verhaltensvorschriften und Interaktionsmuster von zu Vorbildern erkorenen, da erfolgreichen (Top-)Führungskräften im Unternehmen mit ein. Lean Management setzt ganz besonders auf Offenheit und „Durchgängigkeit" von Informationsflüssen; die neue „Sollkultur" weicht gleichwohl nicht selten erheblich ab von der „Istkultur" in herkömmlichen Organisationsstrukturen.

Wesentliche Voraussetzung offener Informations- und Kommunikationsbeziehungen sind klar definierte verständliche und offen gelegte Unternehmensziele sowie von allen Mitarbeitern akzeptierte, einheitliche Grundsätze. Denn wenn sich die Mitarbeiter nicht an möglichst operationalen Prioritäten orientieren können, entzünden sich bei auftretenden Problemen zu oft Grundsatzdebatten. Wichtigstes Ziel der Schaffung einer offenen Informations- und Kommunikationskultur, flankiert von einer vertrauenschaffenden und identitätsstiftenden Informationspolitik, muß es sein, den Informationsstand des Mitarbeiters im Hinblick auf seinen Beitrag zur Wertschöpfung zu verbessern. Dies erfordert den differenzierten Einsatz von Ansätzen, Maßnahmen, Methoden und Medien der Information und Kommunikation (vgl. den Überblick in Abbildung 54, Seite 216 f.), sowie eine auf die organisatorischen Erfordernisse abgestimmte EDV-Infrastruktur.

3. Ansätze und Instrumente einer „schlanken" Informationsinfrastruktur

3.1 Downsizing

Unter Downsizing werden im systemorientierten Sinne allgemein die Aktivitäten zur Reduzierung komplexer, ressourcenverschlingender zentralistischer DV-Architekturen sowie der Größe einzelner Systemkomponenten verstanden (vgl. Knolmeyer 1992, S. 197).

Der Downsizing-Ansatz soll die unternehmensweite Integration von Daten und Ressourcen, die Flexibilität in den einzelnen Organisationseinheiten, die Datensicherheit und die strategische Ausrichtung der gesamten Informationsverarbeitung ermöglichen. Es soll sowohl höchste Leistungsfähigkeit für den einzelnen Benutzer beim Arbeiten mit lokalen Programmen auf Basis lokaler Daten gewährleistet sein als auch die Lösung gemeinschaftlicher Aufgaben in vernetzten Systemen unter Nutzung sogenannter Server für lokale und unternehmensweite Dienste. Diese Server, die ja nach Art und Umfang ihrer Aufgaben „Superminis", mittlere Systeme oder Mainframes sind, bieten die geforderte Leistung für die gemeinsame Nutzung und Verwaltung von Daten, Programmen, Netzen und Hardware-Ressourcen durch eine Vielzahl von Benutzern, die gleichzeitig am System arbeiten können.

Ansatz/Prinzip	Inhalt
Informations- und kommunikationsfördernde „Kulturpolitik"	Konzept einer langfristigen Strategie hin zu einer „gewollten" Informations- und Kommunikationskultur auf der Basis der derzeitigen Unternehmenskultur (im Sinne von Kurskorrekturen/evolutionärem Vorgehen; keinesfalls „Überstülpen" einer „Sollkultur").
Vorgabe klarer Grundsätze	Die Vermittlung einheitlicher Grundsätze in der Unternehmensspitze schafft den Mitarbeitern gegenüber mehr Glaubwürdigkeit.
Verbesserung des formalen Informationsflusses	Gewährleistung schneller Übermittlung wichtiger Informationen durch unterschiedliche Kommunikationskanäle, geregelte Kommunikation in Teambesprechungen und Arbeitskreisen.
Vorgesetzte als Vorbilder	Durch offenen Umgang untereinander wird dem Mitarbeiter ein Beispiel gegeben.
„Bottom-Up"-Ansatz	Sicherstellung, daß Wünsche, Anregungen, Ideen und Verbesserungsvorschläge tatsächlich „nach oben" weitergeleitet und bei Entscheidungen berücksichtigt werden.
„Zangenstrategie"	Einerseits wird der Vorgesetzte verpflichtet, neue Kommunikationsformen zu praktizieren, andererseits wird der Mitarbeiter ermuntert, neue Verhaltensweisen bei ihren Vorgesetzten und den Führungskräften einzufordern.
Kommunikationsmarketing	Differenzierter Einsatz von Instrumenten und Multimedia (Werkzeitschrift, Video).
Institutionalisierung	Organisatorische Verankerung der Gesamtkommunikation (intern/extern) möglichst nahe der Unternehmensspitze.
Dialogveranstaltung	Beispiel Hypo-Bank: Feststellung dringender Probleme durch Top-Management. Eineinhalb Tage stellt sich der Vorstand den wichtigsten Führungskräften. Im Anschluß an Grundsatzreferat zwanglose Diskussion der Teilnehmer an drei „Ständen".
Offen-Gesagt-Programme	Beispiel IBM: Direkter Draht zur Unternehmensspitze über die Programmleitung. Das Anliegen wird vertraulich entgegengenommen und, ohne den Namen des Anfragenden zu nennen, weitergeleitet.
Management by Walking Around	(Top-)Führungskräfte erkundigen sich auf einer „Factory Tour" persönlich nach Problemen „vor Ort".

Ansatz/Prinzip	Inhalt
Bei Bedarf: kurzdauernder Stehtisch-Konvent in der Montage	Beispiel Opel Eisenach: Neben dem Montageband mitten im Werk befindet sich ein Stehtisch, bei dem Schichtleiter, Arbeitsgruppensprecher, Ingenieure und Führungskräfte Klartext über Montage und Qualitätsmängel reden.
Open-Door-Prinzip	Jeder Mitarbeiter kann unangemeldet bei Vorgesetzten vorsprechen, die keinerlei Berührungsängste zeigen und für Anregungen und Probleme (beinahe jederzeit) zur Verfügung stehen. Dazu wird beispielsweise (Sony) das Büro der Produktionsingenieure direkt neben die Hauptmontagelinie plaziert.
Einrichtung eines Meeting-Rooms	Zur Besprechung von Qualitätsproblemen, Verbesserungsvorschlägen, Absetzungserfordernissen im Wertschöpfungsprozeß etc. werden arbeitsplatznah in der Montage Besprechungszimmer eingerichtet.
Try-Out-Räume	Beispiel Volkswagen Mosel: Kommunikationsbereich zur Erprobung technologischer Varianten und Trainingsmöglichkeiten persönlicher Fertigkeiten.
Visual Management	Über den Stand wichtiger Features (Quality Costs, Volumina etc.) sowie über Grundsätze der täglichen Arbeit wird der Mitarbeiter in Info-Stellwänden in jeder Halle oder in einem speziellen Informationszentrum informiert.
Spezfische Visualisierung des Produktionsprozesses	Vor-Ort-Information über wesentliche Daten zum Produktionsprozeß, aktueller Produktionsstatus, sofortiges Erkennen von Abweichungen.
Werker-Informations-System (WIS)	Beispiel Audi: beleglose Übermittlung der fahrzeugspezifischen Daten zu den Mitarbeitern in der Produktion.
Corporate Communications	Entwicklung einer primär nach innen und auf die gewünschten Werte (Teamgeist, gegenseitige Unterstützung, Unternehmensidentität, kooperative Führung usw.) ausgerichteten Informationspolitik.
Neuorientierung der Personalbeschaffung	Rekrutierung von mehr kommunikationsfähigen und -bereiten Mitarbeitern.

Abbildung 54: Ansatzpunkte und Prinzipien zur Verbesserung von Information und Kommunikation

Der Ersatz von Mainframearchitekturen durch verteilte Systeme erfolgt sukzessive.

Die Lösung aller DV-Problemstellungen der Zukunft heißt nicht Downsizing um jeden Preis, sondern anforderungsgerechte Gestaltung durch zweckmäßige Kombination von dezentralen und zentralen Komponenten. Im Gegensatz zum radikalen Umstieg auf kleinere Einheiten kann unter „Rightsizing" die schrittweise flexible Anpassung des DV-Konzeptes an die jeweiligen Umgebungen verstanden werden.

Entscheidende technische Voraussetzungen für Downsizing-Projekte sind das Client-Server-Computing und – sofern man kein homogenes Umfeld besitzt – die Offenheit der Systeme.

3.2 Client-Server-Computing

Allgemein wird unter Client-Server-Computing (Client-Server-Architektur; C/S-System) eine kooperative Datenverarbeitung, bei der verschiedene Aufgaben wie die Datenverwaltung, On-line-Transaktionsverarbeitung, Netzwerkmanagement, Benutzeroberflächengestaltung unter verbundenen Rechnern aufgeteilt werden, verstanden (vgl. Hansen 1992, S. 340). Mit Client-Server-Computing ist keineswegs eine neue Technologie verbunden, sondern es kommt eine neue Form der Anwendungsgestaltung zum Tragen. Die technologische Basis für Client-Server-Lösungen – PCs, Workstations und lokale Netze – existiert schon seit langem, wurde aber bislang zu wenig effizient eingesetzt.

Client-Server-Architekturen nutzen die Möglichkeit, Computer unterschiedlicher Leistungsklassen und Zweckbestimmungen über verteilte Anwendungsarchitekturen miteinander zu verbinden. Unabhängig von der individuellen Lösung haben Client-Server-Architekturen eines gemeinsam: Ein Prozeß oder ein System verlangt beziehungsweise bestellt bestimmte Dienste und ist somit ein Client, während der Server die geforderten Dienste zur Verfügung stellt, zum Beispiel das Verwalten der Daten in Dateien und Datenbanken, Drucken, Präsentation, wesentliche Verarbeitungsprozesse und Systemmanagement sowie unternehmensspezifische Dienste und den Zugang zu externen Diensten. Während das mit einer grafischen Benutzeroberfläche ausgestattete Client-System dem Anwender die lokale Verarbeitungsleistung bereitstellt, liefert der Server also Prozeß- und Datenservices.

Als Server bezeichnet man in erster Linie das Programm, das diesen Dienst erbringt. Daneben wird auch der Rechner (je nach Größe des Netzes PCs, Workstations oder auch ein Mainframe), auf dem dieses Server-Programm läuft, oft als Server bezeichnet, wobei auf einem Server-Rechner im allgemeinen mehrere Server-Programme und durchaus auch Anwendungen laufen können (Cooperative Processing). Oftmals sind Datenbanken in diese Architektur voll integriert. Funktionen, die für alle Clients relevant sind, können meist zusätzlich zu den Datenstrukturen auf dem Server abgespeichert werden. Durch die Einführung neuer Architekturen, die eine Auslagerung und Verteilung erheblicher Teile der Informationsverarbeitung auf Workstations und PCs impliziert, verspricht man sich langfristig enorme Leistungs- und Kostenvorteile, die vor allem in der flexiblen und multifunktionalen Einsetzbarkeit begründet sind, da (vgl. Schill 1993, S. 9 f.)

- ein Server in der Regel mehrere Clients bedient, wodurch eine gemeinsame Nutzung durch ansonsten voneinander getrennter Client-Rechner möglich wird,
- allgemeine Dienste gemeinsam systemweit gelenkt werden können,
- der Client oftmals unter Abwägung von Dienstleistungsqualität und Kosten den „richtigen" Server auswählen kann (zum Beispiel Druckerserver),
- in der Regel Ausweichmöglichkeiten auf alternative Server zur Erbringung eines gewünschten Dienstes bestehen,
- sich durch die gleichzeitige Nutzung mehrerer Server – bei Aufteilung einer Dienstanforderung durch den Client – die Bearbeitungsdauer reduzieren läßt,
- durch Modularität des Systems Wartung und Erweiterbarkeit gegeben sind,
- ein Dienst durch mehrere kooperierende Server erbracht werden kann, indem ein Server Teilaufträge an andere deligiert,
- die Clients selbst über lokale Rechenleistung verfügen, wodurch Serverauswahl und weitere Datenbearbeitung möglich wird.

3.3 Offene Systeme als Basis neuer Infrastrukturen

Downsizing führt zu verteilten Systemen mit zahlreichen unterschiedlichen Komponenten. Die Offenheit der Systeme, das heißt ihrer Schnittstellen, ist entscheidend, damit das Zusammenwirken und die Transferierbarkeit von Anwendungen und Daten möglich wird. Demgegenüber müssen bei proprietären Systemen kostenintensiv viele Anwendungen „selbstgestrickt" werden. Dies erfordert einen höheren Wartungsaufwand, mehr Personal, und es ist nicht gewährleistet, daß alle Anwender auf die relevanten Unternehmensdaten zurückgreifen können. Unter einem Offenen System kann eine Mehrzahl hetorogener, miteinander vernetzter Computer verstanden werden, die reibungslos, das heißt unabhängig von Faktoren wie Herstellermerkmale, Form der Informationsverarbeitung, Standort des Computers und Betriebssystem, zusammenarbeiten. Die Infrastruktur der offengelegten und standardisierten Schnittstellen ermöglicht das problemlose Erweitern, Ersetzen oder Ausbauen von DV-Komponenten. Offene Systeme ermöglichen es beispielsweise, die globale Fertigung an weitverzweigten Produktionsstandorten zu koordinieren und gleichzeitig die Sourcing-Aktivitäten im Zusammenspiel mit den Zulieferern in den Griff zu bekommen. Voraussetzung der Wirksamkeit von Offenen Systemen sind mit flachen Hierarchien verbundene „kurze", direkte Entscheidungswege. Offene Systeme erweisen sich nur dann als vorteilhaft, wenn Schnittstellenstandards definiert werden, wenn eine gemeinsame Sprache gefunden wird und „kooperative Datenverarbeitung" zum vorherrschenden Prinzip avanciert.

Der Weg zu Offenen Systemen kann nur über ein (sukzessives) Migrationskonzept führen, das einen gleitenden Übergang gestattet. Es sollte die Möglichkeit bieten, besonders zentrale Anforderungen des Unternehmens prioritär zu erfüllen. Vor der Konzeptionalisierung der Migrationsstrategie (Code-Konvertierung, Innovation durch Applikationsstrukturierung, Database-Reengineering über den Zwischenschritt der Koexistenz alter und neuer Software, gleitende Neuentwicklung bei stufenweiser „Ausdünnung" der alten Lösung oder ein „Mix" hieraus – vgl. im einzelnen Bues 1993) steht eine Abbildung des Unternehmensmodells in der Architektur des Offenen Systems.

Obgleich die Standardisierung den Schlüssel zu Offenen Systemen verkörpert, läßt diese in der Praxis noch auf sich warten, kann jedenfalls nicht als abgeschlossen gelten. Die Hauptschwierigkeiten beim Entwurf Offener Systeme liegen in der Zusammenstellung und Integration der Software, wobei alte Hard- und Softwaresysteme in die neue Architektur einzubeziehen sind. Ferner stellt die Heterogenität der Systeme hohe Anforderungen an das Netzwerk-Management, besonders wenn die Anzahl der Stationen pro Netzwerk und die logische Komplexität der durch das Netzwerk zu leistenden Funktionen steigt. Schließlich muß über das Sicherheitskonzept verstärkt nachgedacht werden, da komplexe Netzwerke unter Einbeziehung von Client-Server-Systemen eine ganze Reihe von Sicherheitsproblemen schaffen, die in der traditionellen DV-Umgebung mit ihrem hohen Maß an zentraler Kontrolle und der Konzentration von Ressourcen in Datenzentren, die unter der Leitung von Spezialisten stehen, selten auftreten.

3.4 Vorteile und Implementierungsschwierigkeiten von Downsizing-Ansätzen

Downsizing auf Client-Server-Architekturen besitzt eine Reihe von Vorteilen (vgl. Abbildung 55, Seite 221), die den hohen Anforderungen an künftige Informationsinfrastrukturen entgegenkommen. Der neue DV-Organisations-Ansatz erlaubt es, künstliche Grenzen zwischen Informationssystem und Benutzern im Zuge der Neugestaltung von Verarbeitungsprozessen aufzuheben. Durchgängige Informationssysteme auf Client-Server-Basis bilden die Grundlage für abteilungsübergreifende Wertschöpfungsprozesse; sie sind in der Regel auf konkrete, marktrelevante Ereignisse der Geschäftstätigkeit ausgerichtet („Workflow-Management").

Indes ist eine quantitative Bewertung des Nutzens für Projekte der Informationsverarbeitung nicht möglich. Sie besitzen oftmals einen unstrittigen Nutzen (zum Beispiel Qualitätsverbesserung, Korrekturzeiten, präzisere strategische Entscheidungen, Kostensenkungen) für das Unternehmen, erbringen aber keine Erträge im engeren betriebswirtschaftlichen Sinne. Die Umstrukturierung der betrieblichen Informationsinfrastruktur nach dem Konzept des Downsizing kann zu einer leistungsfähigeren (transparenteren, flexibleren, integrierten) informatorischen Basis der Unternehmensführung beitragen. Hinzu kommt, daß inzwischen der Kostenunterschied zwischen Mainframes und den immer leistungsstärkeren Workstations klar zugunsten letzterer ausfällt.

Vorteile	Schwierigkeiten
– verbesserte Möglichkeiten der „Business Integration" („Lean"-Ansätze lassen sich besser als bei zentralistischen Lösungen umsetzen) – bedarfsgerechte Informationsbereitstellung, schnelle Kommunikationszeiten – insgesamt langfristig deutliche Gesamtkostenreduktion bei konsequenter Umsetzung – leichtere und schnellere Bedienung von Client-Server-Applikationen im Vergleich zu Mainframes – stärkeres „Maßschneidern" auf einzelne Anwenderbedürfnisse möglich – Bessere Nutzung des Hardware-Angebotes – Vereinfachte Softwarepflege	– aufwendige Umstellung – Probleme bei der Datenübernahme – mangelnde Erfahrung mit Client-Server-Computing im Unternehmen – Akzeptanzprobleme durch neue Hardware-Systeme und neue Methoden der Programmierung – die am Markt befindlichen Architekturplattformen stecken noch in den Kinderschuhen, erfüllen noch nicht die hohen Anforderungen

Abbildung 55: Wichtige Vorteile und Schwierigkeiten des Downsizing

Bei aller „Downsizing-Euphorie" bestehen dennoch zahlreiche Implementierungshindernisse: Je heterogener das zu integrierende Umfeld ist und je höhere Ansprüche eine transaktionsorientierte Verarbeitung an Datenkonsistenz und Synchronisation stellt, desto größere Probleme sind bei der Umsetzung der Konzepte zu erwarten. Die einzelnen Systemkomponenten lassen sich vielfach nicht eigens für die neue Architektur beschaffen, da die Investitionen in die bestehende Infrastruktur zumeist hoch waren, zeitlich noch nicht weit zurückliegen und steuerlich noch nicht abgeschrieben sind.

Für die Praxis bedeutet die Kombination heterogener Hardware- und Netzwerkkomponenten sowie unterschiedlicher System- und Anwendungssoftware, daß bestehende Anwendungen, Mainframes, Workstations, Lokale Netzwerke und PCs, die zuvor mit völlig unterschiedlichen Konzepten installiert und betrieben worden sind, in ein einheitliches Architekturkonzept eingebunden werden müssen. Als problematisch erweist sich dabei häufig die fehlende substantielle Erfahrung im Umgang mit verteilten Architekturkonzepten und mit neuen Technologien. Deshalb wird – gegebenenfalls auch unter der Hinzuziehung von externen Beratern – der „richtigen" Konfiguration der Anwendungs-, der Entwicklungs- und der System-Management-Architektur in der Designphase entscheidende Bedeutung für die erfolgreiche Durchführung von Client-Server-Projekten beigemessen. Planungsfehler in der Designphase haben häufig fatale Folgen, weil sich die geplante Integration von Komponenten aufgrund fehlerhafter Schnittstellen-Analysen nicht realisieren läßt.

3.5 Groupware: Software für das Team

Mit der Groupware vollzieht sich der Schritt vom Personal Computing zum „Interpersonal Computing". Grundlegendes Ziel der Computerunterstützung für die Teamarbeit ist deren Produktivitätssteigerung durch den Einsatz von Informations- und Kommunikationstechnologien. Möglich wird die Unterstützung von Teamarbeit und Kooperation im gesamten Unternehmen vor allem durch Vernetzung und PC-Integration. Die Informationstechnik unterstützt die arbeitsplatzübergreifenden Prozesse, nicht mehr lediglich einzelne Arbeitsplätze. Groupware ist Hardware und Software für die gemeinsame Nutzung durch mehrere Aufgabenträger zur Unterstützung kooperativen Arbeitens (Gappmaier/Heinrich 1992, S. 340). Aufbauend auf den bereits bekannten Grundmodulen Electronic Mail, Textverarbeitung, Terminplanung und Datenbank werden unter Verknüpfung und Erweiterung gruppenbezogene Applikationen möglich. Auf diese Weise wird zum Beispiel unter Textverarbeitung mit Groupware nicht mehr nur die Dokumentation am Arbeitsplatz verstanden. Stattdessen sollen Dokumente an mehreren Stationen gleichzeitig erfaßt und verändert werden, also in der Gruppe.

Der Einsatz von Groupware bietet sich an, wenn in Teams gemeinsame Ziele erarbeitet und verfolgt werden (zum Beispiel im Rahmen von Simultaneous Engineering in der Produktentwicklung, im Projektmanagement, im Controlling, bei teamübergreifenden Abstimmungen, Planung von Meetings etc.), um die interne Kommunikation zu verbessern („Information Sharing") und Arbeitsabläufe effizienter zu gestalten.

Grundsätzlich lassen sich folgende Situationen der Gruppenunterstützung unterscheiden:

- die Gruppenmitglieder kommen zur selben Zeit am selben Ort zusammen und benötigen zum Beispiel entscheidungsunterstützende Groupware,
- die Gruppenteilnehmer befinden sich zur selben Zeit an verschiedenen Orten und nutzen Einrichtungen der Telekommunikation,
- die Teilnehmer sind zu unterschiedlichen Zeiten am selben Ort beziehungsweise an nah zusammenliegenden Orten (Kommunikation in „Local Area Networks" – LANs),
- die Teilnehmer interagieren zeitlich und örtlich unabhängig voneinander in „Wide Area Networks" (WANs).

In der Praxis weisen die bisherigen Möglichkeiten der Gruppenentscheidungsunterstützung einen heterogenen Entwicklungsstand auf. Bisher werden vorwiegend folgende Funktionsumfänge abgedeckt:

- Durchführung des Zeit- und Ressourcenmanagements der Mitarbeiter und Teams sowie ihrer Arbeitsmittel: Verschiedene persönliche Terminkalender können mit dem Gruppenkalender verknüpft werden, und mehrere Gruppenkalender lassen sich abstimmen;
- Workflow-Programme regeln den Arbeits- und Informationsfluß;

- On-line Konferenzsysteme steuern Gruppendialoge über zeitliche und räumliche Distanzen hinweg; Bulletin Boards (elektronische „schwarze Bretter") helfen bei der Kommunikation mit sehr großen Verteilerkreisen.

Weitergehende Ansätze der aktiven Computerunterstützung von Gruppenentscheidungsprozessen sind noch wenig ausgeprägt. Das Ziel ist die Gewährleistung eines strukturierten Ablaufes des Entscheidungsprozesses. Die Groupware übernimmt in diesem Fall die Moderation unter anderem mit folgenden Werkzeugen:

- Bereitstellung von Informationen aus ähnlichen Entscheidungsprozessen;

- Koordination der Abläufe (zum Beispiel durch die Vorgabe zeitlicher Restriktionen für einzelne Abschnitte);

- Generierung und Verteilung von Nachrichten entsprechend den zuvor definierten Ereignissen.

3.6 Electronic Data Interchange

Der elektronische Datenaustausch (Electronic Data Interchange – EDI) gilt als wichtige Basis für den Informations- und Kommunikationsfluß entlang der Wertschöpfungskette (vgl. Abbildung 56). In der Regel wird die zwischen- (nicht inner-)betriebliche Vernetzung eines Unternehmens mit Zulieferanten, Logistik-Dienstleistern, Handel, Kunden etc. angestrebt.

EDI steht für diejenige zwischenbetriebliche Kommunikation, bei der kommerzielle und technische Daten sowie allgemeine Geschäftsdokumente wie Texte, Abbildungen und Grafiken nach standardisierten Formaten strukturiert und zwischen Computern verschiedener Unternehmen unter Anwendung offener elektronischer Kommunikationsverfahren ausgetauscht werden. Dabei ist die Möglichkeit der bruchlosen, durchgängigen, soft- und

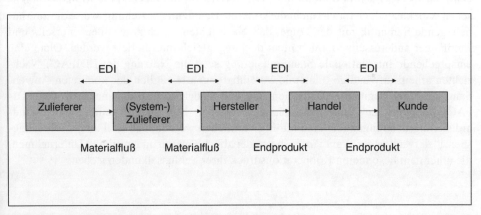

Abbildung 56: Die Grundidee des Electronic Data Interchange

hardwareneutralen Weiterverarbeitung der elektronisch übermittelten Daten und Informationen in unternehmensinternen Anwendungssystemen ohne erneute Dateneingabe entscheidendes Kriterium (vgl. Picot/Neuburger/Niggl 1993, S. 20). EDI dient der kooperativen Zusammenarbeit mit Zulieferern durch die Möglichkeiten eines raschen Austausches von Lieferabrufen, einer Übertragung von Lieferschein-, Faktura-, Zahlungsausgleichs-, Bestelldaten und der aktuellen Verkaufszahlen sowie eines Austausches von Produktdaten und Konstruktionszeichnungen im Rahmen von frühzeitigen Einbindungen im Produktentwicklungsvorhaben (Simultaneous Engineering).

Der elektronische Datenaustausch macht die Umsetzung von Just-In-Time-Ansätzen überhaupt erst möglich und reduziert den bisher aufwendigen „Papierkrieg" erheblich. In der Regel werden sich die Zulieferer an den Vorgaben ihrer Kunden hinsichtlich technischer und organisatorischer Belange zu orientieren haben. Der wesentliche Wettbewerbsvorteil der entsprechend EDI-fähigen Zulieferer liegt im verbesserten Lieferservice (vgl. Maier 1992, S. 82), wobei:

– die Lieferzuverlässigkeit aufgrund von EDI ansteigt, weil die während der Lieferzeit anfallenden Tätigkeiten sich durch den geringeren Verwaltungsaufwand pro Vorgang reduzieren;

– die Genauigkeit der Lieferdaten sich verbessert, da EDI fehlerträchtige Mehrfachdatenerfassung beim Lieferanten und Kunden vermeidet;

– die Lieferflexibilität sich erhöht, weil aufgrund der zwischenbetrieblichen Information auf Echtzeitbasis Lieferanten früher als bisher von Nachfrageschwankungen der Kunden unterrichtet werden und auf diese Weise mehr Zeit erhalten, sich auf veränderte Kundenwünsche einzustellen.

Internationale Vernetzungen und „Zuliefer-Pyramiden" erfordern künftig verstärkt eine Anpassung der Unternehmen hinsichtlich offener EDI-Systeme auf EDIFACT-(Electronic Data Interchange For Adminstration, Commerce, and Transport-)Basis, die die derzeit einzige branchenübergreifende, hard- und softwareneutrale internationale Anwendungsnorm darstellt und insbesondere in der Automobilindustrie präferiert wird (vgl. Gallasch 1993). Zwar beschreibt die EDIFACT-Norm hinreichend die formal-syntaktischen Aspekte, jedoch (noch) nicht die konkrete Benutzung beziehungsweise die zugrundeliegende Semantik mit der Folge, daß Nachrichten durch Anwender einerseits und Empfänger andererseits vielfach nicht deckungsgleich interpretiert werden. Ohne eine entsprechende internationale Standardisierung setzt die Nutzung der EDIFACT-Nachrichten arbeitsaufwendige bilaterale Vereinbarungen bezüglich der konkreten Anwendung einzelner Segmente, Datenelemente und Codes voraus, die innerhalb des EDIFACT-Rahmens zu Einzelfall-Lösungen führen. Nur durch gemeinsame Standardisierungsanstrengungen kann künftig vermieden werden, daß EDI zum „Schreckgespenst" der Anwender avanciert, insbesondere bei kleineren und mittleren Unternehmen, die unter dem besonderen Kooperationsdruck ihrer Schlüsselkunden stehen.

3.7 Outsourcing versus Inhousing

3.7.1 „Make or Buy" im Informationsmanagement

Im Rahmen einer verstärkten Konzentration auf das Kerngeschäft stellt sich die Frage, welche Leistungen auch weiterhin im Unternehmen selbst erstellt und welche von externen Dienstleistern „eingekauft" werden sollen. Die Wortverbindung von „Outside" und „Resourcing" meint die Auslagerung kompletter betrieblicher Aufgabenkomplexe an Dritte. Inhousing („Insourcing") bezeichnet die (interne) Eigenerstellung, nachdem eine „Make-or-Buy-"Analyse ergeben hat, daß Leistungen selbst erbracht werden sollten, die bisher vielfach von Dritten bezogen wurden. Im Zusammenhang mit Lean Management wird nun auch das Outsourcing eines erheblichen Teiles des DV-gestützten Informationsmanagements zum Teil kontrovers diskutiert. Fest steht, daß eine „schlanke" Datenverarbeitung eine Reduzierung und Auslagerung aufgeblähter zentraler Bereiche erfordert. Nicht der Besitz von Informationstechnik an sich, sondern die kerngeschäftsfördernde Nutzung steht im Vordergrund. Gleichwohl steckt der Outsourcing-Markt anders als in den USA in Deutschland noch immer in den Anfängen.

Aus betriebswirtschaftlicher Sicht sind generell Fragestellungen des DV-Outsourcing keineswegs neu, spiegeln sich hier doch generelle betriebswirtschaftliche Problemstellungen des „Make or Buy" wieder.

Überlegungen zum Outsourcing stellen sich vor dem Hintergrund einer grundlegenden Neuordnung der DV-Landschaft. Man greift zu kurz, wenn lediglich Rechenzentren-Leistungen ausgelagert werden. Jede Funktion aus der gesamten Palette der Datenverarbeitung von der Software-Entwicklung über Netzwerk-Dienste bis hin zur Schulung der Mitarbeiter gehört auf den Prüfstand. Wenngleich die Verantwortung für den Betrieb auf Dritte übertragen werden kann, liegt dennoch einschränkend die Verantwortung für die Informationstechnologie-Strategie nach wie vor allein bei der Unternehmensleitung.

Im folgenden werden das Für und Wider einer partiellen (oder auch kompletten) DV-Auslagerung, ferner die Planung, Gestaltung und Steuerung, also das „Outsourcing-Management" erörtert.

3.7.2 Argumente pro und kontra Outsourcing

Der Nutzen und die Kosten von Outsourcing lassen sich nicht eindeutig feststellen. Deshalb muß im Einzelfall der Umfang des Outsourcing durch eine Gegenüberstellung und Gewichtung der Pro-Argumente (Ziele, Vorteile, Auslagerungs-Gründe) und der Kontra-Argumente (Nachteile, erwartete Schwierigkeiten, Risiken) in etwa abgewogen werden (vgl. Abbildung 57).

Dabei sind die Argumente, die für eine DV-Auslagerung sprechen, eng miteinander verzahnt. Neue streng wertschöpfungsorientierte Organisationsformen benötigen eine entsprechend abgestimmte DV-Architektur mit gestiegenen Anforderungen an das DV-Management und bieten Anlaß für eine grundlegende Umstrukturierung: Ein Unternehmen steht zum Beispiel vor der Überlegung, erhebliche DV-Investitionen zu tätigen, weil die existierenden Anwendungen den neuen Anforderungen nicht mehr genügen. Dazu müßten neben dem Investment der Software-Entwicklung häufig mit erheblichem finanziellem Aufwand größere Rechner oder auch zentrale Rechnerkomponenten angeschafft werden. Ein anderes Beispiel betrifft die UNIX-Orientierung: Es stellt sich die Frage für das im klassischen Mainframe-Bereich arbeitende Unternehmen, ob es sich lohnt, eine eigene Rechnerstruktur zu installieren oder ob, zumindest temporär, eine Auslagerung vorteilhafter ist.

Pro Outsourcing	Kontra Outsourcing
■ Gestiegene Anforderungen an das DV-Management (Professionalisierungsargument: zunehmende Integration, Standardisierung, kostenintensive Softwareentwicklung, höhere Verarbeitungsgeschwindigkeiten, schnellere Verfügbarkeit, enormer Anpassungsdruck durch technischen Fortschritt)	■ Starke Abhängigkeit vom DV-Dienstleister und Risiken langfristiger Bindung durch Verlust strategischer Flexibilität. („Wer erst einmal die Performance, die technische und organisatorische Infrastruktur, Know-how und Manpower auf Outsourcing abgestellt hat, wird eine Rücknahme in die eigene Obhut im Regelfall teuer bezahlen müssen")
■ Konzentration auf das Kerngeschäft („Lean"-Ansätze setzen sich durch)	■ Akzeptanzprobleme im Topmanagement: Scheu, hochsensible Daten und Unternehmensinterna aus der Hand zu geben
■ Umstrukturierung: Downsizing statt Mainframe-Rechenzentren mit Nachteilen wie wenig Anpassungsfähigkeit an veränderte Strukturen, wenig Benutzerfreundlichkeit, hohen Infrastrukturkosten, redundanten Rechnerkapazitäten, Kenntnis- und Know-how-Redundanz, geringer Auslastung der Spezialkenntnisse, permanente Kommunikationsprobleme und zu viel festangestelltes, kostenintensives Personal → in diesem Zusammenhang ergeben sich Outsourcing-Potentiale	■ (Drastische) Abnahme beziehungsweise Verlust selbsterworbenen DV-Know-hows und innerbetrieblicher Informatikkompetenzen
■ (Langfristig) Kostensenkungspotentiale (erhöhte Kostentransparenz, mehr variable als fixe Kosten in Abhängigkeit von der Inanspruchnahme/Kostenreduktion aufgrund der Realisierung von „Economies of Scale" und Personalabbau)	■ Koordinations- und Verhandlungsaufwand erhöhen sich spürbar (Lösung von Schnittstellenproblemen, Informationslogistik, Vertragsgestaltung, laufende Abstimmung zwischen Dienstleister und Nachfrager führen zu hohen Transaktionskosten)

Pro Outsourcing	Kontra Outsourcing
▪ Verbesserung der DV-Effektivität, unter anderem: – Zugang zu mehr, besserem und spezifischem Know-how – Vermeiden von Kapazitätsengpässen/-überhängen – erhöhte Innovationsrate – Steigerung der „Servicementalität" im Bereich „DV-Support" – WAN's (Worldwide Area Networks) in Großunternehmen lassen sich aufgrund der Komplexität kaum vom eigenen Personal operieren – Vermeidung von „Betriebsblindheit" bei Eigenerstellung ▪ (Quantitative und qualitative) Engpässe beim DV-Personal	▪ Mangelnde Leistungsfähigkeit der am Markt befindlichen Outsourcing-Anbieter, zum Beispiel: – Versorgungslücken: unzureichende Bereitstellung von (nichtgewinnbringenden) Leistungen – mangelhafte Betreuung/Schwierigkeiten im Laufe der langfristigen Zusammenarbeit – mangelndes Verständnis für wirtschaftliche Fragen und das Kerngeschäft des Kunden – Schwierigkeiten beim Wechsel des Anbieters – schneller DV-Support vor Ort oft nicht mehr möglich ▪ Widerstände bei Management und Mitarbeitern bei Übernahme des DV-Ressort durch Dritte

Abbildung 57: Wesentliche Argumente für und gegen eine DV-Auslagerung

Entscheidend in der Praxis sind betriebswirtschaftliche Kalküle. Mit der Inanspruchnahme von Dienstleistern entstehen Transaktionskosten. Dagegen fallen beim Inhousing erhebliche Personalkosten im DV-Bereich an, außerdem Hardware- und Softwarekosten. Allerdings erweist sich die konkrete Feststellung der Kosteneinsparung durch Outsourcing als äußerst schwierig. Kostenvergleiche stützen sich hinsichtlich der Anteile von Personal- und Materialkosten am Gesamt-DV-Budget auf Schätzungen. Im Rahmen von Kosten-Nutzen beziehungsweise Nutzwertanalysen müßte versucht werden, die Vor- und Nachteile des Outsourcing im spezifischen Einzelfall unternehmensbezogen möglichst operational zu bewerten und den Kosten gegenüberzustellen. Ins Gewicht fallen könnten hier vor allem eine verbesserte Effektivität des Informationsmanagements, weniger kostenintensive Schulungserfordernisse des eigenen Personals, Kosten entsprechend der Inanspruchnahme (pro festgelegte Leistungseinheit), wobei dem Dienstleister die Bereithaltung von entsprechenden Kapazitäten für die „Spitzen" obliegt und mit fortschreitender Vertragsdauer degressive Preisentwicklungen bei wachsendem Auftragsvolumen vereinbart werden können.

Ein oft unterschätztes, gleichwohl äußerst schwieriger Aspekt des Outsourcing ist die Frage personeller Effekte (vgl. Martinsons 1993, S. 21), da mit einer Ausgliederung Personalveränderungen in Art und Umfang verbunden sind und Widerstände zu vergegenwärtigen sind, wenn die Betroffenen hierdruch persönliche Nachteile vermuten.

3.7.3 Outsourcing-Management

Hat man sich grundsätzlich für die Möglichkeit eines zumindest partiellen DV-Outsourcing entschieden, hilft ein zielgerichtetes Projektmanagement bei der Umsetzung des mit zahlreichen Aufgabenstellungen verbundenen Outsourcing-Vorhabens. Die Vorgehensweise kann sich beispielsweise an den von Picot/Maier (1992, S. 36) vorgeschlagenen Bezugsrahmen für Outsourcing-Entscheidungen orientieren (vgl. Abbildung 58, Seite 229).

Ausgangspunkt für eine Outsourcing-Entscheidung bilden die Informationssystem-Strategie und die Informationssystem-Architektur eines Unternehmens. Ersterer folgt eine systematische Analyse der Informationsverarbeitung mit Blick auf gegenwärtige und zukünftige Wettbewerbspotentiale. Die Informationssystem-Architektur dient der Strukturierung von Aufgaben und Funktionen der Informationsverarbeitung, der Definititon sinnvoller Aufgaben- beziehungsweise Leistungsbündel und der Analyse von gegenseitigen Abhängigkeiten und Schnittstellen.

Soll das Outsourcing-Potential ermittelt werden, so muß zunächst eine differenzierte Bestandsaufnahme erfolgen, also eine Gesamtbewertung der informationstechnischen Infrastruktur und ihrer Rahmenbedingungen. Berücksichtigt wird die Gesamtheit der Faktoren, die die Leistungsfähigkeit der einzelnen DV-Bereiche definieren und eine technische wie betriebswirtschaftliche Evaluation zulassen. Als Kriterien können hierbei unter anderem Verfügbarkeit, Nutzungsgrad, Kapazitätsreserven, Innovationsstatus, Heterogenität und Integrationsfähigkeit der Systemlandschaft, Sicherheitsstandards, Herstellerunterstützung, Wartungs- und Pflegebedarf, Investitionsbedarf und Kosten-Nutzen-Relation gelten. Parallel zu den technischen Kriterien müssen Beurteilungsgrößen für die Rahmenbedingungen entwickelt werden, etwa in Hinblick auf Zielvorgaben der Unternehmensstrategie, zukünftigen Leistungsbedarf, DV-Budget, Know-how, personelle Situation, Organisationsstrukturen und interne Akzeptanz. Je differenzierter und kritischer diese Analyse vorgenommen wird, desto besser ist die Ausgangsbasis für spätere Entscheidungsprozesse.

Darauf erfolgt eine problemorientierte Systematisierung der Leistungen und eine detaillierte Analyse der Eigenschaften der Leistungen. In einem weiteren Schritt gilt es, geeignete Organisations- und Einbindungsformen der Informationsverarbeitung zu finden und eine den Unternehmenszielen folgende Outsourcing-Strategie zu entwickeln. Abhängig von den Merkmalen der Aufgaben eignen sich unterschiedliche Einbindungsformen. Bei den intern zu erfüllenden Aufgaben muß entschieden werden, ob sie eher zentral oder dezentral erfolgen sollen. Für die auszulassenden Aufgaben sind außer transaktionskostengünstigen Einbindungsformen geeignete Dienstleistungsunternehmen auszuwählen.

Oftmals ist ein abgestimmter Mix von Outsourcing-Leistungen angeraten. So lassen sich beispielsweise die finanziellen Risiken, die die Pionierphase mit sich bringt, minimieren, indem der Anwender für die Dauer der Vertragslaufzeit eine „überraschungsfreie" Kostenstruktur zugesichert bekommt. Gleichzeitig erhält er einen durch ein Dienstleistungsabkommen vertraglich abgesicherten Leistungsanspruch, der so flexibel gestaltet

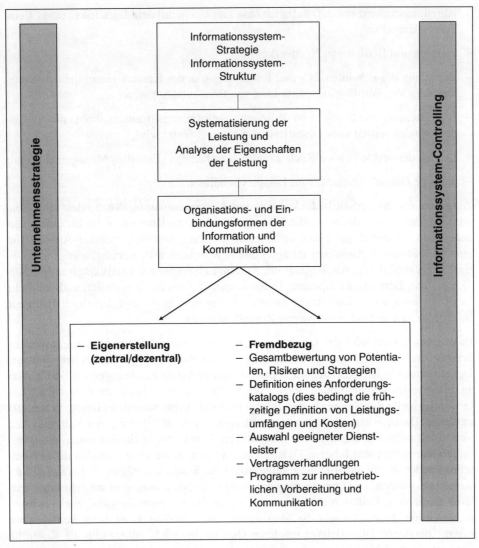

Abbildung 58: Bezugsrahmen für Outsourcing-Entscheidungen
(in Anlehnung an Picot/Maier 1992, S. 36)

werden kann, daß sich eine Erweiterung oder Reduzierung der erforderlichen Dienste während der Laufzeit berücksichtigen läßt.

Als Outsourcing-Schwerpunkte in neuen DV-Landschaften kristallisieren sich in der Praxis heraus:

– Kundenspezifische Bereitstellung von Betriebslösungen und Betriebsdienstleistungen, Systemplattformen und personale Dienste für dezentrale Systeme, Bereichs- und

Abteilungsrechenzentren (häufig im Zusammenhang mit der Migration in eine Client-Server-Umgebung),

- Planung und Betrieb von Netzwerken,
- Betreuung des gesamten PC- und Endgeräteparks des Kunden einschließlich Systemintegration, Wartung und Verteilung von Hard- und Software,
- Bereitstellung und Betrieb von dedizierten Anwendungslösungen, wobei die Anwendungsfunktionalität vom Dienstleister mit verantwortet wird,
- Betrieb der verbleibenden Rechenzentren des Kunden (Facilities Management) und
- sonstige Dienstleistungen, zum Beispiel Schulung.

Aufgrund von Sicherheitsbedenken, die vor Kosteneinsparungspotentialen rangieren, wird die Anwendungssoftware, die das existentielle Kern-Know-how des Unternehmens beherbergt, in der Regel nicht außer Haus gegeben. Darüber, welcher Anbieter im einzelnen für das Outsourcing infrage kommt, entscheiden Bewertungen anhand wichtiger Auswahlkriterien wie Reputation, Kosten, Leistungs- und Qualitätsgarantien, Servicequalität, Beratungskompetenz, Datensicherheit, finanzielle Stabilität und fachliche Gesichtspunkte wie gefordertes technisches Know-how, Innovationsbereitschaft, eigene Infrastrukturen und wünschenswerte Zusatzleistungen.

Beim Outsourcing wird der langfristigen, vertrauensvollen und gegenseitigen Nutzen bringenden, vertraglich geregelten Zusammenarbeit ein hoher Stellenwert beigemessen. Der ausgewählte Dienstleister sollte deshalb ausreichende Erfahrungen im Bereich der auszulagernden DV-Funktionen aufweisen, beispielsweise anhand von Referenzprojekten. Individuelle Regelungen betreffen zum Beispiel Verfügbarkeit der Daten, Leistungsumfänge, Datensicherheit, Konventionalstrafen bei Nichterfüllung des Vertrages und Verfahrensweise bei Vertragsende. Ein weiterer Aspekt der Institutionalisierung ist das (unternehmensinterne) Inhouse-Outsourcing, wenn zum Beispiel zunächst die DV-Abteilungen der Werke und Tochtergesellschaften aus Synergieerwägungen heraus zusammengelegt werden. Die Optimierung der Inhouse-Serviceleistungen schließt eine (spätere) Bedienung Dritter nicht aus, wenn deren Wettbewerbsfähigkeit nachgewiesen werden kann. Ferner besteht die Möglichkeit der Gründung eines Joint Ventures mit einem „potenten" Dienstleister, um beim Outsourcing nicht vollständig die Kontrolle über die eigene DV zu verlieren.

Komplettiert wird das Outsourcing-Management durch ein laufendes Controlling, das möglichst frühzeitig Korrekturbedarf bei einzelnen Maßnahmen signalisieren sollte.

4. Anforderungen an ein „leankonformes" Controlling

Das Controlling soll das Management bei der Erfüllung der Lenkungsaufgaben unternehmenszielorientiert unterstützen. Im Kern handelt es sich bei der Beratungs- und Servicefunktion des Controlling um die Koordination des Führungssystems, die sich auf die Gestaltung und Überwachung des Planungs-, Kontroll- und Informationssystems sowie auf die unmittelbare Beteiligung an Planungs- und Kontrollprozessen bezieht (vgl. Küpper/Weber/Zünd 1990, S. 283). Da die zentrale Wurzel des Controlling im Rechnungswesen liegt, bildet die zielgerichtete Koordination zwischen Informationsbedarf und der Erzeugung sowie Bereitstellung von Kosteninformationen die Basis vieler Controlling-Konzepte. Nicht Kostenrechnung ist die Aufgabe des Controllers, sondern Kostenmanagement im Sinne von Entscheidungsunterstützung durch Bereitstellung bedarfsgerecht aufbereiteter Informationen.

Lean Management bedeutet für das Controlling eine Neuorientierung unter anderem durch die immanente Komplexitätsreduktion, Dezentralisierung, Prozeßorientierung, Projektmanagement, Reduzierung „indirekter Bereiche", strikte Marktorientierung und Ausrichtung am Kundennutzen sowie Einbindung in Unternehmensnetzwerke (insbesondere langfristige Hersteller-Lieferanten-Beziehungen):

1. Die Konzentration auf das Wesentliche erfordert eine kritische Überprüfung der Menge und des Detaillierungsgrades von Informationen zur besseren Bewältigung der Informationsfülle. Ein gezielter Managementservice darf in der Praxis des Lean Management nur noch bedarfsgerechte Informationen entsprechend der Nachfrage der Informationsadressaten liefern.

2. Infolge der Dezentralisierung wird der Koordinationsaspekt noch wichtiger. Die Erfassung, Analyse und Evaluierung von Daten erfolgt weitgehend „vor Ort"; das zentrale Controlling übernimmt eine Koordinations- und Übermittlungsfunktion für die dezentralen Unternehmenseinheiten (zum Beispiel Profit Center) und zur Unternehmenszentrale, die globale Ziele vorgibt und die durch Controlling ermittelten essentiellen Abweichungen gegebenenfalls korrigiert.

3. Die Prozeßorientierung macht eine Ergänzung der operativen Kostenrechnung mit den wesentlichen Parametern Kostenstellen, Produkte und Aufträge nötig. Alle Prozesse, vor allem die der wertschöpfenden Bereiche mit den Verknüpfungen zwischen Zulieferern, Absatzmärkten und Kunden sind kosteninformatorisch durch eine dynamische Analyse zu fundieren.

4. Das bislang in vielen Unternehmen nicht für notwendig erachtete Projektcontrolling mit prioritären Aufgaben der Organisationssteuerung, Informationsanalyse, Informationsfluß- und -systemanalyse, Steuerung und Überwachung des Budgetierungsprozesses, Ziel- und Einsatzparameterplanung, Kostenbudgetkoordination und -administration, Projektkontrolle sowie Abstimmung mit anderen Projektteams muß in dem Umfang verstärkt implementiert werden, in dem unternehmensweit Projektaktivitäten institutionalisiert werden.

5. Mit der ganzheitlichen Betrachtung von Prozeßketten und deren Unterstützung wird notwendigerweise auch das Interesse an der Steuerung und Koordination vielfältiger Dienstleistungen (Lieferabrufe, Bereitstellungsprozesse, Auftragssteuerungen, Fertigungsdispositionen, Vertriebssteuerungsprozesse) größer. Ein auf die speziellen Bedürfnisse der Steuerung von Güter- und Informationsströmen ausgerichtetes umfassendes Logistik-Controlling mit der übergeordneten Aufgabe, die effektive und effiziente Gestaltung der logistischen Prozesse zu unterstützen, läßt sich bislang nicht ausmachen, ist aber gleichwohl unverzichtbar. Weber (1990, S. 983) sieht in diesem Zusammenhang den Aufbau einer Logistikleistungsrechnung und die adäquate Einbringung der Logistik in die Kostenrechnung als wesentliche künftige Aufgaben des Logistik-Controlling an.

6. Die Notwendigkeit des Abbaus indirekter Bereiche schließt auch das Controlling als Institution nicht aus. Überlegungen hinsichtlich einer fixkostenreduzierenden Personaleinsparung sind beim „Lean Controlling" keineswegs tabu; im Gegenteil: Das Controlling selbst steht im Mittelpunkt von Rationalisierungsbemühungen, was durch EDV-Unterstützung forciert wird.

7. Strikte Markt- und Kundenorientierung sowie die Verstärkung langfristiger Geschäftsbeziehungen machen eine strategische Ausrichtung von Controlling und Kostenmanagement erforderlich. Hierzu zählen (vgl. Horváth 1990, S. 179 ff.):
   – die Analyse und Erfolgsmessung der gesamten Wertschöpfungskette von den Rohmaterialquellen des Lieferanten auf der „untersten" Ebene der Zulieferpyramide bis hin zur ausgelieferten Ware beim Endverbraucher;
   – die Analyse der strategischen Positionierung (bisher war die Wettbewerbsanalyse in der klasssischen Kosten- und Erlösrechnung kein Untersuchungsgegenstand);
   – die Analyse der kostentreibenden Faktoren, die sich insbesondere in einem stetig steigenden Anteil der Gemeinkosten bemerkbar machen, und
   – die Analyse der Zielkosten, die vom prognostizierten Marktpreis abhängen und die bereits bei Vorüberlegungen für ein neues Produkt einen wesentlichen Bestimmungsfaktor der Produktentwicklung darstellen.

8. Angesichts neuer Anforderungen an Informationsbedarf und an veränderte Kostenstrukturen wird eine durch die Bereitstellung relevanter Kosteninformationen gekennzeichnete aktions- und zukunftsorientierte Kostensteuerung zwingender denn je. Ein vorsteuerndes Kostenmanagement muß die reine Kostenermittlung ablösen und zu einer nachhaltigen Kostenbeeinflussung führen.

Wichtige, relativ neue Steuerungsinstrumente im Rahmen der Controlling-Weiterentwicklung sind:

– die Prozeßkostenrechnung, die auf die Planung, Steuerung, Kontrolle und Verringerung der indirekten Kosten abstellt,

– das in Japan entwickelte „Target Costing" mit einer frühen Abschätzung des erzielbaren Marktpreises eines erst als Idee vorliegenden Produktes und

– das ebenfalls in Japan angewandte „Kaizen Costing", das den kontinuierlichen Kostensenkungsprozeß in der Herstellung des Produktes unterstützen soll.

5. Der Ansatz der Prozeßkostenrechnung

Ausgangspunkt für die Propagierung einer Prozeßkostenrechnung ist eine Verschiebung der Kostenstrukturen. Steigende Gemeinkosten bei sinkenden Einzelkosten beeinflussen die Produktkalkulation und die Struktur der Deckungsbeiträge erheblich. Die traditionellen Verfahren der Kostenrechnung, die als Bezugsgrößen ausschließlich Materialwert und Fertigungslöhne ausweisen, werden der tatsächlichen Kostenverursachung nicht gerecht. Ist schon die Gemeinkostenverrechnung unzureichend, stellen die traditionellen Verfahren auch zu wenig aussagefähige Kosteninformationen für die mittel- bis langfristige Planung zur Verfügung. Diese Defizite soll die Prozeßkostenrechnung beseitigen, die eine präzise Zurechnung von Kosten auf Kostenträger ermöglicht (vgl. zu einer differenzierten Darstellung zum Beispiel Horváth/Mayer 1989; Götze/Meyerhoff 1993).

Die Grundidee der Prozeßkostenrechnung besteht darin, das gesamte betriebliche Geschehen als Abfolge von Sequenzen darzustellen. Die Prozeßkostenrechnung führt also die Prinzipien der Prozeßorientierung im Rechnungswesen konsequent fort. Ziel der Prozeßkostenrechnung ist es im einzelnen, Kostentransparenz in indirekten Leistungsbereichen zu schaffen, eine verursachungsgerechte Verrechnung von (Dienst-)Leistungen im Rahmen der Produktkalkulation zu ermöglichen und mit Hilfe einer verbesserten Gemeinkostenplanung und -kontrolle Potentiale zur rationellen Nutzung vorhandener Ressourcen aufzuzeigen.

Die funktions- und abteilungsübergreifende Prozeßbetrachtung und die Analyse von Kostenbestimmungsfaktoren bilden den Kern der Prozeßkostenrechnung. Im Rahmen einer Tätigkeitsanalyse wird untersucht, welche Tätigkeiten (Transaktionen, Vorgänge) in welchem Umfang verrichtet werden. Es wird zudem analysiert, ob die Teilprozesse in Abhängigkeit von den in der Kostenstelle zu erbringenden Leistungsmengen (mengenvariabel) durchzuführen oder unabhängig (mengenfix) sind („leistungsmengeninduzierte" und „leistungsmengenneutrale" Prozesse). Die leistungsmengeninduzierten Teilprozesse werden zur Vorbereitung einer abteilungsübergreifenden Prozeßanalyse zu Hauptprozessen verdichtet. Sowohl für die Teilprozesse als auch für die Hauptprozesse müssen im Rahmen der Kosten- und Kapazitätszuordnung die kostendeterminierenden Faktoren identifiziert werden. Diese Faktoren dienen wiederum als Basis für die Bestimmung von Prozeßmengen und Prozeßkosten. Für die Haupt- wie für die Teilprozesse werden Prozeßkostensätze gebildet, die die durchschnittlichen Kosten für die einmalige Durchführung eines Prozesses angeben sollen.

Durch eine systematische Aufschlüsselung der vielfältigen Gemeinkosten werden „Kostentreiber" identifiziert. Auf der Basis der Diagnose läßt sich dann ein wirksames Gemeinkostenmanagement installieren mit dem Ziel der Reduzierung der oft hohen indirekten, nur mittelbar mit der eigentlichen betrieblichen Leistung im Zusammenhang stehenden Kosten in den Funktionsbereichen und Aufgabenkomplexen Beschaffung, Logistik, Forschung und Entwicklung, Arbeitsvorbereitung, Produktionsplanung und -steuerung, Instandhaltung, Qualitätssicherung, Auftragsabwicklung, Vertrieb, Controlling, Rechnungswesen etc.

Einen Überblick über die Möglichkeit einer praktischen Durchführung des Konzeptes gibt Abbildung 59.

	Prozeßkostenrechnung
1. Schritt:	Bildung eines Projektteams und Auswahl des Untersuchungsbereiches
2. Schritt:	a) **Durchführung einer Tätigkeitsanalyse** (insbesondere direkte Befragung): Welche Tätigkeiten werden innerhalb einer Untersuchungsperiode durchgeführt? Wie groß ist der hierfür notwendige Zeitbedarf in Prozent der Gesamtkapazität? b) **Bestimmung der kostentreibenden Prozesse und Bildung einer Prozeßhierarchie:** Jeder Teilprozeß ist einem – unter Umständen kostenstellenübergreifenden – Hauptprozeß sachlich zuzuordnen. Die so ermittelte Prozeßhierarchie zeigt auf, welche Einzeltätigkeiten zur Erfüllung einer Aufgabe (= Hauptprozeß) notwendig sind. Anhand des erfragten Zeitbedarfs je Tätigkeit lassen sich die kostenintensiven Prozesse identifizieren und deren kostentreibenden Faktoren ermitteln. Außerdem sollen die ermittelten Teilprozesse nach leistungsmengeninduzierten (zum Beispiel Angebote einholen, Bestellungen aufgeben, Reklamationen bearbeiten im Funktionsbereich Einkauf) und leistungsmengenneutralen (zum Beispiel Abteilung leiten) Prozessen unterschieden werden. Als Abgrenzungskriterium wird die Veränderbarkeit des Arbeitsvolumens eines Prozesses in Abhängigkeit vom Leistungsvolumen der jeweiligen Kostenstelle herangezogen.
3. Schritt:	**Festlegung von Maßgrößen/Bezugsgrößen je leistungsmengeninduzierenden Prozeß und Planprozeßmengen je Einzelprozeß:** Die Bezugsgröße (Cost Driver) ist eine Maßgröße zur quantitativen Erfassung der Leistung eines Prozesses im Bezugszeitraum. Dem Prozeß „Angebote einholen" wird beispielsweise der Cost Driver „Anzahl der Angebote" zugeordnet. Da sich für eine Kostenstelle häufig mehrere Bezugsgrößen finden lassen, ist entweder für jeden Cost Driver eine eigene Kostenstelle zu definieren oder eine heterogene Kostenverursachung in einer Kostenstelle zuzulassen.
4. Schritt:	**Ermittlung der Plankosten je Prozeß und Bildung von Prozeßkostensätzen:** Mittels einer analytischen Kostenplanung wird untersucht, welche Kostenarten dem jeweiligen Prozeß bei gegebener Prozeßmenge zuzurechnen sind. Bei Dominanz der Personalkosten ist es zweckmäßig, nur diese Kostenart analytisch zu planen und die übrigen Kostenarten (zum Beispiel Raum-, Büromaterial-, Energiekosten) proportional zu verteilen. Alternativ zum aufwendigen analytischen Weg können normalisierte Kostenstellenkosten per Schlüssel (zum Beispiel Mitarbeiterzahl, Mann-Jahre) auf die Prozesse verteilt werden. Sind die Plankosten eines leistungsmengeninduzierten Prozesses bekannt, so erhält man den Kostensatz für dessen einmalige Ausführung durch einfache Division von Plankosten und Planprozeßmenge. Für leistungsmengenneutrale Prozesse können in der Regel keine Maßgrößen angegeben werden, so daß deren Kosten proportional zu den induzierten Prozeßkosten umgelegt werden.

	Prozeßkostenrechnung
5. Schritt:	**Aufbau einer Gemeinkostenplanung und -kontrolle sowie einer strategischen Kalkulation:** Einerseits können die Einzelprozeßkosten entsprechend der Prozeßhierarchie sukzessive und über verschiedene Kostenstellen hinweg zu Hauptprozeßkosten verdichtet werden (zum Beispiel Gesamtkosten einer Auftragsbearbeitung), andererseits können kostenstellenbezogene Soll- und Ist-Kosten ermittelt werden. Im Rahmen einer prozeßorientierten Kalkulation werden Leistungen des indirekten Leistungsbereichs über Prozeßkostensätze dem Produkt direkt angelastet.

Abbildung 59: Schrittfolge der praktischen Durchführung einer Prozeßkostenrechnung nach Horváth/Mayer (1989) im Überblick

Kriterien \ KR-System	Deckungsbeitragsrechnung	Plankostenrechnung	Prozeßkostenrechnung
Haupteinsatzbereich	Gesamtunternehmen	Produktion	indirekte Bereiche
bevorzugt betrachtete Kosten	proportionale Kosten/ Fixkosten	proportionale Kosten	Gemeinkosten
Kalkulation	pauschal über Zuschlagsätze	pauschal über Zuschlagsätze	differenziert je Kostenträger
Kostenspaltung	fix/proportional	fix/proportional	leistungsmengeninduziert/ leistungsmengenneutral
Ausrichtung des Systems	operativ	operativ	strategisch/ operativ
Entscheidungsunterstützung	kurz-/mittelfristige Entscheidungen	kurzfristige Entscheidungen	mittel- und langfristige Entscheidungen
Marktorientierung	zum Teil gegeben	nicht gegeben	im Rahmen des strategischen Kostenmanagements gegeben

Abbildung 60: Vergleich von Kostenrechnungssystemen (Quelle: Niemand 1992, S. 161 – hier findet sich auch ein ausführliches Praxisfallbeispiel der Prozeßkostenrechnung)

Die Prozeßkostenrechnung ist kein Substitut für die flexible Plankosten- und Deckungsbeitragsrechnung, sondern ein nützliches Komplement operativer Kostenrechnungsverfahren (vgl. auch Abbildung 60, Seite 235). Im Zusammenhang mit der grundlegenden Ausrichtung des Lean Management ist sie als Unterstützungspotential für das bereichs- beziehungsweise abteilungsübergreifende Prozeßkettenmanagement von Bedeutung. Die kostenstellenübergreifende Kontrollmöglichkeit bedeutet ein Novum in der Kostenrechnung. Dennoch – oder gerade deshalb – wird in der Literatur an Kritik, bezogen auf unscharfe Terminologien, methodische Defizite und Implementationsschwierigkeiten, nicht gespart (vgl. hierzu im einzelnen Küpper 1991, Glaser 1992; Franz 1993).

Methodisch problematisch sind vor allem der Vollkostencharakter der Prozeßkostenrechnung und die damit verbundenen Nachteile (zum Beispiel Verrechnung und Produktzuordnung von Gemeinkosten, die gar keinen Produktbezug aufweisen) sowie die simple Schlüsselung von Kosten. Die Befürworter dieses Ansatzes halten dem entgegen, für den Informationsbedarf des Management sei bei aller methodischen Kritik eine „ausreichende Genauigkeit der Ergebnisse gegeben, solange die Entscheidung bei höherer Genauigkeit nicht anders ausfallen würde. Im Interesse eines wirtschaftlichen ‚Lean Controlling' ist dies bei der Beurteilung der Vorgehensweise zu berücksichtigen" (Horváth/Kieninger/Mayer/Schimank 1993, S. 614). Außerdem leistet die Prozeßkostenrechnung einen wichtigen Beitrag dazu, den Gemeinkostenbereich im Bewußtsein von Entscheidungsträgern zu verankern und die oftmals vorhandenen Bereichsegoismen durch kostenstellenübergreifende Betrachtungsweisen abzubauen.

6. Target Costing

„Target Costing" beinhaltet kein neues, auf Überwachung fokussiertes Kostenrechnungssystem, sondern stellt im Sinne eines umfassenden Zielkostenmanagements einen systematischen Prozeß der marktorientierten Kostenplanung, -steuerung und -kontrolle auf Basis der vom Kunden gewünschten Qualitätsmerkmale des zu entwickelnden Produktes dar (vgl. Sakurai 1989; Horváth/Seidenschwarz 1992). Das Konzept wird schon bei der Ideengenerierung und Konzeptgestaltung als Kostenplanungsinstrument eingesetzt, um in Abhängigkeit von den Kundenanforderungen so früh wie möglich kostengestaltende und -senkende Maßnahmen initiieren und forcieren zu können.

Leitmaxime ist nicht die Frage: „Was wird ein Produkt kosten?", sondern die Frage, welcher Preis für den Konsumenten bei einem bestimmten neuen Produkt mit ausreichenden Marktchancen vertretbar erscheint. Das Gesamtkostenziel ergibt sich aus der Differenz von konkurrenzfähigen Preisen und akzeptablen Gewinnmargen. Es dient als Basis für die Ableitung von Einzelzielen (Produktdesign, Konstruktion, Beschaffung usw.). Anstatt die Kosten im nachhinein mühevoll iterativ zu senken, müssen Zielkosten und errechnete Kosten für ein bestimmtes Projekt von vornherein in Einklang gebracht werden, was erhebliche Kompromisse zwischen den beteiligten Funktionsbereichen erfordert.

Abbildung 61, Seite 238, zeigt exemplarisch ein Phasenschema zur Durchführung des „Target Costing" in der Automobilindustrie in Japan auf (vgl. Monden/Hamada 1991, S. 19 ff.). Der erste Schritt beinhaltet die mittel- bis langfristige Unternehmensplanung. Im dabei zu fixierenden Gewinnplan werden Deckungsbeiträge und Betriebsgewinne als Durchschnittsgrößen für eine Serie zu entwickelnder Modelle berechnet. Auf Basis der Durchschnittssummen werden Einzelplanungen für bestimmte Typen einzelner Modelle durchgeführt und mögliche Gewinne den entstehenden Kosten gegenübergestellt. Wegen der Einfachheit bei der Berechnung werden die Umsatzerlöse oft als zu vergleichende Indikatoren für „Target Profits" gewählt.

Zwecks Präzisierung der Produktplanung werden in einem gezielten Diskussionsprozeß aller Beteiligten unter Hinzuziehung von Marktforschungsergebnissen, Analysen des Kundenbeziehungsmangements und Entwicklungs-Know-how wichtiger beteiligter Zulieferer neue Produkte und Modellwechsel beziehungsweise Produktvariationen erarbeitet. Nur profitable Projekte werden angeschoben beziehungsweise weitergeführt. In dieser zweiten Phase müssen die „Target Profits" für jedes Produkt, im dritten Schritt die „Target Costs" festgelegt werden. Entsprechend der Angaben einzelner Ressorts werden dabei zunächst die Gesamtkosten geschätzt. Der Schätzung werden die am Markt „höchstens erlaubten" Kosten (Zielverkaufspreis minus „Target Profit") gegenübergestellt.

Besteht eine Lücke zwischen beiden Größen, müssen Maßnahmen des „Value Engineering" Anwendung finden, bis Zielkosten erreicht sind, die, falls sich die „höchstens erlaubten" Kosten unterbieten lassen, „nach unten" abweichen und als anspruchsvolle, motivierende Zielgrößen formuliert werden. Vor der endgültigen Festlegung fließen noch Überlegungen zu marktnotwendigen Technologie- und Verfahrensanpassungen im Unternehmen und die erwartete Marktentwicklung bezogen auf die Lebensdauer für ein Produkt vorgegebener Qualität ein (Produktlebenszyklus-Ansatz). Das „Value Engineering" basiert auf der Idee vielfältig unterscheidbarer Teilfunktionen von Produkten und Dienstleistungen und der Erkenntnis, daß ungeprüft viele Produkte Leistungskomponenten enthalten, die der Kunde eigentlich gar nicht bezahlen will. Mittels Wertanalysen sollten deshalb sämtliche Teilfunktionen präzisiert und möglichst quantifiziert werden. Im Anschluß an eine Bewertung der Teilfunktionen nach Nutzen wie nach Kosten kann in vielen Fällen durch Senkung der Kosten und/oder Erhöhung der Funktionserfüllung eine Wertsteigerung erreicht werden, ohne daß an den anspruchsvollen Kostenzielen Abstriche zu machen wären. Je besser die tatsächlichen Kundenbedürfnisse bekannt sind, desto eher lassen sich Risiken stark subjektiver (Fehl-)Entscheidungen vermeiden. Dieses Vorgehen ist solange zu wiederholen, bis schließlich aus dem aktzeptablen Gesamtkostenziel marktfähige Einzelkostenziele für alle beteiligten Unternehmenseinheiten und jedes Bauteil erarbeitet werden können.

Auch in den Phasen IV und V (Produktentwurf und Produktionsplanung) stehen den Sachaufgaben laufende Kostenschätzungen, -planungen und -senkungspostulate gegenüber. Das Controlling hat hierbei die entscheidende Aufgabe, die Berechnung und Bestimmung von geschätzten Kosten, Zielkosten und „Target Profits" informatorisch und koordinierend zu unterstützen.

I Unternehmensplanung	II Ausarbeitung des spezifischen Projektmanagements des neuen, modifizierten Produktes	III Festlegung des Basisplanes für ein spezifisches Produkt	IV Produktentwurf	V Produktionsplanung	Realisierung der Kostenvorgaben
– mittel- bis langfristige Gewinnzielplanung – Ableitung periodischer Gewinnziele für jedes Produkt („Target Profits") – Planung der Produktentwicklung Erstellung von Plänen hinsichtlich neuer Produkte Modellwechsel/Produktmodifizierungen und -variationen	– Diskussion der Produktplanung auf der Basis von Marktforschungsergebnissen zwischen Top-Management, Produktentwicklung, Fertigung und Projektteam – Konkretisierung des Produktplanes durch Produktmanagement – Schätzung der Kosten und Analyse, ob der Plan unter der Prämisse der „Target Profits" realisiert werden kann (unter Zuhilfenahme von Amortisationsrechnungen) – endgültige Festlegung der „Target Profits" (nach ev. notwendigen Modifikationen/Einsparungen)	– Ermittlung wesentlicher Kostenfaktoren (Produktentwurf/ -struktur) – Festlegung der Zielkosten (auf der Basis erzielbarer Verkaufspreis minus „Target Profits") – Ableitung von Einzelkostenzielen – „Value Engineering"-Aktivitäten	– Konstruktion eines Prototyps auf der Basis zielkostenkonformer Bauteile – (erneute) Gesamtkostenschätzung für den fertigen Prototyp – bei Abweichungen erneutes „Value Engineering"	– Vorbereitung des Produktionsstarts – Schätzung der Fertigungskosten – Festlegung von Standardwerten/ Basiskosten für direkte Fertigungskosten (Materialverbrauch, Arbeitskosten etc.) – Abweichungsanalyse/Bewertung von Zielkostenaktivitäten	

Abbildung 61: Phasenschema des „Target Costing"

Die Bestimmung des mit einem neuen Produkt anzustrebenden Kundennutzens bildet stets die Basis für das Target Costing. Dazu kann beispielsweise das Conjoint Measurement herangezogen werden, das sich besonders in der amerikanischen Marketing-Praxis seit langem großer Beliebtheit erfreut (vgl. Cattin/Wittink 1982). In der Marktforschung bezeichnet man mit Conjoint Measurement (CM) „eine Gruppe psychometrischer Verfahren zur mehrdimensionalen Dekomposition ordinaler oder kategorialer Daten über die globale Ähnlichkeits- oder Präferenzbeurteilung komplexer Stimuli, die mittels systematischer Kombinationen spezifizierter Ausprägungen von Merkmalen konstruiert wurden. Ziel von CM-Analysen ist die simultane (conjoint), metrische Skalierung jeder der unabhängigen Varibablen (Merkmalsausprägungen) und der abhängigen Variablen derart, daß die beobachteten Relationen zwischen den empirischen Beurteilungswerten bei Anwendung eines bestimmten Meßmodells ‚bestmöglich' reproduziert werden" (Thomas 1979, S. 199). Mit vereinfachenden Worten wird beim Conjoint Measurement eine Reihe von Produkten beziehungsweise Handlungsalternativen vorgegeben, die durch unterschiedliche Kombination der Merkmalsausprägungen einzelner Attribute gekennzeichnet sind. Werden beispielsweise die Attribute KW-Leistung (55, 66, 85 KW), Durchschnitts-Benzinverbrauch (8, 9, 10 l/100 km) und Beifahrer-Airbag (ja/nein) bei Automobilen betrachtet, so lassen sich 3 x 3 x 2 = 18 verschiedene „Modelltypen" entwickeln, die von den zu befragenden Konsumenten in eine Rangordnung zu bringen sind. Zwecks Handhabbarkeit werden die möglichen Stimuli häufig zunächst auf eine geringere Anzahl von Beurteilungsobjekten reduziert. Aus der Präferenzordnung der Befragten rekonstruiert das Conjoint Measurement dann das Zustandekommen der Rangordnung der Objekte, wobei der spezifische Beitrag, den die jeweilige Merkmalskategorien zur Präferenzbildung liefern, ermittelt wird. Auf diese Weise erhält man spezielle Informationen dahingehend, wie sich ein Produkt attraktiv gestalten läßt und welche Kundenanforderungen die Produktentwicklung steuern sollten. Zweckmäßigerweise verbindet man mit der Vorgabe verschiedener Alternativen von Produkteigenschaften die jeweiligen Preisvorstellungen des Herstellers, um herauszufinden, welchen Preis der (potentielle) Kunde für bestimmte Funktionen beziehungsweise Funktionsverbesserungen zu zahlen bereit ist.

Im Rahmen der eigentlichen Bestimmung und Optimierung der Zielkosten sind nach der Ermittlung der Beiträge der gewichteten Produktkomponenten zum Kundennutzen deren Kostenanteile und sogenannten Zielkostenindices festzulegen. Dazu dient die folgende Formel (Becker 1993, S. 284):

$$\frac{\text{Anteil der Funktionserfüllung}}{\text{Kostenteil}} = \text{Zielkostenindex}$$

Diese Formel beruht auf der Prämisse, daß unter optimalen Bedingungen jede Produktkomponente einen gerade dem jeweiligen Produktnutzenanteil entsprechenden Produktkostenanteil aufweist. Eine optimale Komponentenbeschaffenheit äußert sich durch eine proportionale Kosten-Nutzen-Relation (Zielkostenindex = 1). In der Praxissituation wird man indes in Abhängigkeit von der jeweiligen Nutzen-Kostenrelation der Produktkomponenten und der geltenden Marktbedingungen mit Zielkostentoleranzen arbeiten. Für die Optimierung der Zielkosten gilt folgendes:

– Produktkomponenten, die einen Zielkostenindex aufweisen, der kleiner als 1 ist, gestalten sich zu kostenintensiv und beinhalten folglich Kostensenkungspotentiale, die durch entsprechende Entwicklungsmaßnahmen auszuschöpfen sind,

– Produktkomponenten, die einen Zielkostenindex aufweisen, der größer als 1 ist, sind zu kostengünstig und bedürfen deshalb der Realisierung von leistungssteigernden Entwicklungsmaßnahmen.

Dieser Prozeß der Bestimmung und Vereinbarung von Zielkosten muß solange fortgesetzt werden, bis sich sämtliche Produktkomponenten im Zielkostentoleranzspektrum befinden, also einen marktanforderungsgerechten Zustand des neuen Produktes beschreiben.

7. Kaizen Costing

Als spezielle Variante des Kaizen-Prinzips (vgl. Abschnitt IV.4.4.7) dient das „Kaizen Costing" (vgl. Monden/Hamada 1991, S. 23 ff.) der kontinuierlichen Unterstützung der Kostensenkung in der laufenden Produktion. Es kann als wichtige Ergänzung traditioneller Kostenkontrollen und als Teil einer übergeordneten Budgetplanung und -kontrolle gesehen werden. Die aktuellen Kosten für die Produktion des jeweiligen Produktes können als „Kaizen Budgets" aufgefaßt werden, das im Hinblick auf die Realisierung und Verbesserung der „Target Profits" fortlaufend reduziert werden muß. Im Mittelpunkt von Kostensenkungsaktivitäten stehen die steigenden Gemeinkosten. Als Ergebnis von „Kaizen Costing" können sich grundlegende Veränderungen in Produktion und Management ergeben; kein Bereich ist tabu, soweit Kundenzufriedenheit, Qualitäts- und Zeitziele realisiert werden können. Wichtige Unterschiede zu anderen Kostensenkungsansätzen bestehen in der Permanenz und im „crossfunktionalen" Teamansatz bei der Suche und Implementierung von Kostensenkungsaktivitäten, in die zunehmend auch die Zulieferunternehmen einbezogen werden.

Kostensenkungsziele werden einerseits für das Gesamtunternehmen formuliert, andererseits für einzelne Unternehmenseinheiten (Divisionen, Werke, Responsibility-Center), die aus den Oberzielen jeweils in konsistenter Weise zu disaggregieren sind. Grundlage des „Kaizen-Costing" ist „Management by Objectives", wobei die Kostensenkungsziele so anspruchsvoll und realistisch zu gestalten sind, daß sie zugleich einen Ansporn für die tatsächliche Umsetzung durch die Unternehmensmitglieder verkörpern. Die aufbauorganisatorischen Grenzen überschreitend lassen sich Kaizen-Costing-Aktivitäten bereichsübergreifend vergleichen und von Fall zu Fall so abstimmen, daß Synergieeffekte genutzt werden können. Wichtige Voraussetzungen sind die Möglichkeit einer bedarfsgerechten detaillierten Bereitstellung von Kosteninformationen im Rahmen eines ausgefeilten Controlling und eine wirksame Informationsinfrastruktur, die überdies auch methodische Unterstützung für Qualitätszirkel oder spezielle Kaizen-Gruppen gewährt.

8. Fazit

Die Anforderungen an das Informationsmanagement werden von der neuen, streng wertschöpfungsbezogenen und daher „schlanken" Organisation determiniert. Dies bedeutet unter anderem weitestgehende (aber nicht „totale") Integration, Prozeßorientierung („Workflow-Management"), Dezentralisierung, Vernetzung, zwischenbetriebliche Ausrichtung und ausgeprägte Anwenderorientierung der Informationsinfrastruktur. Daneben muß die Informationskultur mit der Beeinflussungsgröße „Informationsbereitschaft und -verhalten" durch Maßnahmen der Personalführung und des Personalmanagements möglichst „offen" gestaltet werden mit dem Ziel, kurze informelle Entscheidungs- und Kommunikationswege zu etablieren und die tägliche Zusammenarbeit durch eine deutliche Verbesserung der Qualität menschlicher Beziehungen im Unternehmen insgesamt und in den einzelnen Arbeitsgruppen zielwirksamer auszuformen.

Oberstes Prinzip muß die effiziente Nutzung der Informationstechnologie sein. Dieses Motto erscheint banal, doch kommt es in der Praxis vielfach vor, daß Computer mehr Arbeit „machen", statt diese zu vereinfachen. Keineswegs erhöht sich mit einer Investition in „High-Tech" automatisch die Produktivität. Die Ausgaben für Informationstechnologie erweisen sich beispielsweise im Ergebnis mehrerer amerikanischer Studien als weniger effektiv für Produktivitätsverbesserungen als jede andere untersuchte Investitionsausgabe-Art (vgl. Schnitt 1993, S. 15). Dies rührt von der Fokussierung auf das technologisch Machbare her, anstatt die eindeutige Servicefunktion im Hinblick auf die Unternehmenszielsetzungen und Einzelproblemlösungen in den Vordergrund zu rücken.

Die Konzentration auf das Kerngeschäft führt zu Überlegungen, auch das (technologiezentrierte) Informationsmanagement – abgesehen von strategischen Entscheidungen – total oder partiell auszulagern. Der Umfang des Outsourcing sollte sich nach vorherigen eingehenden betriebswirtschaftlichen Analysen richten; in der Praxis bewirken dagegen oftmals psychologische Barrieren bei Entscheidungsträgern weiterhin ein ineffizientes Inhousing auch zweifelsfrei auslagerbarer DV-Abwicklungen.

Controlling beinhaltet die sinnvolle Zusammenfassung betriebswirtschaftlicher Aufgabenkomplexe und Instrumente zur Unterstützung der Managementprozesse. Wichtige Grundidee ist die „Feedforward"-Steuerung, das heißt die rechtzeitige Identifizierung von Fehlentwicklungen, die frühzeitige Bereitstellung von Korrekturmaßnahmen und insbesondere auch Problemlösungen im Managementprozeß (vgl. Koontz/Bradspies 1972). Die heutige Controlling-Diskussion vollzieht sich zunehmend auf der Basis einer „innovativ-antizipativen Controllingphilosophie" (Welge 1988, S. 18), bei der die gestellten Aufgaben nicht nur in zukunftsorientierter, sondern auch in erneuernder und vorgreifender Weise bewältigt werden. Die Controllingliteratur stellt eine große Anzahl von Instrumenten zu unterschiedlichen Zwecken bereit (vgl. zum Beispiel Horváth 1993). Als relativ neue, für viele Unternehmen innovative Ansätze hinsichtlich Zufriedenstellung der Kundenwünsche und kostengünstiger Gestaltung besonders leistungsfähiger Prozesse können die Prozeßkostenrechnung, das Zielkostenmanagement und Kaizen Costing angesehen werden.

Teil VI

Die Implementierung des Lean Management

1. Ansatzpunkte des Change Management

Mit dem „Change Management" wird umfassend die Unternehmensentwicklung als Gestaltungsobjekt des Managements thematisiert (vgl. Bleicher 1992, S. 5). Im Zusammenhang mit Lean Management ergibt sich eine Reihe von Herausforderungen für den Praktiker (vgl. hierzu Mintzberg/Westley 1992):

- Die Transformation eher konzeptionell-abstrakter Änderungsintentionen in konkrete Aktionen/Verhaltensänderungen muß gelingen (wobei gleichzeitig für die Gesamtorganisation gewichtige Änderungsimpulse aufgrund kontinuierlicher Verbesserungsaktivitäten „bottom up" konzeptionelle Berücksichtigung erfahren sollten).

- Es ist eine holistisch-integrative Perspektive unter Berücksichtigung von Kontext, Unternehmenshistorie und gegenwärtigem Entwicklungsstand, Machbarkeitsüberlegungen und aktuellem Problemdruck zu beachten.

- Ferner sind vielfältige Interdependenzen zwischen den verschiedenen, nach Ebenen und Inhalten unterscheidbaren Ansatzpunkten (Vision, Unternehmenskultur, Struktur, Systeme, Humanressourcen etc.) zu berücksichtigen.

- Schließlich empfiehlt sich, den (formalisierten) geplanten Wandel außer durch visionäre Überzeugungsarbeit einflußreicher (Top-)Führungskräfte durch (individuelles und organisationales) Lernen zu ergänzen.

Ein schneller Wandel im Sinne einer kompletten Ad-hoc-Umgestaltung von Organisationsprozessen und -strukturen scheitert oft schon deshalb, weil unternehmensspezifisch wesentliche Instrumente und eine adäquate Infrastruktur erst entwickelt werden müssen. Der umfassende Wandel durch Lean Management bedeutet für die Unternehmensmitglieder mit ihren traditionellen, gewachsenen Wertorientierungen zum Teil eine Art „Kulturschock" mit der Folge, daß erhebliche Widerstände gegen den hervorgerufenen abrupten Wandel zu erwarten sind, da Veränderungen in der Unternehmenskultur in der Regel nur auf evolutionärem („sanften") Wege erfolgreich sind (vgl. Schein 1989, S. 67 ff.).

Für ein radikales Change Management „aus einem Guß" spricht zwar, daß keine Zeit mehr für die als notwendig erachteten Veränderungen vorhanden, der Problemdruck also spürbar ist und in vielen Unternehmen beschleunigt Maßnahmen zur Existenzsicherung durchgesetzt werden müssen. Doch hat die Diskussion von Implementierungshindernissen gezeigt (vgl. Abschnitt 3.9), daß ein erhebliches Maß an Überzeugungsarbeit und ein (zeit-)intensives Lernen des relativ komplexen Sujets Lean Management, seiner Teilbereiche und Instrumente notwendig ist. Abbildung 62, Seite 246 stellt Argumente für und gegen einen radikalen („revolutionären") Ansatz im Change Management gegenüber (zur organisationstheoretischen Analyse vgl. zum Beispiel Hage 1980, S. 242 ff.).

Wichtig ist unter anderem darauf zu achten, daß der gewählte Change-Management-Ansatz aus dem aufgezeigten Spektrum und der künftige („leanadäquate") partizipative Führungsansatz nicht zu weit auseinanderklaffen und die sozio-emotionalen Aspekte gegenüber einem eher „technisch"-sachrationalen „Reengineering" nicht zu stark in Hintergrund gedrängt werden. Zur Vermeidung unnötiger Verzögerungen sollte auch bei Präferierung eines unseres Erachtens vorteilhaften, eher inkrementalen Vorgehens ein rigoroses Zeitmanagement mit klaren Zielen, Prioritäten, erhöhtem Schulungsaufwand und Terminkontrollen Instrument eines tendenziell eher behutsamen Change Management sein, um der Gefahr eines „Aussitzens" wesentlicher organisatorischer Änderungen entgegenzuwirken.

Pro (= „durchgreifendes Reeingineering aus einem Guß")	Kontra (= inkrementales, weiches Changemanagement in stetigen kleinen Schritten)
„Leidensdruck"/Problemerkenntnis „etwas ändern zu müssen", ist längst vorhanden	Betroffene werden zu Beteiligten
bei Beteiligten und Betroffenen herrscht „Enthusiasmus" für einen Neubeginn vor	Balance des „Lernens mit dem Wandel" bleibt gewährt
Faktor „Zeitwettbewerb" fordert „Quantensprünge" bei der Umgestaltung und duldet keine „gemächliche" Unternehmensevolution	leichtere Umsetzbarkeit des umfassenden Lean-Konzeptes durch bessere Vorbereitung, mehr Konzeptkenntnisse, weniger Akzeptanzprobleme und geringere Widerstände
Top-Down Ansatz durch „Schlüssel"-Personen im Unternehmen vermag Top-Management-Rückhalt, Durchsetzung und Kontrolle sicherzustellen	strategische Neuausrichtung und notwendige Infrastruktur kann sorgfältiger geplant werden
„halbherzige Kompromisse" und die Gefahr des „Versandens" lassen sich vermeiden	Konflikte werden vor der Einführung von Veränderungen ausgetragen, wodurch oftmals nachträgliche Änderungen vermieden werden
durch eine „Revolution von oben" lassen sich obsolete Strukturen besser aufbrechen	unter Zeitdruck sind Findung und kritische Sondierung eigener kreativer Lösungswege schlecht möglich
zu lange und aufwendige Lösungsfindungen unter Beteiligung vieler wird vermieden	mögliche Widerstände werden durch radikale, beschleunigte Umgestaltungen zwar zunächst gebrochen, kristallisieren sich später aber umso deutlicher heraus, falls kein hartes Durchgreifen möglich und im Sinne eines partizipativen Führungsansatzes auch nicht wünschenswert ist

Abbildung 62: Argumentationsbilanz „Für und Wider eines radikalen Change Management"

In der Praxis der Automobilindustrie lassen sich „Pilot-Ansätze" bei der Implementierung beobachten, die parallel zur bisherigen Fertigungsorganisation vorangetrieben werden und Modellcharakter für das Gesamtunternehmen besitzen (vgl. Abschnitt 3.6). Eine auf einen oder mehrere Teilbereich(e) fokussierte „Strategie vertikaler Schnitte", indem beispielsweise zunächst zentral die Produktion Gegenstand des Wandels ist, sollte implizieren, daß die anderen Bereiche unverzüglich nachziehen, um ein ganzheitliches Change Management zu einem „schlanken" Unternehmen zu gewährleisten. Die Zerlegung des Gesamtkonzepts in einzelne Komponenten, die dann isoliert voneinander implementiert werden, vernachlässigt, daß alle Bausteine des Wandels verbunden sind und sorgfältig aufeinander abgestimmt werden müssen („Managing change is like balancing a mobile" – Duck 1993, S. 110).

Eine erfolgreiche Transformation benötigt klar definierte Rollen, Verantwortlichkeiten und organisatorische Unterstützung (vgl. hierzu auch Harrison/Pratt 1993, S. 8 f.):

1. *Steuerungsgruppen („Executive Steering Committees"):*
   Zu den Aufgaben der durch Mitglieder der Unternehmensleitung gebildeten Steuerungsgruppen gehören unter anderem die fachliche und methodische Unterstützung des Prozesses, die Setzung von Zielen, die Bereitstellung der nötigen Ressourcen, Terminierung und Forcierung der Implementierung, der Abbau von Hindernissen, die Koordination und Evaluation.

2. *Linienmanagement:*
   Das Linienmanagement ist besonders bei der Implementierung stark involviert, muß Ressourcen zur Verfügung stellen und andere mit der Umsetzung betraute Teams und Einzelpersonen unterstützen.

3. *Change-Management-Projekt-Gruppe („Transition Management Team"):*
   Dieses mit umfassenden Kompetenzen ausgestattete crossfunktionale Projektteam wird eigens für die Umsetzung des Change Management als Task-Force-Gruppe installiert (vgl. Duck 1993, S. 116 ff.). Folgende Verantwortlichkeiten lassen sich zuordnen:

   – Etablierung einer Umgebung, in der der geplante Wandel möglich ist,
   – Beratung und Anregung zur Kooperation von Beteiligten und Betroffenen,
   – bedarfsgerechte Bereitstellung von Ressourcen für notwendige Einzelvorhaben,
   – Koordination und Integration von Einzelprojekten,
   – Sicherstellung, daß Vorgegebenes auch in die Tat umgesetzt wird,
   – Schaffung von Voraussetzungen gemeinsamer Aktivitäten aller Unternehmensbereiche und -ebenen (Information, Kommunikation, Partizipation, Qualifikation),
   – Antizipation und Identifikation von Problemstellungen des Personalmanagements und Involvierung von Personalexperten bei der Problemlösung,
   – Promotorenfunktion für den gesamten Transformationsprozeß von der Vorbereitung der Implementierung bis zur Evaluierung.

4. *Berater:*
Externe Berater helfen bei der Erzielung konkreter Ergebnisse durch Entwurf von Konzepten, Training der am Change Management Beteiligten, Bereitstellung von Werkzeugen und Methoden, Zurverfügungstellen von Wissen, Evaluierung und kritischer Prozeßbegleitung.

Die Involvierung externer „Change Agents" vermag Nachteile interner Prozeßberatung zu kompensieren. Denn die bessere Vertrautheit mit dem betreffenden Unternehmen und die weitgehende Identität der Wertvorstellungen kann eine unbefangene, von „Betriebsblindheit" freie Sichtweise auf die Problemstellungen verhindern und eher konservatives Verharren als dynamischen Änderungswillen bewirken. Demgegenüber besitzen externe Berater, die über einschlägige Erfahrungen im Change Management verfügen sollten, oft mehr Mut zu einschneidenden, auf Erfolg ausgerichtete Maßnahmen, wie sie vom auftraggebenden Top Management gefordert werden.

Wichtige Anknüpfungspunkte für ein Change Management zeigt Abbildung 63, Seite 249, auf. Die gezielte Umsetzung eines solch umfassenden Konzeptes wie Lean Management benötigt über diese Elemente hinaus ein detailliertes Implementierungsmanagement, das zweckmäßigerweise an „klassische" Projektmanagement-Vorgehensweisen anknüpft. Zunächst aber ist die glaubhafte Vermittlung von Kernprinzipien und Grundsätzen wichtiger als die Konzeption ausgefeilter Programme unter Hinzuziehung anspruchsvoller Techniken und komplizierter Methoden. Die Etablierung und Kultivierung neuer Wertvorstellungen und Denkweisen, die Sinngebung für den Wandel benötigt „Leadership", was sich mit „Führung" nicht adäquat übersetzen läßt. Im Unterschied zu sachbetonten Managementfunktionen (Planung, Organisation, Kontrolle) stehen hierbei im Vordergrund (vgl. Kotter 1990, S. 5):

– die aktive Gestaltung des Wandels durch das Entwerfen einer Vision,
– die Einschwörung der Mitarbeiter auf das gemeinsame Ziel,
– die Motivation und die Inspiration der Mitarbeiter, wobei klare Wertvorstellungen und auch Emotionen angesprochen werden.

Ziele setzen	Diagnose der Ausgangssituation	Generieren von Lösungsansätzen	Sicherstellung der Implementierung	Implementierung	Evaluierung
■ Definition von Leitmotiven und Veränderungszielen ■ Setzen von Prioritäten und „Milestones"	■ Stärken/Schwächen-Analyse (Problemdruck) ■ Kontextanalyse, Chancen-/Risikoanalyse ■ Einschätzung der „Veränderungskultur" und der Veränderungsbereitschaft ■ Eruierung notwendiger Informationen (Markttrends, Kundenanforderungen, Methoden etc.)	■ Konzeption eines unternehmensspezifischen Changemanagements („Gesamtfahrplan") ■ Terminierung ■ Initiierung von Pilotprojekten ■ Schaffung von Voraussetzungen ■ Berücksichtigung von Wechselwirkungen ■ Entwicklung von Strategien zum Umgang mit Widerständen und Konflikten ■ Zuweisung bestimmter Rollen und Verantwortlichkeiten	■ Partizipation/Vertrauensbildung ■ Schaffung von Anreizen Bewußtmachen von Problemdruck ■ prozeßbeschleunigendes Zeitmanagement ■ Selbstverpflichtung und Initiative des Topmanagements („Visionary Leadership") ■ frühzeitige Information über Ursachen, Ziele und Maßnahmen des Wandels	■ Lern- und Trainingsprogramme ■ Entscheidung für einen bestimmten Ansatz ■ Ausarbeitung eines konkreten Konzeptes ■ Evaluierung erster Erfolge ■ Kommunikation und Erfahrungsaustausch ■ Konzept organisationalen Lernens ■ Einbindung eines „Continuous Improvement"	■ Zwischenergebniskontrollen/ Realisierung von Meilensteinen ■ Überprüfung der Leistungsdaten/Benchmarking ■ Abweichungsanalyse, Bewertung von Hindernissen ■ Reaktionen Externer

Abbildung 63: Anknüpfungspunkte für das Change Management

2. Implementierung nach dem allgemeinen „Vorgehensprinzip vom Groben zum Detail"

Die Postulierung einzelner Anknüpfungspunkte eines Change Management gibt erste Hinweise für die praktische Umsetzung des Lean Management. Zur Implementierung im einzelnen läßt sich eine allgemeine Vorgehensweise für das Implementierungsmanagement auf der Basis des in Abbildung 64 dargestellten Phasenschemas heranziehen, den es für die jeweils unternehmensspezifischen Belange zu modifizieren gilt. Zwar gehört zum Idealbild von Phasenschemata in der Regel die Vorgabe einer geschlossenen

---

1. Vorstudien zur Implementierung
- Definition der Wandlungsziele/Analyse der Rahmenbedingungen und Problemlösungsfähigkeit von Lean Management
- Diagnose der Ausgangssituation des „Problemdrucks"
- Vorüberlegungen hinsichtlich des Implementierungsansatzes (zeitlicher Horizont, Kombination von „top-down" und „bottom-up" etc.)
- eventuell Zusammenarbeit mit externen Spezialisten („Change Agents")
- Erkundung von Kenntnisstand über und Akzeptanz von Lean Management im Unternehmen (Top-Management-Unterstützung, Vorbehalte im Middle Management, Interpretation der Problemlösungsfähigkeit etc.) und vorhandene organisatorische und personelle Voraussetzungen

---

2. Adjustierung und Präzisierung
- Erarbeitung eines unternehmensindividuell abgestimmten Lean-Konzeptes durch:
  - Konkretisierung der Ziele und Festlegung der einzelnen Aufgabenkomplexe/Bausteine
  - Verfeinerung des Gesamtkonzeptes durch Definition von Teilaufgaben und Untergliederung in parallele Implementierungsprojekte
  - weitere Detaillierung (aufgaben-/projektbezogen)
- vertikale und horizontale Abstimmung der einzelnen Konzeptebenen (Integration und Koordination von Rahmen-, Gesamt-, Detailkonzepten) und Durchführung erforderlicher Anpassungen beziehungsweise Änderungen
- Initiierung einzelner Pilotprojekte
- Schaffen von noch fehlenden Voraussetzungen zur Implementierung
- Sicherstellung der notwendigen Unterstützung durch „Schlüssel"-Personen und -Gruppen
- Erkennen möglicher Akzeptanzprobleme, Widerstände und Konflikte bei der Einführung und Erarbeitung von „Begleitmaßnahmen" zur Vermeidung/Verminderung von Reibungsverlusten durch Information, Anhörung und/oder Beteiligung der Betroffenen an der Entwicklung des Konzeptes, Vermittlung von Grundsätzen und Kernprinzipien, Abschluß von Betriebsvereinbarungen
- Aufstellung eines konkreten Kosten- und Terminplanes für die Realisation (einschließlich zeitgerechter Zwischenziele)
- Bestimmung von Projektleitern

3. Transition
- endgültige Entscheidung über die einzelnen Aktivitäten, die zur Implementation der geplanten Veränderungen führen sollen
- Unterrichtung über Konzeption und Implementierungsaktivitäten
- Festlegung von Kompetenzen/Umgestaltung der Arbeitsplätze/Teambildung/Vorbereitung der Gruppenarbeit
- Durchführung von Schulungen hinsichtlich Bedeutung, Funktionsweise, Ablauf von Lean Management; gezieltes Instrumententraining
- Erarbeitung von „Durchführungshandbüchern" (en détail)
- Sorge für Offenheit gegenüber den Reaktionen der Mitarbeiter/schnelle Reaktion auf Forderungen und Probleme
- Sicherstellung und Verbesserung sämtlicher Kommunikationskanäle
- Bereitstellung notwendiger Ressourcen
- Koordination der gleichzeitig ablaufenden Projekte
- Schaffung von Anreizen für „leankonformes" Verhalten
- Verbesserung, Verfeinerung und Korrekturen von laufenden Implementationsvorhaben aufgrund bereits gemachter Erfahrungen

4. Kontrolle und Konsolidierung
- laufende Realisations- und Verfahrenskontrollen (Eigen- wie Fremdkontrolle)
- laufende Überprüfung der Wirkungsweise des Konzeptes beziehungsweise periodische Fortschrittskontrolle/Prämissenkontrolle
- Kontrolle des tatsächlichen Aufwands
- Ursachenanalyse bei Abweichungen von Zielvorstellungen
- laufende Berücksichtigung von Verbesserungen, Aktualisierungen und Vereinfachungen des Lean Managements
- Betreuung unzufriedener, sich in den neuen Arbeitsverhältnissen nicht zurechtfindender Mitarbeiter
- „Marketing"-Aktivitäten zur Vermeidung des „Steckenbleibens auf halber (Implementierungs-)Strecke"

Abbildung 64: Ein allgemeines Phasenschema zur Implementation von Maßnahmen des Lean Management

Reihenfolge, deren Einzelaktivitäten konsekutiv abzuarbeiten sind. Doch werden abweichend hiervon in der Praxis teilweise parallele und rekursive Tätigkeiten zweckmäßig sein, zumal die Phasen „fließend" ineinander übergehen und kaum trennscharf voneinander abgrenzbar sind. Außerdem sollen aus Zeitgründen die Einführung einzelner Konzeptbausteine parallel erfolgen.

Die Implementierung von Lean Management beginnt vor der eigentlichen Einführung und Anwendung mit der Festlegung des unternehmensspezifischen Konzeptes. Ein wesentliches Kennzeichen dieses Implementationsansatzes stellt das „Vorgehensprinzip vom Groben zum Detail" (Haberfellner 1988, S. 28) dar. Dieses Prinzip bewirkt, daß zuerst generelle Ziele für das Gesamtsystem festzulegen sind. Deren Konkretisierungs- und Detaillierungsgrad ist im Verlauf der Ausgestaltung des Lösungskonzeptes stufenweise zu erhöhen. Teilkonzepte dienen dieser Vorgehensweise als Orientierungshilfen für die Ausgestaltung. Auf diese Weise werden sukzessive Rahmen-, Gesamt- und Detailkonzepte realisiert, wobei Integrations- und Koordinationserfordernisse zwischen den Konzeptebenen nicht vernachlässigt werden dürfen: Die einzelnen Detailkonzepte müssen sich stets in den Rahmen des Gesamtkonzeptes stimmig einfügen.

Eine gründliche Diagnose der Ausgangslage (vgl. hierzu Hammond 1979, S. 41 f.) erweist sich als ausschlaggebend für die weiteren Implementationsschritte und besteht im wesentlichen aus einer problembezogenen Merkmalsanalyse sachlicher, finanzieller und personeller Ressourcen sowie unternehmensexterner Faktoren. Als zentrales Sujet der Analyse muß der Wertschöpfungsprozeß gesehen werden, wobei die Identifikation von Defiziten der Aufbau- und Ablauforganisation sowie an den innerbetrieblichen Schnittstellen und den zwischenbetrieblichen Beziehungen im Vordergrund stehen. Auf dieser Basis müssen die Ziele der Implementierungsaktivitäten herausgearbeitet, muß die gewollte Änderung beschrieben werden, gefolgt vom Entwurf situationsbedingter, konkreter Implementierungsmaßnahmen, die zeitlich aufeinander abzustimmen sind. Mit der Durchführung beziehungsweise Realisierung der Maßnahmen schließt die Implementierung noch nicht ab: Im Sinne einer Rückkopplung muß beurteilt werden, welche konkreten Auswirkungen im Hinblick auf die Implementierungszielsetzung erreicht wurden. Eventuell sind Korrekturen oder Zielanpassungen mit erneuten Implementierungsaktivitäten notwendig. Bereits frühzeitig sollte geklärt werden, ob und in welcher Rolle externe Berater hinzuzuziehen sind. Kristallisiert sich bereits in einer Vorstudie zur Implementierung heraus, daß wichtige Voraussetzungen für die konkrete Umsetzung fehlen, so sind zunächst – soweit möglich – Anstrengungen zur Schaffung der unabdingbaren Rahmenbedingungen zu unternehmen: Schaffung von Problembewußtsein, Entwicklung von Qualifikationen, Überzeugungsarbeit, Verbesserung des (formalen) Informationsflusses und der (direkten) Kommunikation, Schaffung von Akzeptanz und einer „Implementations-Infrastruktur" (finanzielle Basis, Instrumente etc.).

3. Einzelaspekte der Implementierung

3.1 Parallel-Implementierung

Die Vielfalt der Konzeptbausteine des Lean Management macht parallele Implementierungsprojekte erforderlich. Abbildung 65, Seite 253, zeigt anhand eines Praxisbeispiels die Rahmenkonzeption der Aufteilung in verschiedene Projekte der Lean Management-Implementation. In diesem Fall wird für jedes Projekt ein Promotor beziehungsweise Projektleiter bestimmt. Dieser Projektleiter ist mit einer möglichst breiten Machtbasis auszustatten. Wegen der zum Teil weitreichenden Auswirkungen der einzuleitenden

Phasen	Inhalte	Termin
Phase 1	Rahmenkonzeption mit Pilotprojekten in der Produktion unter anderem: ▪ Quality Circle ▪ Null-Fehler-Strategie ▪ realistische Termin- und Kapazitätsfeinplanung	....
Phase 2	Rahmenvereinbarungen für die Projekte/ Bestimmung von Projektleitern	....
Phase 3	Start der Projektaktivitäten ▪ neue Aufbauorganisation/ Cost-Center Organisation/ Zielvereinbarungen Lean Manufacturing unter anderem: – Quality Circle – Teamarbeit – Zielvereinbarungen – Neues Montagelayout – Neue Lohnformen ▪ neue Produkte ▪ Absicherung der Qualität ▪ Bestandsoptimierung ▪ Optimierung der Fertigungstiefe ▪ Entwicklungsadministration ▪ Wertanalyse mit Target Costing ▪ Kommunikationswege ▪ Ablauforganisation in der Betriebswirtschaft ▪ Managementinformationssysteme	....
Phase 4	Auswertung der Projekte (Erfolgskontrolle)	....
Phase 5	Abschluß der Betriebsvereinbarungen mit dem Betriebsrat aus Phase 3 + 4	....
Phase 6	Flächendeckende Einführung Kontinuierliche Verbesserung des jeweiligen Status	....

Abbildung 65: Phasen der Einführung von einzelnen Bestandteilen des Lean-Management in einem deutschen Industrieunternehmen (aus Wettbewerbsgründen anonymisiert)

Restrukturierungsmaßnahmen und der zu erwartenden Widerstände benennt man einen Projektleiter aus den oberen Hierarchieebenen. Er benötigt allerdings eine hohe Akzeptanz seitens der ihm zugeordneten Mitarbeiter: Er muß Verfechter der Ideen des schlanken Managements sein und umfassendes Wissen über die Abläufe, Beziehungen und Problembereiche innerhalb des Unternehmens besitzen. Der Projektleiter berichtet an die Unternehmensleitung, vertritt das Projekt eigenverantwortlich und steht koordinierend in ständiger Verbindung zu den Leitern anderer Implementierungs-Teilprojekte. Darüber hinaus gehört es zu seinen Aufgaben, die Mitarbeiter mit den Elementen der Lean Management und deren Auswirkungen auf Organisation und Belegschaft vertraut zu machen. Er soll „Berührungsängste" als Folge von Informationsdefiziten gering halten. Außerdem hat er die Projektmitglieder auszuwählen, die die Problemfelder definieren und die Einführungsstrategien für die schlanken Strukturen in den jeweiligen Unternehmensbereichen erarbeiten sollen. Durch die Projektmitarbeiter wird das Wissens- und Erfahrungspotential der direkt Betroffenen einbezogen und die Aktzeptanz für die zumeist erheblichen Auswirkungen der Restrukturierung und Neuorganisation erhöht werden.

3.2 Beteiligung der Betroffenen und des Betriebsrats

Im Sinne eines die Implementierung fördernden „Management by Participation" (vgl. ausführlich Nutt 1986, S. 244 ff.) sollten die Betroffenen möglichst rechtzeitig vor der Einführung einer neuen Arbeitsorganisation informiert und auch gehört werden. Empfehlenswert ist es, den Betriebsrat so früh wie möglich in alle Entscheidungen einzubeziehen. Abbildung 66, Seite 255 f., gibt einen Überblick über wesentliche Beteiligungsrechte.

Darüber hinaus kann eine vertrauensvolle Zusammenarbeit mit dem Betriebsrat bei der Präzisierung von Zielen, Aufgaben und Maßnahmenkatalogen den notwendigen Konsens betrieblicher Interessengruppen fördern, die Akzeptanz von Lean Management erhöhen, die aktive Mitgestaltung der Betriebsangehörigen sichern und nachträglich notwendige konzeptionelle Änderungen vermeiden helfen. Es wäre widersinnig, eine Managementkonzeption, die auf den Prinzipien stärkerer Partizipation, größerer Informationstransparenz und besserer Nutzung des intellektuellen Potentials der Mitarbeiter beruht, einzuführen und zu etablieren, ohne die Betroffenen nicht möglichst umfassend zu informieren und (zumindest diejenigen in Schlüsselpositionen) eingehend zu beteiligen. Wenn es um Detailkonzeptionen geht, wissen die Mitarbeiter „vor Ort" – trotz mancher „Betriebsblindheit" und Lernunwilligkeit auch hier – nicht selten viel besser, welche Verbesserungen notwendig sind.

Gegenstand	Beteiligungsrechte des Betriebsrates
1. Vorüberlegungen und Planung	
Gedankliche Befassung mit der Lean-Management-Philosophie	keine
Erkundung von Möglichkeiten der Einführung	keine
Start eines Pilotprojektes	▪ unter Umständen Unterrichtungspflicht (nicht klar geregelt, einzelfallabhängig)
Planungsphase	▪ Unterrichtung über eine beabsichtigte Einführung, Darstellung der Auswirkungen zur „Erledigung seiner allgemeinen Aufgaben"
Beschluß konkreter Maßnahmen	▪ Unterrichtung im Planungsstadium über veränderte Arbeitsabläufe, Arbeitsverfahren, Arbeitsplätze (§ 90 BetrVG) und Personalplanung (§ 92 BetrVG) ▪ Beratung hinsichtlich grundlegender Änderungen der Arbeitsmethoden und der Betriebsorganisation mit dem Wirtschaftsausschuß (§ 106 BetrVG) u. dem Betriebsrat (§ 111 BetrVG)
2. Einzelfragen der Einführung neuer Produktions- und Organisationsformen	
Änderung der Arbeitszeit- und Pausenregelungen	▪ Mitbestimmungsrechte im Falle von Änderungen der täglichen Arbeitszeiten/Schichtzeiten (§ 87 Abs. 1, Nr. 2 BetrVG) ▪ gemeinsam mit Arbeitgeber zu entwickelnde Pausenregelung unter AZO-Bedingungen
Datenerhebung	▪ Mitbestimmungsrechte nach § 87 Abs. 1 Ziff. 6 BetrVG wenn – Daten mittels einer selbsttätig arbeitenden technischen Kontrolleinrichtung erfaßt werden; – diese Daten Aussagen über Verhalten oder Leistung einzeln erkennbarer Arbeitnehmer ermöglichen.
Änderung der Entlohnung	▪ keine Beteiligung bei Arbeitsneubewertung festgeschrieben ▪ gesamter Inhalt einer Betriebsvereinbarung über Prämienentlohnung muß von Arbeitgeber und Betriebsrat ausgehandelt werden (ansonsten Schlichtungsverfahren nach einschlägigen Tarifverträgen, andernfalls Einigungsstellenverfahren nach § 67 BetrVG)

Mitarbeiterschulung (über die bloße Einführung des Betroffenen in seine neue Tätigkeit hinaus)	▪ Mitbestimmungsrecht gemäß § 98 BetrVG bei Durchführung der gezielten Vermittlung beruflicher Kenntnisse und Erfahrungen als Basis für die Ausübung einer konkreten Tätigkeit ▪ Mitbestimmungsrecht bei Schulungsmaßnahmen und bei der Auswahl der Teilnehmer nach § 96 Abs. 3 BetrVG
Versetzung von Arbeitnehmern	▪ Zustimmung des Betriebsrates nach § 99 BetrVG nötig, wenn Bedingungen des § 95 Abs. 3 BetrVG vorliegen (unklar dabei: der Begriff des „anderen Arbeitsbereiches" insbesondere bei Teameinsatz statt Einzelarbeitsplatzeinsatz)
Umgruppierung (Wechsel von einer in die andere Gruppe der im Betrieb angewandten Lohngruppenordnung)	▪ Zustimmungspflichtig nach § 99 BetrVG. Sind die künftigen Tätigkeitsmerkmale klar einer anderen Vergütungsgruppe zuzuordnen, kann der Betriebsrat vom Arbeitgeber verlangen – eine Neueingruppierung des Arbeitnehmers vorzunehmen, – die Zustimmung des Betriebsrates dazu zu beantragen und – im Verweigerungsfalle das arbeitsgerichtliche Zustimmungsersetzungsverfahren einzuleiten
Kündigung	▪ Termin- und verfahrensgerechte Anhörung des Betriebsrates mit umfassender Mitteilung der Kündigungsgründe (§ 102 BetrVG)
Personalabbau von über 5 Prozent der Belegschaft	▪ Recht auf Abschluß eines Interessenausgleichs und Erzwingung eines Sozialplanes bei Nichteinigung (§ 102 BetrVG)

Abbildung 66: Überblick über wichtige Beteiligungsrechte des Betriebsrates (vgl. Siebert 1993)

3.3 Arbeitsrechtliche Aspekte

Abbildung 66 verdeutlicht, daß die unternehmerische Entscheidung, Lean Management einzuführen, eine Vielzahl von Mitwirkungs- und Mitbestimmungsrechten des Betriebsrates auslöst. Darüber hinaus werden individualvertragliche Rechtsbereiche berührt (vgl. Schaub 1993, S. 4 f.). So wird in der Regel zwar das Direktionsrecht es zulassen, daß der Arbeitgeber Arbeitsgruppen bildet und Art sowie Durchführung der Arbeit regelt. Dagegen muß er sich die Zustimmung der einzelnen Arbeitnehmer für Formen der Gruppenentlohnung einholen. Das Direktionsrecht ist eingeschränkt im Hinblick auf die Job Rotation, der Arbeitgeber kann dem Arbeitnehmer nicht beliebig andere Aufgabeninhalte und hierarchisch niedrige eingestufte Arbeiten zuweisen. Insoweit bedarf es der Anpassung von Einzelarbeitsverträgen an flexible Erfordernisse der Gruppenrotation. Auch hat der Arbeitgeber für Absentismus-Fälle Vorsorge zu tragen. Es ist daher nur sehr eingeschränkt möglich, der Gruppe die Regelung von Verhinderungsfällen zu überlassen; man ist vielmehr auf den „Good will" und das Einigungsvermögen der Gruppenmitglieder angewiesen.

Mantel- oder Rahmentarifverträge, Lohnrahmen- und Gehaltsrahmenabkommen sorgen in der Regel dafür, daß ein Lohnsystem entsteht, nach dem sich die Vergütung der Arbeitnehmer nach bestimmten Vergütungsgruppen richtet. Unter Umständen stehen die tariflichen Regelungen der Einführung „leanförderlicher" Lohnsysteme entgegen, weil eine entsprechende Anpassung und Auslegung nicht möglich ist. In diesem Fall bleibt nur die Möglichkeit, Betriebsvereinbarungen zu schließen und sie durch die Tarifvertragsparteien genehmigen zu lassen (§ 4 Abs. 3 Tarifvertragsgesetz) oder Unternehmenstarifverträge abzuschließen.

3.4 Beispiel für einen praxisnahen Schulungsansatz in der Fertigung

Als ein gutes Beispiel für ein kurzfristig wirksames Einführungskonzept des Lean-Gedankens läßt sich das „Genesis"-Programm nach Wildemann (1993b; „Grundlegende Effektivitätsverbesserung nach einer Schulung in schlanker Produktion und Zulieferung") heranziehen, das auf den Aktivitätsschritten allgemeiner Problemlösungsprozesse aufgebaut und sich an Kaizen-Aktivitäten à la Toyota orientiert (vgl. Abschnitt 4.4.4.6). Ziel ist die Optimierung eines konkreten Ausschnitts der Wertschöpfungskette (zum Beispiel Endmontage) und die Beseitigung jeglicher Art von Verschwendung (Überproduktion, Bestände, Wartezeiten, unnötige Materialtransporte, fehlerhafte Produkte). Hierzu werden im Rahmen des Workshops interdisziplinäre Teams mit bis zu zwölf Mitarbeitern und Führungskräften aus den Bereichen Fertigung, Planung, Logistik, Qualitätssicherung gebildet, die gemeinsam unter der methodischen Anleitung externer Moderatoren oder Beratern Problemlösungen erarbeiten. Die Teilnehmer bekommen die Aufgabe, Basisdaten über einen vorher ausgewählten Bereich zu erheben, Abläufe auf Verschwendung hin zu untersuchen, Ursachenanalysen für identifizierte Probleme vorzunehmen und Lösungsvorschläge auszuarbeiten. Die Zielgrößen sind Produktivitätssteigerungen, Bestands- und Durchlaufzeitreduzierungen, Kostensenkungen, Flächenfreisetzungen sowie Qualitätsverbesserungen. Das Programm besitzt folgenden Aufbau:

1. Zweitägiger Workshop mit Führungskräften und künftigen Projektleitern zur Vermittlung von Methoden der Identifizierung und Vermeidung von Verschwendung (gleichzeitig Informations- und Selbstverpflichtungssfunktion).

2. Einwöchiges Programm mit allen Teilnehmern:
   - 1. Tag: Problemlösungsmethoden, Konzept zur durchgängigen Optimierung der Wertschöpfungskette (Verschwendungsvermeidung, Arbeitsplatzorganisation, Standardisierung, Visualisierung, Wertgestaltung);
   - 2. Tag: Erhebung von Basisdaten für den abgegrenzten Fertigungsbereich, Schnittstellenanalyse, Bearbeitung von Analyseschwerpunkten durch mehrere (Unter-) Gruppen, Schwachstellenidentifikation, standardisierte Analyse von Verschwendung;
   - 3. Tag: Methodenunterstützte Ursachenanalyse der Probleme, Festlegung der Optimierungsstrategie, Ableitung und Verabschiedung von Maßnahmen (kurzfristig

umsetzbar/aufgrund des Umstellungsumfanges erst nach Beendigung des Workshops, realisierbar zum Beispiel Layoutveränderungen), Zuordnung von Verantwortlichen und Terminen;
- 4. Tag: Umsetzung der ausführbaren Maßnahmen in der Fertigung, Weiterführung der Ausarbeitung von Verbesserungsvorschlägen;
- 5. Tag: Probebetrieb, Dokumentation der vorgenommenen Analysen, Verbesserungsvorschläge und Einsparungspotentiale, Präsentation weiterer Maßnahmen vor Entscheidungsverantwortlichen.

Die Teilnehmer verpflichten sich, die noch nicht umgesetzten verabschiedeten Maßnahmen termingerecht durchzuführen. Das Programm kann auch bei wichtigen Zulieferern zur Anwendung kommen, um von Beginn an die gesamte Wertschöpfungskette zu optimieren. Erfolgskontrollen runden die Methodenschulung ab. Der Vorteil dieses „Learning by doing" liegt darin, daß der Teilnehmer ein direktes motivierendes Feedback über das Erreichte erhält. Kritisch erscheint indes die Aufgabe, im Sinne einer kontinuierlichen Verbesserung immer wieder neue Optimierungsprojekte zu starten, ohne daß eine gewisse „Ermüdung" bei den Teilnehmern auftritt, zumal die meßbaren Erfolge zuerst relativ groß sind, bei wiederholten Verbesserungsbemühungen desselben Prozeßabschnittes aber weitaus geringer ausfallen dürften.

3.5 Messung des Implementierungserfolges und der Lean-Management-Effizienz

Die Messung des Implementierungserfolges, also die Messung der Effizienz (Input-/Output-Relation) des Lean-Management-Konzeptes im Praxiseinsatz, bereitet erhebliche Zurechnungs- und Bewertungsprobleme. Zu diesen Problembereichen zählen beispielsweise:

1. die zum Teil ungenügende Operationalität von Bestimmungs- und Einflußgrößen sowie Schwierigkeiten bei der Erfassung qualitativer Leistungseffekte über (korrelative oder schlußfolgernde) Indikatoren,

2. die schwierige Ableitung von Kausalbeziehungen (Frage des Zusammenhangs von Variablenänderung/-verbesserung und Implementierung von Maßnahmen),

3. die teilweise langen Gesamtwirkzeiten von Maßnahmen (zeitliche Differenz Input/Output),

4. die unzureichende Vergleichbarkeit spezifischer Aufgaben und innovativer Aktivitäten,

5. die nicht präzise meßbare Berücksichtigung und Zuordnung von Synergieeffekten,

6. die von partiellen Interessen geleitete, manchmal willkürliche Interpretation und subjektive Bewertung der Erfolgswirksamkeit von Maßnahmen des Lean Management.

Beispiele für Erfolgskriterien bietet (in hochaggregierter Form) Abbildung 67.

1. Kosten

- Vertriebskosten (Kosten für „mehr Kundennähe")
- (Mehr)-Aufwand für produktionssynchrone Beschaffung
- Kosten der Umstellung auf „Lean Manufacturing" (Layout, Equipment, Ausbildung, Qualitätssicherungssysteme etc.)
- Kosten für neue Informationsinfrastruktur
- Logistik, Kommunikations- und Koordinationskosten
- Veränderung von „Komplexitätskosten"
- Implementierungskosten
- Beratungskosten
- Aus- und Weiterbildungskosten
- Kosten von Fluktuation und Absentismus

2. Produktivität und Qualität

- Veränderung der mengenmäßigen Outputs pro Zeiteinheit
- Veränderung der Qualität (unter anderem Montagefehler beziehungsweise Produktionsausschuß pro Menge, Nacharbeit)
- Personalkostenproduktivität (Gesamtleistung real/Personalkosten real)
- Veränderung des Auslastungsgrades der Anlagen
- Veränderung von Durchlaufzeiten und Beständen
- Verbesserungsvorschläge (qualitativ/quantitativ)
- Qualitätsänderungen bei Zulieferteilen

3. Flexibilität

- Veränderung von Produktentwicklungszeiten/Planungssicherheit
- Veränderung der Lieferfähigkeit
- Veränderung in den Reaktionszeiten und Handlungsspielräumen bei Kundenwünschen
- Anpassungsfähigkeit an unvorhergesehene Änderungen auf den Märkten (Beschaffung/Absatz)

4. Integration und Koordination

- Schwierigkeiten bei der Integration der einzelnen Stufen der Wertschöpfungskette in ein komplexes System aus Material- und Informationsflüssen, Produktions- und Transportprozessen
- Schwierigkeit bei zwischenbetrieblicher Koordination und Kommunikation
- Schwierigkeiten im Implementierungsprozeß
- Schwierigkeiten innerbetrieblicher Abstimmungen Konflikthäufigkeit/-intensität
- Veränderung im zentralen Steuerungsaufwand

5. Human Resources

a) objektiv meßbare Kriterien, zum Beispiel:
   - Anteil der Arbeitskräfte in Teams
   - Häufigkeit von Job Rotation
   - Einarbeitung neuer Mitarbeiter
   - Abwesenheit/Fluktuation
   - Anzahl der Lohngruppen/Einkommensveränderung
   - Leistungssgrad (individuelle Leistungskontrolle)
b) Zufriedenheit der Mitarbeiter mit:
   - neuen Arbeitsmethoden und neuer Unternehmensorganisation
   - Teamarbeit
   - Arbeitsintensität/Personaleinsatzflexibilität
   - Einkommen
   - Partizipationsmöglichkeiten
   - Weiterbildungsaktivitäten
   - sozialen Zwängen
   - dem Unternehmen allgemein („Corporate Identity")
   - der Förderung durch die Führungskräfte/Meister
   - Qualitätsphilosophien, internem Kundenprinzip und anderen „Lean-Prinzipien"

Abbildung 67: Beispiel-Kriterien des Implementierungserfolges von Lean Management

Wegen der immanenten Schwierigkeiten bezweifeln Marr/Kötting (1992, Sp. 837) den Nutzen präziser Meßoperationen: „Die Erfolgsmessung kann allenfalls eine zuverlässige Negativabgrenzung dergestalt vornehmen, daß ein Unternehmenserfolg auch ein Implementierungserfolg ist."

Als Elemente der Vergleichsbasis, aus der sich die Soll-Vorstellungen als Referenzmaßstäbe ableiten lassen, kommen unter anderem unternehmenseigene Vergangenheitswerte, aktuelle Werte aus vergleichbaren Unternehmensteilen (zum Beispiel Profit-/Cost-Center) und Planwerte und Idealvorstellungen, wie sie beispielsweise die MIT-Studie liefert, infrage.

Schwieriger dürfte es sein, im Sinne eines Benchmarking die entscheidenden Daten der „besten" Konkurrenten zu eruieren, um sie zum Referenzmaßstab zu erheben. Dieser aus der amerikanischen Unternehmenspraxis stammende Ansatz (vgl. Walleck/O'Halloran/Leader 1991; Camp 1992; Watson 1993) gilt als ein kontinuierlicher Prozeß, bei dem die „Best Practices" vorwiegend hinsichtlich der Unternehmensprozesse (aber auch in bezug auf Produkte, betriebliche Funktionen, Einzelmethoden) über mehrere Unternehmen hinweg identifiziert, gemessen und verglichen werden. Zielsetzung des Benchmarking ist es, sich bei allen Aktivitäten an Weltklassestandards („Benchmarks") zu orientieren und die dazu notwendigen Prozesse und Methoden alsbald im eigenen Unternehmen zu implementieren. Zur Datengewinnung bei den geeignet erscheinenden Vergleichsunternehmen kann man zunächst auf Sekundärinformationen zurückgreifen (zum Beispiel Geschäftsberichte, Studien von Unternehmensberatungen, On-line-Datenbanken). Diese sind möglichst zu ergänzen durch Primärinformationen, insbesondere durch den Aufbau persönlicher Kontakte, durch Befragungen von Kunden, Lieferanten und

Vertragspartnern sowie durch Betriebsbesichtigungen. Eine innovative Lösung für die Informationsbeschaffung stellt der offene Know-how-Austausch beispielsweise zwischen branchenunterschiedlichen „Best-In-Class"-Unternehmen, Joint-Venture-Partnern, Zulieferern und/oder langfristigen Kunden dar, obgleich die Erkenntnisse oftmals nur modifiziert angewandt werden können. Im Rahmen der Analyse sind Leistungslücken sowie deren Ursachen zu bestimmen. Dabei muß überprüft werden, inwieweit die ermittelten Leistungsbeurteilungsgrößen geeignet sind, die Methoden und Prozesse umfassend und genau zu beurteilen.

In der Unternehmenspraxis wird man höchste Güteanforderungen an Effizienzmessungen (Vollständigkeit, Reliabilität, Validität und Objektivität) nur insoweit durchsetzen können, wie diese mit dem Kriterium „Praktikabilität" vereinbar sind und mit einem noch vertretbaren Erfassungs- und Meßaufwand korrespondieren.

4. Organisationsentwicklung und „Organizational Learning"

Die Implementierung von Lean Management ist kein kurzfristig abschließbarer Vorgang: Wie alle umfassenden innovativen Unternehmensstrategien und -konzepte muß der neue Ansatz aktiv gelernt, eingeübt und fortlaufend weiterentwickelt, verbessert beziehungsweise an veränderte Prämissen angepaßt werden. Eine erfolgreiche Realisierung des Wandels setzt dementsprechend Entwicklungspotential und Lernfähigkeit der betreffenden Organisation voraus.

Unter Organisationsentwicklung läßt sich allgemein der absichtlich herbeigeführte und bewußt gesteuerte Wandel einer Organisation vom bestehenden (Ist-)Zustand zu einem gewünschten (Soll-)Zustand verstehen. Bezugspunkt der Veränderungsstrategie ist das Gesamtsystem, nicht das Individuum. Kennzeichnend sind ferner die Steigerung der Leistungsfähigkeit des Systems, die Integration von individuellen Entwicklungen und Bedürfnissen mit Zielen und Strukturen der Organisation sowie eine aktive Mitwirkung der Betroffenen (vgl. Trebesch 1982). Definitionsgemäß verfolgt die Organisationsentwicklung nicht nur klassisch-ökonomische betriebswirtschaftliche Ziele, sondern auch Humanziele zwecks Verbesserungen der Qualität der Arbeitsbedingungen. Besondere Bedeutung als „flankierende" Maßnahme für das Lean Management erhält sie dadurch, daß sich zunächst die Einstellungen, Werte und Verhaltensweisen gravierend ändern müssen, will man den geplanten Wandel der Organisation erfolgreich durchsetzen. Nach Türk (1978, S. 173) ist die Organisationsentwicklung „primär ein gesteuerter Lernvorgang, der aber nicht nur zum Ziel hat, Verhaltensänderungen bei den Organisationsmitgliedern hervorzurufen, sondern auch deren Lern- und Anpassungsfähigkeit zu trainieren, um Wandlungsprozesse nach einer Eingangsphase selbst tragen zu können". Das „Organizational Learning" avanciert zu einem Schlüsselfaktor der Implementierung von Management-Innovationen, wie sie das Konzept des Lean Management verkörpert.

Individuelles Lernen läßt sich allgemein als ein Prozeß des Aneignens von Wissen und Entwicklung von Fähigkeiten charakterisieren, aufgrund dessen Modifikationen im Verhaltens- und Handlungsrepertoire auftreten. Auch organisationales Lernen hat neue Einsichten und modifiziertes Verhalten zur Folge. Allgemein umfaßt es den Prozeß der Verbesserung von Handlungen durch besseres Wissen und besseres Verständnis, doch bestehen zwei wesentliche Unterschiede zum individuellen Lernen (vgl. Stata 1989, S. 64): Zum einen basiert es auf gemeinsamen Einsichten, geteiltem Wissen und gemeinschaftlichem Denken. Die Geschwindigkeit des Lernfortschritts wird vom schwächsten Glied in der Kette maßgeblicher Entscheidungsträger determiniert, die zu gemeinsamen Visionen und Zielen gelangen müssen und zusammen die notwendigen Maßnahmen für den zu vollziehenden Wandel festlegen müssen. Zum anderen hängt organisationales Lernen von Instituten ab wie beispielsweise Planungs- und Kontrollsystemen, die Wissen bewahren helfen. Zwar beruht organisationales Lernen auf der Lernfähigkeit und -bereitschaft der einzelnen Organisationsmitglieder, doch besteht jederzeit die Möglichkeit des Verlustes von individuellem Wissen und Erfahrung durch (interne und externe) Personalfreistellungen beziehungsweise Arbeitsplatzwechsel.

In organisationalen Lernprozessen geht es also grundlegend darum, individuelles Wissen mit organisationalem Wissen zu koppeln. Die Basis bilden Diagnosen, Methoden, verschiedene Trainings auf individueller und Gruppenebene (wo interpersonelle Verknüpfungen stattfinden), Konfliktmanagement, Qualitätszirkel, Job Rotation, Teamentwicklung und Sensitivity Trainings. Empfehlenswert ist die Einbettung solcher Instrumente und Methoden in die Strukturen schrittweise aufeinander abgestimmter Organisationsentwicklungs- und Lernprozesse (vgl. zum Beispiel Donnelly/Gibson/Ivancevich 1978, S. 289).

Organisationales Lernen bezieht sich auf die Nutzung, Veränderung und Weiterentwicklung des in einer Organisation verfügbaren Wissens unter Einbeziehung aller Organisationsteilnehmer, nicht lediglich einer „Elite" (zum Beispiel der Unternehmensleitung), deren Lernprozesse aufgrund der herrschenden Machtkonstellationen für die Beeinflussung von Strategien, Zielen, Strukturen, Prozeßgestaltung und Ressourceneinsatz sowie des geplanten Wandels als prioritär angesehen werden. In institutionaler Hinsicht entsteht durch die Involvierung sämtlicher Organisationsmitglieder eine „lernende Organisation" („Learning Organization"), die befähigt ist, Wissen zu erzeugen, zu erwerben, zu transferieren und das organisationale Verhalten so zu modifizieren, daß es das neue Wissen und die neuen Einsichten reflektiert (vgl. Garvin 1993, S. 80). Am Anfang steht also neues Wissen als Basis des Lernens und der Verhaltensänderung. Zur Schaffung einer lernenden Organisation sollten im Anschluß an Garvin (1993, S. 81 ff.) folgende Basiskomponenten dauerhafter Bestandteil des Handelns und Entscheidens sein:

– die systematische Problemsondierung und -lösung,

– das Experiment (systematische Suche und der „Praxistauglichkeitstest" von Ideen und neuem Wissen; als dauerhafter Prozeß sowie gezielt problembezogen; „Trial and error"),

– Lernen aus der Vergangenheit (Analyse der Erfolge und Mißerfolge),

- Lernen von anderen (Lernen von „den Besten", aber auch Lehren ziehen aus den Mißerfolgen anderer),

- Wissenstransfer (das lokal generierte Wissen muß rasch an andere Stellen in der Organisation gelangen können).

Lernergebnisse lassen sich kaum direkt messen, Verhaltensänderungen zumindest aber beobachten und Ergebnisverbesserungen feststellen, obgleich eine kausale Zurechenbarkeit zu konkreten Maßnahmen (zum Beispiel Schaffung eines „lernförderlichen Arbeitsklimas", Abbau von Bereichsegoismen und teamübergreifendes Arbeiten, spezielle Lernprogramme) nur in seltenen Fällen möglich ist.

Eine besondere Rolle spielt die generelle Entwicklung und die Verbesserung der Lernfähigkeit der Unternehmensmitglieder per se („Lernen des Lernens"). Viele Unternehmen stehen allerdings vor einem „Lerndilemma" (vgl. Argyris 1991), da gerade die im Hinblick auf ihre Vorbildfunktion verpflichteten Führungs- und Fachkräfte die „Kunst des Lernens" oft nicht beherrschen. Fehler werden häufig im Umfeld gesucht, nicht in der eigenen Person. Selbstkritisches Analysieren negativer eigener Beiträge zum Unternehmensmißerfolg werden von erfolgreichen Führungskräften und hochgradigen Spezialisten deshalb nicht für nötig befunden, weil sie bislang kaum in irgendeiner Weise vom Scheitern bedroht waren, nicht aus Fehlschlägen lernen mußten. Gerade in Unternehmenskrisen und dringend notwendigen Umbruchzeiten, wo ihre Fähigkeit zum Umdenken am dringendsten gebraucht wird, ziehen sie sich oft unter Hinweis auf die „Schuld der anderen" in die Defensive zurück. Um die Bereitschaft zum Lernen zu erhöhen, helfen nach Argyris (1991, S. 100) keine Maßnahmen der Motivationsverbesserung, sondern Trainings auf der Basis von Anregungen zu selbstkritischer Reflektion über Lernblockaden und eigener Verhaltensbeurteilung, wobei der Erfolg wohl im wesentlichen von der Hinzuziehung professioneller Berater abhängt.

Schein (1993) schlägt zur Forcierung und Beschleunigung des organisationalen Lernens vor, zunächst allen Organisationsmitgliedern klar begreiflich zu machen, daß die gegenwärtigen Strategien, Strukturen und Prozesse nicht mehr funktionieren, da die Mitarbeiter oftmals Lern- und Veränderungsnotwendigkeiten gar nicht wahrnehmen (wollen). Ohne die gezielte Vermittlung von Ängsten (zum Beispiel Arbeitsplatzbedrohung), Befürchtungen und Schuldbewußtsein, in bezug auf die Unwilligkeit oder (vermeintliche) Unfähigkeit dazuzulernen, läßt sich seiner Meinung nach kein Lernprozeß initiieren, weil sich der einzelne nicht persönlich betroffen fühlt. So sehr Angstgefühle, durch unzureichendes Dazulernen „nicht mithalten zu können", Lernprozesse in Gang zu setzen und überhaupt erst Aufmerksamkeit zu erzielen vermögen, so sehr behindert sie das Lernen selbst. Deshalb ist für den Wandel ein Gefühl der Sicherheit („Psychological Safety") unabdingbar, das folgende essentielle Elemente enthalten sollte:

1. Möglichkeiten des Trainings und praktischer Erfahrungen,

2. Unterstützung und Ermutigung zum „Trial and Error",

3. Förderung, Beratung und Belohnungen für Anstrengungen, die „in die richtige Richtung gehen",

4. eine „fehlertolerante" Arbeitsumgebung und

5. Regeln, die innovatives Denken und Experimente belohnen.

Das durch Lernprozesse im Unternehmen auf vielfältige Weise erzeugte, vorhandene und „abrufbare" Wissen verkörpert einen wichtigen strategischen Erfolgsfaktor – vorausgesetzt die Entscheidungsträger sind in der Lage, dieses Wissen auch tatsächlich „intelligent" zu nutzen und mit Hilfe der Betroffenen vor Ort in innovative Problemlösungen umzusetzen. Künftig wird es mehr denn je entscheidend darauf ankommen, eine „Organizational Intelligence" (Matsuda 1993), die sich durch ein hohes intellektuelles Potential als Gesamtheit an – geordneter – Information, Erfahrung, Wissen und Verstehen auszeichnet, aufzubauen, im Unternehmen zu etablieren und zu pflegen. Dieser bislang konzeptionell wie inhaltlich nicht sonderlich vertiefte Ansatz hat zum Ziel eine kontinuierliche Weiterentwicklung von Unternehmensführungskonzepten, innovationsfördernde Entscheidungsfindung und Kommunikation, organisationale Lernen, Wissenserzeugung und -nutzung sowie die Förderung anspruchsvoller Ziele und Leistungen, die Pflege des Wissensbestandes und „wissensbasierter", fundierter Meinungen, Problemsensibilität, Infragestellung praktizierter Vorgehensweisen, Kreativität und auch konstruktiven Nonkonformismus zu gewährleisten.

Abkürzungsverzeichnis

AKNA	Arbeitskreis Neue Arbeitsstrukturen der Deutschen Automobil- industrie
AZO	Arbeitszeitordnung
BetrVG	Betriebsverfassungsgesetz
CAD	Computer Aided Design (rechnerunterstütztes Konstruieren)
CAM	Computer Aided Manufacturing (rechnerunterstütztes Fertigen)
CAQ	Computer Aided Quality Asssurance (rechnerunterstützte Qualitätssicherung)
CAx	Kürzel für sämtliche rechnergestützten Systeme
CIM	Computer Integrated Manufacturing
CM	Conjoint Measurement
C/S	Client-/Server-Architekturen
CSCW	Computer Support for Cooperative Work
DV	Datenverarbeitung
EDI	Electronic Data Interchange (elektronischer Datenaustausch)
EDIFACT	Electronic Data Interchange For Adminstration, Commerce, and Transport (internationale Norm für den elektronischen Datenaustausch)
EDV	Elektronische Datenverarbeitung
EIS	Executive Information System (Führungsinformationssystem)
F & E	Forschung und Entwicklung
FMEA	Fehler-, Möglichkeits- und Einflußanalyse
GM	General Motors
HIM	Human Integrated Manufacturing
ISO	International Organization for Standardization
JIT	Just-in-Time („zeitgerecht")
KR	Kostenrechnung
KVP	Kontinuierlicher Verbesserungsprozeß
KW	Kilowatt

l/100 km	Liter pro 100 Kilometer Entfernung
LAN	Local Area Network (lokales Netzwerk)
MIS	Management Information System
MIT	Massachusetts Institute of Technology (Boston)
NC	Numerical Control
o. V.	ohne Verfasserangabe
OLTP	On-line Transaction Processing (on-line-Transaktionsverarbeitung)
PC	Personalcomputer
PPS	Produktionsplanung und -steuerung
QFD	Quality Function Deployment (kundenorientierte Produktentwicklung)
QZ	Qualitätszirkel
R & D	Research and Devlopment (Forschung und Entwicklung)
ROI	Return on Investment
SE	Simultaneous Engineering (Simultane „Ingenieurtätigkeit" – umfaßt im wesentlichen die Parallelisierung von Phasen der Produktentwicklung)
TPM	Total Productive Maintenance (Umfassende Prozeßsicherheit durch vorbeugende Instandhaltung und laufende Maschinenbetreuung und -wartung)
TQM	Total Quality Management (umfassendes Qualitätsmanagement)
US.	United States
VDI	Verein Deutscher Ingenieure
vgl.	vergleiche
WAN	Wide Area Network (Weitverkehrsnetz)
Zul.	Zulieferer

Literaturverzeichnis

ADLER, P. S.: Time-and-Motion Regained, in: Harvard Business Review, 71. Jg. (1993), Nr. 1, S. 97–108

ADLER, P. S./COLE, R. E.: Designed for Learning: A Tale of Two Auto Plants, in: Sloan Management Review, 34. Jg. (1993), Spring, S. 85–94

AKAO, Y.: QFD-Quality Function Deployment. Wie die Japaner Kundenwünsche in Qualität umsetzen. Landsberg (Lech) 1992

AKNA – Arbeitskreis Neue Arbeitsstrukturen der deutschen Automobilindustrie: Teamarbeit in der Produktion. München 1993

ALBERT, H.: Plädoyer für kritischen Rationalismus, 3. Aufl., München 1973

ANTHONY, R.: Management Accounting Principles, Homewood, IL. 1970

ANTONI, C. H.: Meister im Wandel – Zur veränderten Rolle des Meisters bei der Einführung von Gruppenarbeit, in: Angewandte Arbeitswissenschaft, (1992), Nr. 134, S. 32–56

ARGYRIS, Ch.: Teaching Smart People How to Learn, in: Harvard Business Review, 69. Jg. (1991), Nr. 3, S. 99–109

ARGYRIS, CH./SCHÖN, D. A.: Organizational Learning: A Theory of Action Perspective, Reading, MA. 1978

ARNOLD, U.: Global Sourcing – An Indispensible Element in Worldwide Competition, in: Management International Review, 29. Jg. (1989), Nr. 4, S. 14–28

BABSON, S.: Lean or Mean: The MJT Model and Lean Production at Mazda, in: Labor Studies Journal, 18.Jg. (1993), Nr. 2, S. 3-24

BANKER, R./POTTER, G./SCHROEDER, R.: Manufacturing Performance Reporting for Continuous Quality Improvement, in: Management International Review, 33. Jg. (1993) Special Issue No. 1, S. 69–85

BASADUR, M.: Managing Creativity: A Japanese Model, in: Academy of Management Executive, 6. Jg (1992), Nr. 2, S. 29–41

BECKER, W.: Frühzeitige markt- und rentabilitätsorientierte Kostensteuerung, in: Krp-Kostenrechnungspraxis, (1993), Nr. 5, S. 279–287

BERGGREN, C.: Lean Production: The End of History? in: Work, Employment & Society, 7. Jg. (1993), Nr. 2, S. 163-188

BERRY, L. L./ZEITHAMEL, V. A./PARASURAMAN, A.: Five Imperatives for Improving Service Quality, in: Sloan Management Review, 32. Jg. (1990), Spring, S. 29–38

BERTHEL, J.: Betriebliche Informationssysteme, Stuttgart 1975

BETTENHAUSEN, K. L.: Five Years of Group Research: What We Have Learned and What Needs to Be Addressed, in: Journal of Management, 17. Jg. (1991), S. 345–381

BIERHOFF, H. W.: Vertrauen in Führungs- und Kooperationsbeziehungen, in: Kieser, A./Reber, G./Wunderer, R. (Hrsg.): Handwörterbuch der Führung, Stuttgart 1987, Sp. 2028–2038

BLEICHER, K.: Unternehmensentwicklung und organisatorische Gestaltung, Stuttgart 1979

BLEICHER, K.: Vor dem Ende der Mißtrauensorganisation? In: Office Management (1982), S. 400–404

BLEICHER, K.: Organisation. Strategien – Strukturen – Kulturen, 2. Aufl., Wiesbaden 1991

BLEICHER, K.: Change Management als unternehmerische Herausforderung, in: Thexis, 9. Jg. (1992), H. 2, S. 4–12

BÖSENBERG, D./METZEN, H.: Lean Management – Vorsprung durch schlanke Konzepte, 2. Aufl., Landsberg (Lech) 1993

BOGASCHEWSKY, R.: Lean Production – Patentrezept für westliche Unternehmen? In: Zeitschrift für Planung, 3. Bd. (1992), S. 275–298

BREISIG, TH./KUBICEK, H.: Hierarchie und Führung, in: Kieser, A./Reber, G./Wunderer, R. (Hrsg.) Handwörterbuch der Führung, Stuttgart 1987, Sp. 1964–1077

BUCHANAN, D. A./BESSANT, J.: Failure, Uncertainty, and Control: The Role of Operators in a Computer-Integrated Production System, in: Journal of Management Studies, 21. Jg. (1985), S. 293–308

BÜHNER, R./PHARAO, J.: Organisatorische und Personalwirtschaftliche Gestaltung integrierter Gruppenarbeit in der Fertigung, in: CIM Management (1992), Heft 6, S. 50–55

BUES, M.: Migration zu Offenen Systemen: Anforderungen und Möglichkeiten, in: HMD-Handbuch der modernen Datenverarbeitung, 30. Jg. (1993), Nr. 172, S. 9–17

BULLINGER, H.-J./FÄHNRICH, K.-P./NIEMEIER, J.: Informations- und Kommunikationssysteme für „schlanke Unternehmungen", in: Office Management (1993), H. 1–2, S. 6–19

BULLINGER, H.-J./GANZ, W.: Ohne Human Integrated Manufacturing kein CIM, in: IO Management Zeitschrift, 59. Jg. (1990), Nr. 6, S. 48–52

BULLINGER, H.-J./SEIDEL, U. A.: Neuorientierung im Produktionsmanagement, in: Fortschrittliche Betriebsführung und Industrial Engineering, 41. Jg. (1992), S. 150–156

BULLINGER, H.-J./WASSERLOOS, G.: Reduzierung der Produktentwicklungszeiten durch Simultaneous Engineering, in: CIM-Management, 6. Jg. (1990), H. 6, S. 4–12

BULLINGER, H.-J./WASSERLOOS, G.: Innovative Unternehmensstrukturen. Paradigmen des schlanken Unternehmens, in: Office Management (1992), H. 1–2, S. 6–14

BUNGARD, W.: Team- und Kooperationsfähigkeit, in: Sarges, W. (Hrsg.): Management-Diagnostik, Göttingen und andere 1990, S. 315–325

BUNGARD, W.: Qualitätsziel und neue Technologien, in: Rosenstiel, L. v. und andere (Hrsg.): Führung von Mitarbeitern, Stuttgart 1991, S. 475–487

BURBIDGE, J.: Japanese Kanban System, in: International Journal of Production Control (1982), Jan./Feb., S. 1–5

BURCKHARDT, R.: Japanisches Management: Wunderknaben in der Sackgasse, in: Top Business, (1993), H. 6, S. 100–105

CAMMISH, R./KEOUGH, M.: A Strategic Role for Purchasing, in: The McKinsey Quarterly (1991), No. 3, S. 22–38

CAMP, R. C.: Learning from the Best Leads to Superior Performance, in: Journal of Business Strategy, 13. Jg. (1992), S. 3–6

CARTER, D. E./BAKER, B. S.: CE/Concurrent Engineering. The Product Development for the 1990s, Reading, MA. 1992

CATTIN, PH./WITTINK, D. R.: Commercial Use of Conjoint Analysis: A Survey, in: Journal of Marketing, 46. Jg. (1982), Summer, S. 44–53

CHILD, P./DIEDERICHS, R./SANDERS, F.-H./WISNIOWSKI, S.: The Management of Complexity, in: Sloan Management Review, 33. Jg. (1991), Fall, S. 73–80

CHMIELEWICZ, K.: Forschungskonzeptionen der Wirtschaftswissenschaft, 2. Aufl., Stuttgart 1979

CLARK, K. B./WHEELWRIGHT, S. C.: Organizing and Leading „Heavyweight" Development Teams, in: California Management Review, 34. Jg. (1992), H. 3, S. 9–28

DEPPE, J.: Personalwirtschaftliche Implikationen eines Lean Management, Arbeitspapier Nr. 20, Fakultät für Wirtschaftswissenschaften, Universität Bochum 1993

DILLER, H.: Key-Account-Management als vertikales Marketingkonzept, in: Marketing ZFP, 11. Jg. (1989), S. 213–223

DOHSE, K./JÜRGENS, U./MALSCH, Th.: Vom „Fordismus" zum „Toyotismus"? In: Leviathan (1984), H. 4, S. 448–477

DOMSCH, M.: Simultane Personal- und Investitionsplanung im Produktionsbereich, Bielefeld 1970

DONNELLY, J. H./GIBSON, J. L./IVANCEVICH, J. M.: Fundamentals of Management, 3. Aufl., Dallas, TX. 1978

DRUCKER, P. F.: Management, 2. Aufl., London 1979

DRUCKER, P. F.: The Emerging Theory of Manufacturing, in: Harvard Business Review, 68. Jg. (1990), Nr. 3, S. 94–102

DRUMM, H.-J.: Verrechnungspreise, in: Szyperski, N./Winand, U. (Hrsg.): Handwörterbuch der Planung, Stuttgart 1989, Sp. 2168–2177

DUCK, J. D.: Managing Change: The Art of Balancing, in: Harvard Business Review, 71. Jg. (1993), Nr. 6, S. 109–118

DUIMERING, P. R./SAFAYENI, F./PURDY, L.: Integrated Manufacturing: Redesign the Organization before Implementing Flexible Technology, in: Sloan Management Review, 34. Jg. (1993), Nr. 4, S. 47–56

DYER, W.: Teambuilding – Issues and Alternatives, Reading, MA. 1977

ENGELHARDT, W. H./SCHÜTZ, P.: Total Quality Management, in: Wirtschaftswissenschaftliches Studium, 20. Jg. (1991), S. 394–399

ESSER, M.: Personalentwicklung in Japan – Empfehlungen für ausländische Unternehmen, in: Deutsche Industrie- und Handelskammer in Japan (Hrsg.): Personalwesen in Japan, Tokyo 1991, S. 239–254

ESSER, M./NAKAJIMA, F.: Prinzipien japanischen Personalmanagements, in: Esser, M./Kobayashi, K. (Hrsg.): KAISHAN – Personalmanagement in Japan, Göttingen/Stuttgart 1994, S. 139–158

FAGAN, M. L.: A Guide to Gobal Sourcing, in: The Journal of Business Strategy (1991), Mar/Apr., S. 21–25

FANDEL, G./FRANÇOIS, P.: Just-In-Time-Produktion und -Beschaffung. Funktionsweise, Einsatzvoraussetzungen und Grenzen, in: Zeitschrift für Betriebswirtschaft, 59. Jg. (1989), S. 531–544)

FEIGENBAUM, A. V.: Total Quality Control, New York, 1983

FEIGENBAUM, A. V.: Quality: The Strategic Business Imperative, in: Quality Progress, 19. Jg., (1986), Feb., S. 26–30

FLORIDA, R./KENNEY, M.: Organization vs. Culture: Japanese Automotive Transplants in the US, in: Industrial Relations Journal, 22. Jg., (1991), Nr. 3, S. 181–195

FORSTER, J.: Teamarbeit – sachliche, personelle und strukturelle Aspekte einer Kooperationsform, in: Grunwald, W./Lilge, H.-G. (Hrsg.): Kooperation und Konkurrenz in Organisationen, Bern/Stuttgart 1981, S. 143–168

FRANZ, K.-P.: Prozeßkostenmanagement: Skeptische Zurückhaltung, in: technologie & management, 42. Jg. (1993), S. 75–78

FRÖHLICH, D.: Machtprobleme in teilautonomen Arbeitsgruppen, in: Neidhardt, F. (Hrsg.): Gruppensoziologie. Perspektiven und Materialien, Opladen 1983, S. 532–557

GALLASCH, W.: Wirtschaftliche Bedeutung und betriebliche Auswirkungen des elektronischen Datenaustauschs, in: Scheer, A.-W. (Hrsg.): Handbuch Informationsmanagement, Wiesbaden 1993, S. 567–587

GAPPMAIER, M./HEINRICH, L. J.: Computerunterstützung Kooperativen Arbeitens (CSCW), in: Wirtschaftsinformatik, 34. Jg. (1992), S. 340–343

GARVIN, D. A.: Building a Learning Organization, in: Harvard Business Review, 71. Jg. (1993), Nr. 4, S. 78–91

GERPOTT, T. J.: Innovationsbeschleunigung durch Personalmanagement, in: Personal, 43. Jg. (1991), S. 276–280

GLASER, H.: Prozeßkostenrechnung – Darstellung und Kritik, in: Zeitschrift für betriebswirtschaftliche Forschung, 44. Jg. (1992), S. 275–288

GLASER, H./GEIGER, W./ROHDE, V.: PPS. Produktionsplanung und -steuerung, Grundlagen – Konzepte – Anwendungen, Wiesbaden 1991

GÖTZE, U./MEYERHOFF, J. Ch.: Die Prozeßkostenrechnung – Stand und Entwicklungstendenzen, in: Zeitschrift für Planung, Bd. 4 (1993), S. 65–96

GROCHLA, E.: Unternehmensorganisation. Neue Ansätze und Konzeptionen, Reinbek bei Hamburg 1972

GROCHLA, E.: Einführung in die Organisationstheorie, Stuttgart 1978

GRONAU, N.: Rechnergestütztes Produktionsmanagement, in: Fortschrittliche Betriebsführung und Industrial Engineering, 41. Jg. (1992), S. 160–163

GROTH, U./KAMMEL, A.: Lean Production: Schlagwort ohne inhaltliche Präzision? In: Fortschrittliche Betriebsführung und Industrial Engineering, 41. Jg., (1992a) S. 148–149

GROTH, U./KAMMEL, A.: Total Quality Management, in: Zeitschrift für wirtschaftliche Fertigung und Automatisierung/CIM, 87. Jg. (1992b), Nr. 2, S. 119–122

HABERFELLNER, R.: Vorgehensmodelle des Systems Engineering, in: Daenzer, W. F. (Hrsg.): Systems Engineering, 6. Aufl., Zürich 1988, S. 26–51

HAGE, J.: Theory of Organizations – Form, Process, and Transformation, New York und andere 1980

HAHN, D./HUNGENBERG, H./KAUFMANN, L.: Optimale Make-or-buy-Entscheidung, in: Controlling, 5. Jg. (1994), S. 75–82

HAMMOND III, J. S.: A Practitioner-oriented Framework for Implementation, in: Doktor, R. und andere (Hrsg.): The Implementation of Management Science, Amsterdam und andere 1979, S. 35–61

HANSEN, H. R.: Wirtschaftsinformatik I, 6. Aufl., Stuttgart/Jena 1992

HANSEN, U./JESCHKE, K.:Beschwerdemanagement für Dienstleistungsunternehmen, in: Bruhn, M./Stauss, B. (Hrsg.): Dienstleistungsqualität. Konzepte – Methoden – Erfahrungen, Wiesbaden 1991, S. 199–223

HARRISON, D. B./PRATT, M. D.: A Methodology for Reengineering Businesses, in: Plannung Review, 21. Jg. (1993), H. 2, S. 6–11

HAUSER, J. R./CLAUSING, D.: The House of Quality, in: Harvard Business Review, 66. Jg. (1988), Nr. 3, May/June, S. 63–73

HEDBERG, B.: „Organizations as Tents". Über die Schwierigkeiten, Organisationsstrukturen flexibel zu gestalten, in: Hinterhuber, H. H./Laske, S. (Hrsg.): Zukunftsorientierte Unternehmenspolitik, Freiburg 1984, S. 13–47

HEIBUTZKI, H. J.: Lean-Seminare: Breites Angebot und schmale Kost – immer nur Konzepte, in: Wirtschaftswoche, 46. Jg. (1992), Nr. 33, S. 43

HEINEN, E.: Identität: Ein bisher vernachlässigtes Element des Zielsystems der Unternehmung, in: Mücke, W. G./Ott, A. E. (Hrsg.) Wirtschaftstheorie und Wirtschaftspolitik, Passau 1981, S. 125–143

HELMÜLLER, R.: Transplant in Großbritannien erfolgreich mit japanischer Fertigungsmethode, in: VDI-Nachrichten (1993), Nr. 29, S. 11

HENTZE, J.: Personalwirtschaftslehre I und II, 5. Aufl., Bern/Stuttgart 1991

HENTZE, J./KAMMEL, A.: Lean Production – Personalwirtschaftliche Aspekte der „schlanken" Unternehmung, in: Die Unternehmung, 46. Jg. (1992), S. 319–331

HENZLER, H.: Kritische Würdigung der Debatte um den Wirtschaftsstandort Deutschland, in: Zeitschrift für Betriebswirtschaft, 63. Jg. (1993), S. 5–21

HESSELBACH, J.: Strukturen in der automatisierten Montage, in: VDI-Berichte 970, Düsseldorf 1992, S. 87–104

HINTERHUBER, H. H.: Strategische Unternehmungsführung I: Strategisches Denken, 5. Aufl., Berlin/New York 1992

HOFSTEDE, G.: Culture's Consequences – International Differences in Work-Related Values, Beverly Hills, CA. 1980

HOFSTEDE, G.: Cultural Constraints in Management Theories, in: Academy of Management Executive, 7. Jg. (1993), Nr. 1, S. 81–94

HOFSTEDE, G./BOND, M. H.: The Confucius Connection: From Cultural Roots to Economic Growth, in: Organizational Dynamics, 16. Jg. (1988), Nr. 4, S. 5–22

HORVÁTH, P.: Revolution im Rechnungswesen: Strategisches Kostenmanagement, in: Horváth, P. (Hrsg.): Strategieunterstützung durch das Controlling: Revolution im Rechnungswesen? Stuttgart 1990. S. 175–193

HORVÁTH, P.: Controlling, 5. Aufl., München 1993

HORVÁTH, P./KIENINGER, P./MAYER, R./SCHIMANK, Ch.: Prozeßkostenrechnung – oder wie die Praxis die Theorie überholt, in: Die Betriebswirtschaft, 53. Jg. (1993), S. 609–628

HORVÁTH, P./MAYER, R.: Prozeßkostenrechnung. Der neue Weg zu mehr Kostentransparenz und wirkungsvolleren Unternehmensstrategien, in: Controlling, 1. Jg. (1989), S. 214–219

HORVÁTH, P./SEIDENSCHWARZ, W.: Zielkostenmanagement, in: Controlling, 3. Jg. (1992), S. 142–150

HOWALD, J./KOPP, R.: lean production = mean production? Lean Production und Arbeitsbedingungen in der Automobilindustrie, in: Arbeit, 1. Jg. (1992), S. 233–245

IKEDA, M.: The Transfer of Flexible Production Systems to Japanese Auto Partsmaker Transplants in the U.S., in: Park, S.-J. (Hrsg.), Technology and Labor in the Automative Industry, Frankfurt a. M./New York 1991, S. 207–226

IKUTA, S./NAKAJIMA, S.: Total Productive Maintenance in Japan, in: Monden, Y. et. al. (Hrsg.): Innovations in Management – The Japanese Corporation, Atlanta GA., 1985, S. 87–98

IMAI, M.: Kaizen – The Key to Japan's Competitive Success, New York 1986

ISHIKAWA, K.: What is Total Quality Control? The Japanese Way. London/Sydney/New York 1985

JAIKUMAR, R.: Postindustrial Manufacturing, in: Harvard Business Review, 64. Jg. (1986), Nr. 6, S. 69–76

JESERICH, W.: Mitarbeiter fördern und auswählen. Assessment-Center-Verfahren, München/Wien 1981

JÜRGENS, U.: Ein schlankes Produktionssystem beseitigt jeden Spielraum – darum ist es schlank, in: Die Mitbestimmung (1992), H. 4, S. 48–49

JÜRGENS, U.: Mythos und Realität von Lean Production in Japan, in: Fortschrittliche Betriebsführung und Industrial Engineering, 42. Jg. (1993), Nr. 1, S. 18–23

JÜRGENS, U./MALSCH, T./DOHSE, K.: Moderne Zeiten in der Automobilindustrie, Berlin und andere 1989

KAMPER, P.: Erfolgreich die schlanke Produktion realisiert, in: VDI-Nachrichten, (1993), Nr. 45, S. 29

KATZENBACH, J. R./SMITH, D. K.: The Delicate Balance of Team Leadership, in: The McKinsey Quarterly (1992), Nr. 4, S. 128–142

KATZENBACH, J. R./SMITH, D. K.: The Discipline of Teams, in: Harvard Business Review, 71. Jg. (1993), Nr. 2, S. 111–120

KHAN, R. R.: Japanese Management: A Critical Appraisal, in: Management Decision, 29. Jg., (1991), Nr. 6, S. 17–24

KIESER, A./KUBICEK, H.: Organisation, 3. Aufl., Berlin/New York 1992

KIRSCH, W.: Entscheidungsprozesse, Bd. 3: Entscheidungen in Organisationen, Wiesbaden 1971

KLEIN, J. A.: The Human Costs of Manufacturing Reform, in: Harvard Business Review, 67. Jg. (1989), H. 2, S. 60–66

KNAUTH, P./HORNBERGER, S.: Schichtpläne mit einer durchschnittlichen Arbeitszeit von 36 Stunden pro Woche und einer Betriebszeit zwischen 80 und 144 Stunden pro Woche, in: Angewandte Arbeitswissenschaft, Nr. 135 (1993), S. 23–48

KNOLMEYER, G.: Downsizing, in: Wirtschaftsinformatik, 34. Jg. (1992), H. 1, S. 107–108

KOCH, H.: Die Betriebswirtschaftslehre als Wissenschaft vom Handeln. Die handlungstheoretische Konzeption der mikroökonomischen Analyse, Tübingen 1975

KONO, T.: Japanese Management Philosophy: Can it be Exported? In: Long Range Planning, 15. Jg. (1982), Nr. 3, S. 90–102

KOONTZ, H./BRADSPIES, R. W.: Managing through Feedforward Control, in: Business Horizons, 15. Jg. (1972), S. 25–36
KOTLER, PH./BLIEMEL, F.: Marketing-Management, 7. Aufl., Stuttgart 1992
KOTTER, J. P.: A Force for Change. How Leadership Differs from Management, New York/London 1990
KOTTER, J. P./HESKETT, J. L.: Corporate Culture and Performance, New York und andere 1992
KRAFCIK, J. F.: Triumph of the Lean Production System, in: Sloan Management Review, 30. Jg. (1988), Fall, S. 41–52
KUBICEK, H.: Heuristische Bezugsrahmen und heuristisch angelegte Forschungsdesigns als Elemente einer Konstruktionsstrategie empirischer Forschung, in: Köhler, R. (Hrsg.): Empirische und handlungstheoretische Forschungskonzeptionen in der Betriebswirtschaftslehre, Stuttgart 1977, S. 3–36
KÜPPER, H.-U.: Prozeßkostenrechnung – ein strategisch neuer Ansatz? In: Die Betriebswirtschaft, 51. Jg. (1991), S. 388–391
KÜPPER, H.-U./WEBER, J./ZÜND, A.: Zum Verständnis und Selbstverständnis des Controlling. Thesen zur Konsensbildung, in: Zeitschrift für Betriebswirtschaft, 60. Jg. (1990), S. 281–293
KUMAR, B. N.: Interkulturelle Managementforschung. Ein Überblick über Ansätze und Probleme, in: Wirtschaftswissenschaftliches Studium, 17. Jg. (1988), S. 389–394
LANG, K.: Toyotismus ist eine Rationalisierungs- und keine Humanisierungsstrategie, in: Die Mitbestimmung (1992), H. 4, S. 53–55
LARSON, C. E./LAFASTO, F. M: Team Work, Newbury Park/London/New Delhi 1989
LAURENT, A.: A Cultural View of Organizational Change, in: Evans, P./Doz, Y./Laurent, A. (Hrsg.): Human Resource Management in International Firms, Basingstoke/London 1989, S. 83–94
LENZ, B.: Lean Management: Deutsche Konzerne auf Diät, in: Capital, (1993), H. 9, S. 206–210
LIETZ, J. H.: Lean Management: Illusionen bei der Umsetzung, in: Gablers Magazin, 7. Jg. (1993), H. 4, S. 27–30
LIVINGSTONE, J. S.: Myth of the Well-Educated Manager, in: Harvard Business Review, 49. Jg. (1971), No. 1, S. 79–89
LORENZ, H.: Die Arbeit richtig verteilen, in: Automobil-Produktion (1993), März, S. 50–54
LUTHANS, F.: Introduction to Management: A Contingency Approach, New York und andere 1976
MAIER, K.: Zwischenbetriebliche Integration bei einem Zulieferer der Automobilindustrie, in: Handbuch der Modernen Datenverarbeitung, Nr. 165 (1992), S. 75–84
MAHONEY, T.A./Deckop, J.R.: Y'Gotta Believe: Lessons from American- vs. Japanese-run Factories, in: Organizational Dynamics, 21. Jg. (1993), Nr. 4, S. 27-38
MANZ, C. C.: Self-Leading Work Teams: Moving Beyond Self-Management Myths, in: Human Relations, 45. Jg. (1992), S. 1119–1140
MARR, R./Kötting, M.: Implementierung, organisatorische, in: Frese, E. (Hrsg.): Handwörterbuch der Organisation, 3. Aufl., Stuttgart 1992, Sp. 827–841

MARTINSONS, M. G.: Outsourcing Information Systems: A Strategic Partnership with Risks, in: Long Range Planning, 26. Jg.(1993), Nr. 3, S. 18–25

MATSUDA, T.: „Organizational Intelligence" als Prozeß und Produkt, in: technologie & management, 42. Jg. (1993), H. 1, S. 12–17

MCKINSEY & Co. Inc.: Einfach überlegen. Das Unternehmenskonzept, das die Schlanken schlank und die Schnellen schnell macht, Stuttgart 1993

MCSHANE, D.: US-Umfrage stellt „Lean Production" in Frage: Ausbeutung wächst, in: Der Gewerkschafter, 41. Jg. (1993), H. 2, S. 36–37

MEFFERT, H.: Größere Flexibilität als Unternehmenskonzept, in: Zeitschrift für betriebswirtschaftliche Forschung, 37. Jg. (1985), S. 121–137

MENZ, W.-D.: Die Profit Center Konzeption. Theoretische Darstellung und praktische Anwendung, Bern/Stuttgart 1973

MINER, J. B.: Management Theory, New York 1971

MINSSEN, H./Howaldt, J./Kopp, R.: Gruppenarbeit in der Automobilindustrie – Das Beispiel Opel Bochum, in: WSI-Mitteilungen, Jg. (1991), S. 434–441

MINTZBERG, H.: Organization Design: Fashion or Fit? In: Harvard Business Review, 59. Jg. (1981), Nr. 1, S. 103–116

MINTZBERG, H./WESTLEY, F.: Cycles of Organizational Change, in: Strategic Management Journal, 13. Jg. (1992), Winter, S. 39–59

MOLDASCHL, M.: Japanisierung der deutschen Industrie? In: Wibo-Führungskräfte-Akademie Nürnberg (Hrsg.): Lean Management – Ideen für die Praxis, Nürnberg/Erlangen 1992, S. 36–73

MONDEN, Y.: Toyota Production System. A Practical Approach to Production Management, Atlanta, GA. 1983

MONDEN, Y./Hamada, K.: Target Costing in Japanese Automobile Companies, in: Journal of Management Accounting Research, 3. Jg. (1991), Fall, S. 16–34

NEUBERGER, O.: Mikropolitik, in: Rosenstiel, L. v./Regnet, E./Domsch, M. (Hrsg.), Führung von Mitarbeitern, Stuttgart 1991, S. 35–42

NIEMAND, S.: Prozeßkostenrechnung für den Beschaffungsbereich eines Automobilherstellers, in: Krp-Kostenrechnungspraxis (1992), H. 3, S. 160–167

NOMURA, M.: Toyotismus am Ende? Zur Reorganisation der „schlanken" Produktion in der japanischen Autoindustrie, in: Hans-Böckler-Stiftung/IG Metall (Hrsg.): Lean Production, Baden-Baden 1992, S. 55–63

NORTH, K.: Toyota Tahara: Montagelinie Nr. 4, in: REFA-Nachrichten, 46. Jg. (1993), Nr. 5 (Oktober), S. 20–24

NUTT, P. C.: Tactics of Implementation, in: Academy of Management Journal, 29. Jg. (1986), S. 230–261

ODRICH, P.: Auf die Beschreibung der Tätigkeit wird bewußt verzichtet. Flexibilisierung der Arbeit bei Honda in England, in: Blick durch die Wirtschaft vom 28.9.1993, S. 1 und 8

OEHLKE, P.: Zur gesellschaftlichen Ambivalenz der schlanken Produktionsstrategien, in: WSI-Mitteilungen (1993), H. 2, S. 97–110

OKUBAYASHI, K.: Japanese Style of Management, in: The Annals of the School of Business Administration, Kobe University, Nr. 37 (1993), S. 87–114

OPP, K. D.: Methodologie der Sozialwissenschaften: Einführung in die Theorienbildung, Reinbek bei Hamburg 1974

OSTROFF, F./Smith, D.: The Horizontal Organization, in: The McKinsey Quarterly, (1992), Nr. 1, S. 148–168

O. V.: Wer hat das beste Vorschlagswesen? In: Automobil-Produktion (1993a), Juni, S. 46–48

O. V.: Eine Nummer zu groß, in: Automobil-Produktion (1993 b), April, S. 106–108

O. V.: 18 Stunden je Auto, in: Automobil-Produktion (1993 c), August, S. 38–40

QUINN, J. B.: The Intelligent Enterprise as a New Paradigma, in: Academy of Management Executive, 6. Jg. (1992), Nr. 4, S. 48–63

PFEIFFER, W./Weiß, E.: Philosophie und Elemente des Lean Management, in: Corsten, H./Will, Th. (Hrsg.), Lean Production, Stuttgart/Berlin/Köln 1993, S. 13–45

PFOHL, H.-Ch.: Logistiksysteme, 4. Aufl., Berlin und andere 1990

PHILLIPS, L. W./Chang, D. R./Buzzell, R. D.: Product Quality, Cost Position, and Business Performance: A Test of Some Key Hypotheses, in: Journal of Marketing, 47. Jg. (1983), Spring, S. 26–43

PICOT, A.: Ökonomische Theorien der Organisation – Ein Überblick über neuere Ansätze und deren betriebswirtschaftes Anwendungspotential, in: Ordelheide, B. und andere (Hrsg.) Betriebswirtschaftslehre und ökonomische Theorie, Stuttgart 1991, S. 143–161

PICOT, A.: Marktorientierte Gestaltung der Leistungstiefe, in: Reichwald, R. (Hrsg.): Marktnahe Produktion, Wiesbaden 1992, S. 103–124

PICOT, A./Maier, M.: Analysen und Gestaltungskonzepte für das Outsourcing, in: Information Management, 7. Jg. (1992), H. 4, S. 14–27

PICOT, A./Neuburger, R./Niggl, J.: Electronic Data Interchange (EDI) und Lean Management, in: Zeitschrift Führung und Organisation, 62. Jg. (1993), S. 20–25

PLESCHAK, F.: CIM-Management, Stuttgart 1991

PLINKE, W.: Fallgruben der Kundenorientierung überspringen, in: Absatzwirtschaft (1992), H. 3, S. 97–101

PLUNS, S.: Die Profit-Center-Organisation des Zentralen Personalwesens bei der BP AG, in: Ackermann, K.-F.: Reorganisation der Personalabteilung, Stuttgart 1994, S. 101–116

POPPER, K.: Logik der Forschung, 6. Aufl., Tübingen 1976

PORTER, L. W./Lawler, E. E.: Properties of Organization Structure in Relation to Job Attitudes and Job Behavior, in: Scott, W. E./Cummings, L. L. (Hrsg.) Readings in Organizational Behavior and Human Performance, Homewood, IL. 1973, S. 303–327

PROBST,. G. J. B.: Selbstorganisation, in: Frese, E. (Hrsg.): Handwörterbuch der Organisation, 3. Aufl., Stuttgart 1992, Sp. 2255–2269

RAFFÉE, H.: Grundprobleme der Betriebswirtschaftslehre, Göttingen 1974

RAJAGOPAL, S./Bernard, K. N.: Cost Containment Strategies: Challenges for Strategic Purchasing in the 1990s, in: International Journal of Purchasing and Materials Management, 29. Jg. (1993), H. 1, S. 17–24

RAPP, R.: Qualitatives Controlling durch Kundenzufriedenheitsmessung, USW-Working Paper 8/1992, Erftstadt 1992

REHDER, R. R.: Building Cars As if People Mattered. The Japanese Lean System vs. Volvo's Uddevalla System, in: Columbia Journal of World Business, 27. Jg. (1992), Summer, S. 56–69

REITSPERGER, W. D./Daniel, S. J./Tallmann, S. B./Chismar, W. G.: Product Quality and Cost Leadership: Compatible Strategies? In: Management International Review, 33. Jg. (1993), Special Issue No. 1, S. 7–21

REISS, M.: Auf das Unternehmertum der Mitarbeiter setzen, in: Personalwirtschaft (1993a), H. 3, S. 48–51

REISS, M.: Die Rolle der Personalführung im Lean Management, in: Zeitschrift für Personalforschung, 7. Jg. (1993b), S. 171–194

RICHARDSON, J.: Restructuring Supplier Relationships in US. Manufacturing for Improved Quality, in: Management International Review, 33. Jg. (1993), Special Issue No. 1, S. 53–67

ROEVER, M.: Goldener Schnitt, in: Manager Magazin, 21. Jg. (1991), H. 11, S. 253–264

SAKURAI, M.: Target Costing and How to Use it, in: Journal of Cost Management, 3. Jg. (1989), H. 2, S. 39–50

SARGES, W.: Wie man Führungspotential identifiziert, in: Gablers Magazin, 4. Jg. (1990), H. 2, S. 29–32

SCHANZ, G.: Organisationsgestaltung, München 1982

SCHARMANN, T.: Teamarbeit in der Unternehmung, Bern/Stuttgart 1972

SCHAUB, G.: Lean Production und arbeitsrechtliche Grundlagen, in: Betriebs-Berater (1993), H. 22, Beilage 15, S. 1–7

SCHEER, A. W. 1990: Computer Integrated Manufacturing/CIM. Der computergesteuerte Industriebetrieb, 4. Aufl., Berlin und andere 1990

SCHEIN, E. H.: Organizational Culture: What it is and How to Change it, in: Evans, P. und andere (Hrsg.): Human Resource Management in International Firms, Basingstoke/London 1989, S. 56–82

SCHEIN, E. H.: How Can Organizations Learn Faster? The Challenge of Entering the Green Room, in: Sloan Management Review, 34. Jg. (1993), Winter, S. 85–92

SCHERM, E.: Personalabteilung als Profit Center. Ein realistisches Leitbild? In: Personalführung (1992), H. 12, S. 1034–1037

SCHERRER, Ch./Greven, Th.: Für zu schlank befunden – Gewerkschaftliche Erfahrungen mit japanischen Produktionsmetheoden in Nordamerika, in: WSI Mitteilungen 46. Jg. (1993), S. 87–97

SCHILDKNECHT, R.: Total Quality Management – Konzeption und State of the Art, Frankfurt a. M. und andere 1992

SCHILL, A.: Basismechanismen und Architekturen für Client-Server-Anwendungen, in: HMD-Handbuch der modernen Datenverarbeitung, 30. Jg. (1993), H. 174. S. 8–24

SCHNEIDER, D.: Lean Production: Herausforderungen für die Gestaltung der Arbeitszeit, in: Personalführung (1992), S. 698–707

SCHNEIDEWIND, D.: Das japanische Unternehmen (uchi no kaisha), Berlin und andere 1991

SCHNITT, D. L.: Reengineering Organizations Using Information Technology, in: Journal of Systems Management (1993), Januar, S. 14–20, 40, 41

SCHOLZ, Ch.: Informationskultur als Innovationsdeterminante, in: Dülfer, E. (Hrsg.): Organisationskultur, Stuttgart 1988, S. 195–205

SCHONBERGER, R. J.: Japanese Manufacturing Techniques, New York 1982

SCHONBERGER, R. J.: Plant Layouts Becomes Product-Oriented With Cellular, Just-In-Time Production Concepts, in: Industrial Engineering, 15. Jg. (1983), H. 11, S. 66–71

SCHONBERGER, R. J.: World Class Manufacturing, New York 1986

SCHUMANN, M.: Lean Production – kein Erfolgsrezept, in: Hans-Böckler-Stiftung (Hrsg.): Lean Production/Schlanke Produktion – Neues Produktionskonzept humanerer Arbeit? Düsseldorf 1992, S. 35–42

SEIFFERT, H.: Einführung in die Wissenschaftstheorie 1, 8. Aufl., München 1975

SHINGO, S.: Zero Quality Contol: Source Inspection and the Poka-yoke System, Cambridge, MA. 1986

SIEBERT, H.: Lean Production und Arbeitsrecht, in: Fortschrittliche Betriebsführung und Industrial Engineering, 42. Jg. (1993), S. 85–88

SIMON, H.: Die Zeit als strategischer Erfolgsfaktor, in: Zeitschrift für Betriebswirtschaft, 59. Jg. (1989), S. 70–93

SIMON, H.: Kundennähe als Wettbewerbsstrategie und Führungsherausforderung, Arbeitspapier 1/91 des Lehrstuhls für BWL und Marketing, Universität Mainz 1991

SINCLAIR, A.: The Tyranny of a Team Ideology, in: Organization Studies, 13. Jg. (1992), S. 611–626

SMITH, P. B./MISUMI, J.: Japanese Management – A Sun Rising in the West? In: International Review of Industrial and Organizational Psychology (1989), S. 329–372

SNELL, S. A./DEAN, J. W. Jr.: Integrated Manufacturing and Human Resource Management: A Human Capital Perspective, in: Academy of Management Review, 35. Jg. (1992), H. 3, S. 467–504

SONDERMANN, J. R.: Poka-yoke: Hokus-pokus oder notwendiges Element einer Null-Fehler-Strategie? In: QZ-Qualität und Zuverlässigkeit, 36. Jg. (1991), S. 407–411

SPECHT, G./SCHMELZER, H. J.: Instrumente des Qualitätsmanagements in der Produktentwicklung, in: Zeitschrift für betriebswirtschaftliche Forschung, 44. Jg. (1992), S. 531–547

STAEHLE, W. H.: Human Resource Management (HRM), in: Zeitschrift für Betriebswirtschaft, 58. Jg. (1988), S. 576–587

STAEHLE, W. H.: Unternehmer und Manager, in: Müller-Jentsch, W. (Hrsg.): Konfliktpartnerschaft: Akteure und Institutionen der industrieellen Beziehungen, München/Mering 1991a, S. 105–121

STAEHLE, W. H.: Management, 6. Aufl., München 1991b

STATA, R.: Organizational Learning – The Key to Management Innovation, in: Sloan Management Review, 31. Jg. (1989), Spring, S. 63–74

STAUDT, E.: Unternehmensplanung und Personalentwicklung – Defizite, Widersprüche und Lösungsansätze, in: Mitteilungen aus der Arbeitsmarkt- und Berufsforschung, 22. Jg. (1989), S. 374–387

STAUSS, B.: Kundendienstqualität als Erfolgsfaktor im Wettbewerb, in: Thexis, 8. Jg. (1991), Nr. 2, S. 47–51

STEIN, T.: Die Wahl eines PPS-Systems für gestraffte Organisationsstrukturen, in: IO Management Zeitschrift, 62. Jg. (1993), Nr. 11, S. 49–51

STEINMANN, H./SCHREYÖGG, G.: Management, Wiesbaden 1990

STRÜMPEL, B./SCHOLZ-LIGMA, J.: Werte und Wertwandel, in: Gaugler, E./Weber, W. (Hrsg.); Handwörterbuch des Personalwesens, 2. Aufl., Stuttgart 1992, Sp. 2338–2349

SULLIVAN, L. P.: Quality Function Deployment, in: Quality Progress, 19. Jg. (1986), Nr. 6, S. 39–50

SUZAKI, K.: The New Shop Floor Management Empowering People for Continuous Improvement, New York 1993

SWEENEY, M. T./CARTER, S.: JIT-Manufacturing – But at What Cost? In: Voss, C. A. (Hrsg.): JIT's Here to stay. Proceedings of the 4th International Conference on Just-In-Time Manufacturing, Kempston 1989, S. 131–142

SYDOW, J.: Strategische Netzwerke in Japan. Ein Leitbild für die Gestaltung interorganisatorischer Beziehungen europäischer Unternehmungen? In: Zeitschrift für betriebswirtschaftliche Forschung, 43. Jg. (1991), S. 238–254

TAGUCHI, G.: Introduction to Quality Engineering, Dearborn, MN. 1986

TAKAHASHI, Y.: Theoretical and Practical Problems of Transferability of Japanese Style Management, Research Paper No. 18, The Institute of Business Research, Chuo University, Tokyo 1993

THÖNNES, K.-P.: Gruppenarbeit in der Automobilindustrie bei der Adam Opel AG, Bochum, Werk II, in: Corsten, H./Will, Th. (Hrsg.) Lean Production, Stuttgart/Berlin/Köln 1993, S. 177–196

THOMAS, L.: Conjoint Measurement als Instrument der Absatzforschung, in: Marketing ZFP, 1. Jg. (1979), S. 199–211

TOKUNAGA, S.: Die japanischen Arbeitsbeziehungen – Eine erneute kritische Prüfung, in: WSI Mitteilungen, 39. Jg. (1986), S. 329–336

TREBESCH, K.: 50 Definitionen der Organisationsentwicklung – und kein Ende, in: Organisationsentwicklung (1982), H. 1, S. 37–62

TÜRK, K.: Soziologie der Organisation, Stuttgart 1978

TUCKMANN, I. W.: Developmental Sequence in Small Groups, in: Psychological Bulletin, 63. Jg. (1965), S. 384–399

ULICH, E.: Arbeitspsychologie, 2. Aufl., Zürich/Stuttgart 1992

ULRICH, H.: Die Unternehmung als produktives soziales System, 2. Aufl., Bern und andere 1970

ULRICH, P./FLURI, E.: Management, 6. Aufl., Bern/Stuttgart 1992

VESTER, F.: Vernetztes Denken – Herausforderung und Wirklichkeit, in: Controller Magazin, 15. Jg. (1990), H. 4, S. 167–173

WALLECK, A. S./O'HALLORAN, S. D./LEADER, C. A.: Benchmarking World-Class Performance, in: The McKinsey Quaterly (1991), Nr. 1, S. 3–24

WATSON, G. H.: How Process Benchmarking Supports Corporate Strategy, in: Planning Review, 21. Jg. (1993), Nr. 1, S. 12–15

WEBER, J.: Thesen zum Verständnis und Selbstverständnis der Logistik, in: Zeitschrift für betriebswirtschaftliche Forschung, 42. Jg. (1990), S. 976–986

WEBSTER, F. E. Jr.: The Changing Role of Marketing in the Corporation, in: Journal of Marketing, 56. Jg. (1992), Oct., S. 1–17

WELGE, M. K.: Unternehmensführung, Bd. 3: Controlling, Stuttgart 1988

WHEELWRIGHT, S. C./CLARK, K. B.: Revolutionizing Product Development, New York und andere 1992

WHITEHILL, A. M.: Japanese Management. Tradition and Transition, London/New York 1991

WILD, J.: Betriebswirtschaftliche Führungslehre und Führungsmodelle, in: Wild, J. (Hrsg.), Unternehmungsführung, Berlin 1974, S. 141–179

WILD, R.: Productions and Operations Management, 4. Aufl., Oxford 1990

WILDEMANN, H.: Flexible Werkstattfertigung durch Integration von KANBAN-Prinzipien, München 1984

WILDEMANN, H.: Das JIT-Konzept als Wettbewerbsfaktor, in: Fortschrittliche Betriebsführung und Industrial Engineering, 36. Jg. (1987), Nr. 2, S. 52–58

WILDEMANN, H.: Die modulare Fabrik: Kundennahe Produktion durch Fertigungssegmentierung, 3. Aufl., St. Gallen 1992a

WILDEMANN, H.: Eigenfertigung oder Fremdbezug: Eine dynamische Entscheidung, in: Beschaffung aktuell, (1992b), Nr. 3, S. 32–34

WILDEMANN, H.: Das Just-In-Time-Konzept, 3. Aufl., München/Zürich 1992c

WILDEMANN, H.: Entwicklungsstrategien für Zulieferunternehmen, in: Zeitschrift für Betriebswirtschaft, 62. Jg. (1992d), S. 391–413

WILDEMANN, H.: Eine Woche im Kampf gegen die Verschwendung, in: Blick durch die Wirtschaft, 30.9.1993, S. 1, 8

WILLIAMS, K./HASLAM, C.: Was die MIT-Studie verschweigt, in: Automobil-Produktion (1992), Aug., S. 40–44

WIPPEL, H./KOSER, W.: Gruppenarbeit und Vorschlagswesen bei Opel Rüsselsheim, in: Betriebliches Vorschlagswesen, 19. Jg. (1993), H. 2., S. 79–81

WOJATZEK, M.: Multimedia-Einsatz ermöglicht bald rentables Training am PC, in: Computerwoche, 19. Jg. (1992), Nr. 48, S. 55–57

WOOD, S. J.: Japanization and/or Toyotaism? In: Work, Employment & Society, 5. Jg. (1991), S. 567–600

WOMACK, J. P./JONES, D. T.: From Lean Production to the Lean Enterprise, in: Harvard Business Review, 72. Jg. (1994), Nr. 2, S. 93–103

WOMACK, J. P./JONES, D. T./ROOS, D.: The Machine That Changed the World, New York 1990

WOMACK, J. P./JONES, D. T./ROOS, D.: Die zweite Revolution in der Autoindustrie, Frankfurt a. M. 1991

WUNDERER, R.: Von der Personaladministration zum Wertschöpfungscenter, in: Die Betriebswirtschaft, 52. Jg. (1992), S. 201–215

ZAHN, E./RÜTTLER, M.: Informationsmanagement. Eine strategische Antwort auf kritische Herausforderungen der Unternehmensumwelt, in: Controlling, 1. Jg. (1989), S. 34–43

Stichwortverzeichnis

A
After-Sales-Service 178 f.
Arbeitsflexibilisierung 78 f.
Arbeitsrecht 256
Arbeitszeitflexibilisierung 203
Arbeitszeitmanagement 203
Autonomiegrad 50, 120 f.
Aufgabenintegration 25, 46 f.

B
Beschaffung, produktionssynchrone 161 f.
Beschaffungsmanagement, strategisches 157 ff.
Beschäftigung, lebenslange 44
Beschwerdemanagement 175
Beteiligungsrechte 254 ff.
Betriebliches Vorschlagswesen 143 ff.
Betriebsrat 254
Bezugsrahmen 41

C
CAx-Technologie 99, 118
Change Agent 58, 60, 248
Change Management 18, 245
Client-Server-Computing 218 f.
Common Commitment 86 f.
Computer Integrated Manufacturing (CIM) 102
Confucian Dynamism 43
Conjoint Measurement 239
Controlling 231 ff.
Controlling-Philosophie 241
Cross Sourcing 163

D
Dezentralität 73, 80
Distributionspolitik 178
Downsizing 215, 220 f.

Dynamischer Konservatismus 61

E
EDIFACT 224
Electronic Data Interchange 99, 223 f.
Entlohnung, teamorientierte 204 ff.
Existenzsicherungsziel 29

F
Fachkompetenz 193
Failure Mode and Effects Analysis 141
Fertigungssegmentierung 106 ff.
Flache Hierarchien 34, 73 ff.
Flexible Fertigung 103
Flexiblität 27
Führungskräfteentwicklung 200 ff.
Führungskräfte-Rolle 64 f.

G
General Management 28
Gewinnziel 29
Global Sourcing 167 ff.
Groupware 222 f.
Grundentgelt, qualifikationsorientiertes 205
Gruppenorientierung 44

H
Hersteller-Zuliefererbeziehungen 151
Horizontale Organisation 81 ff.
Human Integrated Manufacturing 102
Humanisierung der Arbeitswelt 45 f.

I
Impression Management 81
Industrieunternehmen 19
Informationsbereitschaft 214

Informationsinfrastruktur 215 ff.
Informationskultur 211, 214, 216 ff.
Informationsmanagement 67
– integriertes 211 f.
Integration
– crossfunktionale 97 ff.
– im Informationsmanagement 211
– vertikale 156, 163
Integrationsansatz 26 f.
Internes Kundenprinzip 31
Interpersonal Computing 222
Intrapreneur 200

J
Job Enlargement 202
Job Enrichment 202
Job Rotation 79, 202
Just-In-Time-Beschaffung 161 f.
Just-In-Time-Produktion 113 ff.

K
Kaizen 143 ff.
Kaizen-Costing 240
Kanban-System 115 f.
Keiretsu 152
Kernkompetenzen 30
Key Account Management 182
Kommunikation 214
Kommunikationspolitik 175 f.
Konkurrenzvorteil, komparativer 170
Kontextfaktoren 56
Kontingenzforschung 56
Kontinuierliche Verbesserung 143 ff.
Konzept teilautonomer Arbeitsgruppen 49
Koordination 80
Kostenrechnungssysteme 235
Kostensteuerung 232
Kostentreiber 233
Kreativität 27
Kritischer Rationalismus 39 f.
Kulturelemente, japanische 44

Kulturgebundenheit 42 f.
Kulturrevolution 65, 245
Kulturvergleichende Managementforschung 42
Kundenbeziehungen 170 ff.
Kundennähe 35, 67, 170
Kundenorientierung 171 f.
Kundenprinzip, internes 135, 171
Kundenzufriedenheitsmessung 173 f.

L
Lean Controlling 232
Lean Management
– Anforderungen 68 ff.
– Begriff 23 ff., 25
– Effizienzmessung 257 ff.
– Grenzen 44 ff.
– Grundidee 29 ff.
– Grundprinzipien 29 ff., 33
– Implementierung 250 ff.
– Implementierungsbarrieren 58 ff.
– Oberste Zielsetzung 29
– Praktische Erfahrungen 51 ff.
– Situationsabhängigkeit 56 f.
– Voraussetzungen 48 ff.
– Workshops 195, 257 f.
Lean Manufacturing
– Grundlagen 101 ff.
– Prinzipien 105
Lean Production 23
Learning by Doing 83, 195, 258
Leistungskriterien 191
Leitungsspanne 80
Lerndilemma 262
Lernkompetenz 193
Lernmedien, computergestützte 198
Lernziel 190
Lieferantenanalyse/-beurteilung 164 ff.
Lieferqualität 178
Logik der Industrialisierung 42
Logistik-Controlling 232
Lohnsystem 204

M

Make-or-Buy-Analyse 154, 225
Management 28
Management by Objectives 191, 240
Management by Participation 254
Management Development 200 ff.
Marketingplanung 171
Massenproduktion 30
Meister-Rolle 12 ff.
Methodenkompetenz 193
Mikropolitik 64
Mittleres Management 62
Mitwirkungskompetenz 193
Montage-Tryout-Center 190

N

Nachkaufbetreuung 179
Nissan-Way 153
No-Lay-Off-Policy 52
Null-Fehler-Strategie 138 f.
NUMMI-Production-System 52

O

Objektorientierung 30
Offene Systeme 219 f.
Opel-Produktionssystem 55
Organisationales Lernen 262
Organisationsentwicklung 261 f.
Organizational Intelligence 264
Organizational Learning 261 ff.
Outsourcing
– im Informationsmanagement 225 ff.
– im Marketing 179, 181

P

Parallel Sourcing 163
Partizipation 254
Pay-for-Knowledge-Ansatz 204
Personalauswahl 187 ff.
Personalbeurteilung 190 ff.
Personalentwicklung 200 ff.

Personalintegration 189 f.
Personalorganisation 206 f.
Pluralistischer Ansatz 41
Poka Yoke 139
Portfolio-Ansatz 156 ff.
PPS-Systeme 118 f.
Prämienlohn 205 f.
Produktionsstättenmanager 125
Produktivitätssteigerung
Produktpolitik 176
Produktstruktur, montagegerechte 111 ff.
Profit Center 76
Projekt-Controlling 97, 231
Projektmanagement 78, 93 ff., 228, 252 f.
Prozeßkettenmanagement 67
Prozeßkostenrechnung 233 ff.
Prozeßmanagementkompetenz 193
Prozeßorganisation 74
Prozeßorientierung 74, 231
Prozeß-Parallelisierung 89
Punktbewertungsmethode 164

Q

Qualifikationsbedarf 193, 195
Qualifizierung 193 ff., 204
Qualifizierungskonzept 194
Qualität
– als strategischer Erfolgsfaktor 130 f.
– der Humanressourcen 32
– und Kosten 31 f.
Qualitätssicherung, computergestützte 149
Quality Circles 148
Quality Engineering 99, 135 ff.
Quality Function Deployment 39 ff.

R

Rahmenbedingungen
– ökonomische 51
– politisch-rechtliche 51
– soziokulturelle 48 ff.
– technologische 51

Rapid Prototyping 99
Reengineering 74, 245
Resident Engineer 92, 158
Responsibility-Center 75 ff.
Rightsizing 218

S
Schwergewichts-Teams 90 ff.
Selbstorganisation 50
Servicecenter 17 f.
Servicequalität 178 f.
Shop Floor Management 28
Shusa 90
Simultaneität 30
Simultaneous Engineering 35, 89 ff.
Single Sourcing 163, 168
Sinn-Gemeinschaft 65
Sortimentstruktur 176 f.
Sozialkompetenz 189, 193, 196
Standortaspekte 18, 54, 169
Strategie vertikaler Schritte 247
Synchronisation 30
Systemansatz 27

T
Taguchi Methode 142 f.
Target Costing 236 ff.
Tarifvertrag 257
Teamarbeit 35, 84 ff.
Teamarbeitsdefizite 63 f.
Teambesprechung 127
Team-Coach 64
Teamentwicklung 196 ff.
Team-Erfolgsfaktoren 87
Teamfähigkeit 63, 192
Teamgeist 63
Team-Konstituierung 22 f.
Teamkoordination 128 f.
Teamsprecher 126 f.
Teamtraining 199
Total Productive Maintenance 116

Total Quality Management 35, 66, 130 ff. 159
Toyota-Produktionssystem 24, 115 f., 120 ff., 162
Toyotismus 32
Training near the job 202
Training off the job 195
Training on the job 195
Transaktionskostenansatz 154 f.

U
Überkomplexität 31, 60
Uddevalla-Produktionssystem 49
Uniqueness-/Availability-Portfolio 156
Unternehmensanalyse 57
Unternehmensaudit 164
Unternehmenskultur 65, 150
Unternehmensnetzwerk 152
U-Shaped Factory Layouts 108 ff.

V
Value Engineering 160, 237
Verrechnungspreise 76
Vertrauensbeziehungen 32, 79

W
Wertewandel 45
Wertschöpfungscenter 206 f.
Wertschöpfungsmanagement 101
Wertschöpfungspartnerschaft 150
Wissenschaftspostulate 39 ff.
Work Flow Management 75, 212, 220

Z
Zeitmanagement 31, 100
Zeltorganisation 73
Zielkostenindex 239
Zielkostenmanagement, marktorientiertes 159, 236
Zuliefererintegration 35, 150
Zuliefererpyramide 152